「晋者」讲坛文集
（2016—2017）

山西博物院／编

山西出版传媒集团 三晋出版社

图书在版编目（CIP）数据

"晋界"讲坛文集：2016—2017／山西博物院编．—太原：三晋出版社，2019.2

ISBN 978-7-5457-1878-2

Ⅰ.①晋… Ⅱ.①山… Ⅲ.①地方文化—山西—文集—2016-2017 Ⅳ.①G127.25-53

中国版本图书馆CIP数据核字（2019）第056219号

"晋界"讲坛文集（2016—2017）

编　　者：山西博物院
主　　编：王晓芬
副 主 编：杨　菊　游　恺
责任编辑：秦艳兰
封扉设计：段宇杰
责任印制：李佳音
出 版 者：山西出版传媒集团·三晋出版社（原山西古籍出版社）
地　　址：太原市建设南路21号
邮　　编：030012
电　　话：0351-4922268（发行中心）
　　　　　0351-4956036（总编室）
　　　　　0351-4922203（印制部）
网　　址：http://www.sjcbs.cn
经 销 者：新华书店
承 印 者：山西臣功印业有限公司
开　　本：787mm×1092mm　1/16
印　　张：24.5
字　　数：320千字
版　　次：2019年6月　第1版
印　　次：2019年6月　第1次印刷
书　　号：ISBN 978-7-5457-1878-2
定　　价：118.00元

版权所有　翻印必究

序言

2015年3月,《博物馆条例》颁布实施,条例规定博物馆"以教育、研究和欣赏为目的"。作为博物馆的职能之一,教育位居第一,足见其重要性。

事实上,随着博物馆免费开放的不断深入,越来越多的公众走进博物馆,利用博物馆的资源提升自我。博物馆已不仅是传统意义上的文物收藏、保护、研究机构,更是具有教育功能的公共文化服务机构。随着博物馆各项职能的不断完善,它正日益成为传承中华优秀传统文化、弘扬社会主义核心价值观、增强人们文化自信的主要渠道和重要课堂,是构成社会教育的重要基础机构。

为适应新时期博物馆教育的需求,山西博物院于2016年5月推出"晋界"讲坛这一教育项目,依托"晋魂"基本陈列,配合相关临时展览,邀请考古、历史、文学、艺术等相关领域的专家,从不同的角度阐释山西古代文明。通过公开的讲座形式,与观众进行面对面的交流、互动。讲坛举办以来,备受社会各界的关注,同时也产生了广泛的影响,渐成一个知名文化品牌。

"晋界"讲坛运行3年以来,先后推出5期共计27场讲座、4场高校巡讲、1期"晋文化"实地探访活动。

经过一年多的整理,《"晋界"讲坛文集(2016—2017)》顺利结集,文集共收录依托基本陈列"文明摇篮""晋国霸业"的2期15讲内容。书中集录的,不仅是专家学者有关山西古代文明的研究成果,同时还包括我们晋博人的守望与思索。如果读者朋友能从中有所获益,那将是我们继续前进的莫大动力。

"百尺竿头须进步,十方世界是全身",过去的每一点成绩都是未来工作的新起点。在《"晋界"讲坛文集(2016—2017)》即将付梓之际,我们深感肩头责任重大。"守望历史,传承文明",是我们的使命;"不忘初心,砥砺前行",是我们的信条;搞好博物馆教育,讲好山西故事,我们责无旁贷。

在此,我诚挚地感谢社会各界多年来对山西博物院以及"晋界"讲坛的关注,同时也热切期望大家继续支持我们,帮助我们。我们将继续努力,做好博物馆教育工作,尽力使山西博物院成为名副其实的教育机构、学术殿堂。

山西博物院院长 张元成
2019年1月

"晋界"讲坛知多少

王晓芬　杨　菊

山西博物院前身为1919年建立的山西省教育图书博物馆，在开馆之初，就将"开启民智，普及社会教育"作为重要使命。2005年，山西博物院新馆建成并正式面向公众开放，这座汾水西畔的博物馆不仅仅是一座大型现代化、综合性博物馆，更是山西省内最大的文物收藏、展示、教育、研究中心。山西博物院荟萃全省文物精华约40万件，基本陈列以"晋魂"为主题，以七个历史专题、五个艺术专题集中展示了山西在历史文化长河中的亮点。西侯度、丁村遗址记载着早期人类蹒跚的脚印；临汾陶寺遗址宣告了最初"中国"的诞生；剪桐封唐的传说、春秋五霸、战国七雄共同书写着晋国600多年波澜壮阔的篇章；北朝至唐，民族融合，佛教滥觞；宋至明清，杂剧曲艺盛行，晋商票号勃兴。一件件精美的文物，承载着卷帙浩繁的山西历史，忠实记录着这片土地上的故事。文物背后凝聚的沉甸甸的时光与历史记忆，赋予三晋大地丰厚的文化遗产。

一、项目缘起

2008年，在博物馆免费开放政策的引领下，山西博物院公共教育职能不断完善，2014年正式成立专门践行博物馆教育职能的部门——教育部。2015年，山西博物院教育工作框架基本构建完成，"小小讲解员团队"、"魅力古建"游学、"博物馆小课堂"等多个项目已经成为山西博物院的文化名片。春节、寒食节（清明节）、端午节、中秋节等传统节假日活动已经成为吸引公众走进博物馆、体验博物馆文化的重要方式。作为重要的"第二课堂"，山西博物院与学校的合作也愈发紧密。依托"你好，博物馆"幼儿课程、"时光飞船"进校园系列教程、"萌物馆"青少年（培养）计划、"博学堂"高校项目等活动，深入探索馆校合作机制。配合临时特展推出的讲座、体验活动、趣味折页及线上互动等多元形式，也极大地丰富了公众的文化生活，为大家打开一扇了解国内外优秀文化成果的窗口。每年800多场教育活动，成为新时期山西博物院转化文化成果、与公众建立密切联系的新纽带。而在众多的教育活动中，面向成人观众，尤其是晋文化爱好者，深度且系列解读"晋魂"的教育项目比较缺乏。习近平总书记在许多重要场合都强调"讲好中国故事，传播好中国声音"的重要性。因此面向晋文化爱好者们推出系列讲座活动，将"山西故事"讲述得更加精彩，就成了山西博物院应承担的责任。

2016年，"晋界"讲坛应运而生。"晋界"讲坛是山西博物院教育部践行了长达8年的教育职能之后推出的一项精心打造的品牌教育项目。

二、项目调研

在策划之初，山西博物院教育部对核心人群、实现形式、研发资源与发展规划等进行了深入细致的调研，为讲坛的落地提供了重要参考。

1. 讲坛核心观众群

成人是博物馆观众中最主要的部分，成人群体，尤其是高校学生与对博物馆有着特殊爱好的成人群体，对博物馆的需求相对理性，持续性较好，自主利用博物馆资源提升自身修养、拓展兴趣爱好的意愿较强。但是在山西博物院有目的、有规划地组织的教育项目中，成人教育项目比较少。在以往举办的定时定点主题讲解、画展专家解读与临展讲座中，对有需求的博物馆观众进行的专门性的调查与研究较少。最后，将讲坛核心观众群锁定为对博物馆有一定了解，并对文物博物馆有一定兴趣爱好的成人群体。

2. 项目形式

开放性的讲座或展览解读活动是目前国内博物馆开展成人活动的主要方式，如国家博物馆的国博讲坛、上海博物馆的上博讲坛、陕西历史博物馆主办或承办的历博讲坛、文博讲坛、长安讲坛等等。公众讲座是成人参与比较多、面向人群较广的活动方式。综合考虑山西博物院、本地观众及项目推进等因素，在确定讲坛的形式上，将面向大部分公众的讲座与面向小部分对博物馆某一个专题有着特别爱好的特殊人群的小型讲座(交流会、沙龙)形式相结合，穿插互动，形成良性互动。

3. 讲坛研发资源丰富

至2016年，山西博物院"晋魂"基本陈列面向公众开放已超过10年，在10年的漫漫历程中，山西博物院基本陈列一直与观众默默陪伴。山西博物院以往举办的公众讲座，多以临展与随机性的专家讲解为主，不成体系与系列，也没有形成对观众的持续吸引与培养稳定的观众群体，缺乏对"晋魂"基本陈列及山西区域文化、博物馆专题的系统性推介。因此，开展具有规划性、连续性的专家讲坛类活动，将新的考古发现与研究成果纳入进来，既在资源上具有可持续性，也符合山西博物院作为地区博物馆的职责和使命。

4. 符合博物馆教育打造品牌教育项目的规划

做好规划与实施，把好项目管理与项目效果，将讲坛打造成品牌教育项目，弥补品牌成人教育项目的缺失。

综上，从博物馆成人观众需求、

讲座形式、资源连续性与规划性以及博物馆成人教育项目可持续开展的角度,有规划地开展"晋魂"讲坛,具有实践与理论层面的必要性。

三、项目定位与正式提出

1. 项目定位

基于项目调研,"晋界"讲坛定位为面向成人观众,深度解析"晋魂"陈列与山西区域文化的品牌教育项目。"晋"体现了讲坛在内容上依托"晋魂"陈列与山西区域文化,是对讲坛内容范围的限定。"界"有范围的意思,如眼界、自然界,同时"界"也是地层学分类中最高的一级。"晋界"讲坛依托"晋魂"陈列与山西区域文化,结合国内外研究热点、最新考古发现、观众需求,推出一系列具有主题性、延续性的讲座,力图构建以成人群体为核心观众,以专家讲坛为主要形式,整合资源,形成各个年龄段的广覆盖、多元参与的品牌教育项目。

在实施上,每期讲坛从"晋魂"基本陈列或与山西历史文化相关的临时展览中选定一个主题,邀请国内著名专家、学者,从历史、考古、文化、艺术、技术、思想、文学等方面进行深入的解读。除线下讲座外,讲坛还同步推出线上报道、手绘视频、讲座视频,通过线上渠道拓展讲座受众,提升讲座辐射人群,让观众即使未能亲临讲座现场,也能完整地学习讲座内容,同时也可以通过线上互动,与讲座策划人员、主讲老师进行深入交流。在实现方式上,联动馆内与本地资源;在项目操作上,由践行博物馆教育职能的博物院教育部牵头,实现成人观众这一教育群体的突破;在项目预期上,将"晋界"讲坛作为品牌教育项目进行经营,与临时展览讲座并行。项目要点包括:(1)推出主题化系列讲座;(2)依托资源为"晋魂"基本陈列;(3)讲座形式多元,大型讲座、小型沙龙与访谈并行;(4)核心观众群为院校师生、爱好文博的社会人士及行业人员。

在工作理念上,真正做到将一个

教育项目当作一个研究项目来做,并且为教育项目中观众需求的深度研究、教育项目的效果提供重要的实证材料。"晋界"讲坛作为一个全新的教育项目,策划团队试图通过项目的策划与实施,进一步厘清参与博物馆教育的成人群体及需求、多种讲座模式结合试运行的效果、专家讲座与山西本地公众需求的契合度、讲座成果的呈现方式与后续影响力等。

2."晋界"讲坛第一期"文明摇篮"主题策划

"文明摇篮"是"晋魂"基本陈列的第一个展厅,也是山西博物院历史序列中跨越时代最长,最具山西文化特色的展厅之一。

漫长的史前时期,人类在与自然的抗争中,在不同的环境变化中,在缓慢的体质进化的过程中,智力与能力提升,伴随着制造与工具的革新,生活方式、社会结构与组织方式也发生了变革。史前时代漫长而艰辛,却为之后文明社会的快速发展奠定了基础。

第一期讲座依托山西博物院"文明摇篮"展厅,从人的进化、石器技术、农业与家畜驯化、史前艺术与文明四个方面,向观众讲述史前人类在艰难创世中的艰辛、创造与引发的社会变革,在与自然的对抗中逐渐走向文明的历程及亮点。在每场讲座中,主讲人需要根据选题,对主讲主题的时空背景(中国与世界)、考古学的独特阐释方法、考古发掘向博物馆展示的转变进行说明。

四、项目操作规范

1. 项目组织

整体规划:山西博物院教育部牵头,整合全院及本地文博资源,提炼主题,邀请学术顾问,确定讲座框架与拟邀请专家。

2. 组建项目组

项目设项目负责人1人、项目智囊团若干(负责项目运行、评估、研究等方面)。项目宣传、评估、设计、后勤、观众研究,每个方面由1人负责。

3. 活动准备

(1)场地准备:选定艺术中心

一楼大厅为讲座场地，根据场地规模，确定讲座规模、现场布置方案。

（2）宣传与推广准备：

——设计讲座Logo、PPT模板，制作讲座展板、资料夹、折页（含主讲人简介、讲座内容介绍、知识拓展）。

——每场讲座开讲前，给主讲老师录一个推介短视频，介绍主讲老师与内容、亮点。

——手绘动画制作：制作3~4个视频，概述"文明摇篮"展厅、重点文物故事解读。

——动画制作：解析讲坛策划始末，吸引观众关注讲坛活动。

——制作纪念书签，每一讲设计一枚书签，赠送预约观众。

（3）教具准备：配合讲座老师，准备讲座所需教具，如石器及打制石器所需的工具等，并做好教具展示。

（4）效果考察准备：设计观众调查问卷，用于观众意见反馈收集。

4. 活动实施

（1）发布讲座信息：撰写活动公告，由山西博物院社教之家微信、山西博物院官网、山西博物院官方微信、考古汇同步发布讲座信息，接受观众报名。

（2）筹备讲座现场所需物品，与相关部门就讲座细节做好沟通，确保各项工作顺利进行。

（3）按计划执行讲座各个环节的实施：

——观众签到，发放讲座宣传资料，播放宣传视频。

——主持人介绍主讲老师后，主讲老师就讲座题目展开讲述，讲座中间穿插教具展示与互动。

（4）最后进行互动提问，并收回观众问卷，活动组人员与主讲老师合影，邀请主讲老师为讲坛撰写寄语。

5. 讲座后期活动

（1）撰写讲座报道。通过山西博物院社教之家微信平台、山西博物院官方微信推出图文报道。

（2）制作讲座全记录视频。通过山西博物院社教之家微信、山西博物院官方网站推送讲座视频，拓展讲座后续影响，与观众持续互动。

（3）整理讲稿文集，准备编辑出版。

"晋界"讲坛第一期"文明摇篮"系列讲座（2016年）*

时　间	主　题	主讲人	主讲人简介
5月1日	追寻山西最早的人类文化	石金鸣	山西博物院院长，博士生导师。研究方向为旧石器时代考古学与博物馆学。
5月15日	乱云飞渡 ——丁村、许家窑人石器技术漫谈	王益人	山西省考古研究所史前考古研究部副主任，硕士生导师。研究方向为旧石器时代考古学。
5月29日	史前一万年 ——新石器时代革命	宋艳花	山西大学历史文化学院副教授，博士生导师。研究方向为旧石器时代考古学与古人类学。
6月12日	寄情山水 ——从枣园农家到逐鹿中原	薛新明	曾任山西省考古研究所史前考古室主任，研究方向为新石器时代考古学。
6月26日	陶寺考古与中国文明起源	王晓毅	山西省考古研究所副所长，兼任科技考古室主任，硕士生导师。研究方向为新石器时代考古学及技术史。
7月10日	科技告诉你： 古人的食物结构	侯亮亮	山西大学历史文化学院副教授。研究方向为科技考古与生物考古。

* 主讲人职务以举办讲座时的职务为准，下同。

五、项目拓展

从2016年第一期讲坛举办至文集成书前,"晋界"讲坛已经举办了五期。

2016年下半年,"晋界"讲坛第二期以"考古的故事——'十二五'期间考古成果展"为依托,推出"考古的故事"主题,举办了"释读地书 追寻古国""九原岗墓葬'升天图'解读与研究""行走的晋界——走进晋阳""文化与文明"四讲,对展厅四个单元中的核心内容进行重点阐释。结合展览内容,在晋阳古城遗址现场举办讲座,将考古发掘现场参观、学习作为活动内容,是此次讲坛的一大亮点。此外,第二期讲坛还推出校园巡讲,将四场讲座内容带到山西大学、中北大学等大学生身边。

"晋界"讲坛第二期"考古的故事"系列讲座(2016年)

时 间	讲 座	题 目	主讲人	主讲人简介
10月2日	第一讲	释读地书 追寻古国	吉琨璋	山西省考古研究所副研究员
10月16日	第二讲	九原岗墓葬"升天图"解读与研究	渠传福	山西博物院研究馆员
10月23日	第三讲	行走的晋界——走进晋阳	裴静蓉	太原市文物考古研究所副研究员
11月6日	第四讲	文化与文明	王晓毅	山西省考古研究所研究员

2017年,第三期讲坛立足山西博物院"晋国霸业"展览资源,以"晋国霸业"为主题,全年规划实施九场讲座、一次晋文化探访,邀请九位国内著名专家和教授,从历史、考古、文献、技术、文学、思想、地理等方面,就晋国的崛起与繁荣,它对山西乃至中国历史和华夏文明进程的影响,向公众作了多视角的权威解读。讲坛全年约3000人参与,策划教育视频11个,制作的《晋国霸业——晋国大家说》预告视频目前点击量达19000人

次，讲座报道观众阅读量较高。讲座受到现场观众的好评，项目集聚了一定的社会效应，产生了较好的社会评价。延续第二期讲坛举办的"行走的晋界——晋文化公众考察"活动，将讲座、展厅、晋文化遗址密切关联，收效良好。

"晋界"讲坛第三期"晋国霸业"系列讲座（2017年）

时 间	讲 座	题 目	主讲人	主讲人简介
5月21日	第一讲	漫说晋国、晋文化	李伯谦	北京大学考古文博学院教授
6月11日	第二讲	历史地理看晋国	马保春	首都师范大学历史学院教授
7月2日	第三讲	天马—曲村晋侯墓地 ——早期晋文化探索的重要成果	刘绪	北京大学考古文博学院教授
7月23日	第四讲	晋都新绛 ——晋国晚期新田城址	谢尧亭	山西大学历史文化学院教授
8月13日	第五讲	赵简子与晋阳	渠传福	山西博物院研究馆员
8月19日—20日		行走的晋界 ——晋文化公众考察		
9月3日	第六讲	铭铸晋史 ——从出土文献谈晋国与晋文化	董珊	北京大学考古文博学院教授
9月24日	第七讲	天地之灵 华贵雍容 ——晋国玉器艺术与赏析	吉琨璋	山西省考古研究所副研究员
10月15日	第八讲	华夏正脉 民族熔炉 ——文明视野下的晋文化	孙庆伟	北京大学考古文博学院教授
11月5日	第九讲	唐晋心语 ——由《诗经·唐风》谈晋国文化	牛贵琥	山西大学文学院教授

2018年新年伊始，"晋界"讲坛确定第四期主题为"晋楚争锋"，依托特展策划了四场公众讲座，邀请国内著名专家学者，从考古、历史、文学的视角，就晋楚文明乃至其对大一统文化格局形成的影响作深度、权威的解读，分别推出"从九连墩楚墓看楚国高级贵族的生死观念""江河融汇——以《九歌·河伯》为例看晋楚文化的交融""楚材晋用抑或晋材楚用？——从青铜器看楚晋之间的文化交流""说晋楚争霸"四场讲座，受到观众欢迎。讲座筹备期间，讲座文稿收入展览图录中，丰富了展览图书的内容，这也是讲坛配合展览的重要尝试和成果。

"晋界"讲坛第四期"晋楚争锋"系列讲座（2018年）

时 间	讲 座	题 目	主讲人	主讲人简介
2月3日	第一讲	从九连墩楚墓看楚国高级贵族的生死观念	王先福	湖北省博物馆、湖北省文物考古研究所研究馆员
2月11日	第二讲	江河融汇——以《九歌·河伯》为例看晋楚文化的交融	牛贵琥	山西大学文学院教授
2月25日	第三讲	楚材晋用抑或晋材楚用？——从青铜器看楚晋之间的文化交流	张昌平	武汉大学历史学院教授
3月11日	第四讲	说晋楚争霸	李 零	北京大学中文系教授

2018年下半年，原计划推出"民族熔炉"主题讲坛，恰逢"长城故事"展览开展。此次"长城故事"展览通过数百件文物，分为三个单元，介绍

中国长城的功能结构、地域文化交融和标示内涵。随着时代的发展，曾经辉煌的长城建筑在岁月流逝中逐渐凋零，作为宝贵的不可移动文化遗产，其保护工作也逐渐被国内外学者所关注。山西北通塞外草原，南临中原腹地，作为农耕社会与草原民族交汇的前沿地带，广泛分布着各个时期的长城建筑。发生在长城内外的故事与古代山西地区"民族熔炉"的地域内涵不谋而合。这一期讲坛借助"长城故事"专题展览，以相关文物、考古遗址、文献资料、文化遗产保护为基础，进行讲座研发，希望可以从文化遗产保护、长城与考古调查、社会史建构、中原王朝与游牧民族宏观叙述等方面将展览之外的"长城故事"讲述得更加精彩，推出了"长城：消逝与永存""长城与秦汉'北边'交通格局""从赵武灵王到王昭君——战国秦汉时期阴山地区中原王朝长城防御体系的演变""短命王朝的长城'情结'——山西的北齐长城"四讲。

"晋界"讲坛第五期"长城内外"系列讲座（2018年）

时 间	讲座	题 目	主讲人	主讲人简介
10月14日	第一讲	长城：消逝与永存	赵世瑜	北京大学历史系教授
11月4日	第二讲	长城与秦汉"北边"交通格局	王子今	中国人民大学国学院教授
11月11日	第三讲	从赵武灵王到王昭君——战国秦汉时期阴山地区中原王朝长城防御体系的演变	张文平	内蒙古文物考古研究所研究员
11月25日	第四讲	短命王朝的长城"情结"——山西的北齐长城	赵 杰	山西大学历史文化学院副教授

六、"晋界"讲坛项目实践成果

2016年—2018年,"晋界"讲坛已面向观众推出5期,推出公众讲座27场、高校巡讲4场,直接参与人员近7000人,配合讲坛制作宣传折页、手册、书签、手绘视频、动画、讲座视频、图册,做好前期宣传的同时为观众聆听讲座提供最大便利。此外,最大限度地发掘、拓展讲座价值。讲座结束后,在山西博物院社教之家微信平台、山西博物院微信平台、山西博物院官方网站、山西博物院新浪微博等多个媒体平台上进行宣传、推广,让没能亲身到现场的观众能通过线上渠道了解讲座内容。

讲坛在明确定位的基础上,将核心观众锁定为15周岁以上的文化爱好者,经过三年多的经营,已经培养了博物馆讲座活动稳定的观众群,基本探明了他们的文化需求,实现了2016年讲坛筹划之初在成人观众群体拓展和观众文化需求调研的目标。

目前,"晋界"讲坛教育项目在操作流程上已经趋于成熟,且成为山西博物院教育项目的品牌,在推广三晋文化、传承传统文化上意义重大,是山西博物院的重要名片。

通过实践,可以将"晋界"讲坛的探索和启示梳理为以下方面:

1. 教育活动策划原则和方法是教育活动成功的保障

讲坛活动的成功举办与策划前期长时间的筹备与调研密切相关。博物馆教育分众化是讲坛策划的基础原则,作为一项以晋文化爱好者(文博行业从业者、高校相关专业的学生、社会文化爱好者)为目标观众的教育项目,立足博物馆的资源特点,定位明确,目标明确,组织严密,配套设计完善,设身处地为观众参与活动提供便利(宣传册、视频、动画等),吸引观众参与并分享讲座成果。

2. 主动发掘观众的文化需求,定制文化套餐,以老陈列为基础讲新故事

"晋界"讲坛是基于山西博物院基本陈列展出十余年且馆内成人教育项目现状提出的。在项目策划之初,

对于讲坛面向的人群、实施方式、达成目标等多个方面进行调研，明确项目所指向的观众群体，并对目标观众文化需求进行深度发掘，可以说，"晋界"讲坛是为晋文化深度爱好者定制的文化套餐。观众的博物馆需求也需要刺激和引导，因此围绕一个主题推出的系列讲座，对于吸引观众的持续关注、培养稳定的观众群体、满足观众持续的博物馆学习需求具有重要意义。同时，也有助于博物馆教育项目品牌的建立及博物馆文化资源的深度开发。

"晋界"讲坛立足山西博物院文化资源特色，对于普通观众而言，是走近博物馆，了解古代文化，激发兴趣，提升文化素养的重要方式。每期一个主题，围绕主题策划系列讲座，不仅主题鲜明，重点突出，更是以学术为基础、以成人观众为主要群体的公众教育项目。每场讲座，既是对古代文化与文明的积极探索，也是对传统文化中人与自然、人与社会、人与人之间相处准则、社会规范、道德与信仰的叩问与传承，并重视古代文明与文化对现代社会生活的启发。

3. 教育活动形象包装必不可少

为方便观众了解讲坛活动的最新信息，享受讲坛中专家讲述与现场互动的过程，扩大讲坛成果，讲坛在结构设置上，以专家互动讲座为核心，同步衍生了微信推广、预告视频、讲坛视频、手绘视频、讲坛资料夹（含资料夹、讲坛邀请卡、讲坛预告、书签文物介绍、讲坛纪念书签）、讲坛展板、讲坛海报、讲坛大背景介绍等多项教育衍生品，最大限度地扩大讲坛观众吸引力和后续影响力，让基于讲座的教育项目变得丰富。讲坛活动期间，配合讲座设计、制作的讲坛Logo、宣传册、宣传页、徽章、笔记本等为讲坛增色不少，在一定程度上也成为吸引观众到场聆听讲座的因素之一，同时也让以讲座为核心的讲坛在内容上更加丰满、更加人性化。

4. 注重实效，与观众、与社会持续互动

"晋界"讲坛经三年多的成长，受到业内专家学者和观众的一致好评。"晋界"讲坛自2016年开办至今，《中国文物报》《山西日报》《山西晚报》《山西青年报》《生活晨报》等多家纸媒，新浪山西门户、"今日头条"、山西省文物局官网等多个网络平台均进行推介，获得了较为广泛的社会好评，取得了较好的社会效应，成为山西博物院的品牌教育项目。为了更好地收集观众在听完讲座后的感受和建议，策划团队还发起问卷调查与线上话题互动，观众从不同角度表达了讲座中的收获与新认识，同时对主讲老师渊博的知识、深厚的学术功底、深入浅出的讲述给予较高的评价，更对今后的讲座充满期待。此外，讲座策划人员还将整理讲座稿件，积极促成讲座成果的出版，惠及更广泛的人群。由此，讲座的策划与互动是多元、持续的，与观众、与社会形成持续互动，实现讲座内容的活化与成果的社会共享。

从国内博物馆教育事业的开展来看，博物馆教育工作是新兴的业务职能，也是与观众联系最为紧密的工作。相对规范的操作流程能为讲坛各项工作的实施、讲座效果的达成提供框架支持，"晋界"讲坛是山西博物院积极探索博物馆教育案例的成功探索。而今，新一期的"晋界"讲坛也正在策划、筹备中，我们也期待，"晋界"讲坛能继续深度发掘观众的文化需求，与醉心于三晋文化研究的专家学者一起，利用丰富的文物资源，讲好故事，让山西大地丰厚的文化遗产焕发生机。

目 录

序 言 1

"晋界"讲坛知多少 .... 王晓芬 杨 菊 1

文明摇篮

追寻山西最早的人类文化 .... 石金鸣 3

乱云飞渡
　　——丁村、许家窑人石器技术漫谈 .... 王益人 21

史前一万年
　　——新石器时代革命......................................宋艳花　63

寄情山水
　　——从枣园农家到逐鹿中原..............................薛新明　79

陶寺考古与中国文明起源..................................王晓毅　97

科技告诉你：古人的食物结构..............................侯亮亮　117

晋国霸业

漫说晋国、晋文化......................................李伯谦　151

历史地理看晋国..马保春　173

天马—曲村晋侯墓地
　　——早期晋文化探索的重要成果..........................刘　绪　229

晋都新绛
——晋国晚期新田城址 .... 谢尧亭　247

赵简子与晋阳 .... 渠传福　271

铭铸晋史
——从出土文献谈晋国与晋文化 .... 董　珊　289

天地之灵　华贵雍容
——晋国玉器艺术与赏析 .... 吉琨璋　311

华夏正脉　民族熔炉
——文明视野下的晋文化 .... 孙庆伟　337

唐晋心语
——由《诗经·唐风》谈晋国文化 .... 牛贵琥　357

后　记 .... 王晓芬　370

文明摇篮

山西地处黄河中游、华夏腹地，山川秀美，气候适宜，是中国远古人类和文明的摇篮。母亲河九曲如龙，奔流向东。在其最大最急的转弯处，有一个叫"西侯度"的小山村。180万年前，这里的人们制造出目前发现的中国最早的石器工具。古人类从事渔猎和采集，茹毛饮血，薪火相传，群居而生，艰难的行踪踏遍了太行和吕梁之间，不灭的篝火闪亮在汾水与桑干两岸。山西已发现的旧石器时代文化遗存数量居全国之首，构成了华北两大旧石器文化传统的主体。原始人类蹒跚的步履，穿越漫漫岁月，积累进步，传承知识，逐渐脱离野蛮，告别蒙昧，走向文明。

距今一万年前后，人类进入新石器时代。人们以磨制石器为生产工具，制造陶器，营建房屋，生活质量大幅提高。原始农业和畜牧业产生，人类开始过着定居的氏族生活。审美意识更加强烈，加快了走向文明的步伐。山西已发现新石器时代文化遗存2000余处，从枣园的农家稼穑，到西阴的彩陶艺术，文明的坐标越来越清晰。塔儿山下，陶寺遗址的发现为传说时代的"陶唐故国"勾勒出较为明晰的轮廓。尘封4500年后重见天日的城市、宫殿、文字、铜器、"礼器"、观象台和中华民族的精神图腾——龙，昭示着我们的祖先跨进文明之门。最初的"中国"人从这里出发，走向未来。

主讲人 / 石金鸣

追寻山西最早的人类文化

主讲人 / 石金鸣
山西博物院研究馆员

引　言

汗牛充栋的史书，即使在世界四大文明古国，也只是历史冰山的一角。更多的故事，或遗失在时间的旅途，或沉睡于黄土、沙漠、海底，等待着考古学家的造访，等待着诸多其他学科领域的学者开启对话的大门，进而再现历史的真相。

考古学家正在承担更多的社会责任与文化使命，让公众分享科学研究成果及发现与探索的喜悦。而有关人类起源、农业起源、文明起源以及历史上发生的重大事件的揭秘，一直是公众感兴趣的热点话题，也是科学家们长期考察、研究的重要学术课题。

一、黎明前的地质、地貌概况

山西省位于华北平原以西，黄土高原的东部，地处黄河中游，通称山西高原。一般海拔1000米左右，最高的山峰五台山北台海拔3058米，最低的垣曲沿黄河谷地海拔245米。整个山西山岭沟谷纵横交错。全省地形大体上可以分为三部分，即东部山地区、西部高原区、中部山间盆地地区。

新生代以来，喜马拉雅造山运动使山西大面积隆起，形成东西两列山脉，即太行山和吕梁山；南北两端为中条山和恒山；中部地区有五台山、云中山、太岳山。与此同时，在全省中部出现了一条纵贯南北的大裂谷——汾渭地堑。局部的横向隆起又将大裂谷分割为若干串珠状的断陷盆地，由北向南依次为大同盆地、忻定盆地、晋中盆地、临汾盆地和运城盆地。由此便构成山西山地、丘陵、盆地和沟谷俱有的复杂的地貌框架。

上新世末至更新世初，山西的大多数盆地为浩瀚的湖泊，如北部的大同湖、南部的三门湖、东南部的榆社湖。后来随着气候、环境的变化，湖泊开始萎缩变小，黄河沿岸以及上述古湖边开始堆积由西北季风携带而来的黄土。吕梁山西麓和盆地边缘沉积了午城黄土。中更新世，湖泊继续萎缩，河流逐渐形成，河谷两侧及山麓地带堆积了离石黄土。在晚更新世，现代山西的河流水系基本形成，河流阶地得到充分发育，黄土地区和河流、湖泊的沉积上普遍覆盖着灰黄色的马兰黄土。在人类诞生前夜，山西地区的地貌、水土、植被等非常复杂多样，这些条件使得山西非常适合人类生存。

从气候和地形的角度来说，山西全省属温带—暖温带、半湿润—半干旱的大陆性季风气候，垂直变化显著，南北差异突出。沟壑纵横、水土流失严重的山西地区客观上为古人类遗骸及文化遗物的出露提供了机遇。地质学家、古生物学家、考古学家们孜孜不倦的考察与探索，证明了在这块土地上，远在更新世早期就有人类在这里劳动、生息、繁衍。

二、相关背景知识

（一）考古学与石器时代分期

考古学旨在根据古代人类活动所遗留下来的实物遗存研究当时人们的生活及其社会的状况，进而解析人类文化与社会发展的历史过程，探索其发展变化的背景、原因和规律。古代人类活动所遗留下来的实物遗存包括各种遗迹和遗物，它们多被埋没在地下，必须经过科学的调查与发掘，才能被系统地、完整地揭示和认识。考古工作既是一种野外的体力劳动，又是书斋和实验室里的学术钻研，两者兼备，才能更好地了解遗物和遗迹对还原人类真相的意义。

与历史学主要依靠历史文献研究人类社会发展规律不同，考古学的研究主要依托各种考古发掘的实物资料。

历史时期的考古研究可以与历史学分工合作，相辅相成。而对于这样的疑问：人是怎么来的？人是怎么变成现在的人？人从哪儿来，又要到哪儿去？我们吃的粮食是从什么时候开始种的？什么时候人们开始制作陶器……这些事情都是发生在人类使用文字前的时代，考古学就成为解决这些问题的唯一途径。

人类起源、农业起源、文明起源不仅仅是考古学家关心的课题，也是一个个备受公众关注的研究热点。山西是中国古代文明的主要发祥地之一，先后发现的多处旧石器时代遗址足以证明这一点。目前，山西省是已发现中国旧石器时代文化遗存最多的省份，300多处遗址中，旧石器时代早、中、晚期遗存都很丰富，自成序列。

考古学将早期人类经历的第一个时代称为石器时代，又细化为旧石器时代和新石器时代。在新石器时代，出现了早期的农业和畜牧业，陶器和水井被发明，使用磨制石器工具，开始了定居生活。在新石器时代以前是更为漫长的旧石器时代，人类以狩猎、采集为主，过着居无定所的生活，主要使用的工具就是石器，兼有木器、骨角器等，时间跨越从距今约300万年到距今1万年左右。贾兰坡院士曾经说过，"如果人类的历史是24小时，旧石器时代的研究就是从0点一直到晚上近12点，也就是说人类历史的99%以上都属于旧石器时代"。

（二）考古学文化和年代

与广泛和最具人文意味的概念不同，考古学文化是指存在于一定的时间和空间的一组具有特征的实物遗存，用以表示考古遗存中属于同一时期、有地方特征的文化共同体。一个考古学文化所代表的文化共同体可能与某一个人群共同体相联系，是该人群共同体创造的物质文化和精神文化的实物遗存。考古学文化是系统的，有空间、时间的概念，其命名一般以首次发现该文化遗存的遗址命名。

从学术表达角度，考古学的年代有绝对年代与相对年代之分。相对年代是根据类型学和地层学分析得到的年代早晚序列。地层学从地质学借用而来，是判定遗址实物遗存相对年代的最核心方法之一，主要用以厘清不同地层单位在堆积顺序里的上下叠压或打破、时间顺序里的早晚（底层早于上层）、共存关系。相对年代在具体操作中极其有用。相对于相对年代，绝对年代的研究同样意义重大。绝对年代的提出是指依据碳十四、热释光、光释光、铀系裂变、钾氩法等物理和化学年代测定手段得到的测定数据，在表达上经常以"距今×××年"呈现。从一定意义上来讲，绝对年代具有一定相对性，因为如今的自然科学年代测定手段尚达不到精确到某一年的水平，测定出的绝对年代只是一个比较精确的年代段。

三、人工石制品探秘

目前学术界将灵长类中能常规两足直立行走者称为"人"。直立行走使得人类逐渐解放双手，学会制造和使用工具。我们今天可以看到的古代先民们最早使用的劳动工具是石器。一般认为，在石器发明之前应当有过木质工具的阶段，这是合乎逻辑的。但是因为木质工具容易腐朽，难以保存至今日，考古工作者很难寻找到远古人类最早制作的木质工具遗物。再者，人类最早使用的木质"工具"，即使保存至今，其是否是真正意义上的工具，也有一定鉴别难度。人类最早使用的工具，可能是只需简单折断即可作为工具使用的树枝、木条，本身仍保持着固有的天然性，之所以称其为工具，仅仅是因为人类曾经使用过的缘故，即使保存至今，也很难鉴别其是否为工具。

考古学界将人类主要使用打制石器的时代称为旧石器时代，将主要使用磨制石器的时代称为新石器时代。石器从打制到磨制经历了漫长的时期。技术的发明是一个重叠、逐渐过渡的过程。

岩石在自然状态下由于热胀冷缩或者其他自然情况也会破碎成小石块，那么怎样辨别自然形成的石块和人工打制的石器呢？

（一）石料选择

首先要看石质。原始人要打制石器，首先要选择石料，石料必须有一定的硬度与韧度。泥成岩、石灰岩、页岩、滑石等质地太软的岩石不适宜制造石器。一般来讲，地质学家根据岩石的软硬程度不同，将岩石分为10个级度。旧石器时代的先民往往选择硬度为六七度的岩石作为石器的原料，如石英、玛瑙、燧石、黑曜石等。花岗岩虽硬，但不能形成刃口，也不能用来加工石器。那么在野外如何鉴别石料的硬度？使用小刀如果能划出痕迹来，那肯定低于6度；如果划不出道，就具备做石器的硬度。除了硬度和韧度，质地、色彩也是原始人选择石料考虑的要素。

（二）打制技术

原始先民们使用的石器是如何加工出来的呢？现在我们知道的石器打制技术分为直接打击法与间接打击法两种。直接打击法最常见的有锤击法、砸击法、碰砧法（图1）。

锤击法是指把选择好的一块石料放在地上，然后手握一块石头，作为石锤，去锤击石料。在锤击时要先在石料上选择一个打击的台面（即自然平面或稍加打击的平面），然后再选择靠近台面边缘的一个点用力锤击，从石料边缘上敲剥下石片。用这种方法打制的石片，石片面较小，石片劈裂面上的半锥体、锥疤、裂纹等痕迹比较清晰。锤击法是打制石器中比较常见的一种方法。

砸击法是指把选择好的一块石料放在另一块作为石砧的大石块上，然后用另一只手握着石锤砸击放在石砧上的石料。用这种方法砸下来的石片体积小而长。这种石片的一端或两端因受到重力影响，往往遗留有碎片剥落的痕迹，或者出现稍微内凹或边凹的现象。

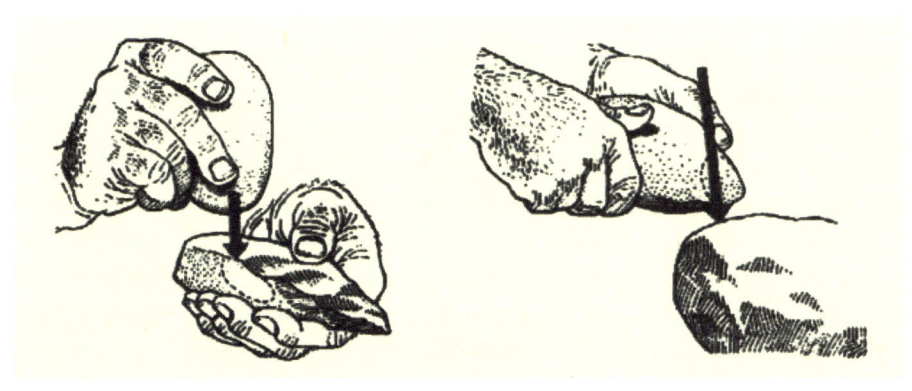

锤击法　　　　碰砧法　　　　图1　石器打制的方法

碰砧法是手持石料向另一块作为石砧的大石块上碰击，碰下来的石片需要经过第二步的加工才能成为好用的石器。

间接打击法是指在选择好的一块石料上面放置一根木棒或骨料，然后再用一块石头作为石锤，用力锤击木棒或骨料，把重力传递到石料上，使其剥落下石片。间接打击工艺需要中间物，通过中间物作用于石核。这种技术是旧石器时代晚期才出现的。这样打制石器比较好控制，尤其用在细石器的制作上。

（三）石器修整

考古学认为从石核上打下来的石片不叫工具，经过第二步加工后的石片才叫工具。第二步加工即是对第一步加工后的石片所做的修整。根据不同石器的特点，修整包括加工方向、位置、分布、形式、刃缘形状、伸展状况、角度和疤痕形状等。石器修整加工可分为硬锤加工和软锤加工两种。硬锤加工出来的石器边缘不规整。软锤加工，就是用木棒或鹿角加工，比较容易控制力度和接触面，打出来的石器比较规整。

（四）认识石器的功能、类型

根据利用石料的部位可将石器分为石片石器和石核石器两大类。石片石器是用从石料上打下来的石片制成的，石核石器则是用打掉石片后的石核制成的。根据石器的形制和用途，可以把石器分为尖状器、刮削器、砍砸器三大类（图2）。

尖状器的顶部有一个尖刃，是加工两侧修整形成的。尖状器器形大小

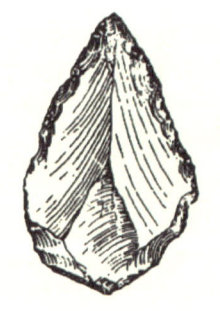
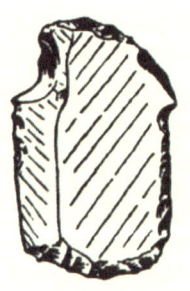

图2 旧石器的三大类型　　尖状器　　刮削器　　砍砸器

差别很大，用途也各不相同。

刮削器一般用小石片加工制成，根据刃部形状可以分为直刃、凹刃、凸刃、双面刃、圆头刮削器等。刮削器是我国旧石器文化遗址中最常见的石器器形。

砍砸器一般体型较大，分量较重，根据刃部和器形可以分为单面砍砸器、双面砍砸器等。砍砸器通常只在刃部打制加工，其他部位则保留着石块或砾石原来的形态。

除此之外，石器还有雕刻器、矛头、箭头、石锥、石球等。雕刻器用小石片加工而成，有一个非常锋利的锋刃。箭镞在旧石器时代晚期才出现，一般用压制法加工而成。石球呈不规整的球形，通体经过打制修整而成，与皮条、绳索连接，成为飞石索。另外，并不是所有石器都要求达到六七度的硬度，石球可以不受岩石硬度的限制。

四、山西早期人类文化的发现

（一）山西早期人类文化发现概况

山西的古人类遗迹很多，文化内涵也很丰富，越来越多的材料证明山西是中国乃至东亚地区研究人类发展举足轻重的地区。早在1929年德日进和杨钟健在山西西部进行地层考察时，就发现了旧石器时代石制品。但那时发现的材料甚少，没有、也不可能引起有关方面的重视。报道中也只是简单地记录了石制品产出的地层层位，或"黄土下部"，或"黄土底砾层之下部"。这一发现一直保持了20多年，直到丁村发现旧石器时，才算真正拉开了山西旧石器时代研究的帷幕。

从1953年发现丁村遗址开始，到1959年底，山西境内即发现旧石器地点164处。时至现在，山西旧石器地点又有了成倍的增长，已见于记录的地点有300余处，分布在全省40多个市、县的范围之内。从最北面的阳高许家窑，到最南面的西侯度、匼河，最西边的黄河边，最东边的太行山洞穴中，都有旧石器遗址的发现。

山西是中国发现旧石器遗址最多的省份，对旧石器文化的研究也比较深入。更为难得的是，从早期的西侯度、匼河，中期的丁村、许家窑，到晚期的峙峪、下川，新、旧石器时代过渡的柿子滩，山西的旧石器时代遗址自觉形成了一条绵延有序的文化序列。目前已经发现的旧石器时代早期地点有芮城西侯度遗址、芮城匼河遗址，中期地点有襄汾丁村遗址、阳高许家窑遗址，晚期地点有朔州峙峪遗址、陵川塔水河遗址、沁水下川遗址、蒲县薛关遗址、吉县柿子滩遗址。我们期待随着工作的不断深入，在资料和经验逐渐积累和丰富的情况下，考古发掘的认识也有所修正、充实和提高，将各地的旧石器遗存搞清楚，建立起更完整的山西旧石器文化序列。

（二）西侯度文化

西侯度遗址发现于1959年，位于山西省西南角——芮城县风陵渡镇以北约7公里，地处黄河左岸丘陵地带，是旧石器时代早期遗址，也是我国乃至东亚地区首次发现的早于100万年的人类文化遗存。1988年，由国务院公布为全国重点文物保护单位（图3）。

在西侯度遗址发现的石器材料，时代相当古老，根据哺乳动物群对比的绝属、绝种动物统计，比1930年公布的泥河湾化石名单还要古老一些。在处理西侯度遗址石器材料的时候，研究者对自然界中的物理、化学和生

图3 西侯度遗址复原图及出土的部分动物化石

物现象，诸如地层下压、断层错动、冰川作用、泥石流移动、洪水冲撞、旋转滚动、野火燃烧、气温变化、酸性腐蚀、水的溶解、野兽践踏等所能引起的岩石破碎纳入考虑因素，结果是上述现象都无法解释西侯度遗址出土石器的性状。

西侯度遗址为河流沉积遗址，水流冲击与磨蚀也是影响石器的考虑因素。洪水冲动岩块互相撞碰确实可以生成石片，但一般是从岩块的弱处（如沿着岩石的层面或节理）破碎，决不具备人工打制那样的规律性，而且更难见到重复的破裂现象，即在一块砾石上或一件石片上很难见到连续的石片疤。西侯度的石器标本则具有人工打制的规律性，即在一件标本上，如石片或砾石一侧边缘上，有从同一方向由一面向另一面连续打击的痕迹，有的石片边缘还有向两面交互打击的痕迹。这就显而易见，用洪流冲动岩块相互撞碰是无法解释的。总之，自然力破碎的石块和人工打制的石器之所以不难区别，是因为人工打制的石器是为了使用，有目的性，因而有其规律性，而这种规律性在自然力破碎的岩块上是找不到的。

此外，还应该提到的是，由发现石器的地层砾石以及其中所含的化石来看，当时的河水应该有一定的深度和平稳性。如从其中发现了一块鲤鱼的鳃盖骨，由鳃盖骨的硕大、厚实，推测活体的鲤鱼长度超过半米；砾石一般都很小，径多在5厘米以下，较大的砾石不多见，而我们所采到的最大的一件长28厘米、重8.3公斤的标本却又是一件具有人工打击痕迹的巨型石核。因此，即使是水的流速较大，也不能用水流冲撞石块即"石撞石"的现象来解释。同时，从这一层里还发现了完整的犀牛头骨和许多完整的鹿角。在能够把石块破裂成石片的水流环境下，不仅鲤鱼无法生存，而且所保存下来的一些哺乳动物化石也不会如此完整。特别是这个地点离山区较远，不会有那么大的冲击力。在这个地点所发现的石器绝大部分是用石英岩制成的，十分坚韧，除非施加很大而且又集中的打击力量，否则是不易破碎的。所有的这些合理推断都指向西侯度石器上的人为行为是存在的(图4)。

除了少数石器以外，大部分石器

11

图 4 西侯度砍斫器

和许多化石都或多或少地被水冲磨过。由于材料均发现于河流相的沉积中,这种冲磨现象是完全可以理解的。在砂砾层中发现的被水冲磨过的石器,在国内外是屡见不鲜的,如匼河和丁村等地点都发现过。在沙漠地带发现的被风沙磨蚀的石器更多,尤其是地表上的细石器,经常被风沙磨掉边棱。石器被水冲磨,并不需要长距离的搬运,也用不着很久的时间,只要它在河边被水淹没,流水带动砂粒就会渐渐磨掉它的棱角。

石器

西侯度文化的石制品以石英岩为主要材料。类型有石核、石片、砍斫器、刮削器和三棱大尖状器。对石核和石片的分析表明,当时人们已掌握了直接打击技术的三种方式:锤击法、砸击法和碰砧法。最大的石核为一件重 8.3 公斤的石片石核,最小的仅为 33 克的漏斗状石核,说明当时不仅使用了大型石器,而且也使用了小石片和用小石片加工成的工具。刮削器共 6 件,可分为直刃、凹刃和圆刃三种。砍斫器是这个地点工具的主体,10 件标本中有双面砍斫器、单面砍斫器和有使用痕迹的砍斫器(图 5)。三棱大尖状器只发现 1 件,大部分仍然保留砾石面,只是在尖端进行加工,形成横断面为三角形的对称尖刃,这是我国旧石器时代的一种传统工具。

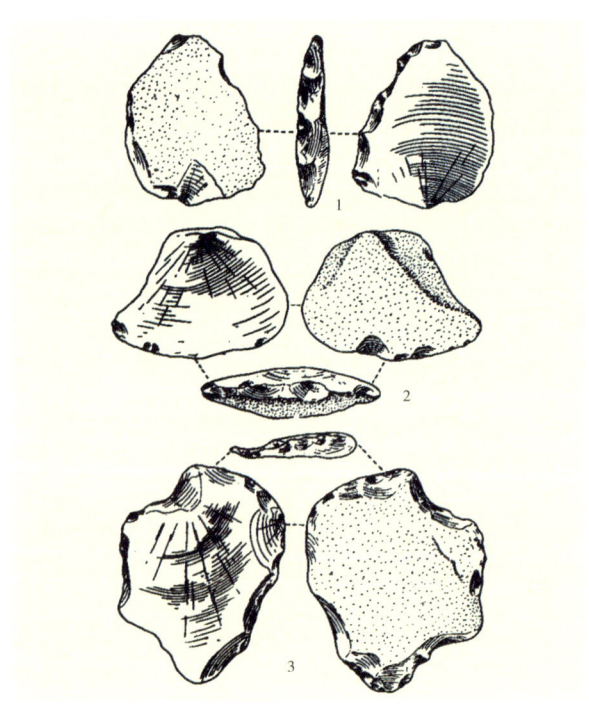

1-2. 单面砍斫器;3. 多边单面砍斫器

图 5 砍斫器

带有切痕的鹿角

发掘者发现了一个鹿的头盖骨，左右保存了两段角，鉴定为步氏真梳鹿，骨缝清晰，属于幼年个体。

左角的主枝连同角节只保存了80毫米长的一段。在靠近角节主枝的后外侧，有一个与主枝斜交的沟槽，沟槽长约35毫米，最宽约20毫米，最深约5毫米，已露出角的组织。沟槽的横断面呈现"V"形，可以肯定并非由于腐蚀或其他的自然力所形成，而是人工用锐利的器物切或砍斫出来的，因为沟槽的斜沟上可以明显地看出至少有三层切割或砍斫的痕迹（图6）。除了左角柄和角节有刮削的浅痕外，在上述沟槽之上约13毫米处还有一个圆形的浅疤痕，同样是用锐利的器物切割形成的。右角的后面顺着角的长轴也有刮削痕迹。这些痕迹可以肯定不是发掘时误伤，因为痕迹不仅和角的表面同样被氧化锰所污染，而且在人工切割的沟槽中还发现有胶结着的砂粒。

此外，还有一件标本，从角节往上的主枝已不存在，从痕迹看，似乎是被打掉的。人工痕迹虽然也很明显，但和上述标本一样，工作目的不明，推测是为了制作角器。

燃烧过的骨、角和马牙

在西侯度遗址的文化层中，还发现了一批颜色特殊的化石标本，颜色有黑、灰和灰绿，大部分为哺乳动物的肋骨、鹿角和马的下颊齿。这种不同颜色的化石非矿物所污染，因为从

图6 西侯度出土的大型鹿角化石

新的断面上看，已达到骨的深处。经过化验室的取样，化验结果基本可以表明是燃烧过的骨骼。

北京人用火的证据是非常清楚的，不仅有很厚的灰烬层、烧骨、烧石、烧过的朴树籽和紫荆木的炭块，而且有的地方灰烬成堆，未使火到处蔓延，证明已经能很好地管制火了。人类用火的历史应该很早，决不会是从北京人才开始的。在匼河、陕西蓝田、云南元谋等旧石器遗存中，也或多或少发现了可能与人类活动相关的火烧痕迹。西侯度的烧骨材料，虽然还无法确认是人工控制火的结果还是自然火使然，但是至少我们怀疑人类使用火的历史可以往更远古的时代推移了。

五、早期石器是与非的大辩论

（一）北京人的石器是不是最原始的石器？北京人是不是最早的人？

1929年，北京周口店的北京人头盖骨发现之后，又发现了石器、骨器、用火遗迹以及大批可以说明地质时代的哺乳动物化石，使得"直立猿人"的问题趋于明朗。那么北京人是不是最早的人类呢？中国境内是否还有比北京人更早的人类存在呢？我们应当有理由相信北京人不是最早的人。考古发现显示，他们使用的石器已相当进步，不仅有了打制相当精致的细小石器，而且他们还根据石料的不同，使用不同的打制石片方法，这绝非是人类一开始所能办到的。

很长一段时间以来，人们都认为距今20万至70万年前的北京周口店遗址代表了中国最早的旧石器文化，在这里发现了周口店原始人头盖骨、石器、用火遗迹，主持发掘的裴文中先生认为周口店遗址是中国乃至亚洲最早的文化。后来，学术界引发了两个辩论：北京人的石器是不是最原始的石器？北京人是不是最早的人？

在20世纪60年代，有考古工作者认为北京人的石器只具备原始性，而不具备进步性。他们认为，北京人的石器非常简单，使用了大量不加修理的石片，只是在打制石片的时候，可能偶然产生一些特殊的、好像有进步性质的石器，但由于不是以固定方法制作出来的，所以数量很少。还有人认为，北京人的石器中虽然也可以分作几种类型，如尖状器、刮削器、石锥、石砧等，实际上只不过是满足人类使用石器最起码的基本要求。

也有不少学者持完全相反的观点，以贾兰坡先生为代表，认为北京猿人使用的石器种类、技术很丰富，并非人类最早期所使用的工具。他们细致研究了北京人的石器，认为北京人制作石器的第一步是打制石片，已经能够根据石质的不同分别采用碰砧法、锤击法和砸击法。对于质脆不容易加工的脉石英，北京人已能用砸击法制成所谓的"两极石片"，就是两端都有因受力而剥落碎屑痕迹的那种石片。这种"因材加工"打制石片的方法，无论如何都不能看作是人类刚开始制作石器的时候就能掌握的。北京人制作石器的第二步是加工修理，他们已经能够根据用途不同分别采用不同的加工修理方法，能加工成大小不等的尖状器、刮削器和砍斫器三种类型，特别是尖状器的加工方法已经基本定型。所以北京人的石器并不是最原始的打制石器。另外，北京人已经能够使用、控制火，保持火种，这也说明北京人的文化具有进步性。

与早期的打制石器一样，北京人能不能作为最早的人类，两方的意见也尖锐对立。围绕北京人遗址所产生的大讨论，很多学者参与其中。大家从正、反两个方面联系多方面考古材料反复对比，大大加深了对北京猿人的认识。如今学界早已取得了这样的共识：北京人的打制石器具有相当的进步性，也存在着比北京人更早的原始人类。

（二）西侯度的石制品是人类工具吗？

关于西侯度遗址出土石器的概况，前文已有说明，现我们将择选具有典型特征的石器说明西侯度石器的人工特性。

1. 利用砾石作为石核（图7）

选择好原料，再从石核上打下石片，然后把石片加工成石器，是制作石片石器的全过程。因此，对石核的观察是进一步了解石片性质不可缺少的环节，也是判断石器性质的重要组成部分。图7是一件用磨圆度很差的灰黄色长条形石英岩砾石作为石核，从边缘上打击石片。这件砾石各面均被水流所冲磨，从一个边棱上打击下

 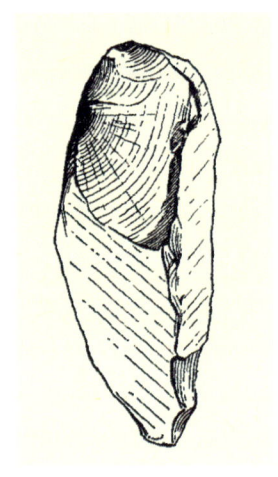

图7 利用磨圆度较差的砾石作为石核，从砾石的边棱上打击石片

 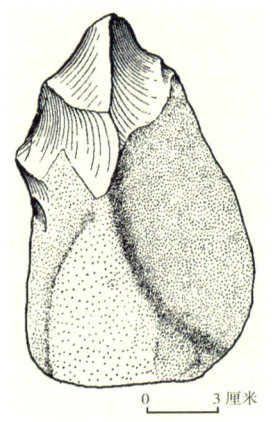

图8 三棱大尖状器，原料为石英岩

大小两个石片。打击的石片疤非常清楚，首先打击了较大的石片，然后又打击其上较小的石片。

2. 三棱大尖状器（图8）

这件石器原料为石英岩，原为一个呈三面和三缘的尖形砾石，尖端有非常清楚的人工痕迹。加工后的尖端，相当对称，亦为三棱形。右侧有一个大的石片疤，左侧有两个大石片疤，使尖端突出，显然使用部分在尖端。

这类三棱大尖状器，在匼河、丁村、陕西蓝田也都有发现，甚至在属于新石器时代早期的鹅毛口遗址还有相同的器型存在，是我国石器时代的一种传统工具。

3. 砍砸器（图9）

无论是砾石还是石片，这一类石器加工的痕迹都集中于器身的一面。尽管多多少少也被水冲磨过，但人工打击的痕迹赫然存在，完全可以清楚地了解这一类型石器加工的基本情况。图中展示的是在西侯度发现的最大的一件砍砸器，它的加工痕迹很多。这件石器是用质地较细的灰黄色石英岩大石片加工而成的，轮廓呈不规则的多边形。这件石器首先从一个巨大的砾石石核上打击下大石片，然后进行第二步加工，把它修整成砍砸器。石器的一面为平坦的砾石面，一面为劈裂面。它的台面虽然被第二步加工所破坏，但由

 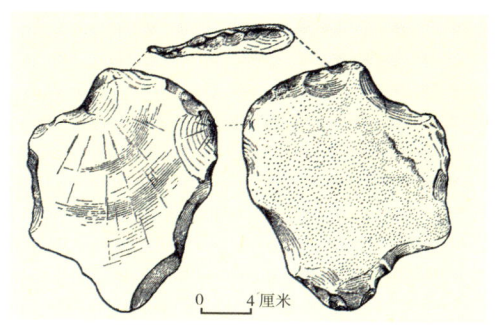

图9 多边砍砸器,用灰黄色石英岩大石片制成

于破裂面的辐射沟和粗大的同心波相当清楚,依然可知其台面和打击点的位置。

(三)泥河湾盆地的旧石器早期文化

泥河湾盆地分布在河北省西北部和山西省北部桑干河流域,面积约9000平方公里,桑干河由西南向东北蜿蜒贯穿整个盆地。盆地里晚新生代地层发育,特别是河相沉积厚达1000多米,由厚度不等的黏土、粉砂质黏土、粉砂、砂、砾石相互重叠组成,各层颜色差异明显,呈灰色、黄绿色、黄褐色、赭褐色等。在阳原县,盆地地层受流水的强烈侵蚀、切割,地形沟壑纵横,岩石裸露,植物稀少,层层叠叠,十分壮观。泥河湾盆地还是一个"聚宝盆",地层里不但盛产大量蚌壳类动物化石和哺乳类动物化石,还有着丰富的早期人类遗存。

从泥河湾地层中发现的动物化石的性质,不难看出泥河湾期与周口店北京猿人的时期是相互衔接的,并且比其更加古老。早在20世纪60年代,贾兰坡先生和王建先生就有这样的推论:

人类能够用火,是非同小可的事情,这必须是在漫长的岁月中累积了相当的经验,有了相当的智慧,才有可能办到。同时,用火应后于石器制造。也就是说,人类先制造和使用生产工具,在生产中取得了相当的经验才能学会使用火。北京人能够用火,那么,与其时代相接的泥河湾期显然还应有人类及其文化存在。

从古人类体质进化理论看,北京猿人的脑容量远远超过了猿类,四肢的发育和前肢的解放宣示着北京人已经成为人了。从北京人遗址中发现的打制石器可以看出当时的人类已经具备了一定打制石器的经验。这一切的证据都能说明在周口店期以前的泥河湾期应有更原始的人类及其文化存在。

近年来，在泥河湾地区发现的如虎头梁遗址、许家窑遗址、东谷坨遗址、马圈沟遗址等一系列重要的旧石器时代考古遗址证实了这样的推论。在中国大陆发现的探索古人类起源且科学价值较高的早更新世旧石器遗址共30余处，泥河湾地区有26处。更难得的是，泥河湾一带的旧石器考古遗址形成从早期到晚期的一个连贯文化剖面。一个县境内竟然有这么多的旧石器时代考古遗址，不仅在中国，在亚洲，甚至在整个世界上，也是十分罕见的。

六、人工石制品与自然作用的讨论比较

在前文中，我们通过描述西侯度遗址中的自然状况说明西侯度出土石器的人工特性。在1978年贾兰坡与王建先生共同撰写的《西侯度文化遗存》中有这样的表述：正由于西侯度的这批石器材料不能用自然力破碎来解释，所以我们用以下几种鉴定石器的标准来衡量它：

1. 通用的鉴定人工制品的标准，如观察石片的台面、打击面、打击泡（半锥体）、锥疤、同心波和辐射沟等等的存在（图10）。

2. 除了观察上述的特征之外，我们还采用了更为严格的尺度来衡量，即确定打击痕迹是否有规律，而这种规律是否符合人类制造石器的目的，相同的规律是否在许多标本上重复出现。

3. 需要特别重视经过第二步加工的石器和它的加工特性。因为制作石器要经过较为复杂的手续，例如用石片加工成的砍砸器或刮削器，首先需要由石核上打下石片，然后再在它的边缘上加工，具有这样重复打击的特征绝不可能在自然力量下形成。

2005年，山西省考古研究所对西侯度遗址区域再次进行了抢救性发掘，出土石制品1500余件。综合几次发掘成果，学者们有理由相信西侯度遗址中表现出来的"人类行为及其特征"毋庸置疑。

裴文中先生是第一个完整的北京

人头盖骨的发现者，这一发现曾震动了世界考古界，又首次明确了北京人的文化性质。裴先生也是我国考古学的主要奠基者之一。早在1936年，裴文中在法国留学时写就的博士论文《论史前石器和假石器》，详细论述了人工制造的石器与由于温度作用及各种自然的或非人为的机械作用所形成的假石器的区别，为旧石器研究的健康发展奠定了基础。

七、结　语

人类诞生的黎明时分，山西拥有比较适宜人类生存的地貌、环境、气候、资源等良好的条件，山西也成为寻找中国早期旧石器文化最有希望的地区之一。西侯度是中国最重要的旧石器早期遗址之一，其石制品工具的技术与类型显示了原始简单的特征，但还不是最初的工具，更早的原始文化需要在晋南黄河沿岸、晋北大同盆地、晋东南榆社盆地等上新世晚期和更新世早期地层中继续追寻。

西侯度地点不仅发现了石器，而且还发现了有切割痕迹的鹿角和烧骨，

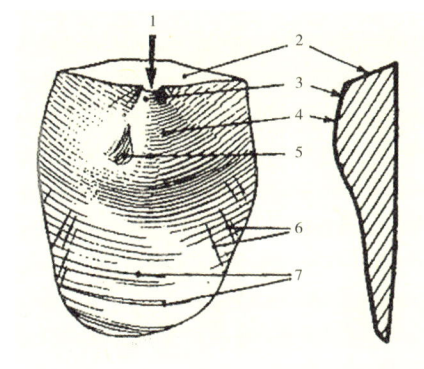

1.打击点；2.台面；3.半锥体；
4.打击泡；5.锥疤；6.放射线；
7.同心纹

图10　人工打制石器的特征

证明了远在早更新世的时候就有人类在这里活动过，甚至可以作这样的推测：当时的人们就在河边或附近居住，既采集，又狩猎。三棱大尖状器是采集工具，用它挖取可食用的块状植物。埋藏的兽骨比较紊乱而集中，有幼年，有成年，除了一具披毛犀头骨和一些鹿角外，所有的头骨都是破碎的，可以设想这和当时人们的狩猎有关。当然这时的人类的发展还在幼年阶段，更多的只能猎取小动物。因为尚未发现任何人类遗骨，我们还不能判断这处文化的主人是谁。在未来，随着发掘的深入和材料的增加，我们有可能对这一文化面貌认识得更加清楚。

主讲人 / 王益人

乱云飞渡

——丁村、许家窑人石器技术漫谈

主讲人 / 王益人
山西省考古研究所研究员

引 言

最新资料显示，旧石器时代人类经过近300万年的繁衍、进化，进入了早期智人阶段（20万至5万年）。这一阶段，全球古人类演化和旧石器技术进入了一个风云并起、变幻迭出的时期。在山西地区就有两个国家级文物保护单位的旧石器时代中期遗址——山西南部汾河流域襄汾县丁村遗址与山西北部桑干河流域阳高县许家窑遗址。这两处遗址都出土了距今十几万年以前十分珍贵的早期智人化石和大量的石质工具，以及与人类生活密切相关的大量动物化石。中国科学院院士贾兰坡先生对这两处遗址都做过长期大量的研究，他认为丁村文化是一处过去在东亚未曾见过的考古学文化，以大石片砍砸器、三棱大尖状器为文化传统，而许家窑文化是以小型的雕刻器、刮削器为代表的小石器文化传统。许家窑人与我们熟知的周口店北京猿人文化有着比较密切的传承关系，应该是北京猿人向西北发展的后继种，并区分出以"西侯度—匼河—丁村遗址"为主体的"大石片—三棱大尖状器传统"，以及以"周口店第1地点—许家窑—峙峪遗址"为主体的"船底形刮削器—雕刻器传统"。这些同一时代不同技术与风格并存的文化现象，其实是早期人类适应不同生态环境、不同自然资源的产物。

《乱云飞渡》希望通过对丁村、许家窑人两个遗址的人类化石材料、地质环境和石料环境证据、石质工具组合的解读与比较，探讨在不同气候条件下，人类对环境的主动适应与积极创造，并对当今人类起源理论研究等方面的问题做一些有益的探讨。

一、人类起源演化问题

探索人类起源，是一个极为复杂的过程，需要多方面搜集证据和信息，这样才可能逐渐向真实靠拢。

（一）人类在自然界中的位置

生物学认为地球上所有物种都是同源的——只能有一个源头。人类这个群体也是其中一部分，也不例外。

人类在自然界中的分类位置属于：

动物界
　—脊索动物门
　　—哺乳纲
　　　—灵长目
　　　　—类人猿亚目——猿科
　　　　　　　　　　　人科

人科不同于猿科的一个重要特征，在于人是灵长类中唯一以两足直立行走作为常规行动方式的动物。至于"猿人"，最近几十年来已经不再是一个科学名称，已变成一个通俗名称，指的是从古猿到现代人过渡阶段中间环节的人类化石。

早在19世纪中叶，英国学者达尔文认为非洲的大猿与人类最为接近，从而推测人类起源于非洲。此后的一个半世纪里，通过世界各地的考古发掘及研究，古人类学家就人类进化大致描绘出一幅图景（图1）：

第一阶段包括南方古猿和其前驱地猿在内，大约出现在距今600万—200万年前。

第二阶段是能人阶段，是最早能够打制石器的"人"，大约生活在距今200万—150万年前。最新资料显示，330万年前的南方古猿已经开始打制石器了，是否归入能人行列还没有定论。

第三阶段是直立人阶段，大约从180万年持续到20多万年前，目前欧亚大陆上的古人类化石基本属于这一阶段。

第四阶段是智人阶段，分为早期智人和晚期智人，早期智人阶段遍布

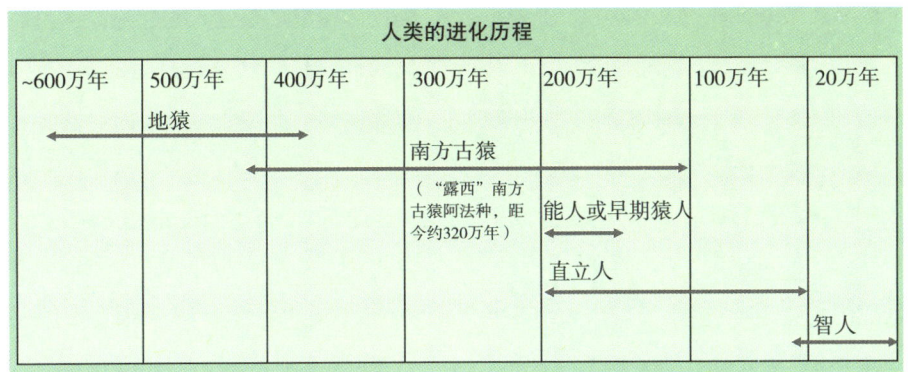

图1 人类进化的各个阶段

欧亚大陆,晚期智人阶段扩散到全球。

晚期智人的解剖学结构已经与现代人类基本一致,所以又称"解剖学上的现代人",在古人类学中也称为"现代人"。

(二)关于人类起源

关于人类起源的研究,最初从欧洲开始,随着达尔文的进化论由欧洲逐渐传播,东亚的周口店北京猿人(Homo erectus pekinensis)、爪哇猿人(Pithecanthropus erectus)都曾被认为是人类最早的祖先,称之为猿人。之后,非洲发现的南方古猿逐渐进入早期人类的序列(人科的范畴),成为正统的"最早的人类祖先"。北京猿人和爪哇猿人不再是人类最早的祖先,在科学上划归直立人范畴。

通常认为,人类起源有两个关键节点:一个是人科的起源,指的是古猿在何时何地变成双腿经常性地直立行走的人,也就是由古猿逐渐向智人过渡的"人类起源与演化"的问题;另一个是现代人起源,顾名思义,就是现代人的由来。二者的分割点就在早期智人阶段。

目前,古人类学界达成基本共识,将人类起源的起点上溯到600多万年前的地猿(Ardipithecines)、400万年前的南方古猿(Australopithecines),并在大约200万年前或稍晚的时候有部分直立人"走出非洲",扩散到欧亚大陆。但有关"现代人的起源"争议较多,形成了"走出非洲说"(又称"替代说"和"夏娃说")与"多地起源论"两大学说理论。其分歧在于这些人类是否走到了今天,抑或说

23

非洲是否是全球现代人的共同发源地。

1. "替代说"及其理论依据

自1987年分子生物学家运用遗传基因技术，对非洲、欧洲以及亚洲人种的母系线粒体和父系Y染色体进行分析，推算出现代不同肤色的人种共同的祖先距今天的时间为14.3万—14.4万年后，"走出非洲说"（又称"替代说"和"夏娃说"）开始流行起来。他们主张现在地球上所有的现代人起源于15万—20万年前的非洲一个女性个体，在大约10万年前再一次走出非洲，并完全取代了其他地区的古人类。他们认为如果是多起源说，那么差别应该是200万年左右，因为约200万年时非洲直立人走出了非洲，走向世界各地。而如果是单一起源，那么差别应该要远远小于200万年，应该是5万年到20万年之间的早期智人进化为今天的现代人，然后现代人再次走出非洲。这就是现代人起源的"再次走出非洲说"和"夏娃理论"。

复旦大学金力教授支持西方学者的这一观点，认为在讨论现代人起源的问题中，出土化石和分子生物学家的基因分析并不矛盾。"我们通过Y染色体研究了东亚人的起源，认为他们同样是迁徙而来，时间是3万到4万年以前。而东亚化石中的早期智人或许已经灭绝，现代人的祖先在那以后迁徙而来，沿着南边进入东南亚，再往北成为东亚现代人祖先"。然而，这样的论调在考古学上并没有得到证实。

2. "多地起源论"及其理论依据

"多地区进化说"主张东亚、欧洲、非洲和澳洲的现代人的直接祖先，主要是该地区（或附近的）早期在200万年前从非洲迁移来的人类，在其形成和进化过程中接受相邻地区的基因贡献。因此，两个学派分歧的关键在于人类在亚洲和欧洲的进化是否中断过，最早走出非洲的古人类是否完全被替代。

1984年，著名古人类学家吴新智院士联合国外学者提出"现代人多地区起源"假说，主张世界各大洲的现代人群与当地的古老人类有着系统演化上的连接关系，提出中国古人类"连续进化附带杂交"。他认为"中国现代人的祖先虽然接受过境外的基因，但是主要发源于本地，而不是来自非洲"，进而总结为中国人进化的过程是"连续进化附带杂交"。用一句话概括,中国大陆上的远古人类是连续进化的,也受到了外来基因杂交的影响。不但这样,世界各地的古人类演化都可以用"连续进化附带杂交"这样的理论来解释。

吴新智院士所用的是化石比对的传统方法。他从元谋人、蓝田人、北京人、许家窑人、丁村人等各个不同阶段的直立人、早期智人以及现代亚洲人的对比入手,找出了东亚地区蒙古人种头盖骨的共同特征,作为连续进化为主的有力证据,推导出这样的结论——现代的中国人,是中国猿人连续进化而产生的,中间确实发生了和欧洲、非洲地区猿人杂交的情况,发生了基因交流,但不是主流。

同时,吴新智先生也指出分子生物学理论论证现代人起源的局限性,"用活人的DNA研究古代的历史不可避免地要建立几个基本的假设":

首先,假设从现在的人类分析得到的基因变异可以代表共同祖先全部后代中积累的全部基因变异。实际上,在人类进化的漫长过程中,许多个体和群体没有机会生育子女,他们和上辈积累的基因变异自然就会丢失,没有机会传留到现在。因此,"现在能检测到的,进行分析研究的基因变异只能是共同祖先的后代积累的一部分,而不是全部"。

其次,假设基因变异的产生有恒定的速率。实际上,不同遗传位点的变异速率是不同的。人类的遗传基因在漫长的进化过程中很可能发生了许多我们现在并不知道的转移或其他变化,根据现在人类的基因来研究古代人类的变化时,有许多未知的不确定的因素很难估计在内。此外,迄今所得的现代人起源的结论主要只导源于为数相对很少的一些基因,因此不能指望它们能够反映人类基因组整体的历史。

因此,吴新智先生主张研究人类的起源与进化需要从多方面搜集证据和信息,人类化石、石器和人类基因都应该在考察范围内。在研究人类基因的过程中,更要注意"每一个遗传位点只能捕捉人类历史的一个很小的片断",其间的丢失、转移、交流等因素也要考虑。

（三）人类化石和旧石器工艺的启示

通过对上述两种理论的解释，可以看出关于现代人起源问题讨论的关键点在距今10万年左右。这一时期处于旧石器时代中期，因此早期智人化石和考古学证据，就成为解开这个历史难题的关键"钥匙"。

早期智人，又称古人，生活于距今25万—4.5万年，是古人类演化史上一个非常重要的阶段。因最早发现于德国杜塞尔多夫的尼安德特，古人类学上曾将早期智人化石统称为尼安德特人化石。这一时期，其体质形态已脱离了猿人阶段（包括南方古猿、能人和直立人阶段）的人，而更接近现代人，但仍带有一些原始特点，如眉脊发达、前额低斜、鼻部扁宽、吻部前突等，脑容量平均为1350毫升。其化石在亚、非、欧三洲有多处发现。

当今世界上发现的早期智人化石有70多处。我国发现的早期智人化石有：山西的丁村人（1954、1976、2012年）和许家窑人（1976、1977年）、广东的马坝人（1958年）、湖北的长阳人（1956年）、陕西的大荔人（1978年）等。这些更新世中晚期古人类化石与更早阶段包括元谋人、蓝田人、北京猿人等在内的直立人化石，无论在体质特征的对比上，还是在分布区域的连续性上，都显示了中国远古人类连续进化的过程。

对世界旧石器时代加工工艺的讨论，也是探索现代人起源的一个重要方面。在旧石器时代中，人类使用打制石器作为主要的生产工具。在长达300万年的时间里，不同地区生产的石器工具体现出不同的风格和打制技术。1961年，G.Clark提出划分旧石器文化的五种技术模式。

从打制工艺上看，在非洲和欧洲，体现出各种技术循序渐进不断变化的鲜明特点；而在东亚大陆则是另外一种景象，在旧石器时代早、中期将近200万年的时间里，保持了比较一致的简单石核、石片以及石片石器的组合特点。

第Ⅰ技术模式：奥杜威模式

典型特征是使用硬锤打击、砸击技术和碰砧技术，有与初级产品共生的简陋的石核制品（例如砍砸器、多面体石器、盘状器），并常有随意修整的石片刮削器等。在欧洲，这个阶段有时被称为"前舍利文化"。

迄今所知最早的石器发现于埃塞俄比亚250万年前的地层中，制作粗糙，只是简单地用一块石头多次打击另一块石头，使之产生锋利的尖或刃。这种加工简单且类型单调，没有更高的要求和规范的石器技术，称之为奥杜威模式。这种工艺模式随着直立人的扩散而传播到欧洲与亚洲，它是东西方共同拥有的文化基础。

中国大部分地区，特别是中国北方地区的旧石器时代石器技术，在整个旧石器时代早中期基本上保持了第Ⅰ模式的技术特点，因而被西方学者认为是迟滞的、不进步的。但我认为，这种能够延续200万年的石器技术，恰恰表明它具有强大的生命力。就山西的旧石器而言，从180万年前的西侯度遗址到10多万年前的丁村遗址，这种技术简单实用，非常适于中国北方旧石器时代人类的生存需求。

第Ⅱ技术模式：阿舍利技术

大约150万年前，非洲出现了第二种技术模式，又称阿舍利技术。其特征是两面技术的大型石器，特别是手斧、手镐、薄刃斧等，在晚期出现软锤技术和勒瓦娄瓦技术。这一技术在大约50万年前由从非洲进入中东和欧洲的直立人传播到当地，在印度和东亚都发现有零星的阿舍利手斧。

第Ⅲ技术模式：莫斯特工业

大约15万年前，出现了第三种技术模式，又称旧石器时代中期技术，或称莫斯特工业。其特征是比较先进的石核修整技术（如勒瓦娄瓦技术）、软锤技术和用石片作毛坯加工精致的刮削器及尖状器，相当于早期智人阶段的技术。在我国，这种技术鲜有所见，而更加常见的是类似于丁村、许家窑这样更加复杂多变的石片生产技术和一些成熟的尖状器等各类工具，但与西方的第三技术模式有本质的区别。而在秦岭—淮河以北的北方地区，虽然也出现了一些类似于手斧、手镐、薄刃斧的器形，但并不能说明它们就一定是西方第Ⅱ技术模式的衍生品，很可能是本地区土生土长的一些石器类型。

第Ⅳ技术模式：旧石器时代晚期技术

大约距今35000年前，欧洲出现了第四种技术模式，又称旧石器时代晚期技术，以石叶及其制品为特色，使用软锤技术、压制技术和简单剥片技术，石器类型多样，以端刮器、矛形尖状器、雕刻器等为主体，工具多小而精美。这应该是从中亚向欧洲迁徙的现代人使用的技术。在中国，石叶技术不是很突出，在宁夏水洞沟遗址有明确的考古记录。

第Ⅴ技术模式：中石器时代模式

第Ⅴ技术模式被称为中石器时代模式，以多姿多彩的细石器技术及其制品组合为代表，以复合工具为特色，软锤技术、压制技术和间接技术得以广泛运用。这种技术模式出现在一二万年前，反映了现代人石器技术的进步。细石器技术在中国北方十分普遍，山西有丁村77:01、下川遗址、柿子滩遗址等上百个细石器遗址，测年最早的丁村77:01地点为26400±800年。

通过对西方石器打制技术的介绍，以及对中国各地发现的打制石器技术的分析，可以看出，中西方旧石器时代石器工艺存在着明显的文化差异，而且中国大陆上似乎没有发现这样丰富的打制石器工艺。在中国，西方的手斧技术等第二技术和第三技术模式的产品表现得不是很突出，仅在华南局部区域有类似的产品，但不能与同阶段西方精致的打制石器技术媲美。在广大的北方地区，第一技术模式贯彻始终，且连续而独立发展，虽然在较晚的时候可能与外界有局部的文化交流，但是它在整个发展过程中，似乎没有发生过大规模的文化替代或文化移植的现象。中国旧石器时代的考古发现，在强有力地挑战着西方学者所提出的现代人起源非洲并且扩散到世界各地的"替代论"。

二、飞石射猎——丁村文化与许家窑文化之比较

从中国乃至世界范围内发现的早期智人遗址来看，山西地区的丁村遗址和许家窑遗址无疑是十分重要的。因此，对丁村文化与许家窑文化进行详细比较和分析，对我们探索现代人起源有着重要的意义。

下面以表格的形式将丁村文化和许家窑文化的主要因素作一对比。

（一）丁村文化

1. 丁村遗址简介

丁村遗址位于山西省的中南部，1953年发现，1954、1976—1980年两

丁村文化与许家窑文化对比表

遗址名	丁村遗址	许家窑人遗址
保护单位	首批全国重点文物保护单位	第四批全国重点文物保护单位
地理位置	临汾盆地南端，襄汾县丁村一带的汾河两岸	大同湖边缘，阳高县许家窑村与阳原县侯家窑之间
地理坐标	东经111°24′29.1″—111°25′05.1″ 北纬35°45′3.3″—35°52′01.9″	东经113°57′31″—113°58′39″ 北纬40°06′02″—40°06′53″
文化分期	旧石器时代中晚期	旧石器时代中期
地质时代	中更新世晚段—晚更新世（距今25万年—2万年前）	中更新世末或晚更新世初（铀系法测年为距今10.4万—12.5万年）
人类化石	牙齿化石3枚，幼儿顶骨、枕骨各1块	顶骨、颞骨、枕骨、上颌骨、下颌骨等20件
动物化石	貉、獾、鬣狗、虎、德永象、纳玛象、印度象、披毛犀、梅氏犀、葛氏斑鹿、北京斑鹿、加拿大马鹿、河套大角鹿、东北狍子、普氏羚羊、鹅喉羚、恰克图转角羊、原始牛、王氏水牛、水牛、野驴、野马等28种。	有鸵鸟、鼠兔、鼢鼠、田鼠、狼、虎、象、犀牛、野马、野驴、野猪、大角鹿、赤鹿、梅花鹿、扭角羊、黄羊、普氏原羚、鹅喉羚、原始牛等，其中野马、羚羊和犀牛的化石数量最大，仅马的材料就至少三百多匹，这些动物无疑是"许家窑人"的猎食对象。
生态气候环境	疏林草原、湖泊沼泽环境：温暖湿润，与今天长江和汉水流域类似。以栎、榆、臭椿、桦为主，其次有胡桃、朴、柳、榛、鹅耳枥、漆、栗、黄连木等。草本有蒿、藜为、禾草、菊、婆婆纳等。反映了温暖而湿润的气候。	湖滨、稀林草原环境：寒冷干燥，年平均气温可能比现在低，属于大陆性气候；有松、云杉、麻黄、蒿、禾本科和藜科植物等。当时仍有大面积的湖水存在，由于受湖水的影响，可能形成特殊的小气候，夏季比较温湿，春秋两季凉爽，冬季寒冷。
原料环境	角页岩为主（94.7%），辅以燧石、石灰岩、砂岩、玄武岩、石英岩、闪长岩等。角页岩质地均匀，适宜打制大型工具，石灰岩、砂岩适于制作石球。	石英岩、脉石英、石灰岩、燧石、石英砂岩、玛瑙、花岗岩、白云岩、玉髓、碧玉、流纹岩、角砾岩、凝灰岩、粉砂岩等，裂隙发育、均一性差，适宜打制小型工具，也适于制作石球。
石器工业	包含三大类：1.以角页岩为主的硬质石料打制的大石片、大三棱尖状器、大尖状器、斧状器、锯齿刃器、凹缺刃器、刮削器等有刃类工具；2.以石灰岩、砂岩等软质石料打制的石球；3.以燧石等精细原料打制的细石叶技术类工具。	石核、石片、刮削器、尖状器、圆头刮削尖状器、雕刻器、石钻、小型砍砸器、石球等类型以及打制石器时产生的大量碎块和废料。石核为原始棱柱状石核和盘状石核两类。石片有锤击石片、垂直砸击的"两极石片"。石器均比较小，石球数量庞大，据统计有3000余个。

次调查发掘，在汾河两岸Ⅳ、Ⅲ、Ⅱ三级阶地中发现旧石器时代早、中、晚期石器地点26个（图2）。这张分布图上分别用绿和黄两种颜色表现汾河两岸区域，仿佛一位早期智人的头像侧面剪影，这样一种奇缘巧合似乎也预示着这里就是古人类的重要驻足点。

1954年首次调查发掘，由贾兰坡先生带队，中科院古脊椎动物与古人类研究所的裴文中、吴汝康、周明镇、刘宪亭、邱中郎以及山西省文管会的王择义、王建等28人组成发掘队，在北起襄汾县城，南至柴庄，长约11公里的汾河东岸第三阶地底砾层中发现旧石器地点11处，获得3枚"丁村人"牙齿化石、2005件石制品、27种哺乳动物化石（图3—图8）。1958年，裴文中、贾兰坡先生对石制品进行了深入研究，出版《山西襄汾丁村旧石器时代遗址发掘报告》，确立了丁村文化。1961年，丁村遗址被国务院公布为首批全国重点文保单位（图9）。

丁村遗址发现之初就被定义为中国旧石器时代中期的典型代表，填补了我国旧石器时代中期文化和早期智人的空白。它与北京猿人遗址和山顶洞人遗址一起构成中国旧石器时代遗址早、中、晚的典型代表。从地质年代来看，丁村遗址属于中更新世至晚更新世，发现有28种动物化石，如德永象、纳玛象、印度象、水牛等，这些动物的生存环境类似今天的淮河、

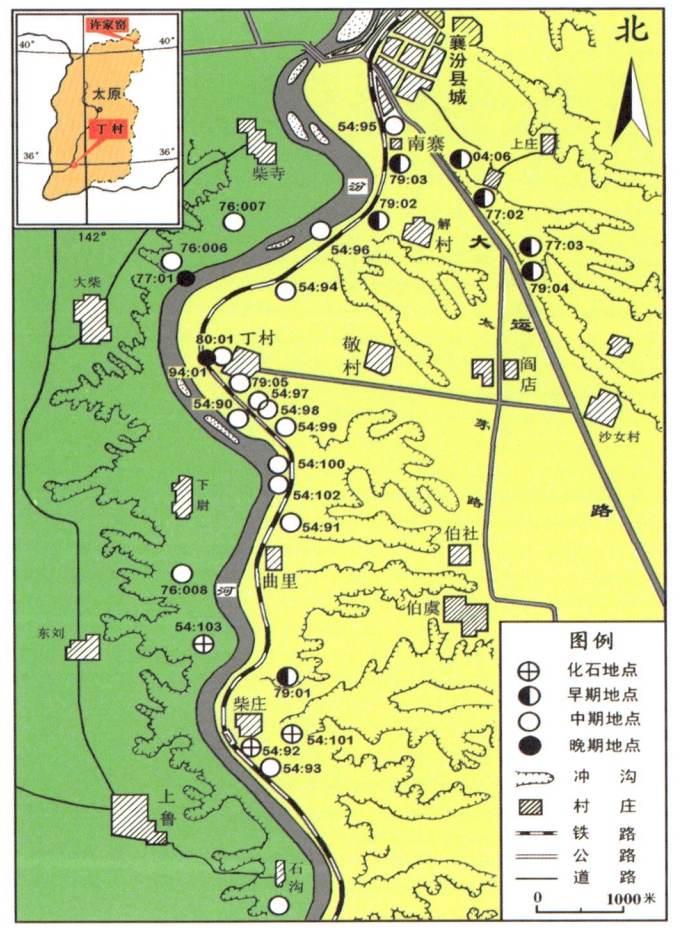

图2 丁村遗址群石器地点分布图（1954—2004年发现的30个地点）

图3 丁村54:100地点犀牛化石发掘现场（前排面向右者为裴文中教授，对面戴眼镜者为贾兰坡教授，后排左起分别是程玉树、王建、付子安）

图4 丁村遗址1954年出土的部分石器标本

图5 丁村1954年发掘全景照

图6 丁村54:100地点出土的复原后的披毛犀骨架

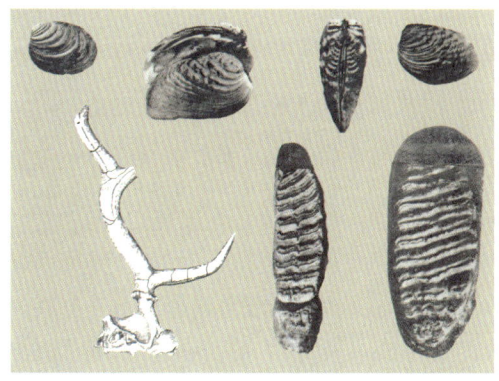

图7 丁村遗址1954年出土的部分动物化石

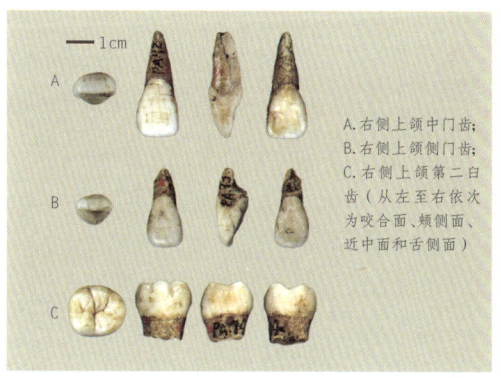

图8 丁村54:100地点1954年发现的三枚"丁村人"牙齿化石

图 9　丁村遗址保护标志

甚至更靠南的长江流域,可以想象到当时丁村人生活在温暖而湿润的汾河两岸。

1976 年,山西省考古研究所、临汾地区文化局合作对丁村 54∶100 地点进行再次发掘,新发现一块幼儿顶骨化石。与此同时,他们在汾河西岸发现了 76∶006、76∶007、76∶008 三处石器地点,拉开了丁村遗址第二次调查发掘的大幕。

1977 年,王建、陶富海等在汾河西岸 II 级阶地底砾层中发现含有细石器的旧石器时代晚期遗址——77∶01 地点,并进行了两个年度的发掘。由于在丁村一带汾河两岸 III 级阶地的砂砾层内普遍发现了旧石器时代中期的石器遗存,II 级阶地又发现了属于旧石器时代晚期的典型细石器遗存,因此,1979 年,他们把注意力集中到汾河两岸的 IV 级阶地,在 IV 级阶地中寻找人类足迹。在汾河东岸 IV 级阶地中发现的 6 处旧石器时代早期石器地点,证实了这一预判。

这次持续数年的考古调查与发掘,新发现石器地点 12 处,取得了三个方面的突破:首先是空间分布上的突破。1954 年发现的丁村遗址 11 个石器地点仅限于汾河东岸 III 级阶地,新的发现表明,丁村人的生活足迹遍及汾河两岸。其次是时间分布上的突破。汾河两岸各个阶地代表着不同的地质阶段,IV、III、II 三个阶地都发现有旧石器时代文化遗存,意味着丁村一带的古人类从二三十万年前的中更新世中晚期到两万年左右一直在这里繁衍生息。再次是文化分期上的突破。1954 年以来,丁村遗址一直是中国旧石器时代中期文化的典型代表,新的发现使丁村文化的性质产生了极大的变化,发现了与丁村文化保持连贯的更早的旧石器时代早期遗存,同时还发现了有别于丁村文化的加入了细石器成分的旧石器时代晚期遗存,使丁村遗址在现代人的起源与演化中占有了相当重要的地位。

2. 丁村人化石

图10显示的是丁村遗址最著名的54:100地点。1954年,在这里发现了三枚人类牙齿化石,这三枚牙齿化石同属于一名十二三岁的小孩(图8)。吴汝康先生认为在丁村发现的三枚牙齿化石,在形态上与晚期智人一致,其两颗门齿为铲形,几十年来未受到质疑。这两颗铲形门齿作为中国古人类的共同特征之一,经常被有关学者用作支持中国古人类连续进化的证据之一。

1976年,山西省文物部门又在丁村54:100地点发现一块幼儿顶骨化

图10　丁村54:100地点远眺

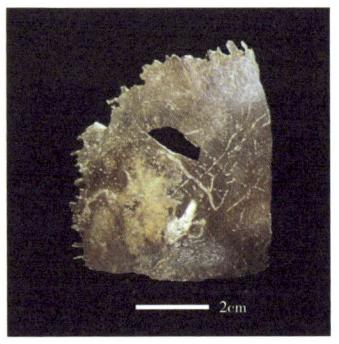

图 11 丁村 54:100 地点 1976 年发掘现场（左）及发现的幼儿顶骨化石（右）

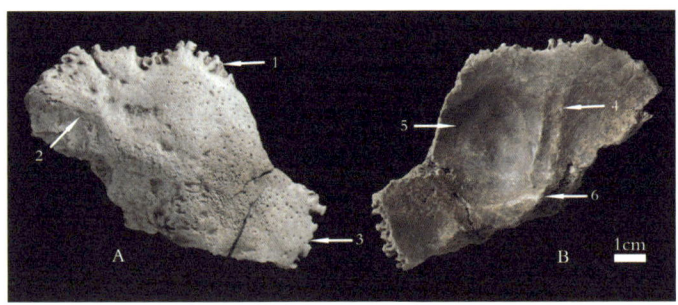

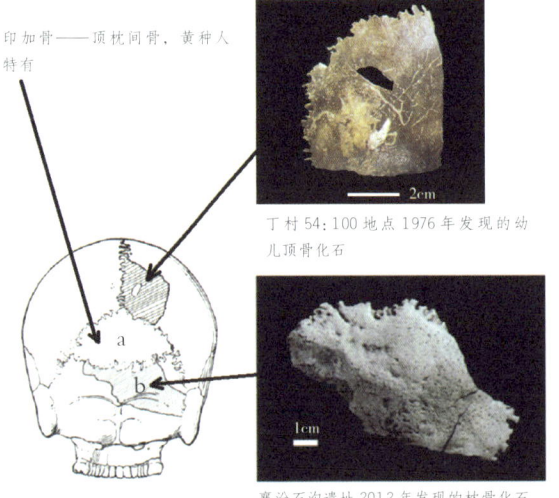

图 12 襄汾县石沟遗址发现的人类枕骨化石、丁村幼儿顶骨化石及印加骨示意图

石，其骨壁较薄，后缘和上缘骨缝的锯齿保存完好。颅内矢状窦沟和脑动脉沟都很明显。后上角有一天然缺失，这就意味着此个体生前有印加骨（图 11）。这说明丁村人与北京人及蒙古人种有亲缘关系。新发现的幼儿顶骨化石与 1954 年发现的牙齿化石一样，在人类发展史上属早期智人阶段。2012 年初，丁村民俗博物馆研究人员在石沟村采砂场发现一块人类枕骨化石残片，其上缘骨缝的锯齿保存完好，人字缝镶嵌缝间骨，即顶枕间骨完整（图 12）。研究表明，这块化石代表一个青年个体，属于早期现代人。这次发现增添了东亚早期现代人拥有印加骨的化石证据，对于研究东亚现代人起源有重要意义。

3. 丁村遗址群发现的石制品

丁村遗址群石制品，即丁村文化的研究分为两个阶段。

1958 年，裴文中、贾兰坡对 1954 年发现的 2000 多件石制品的研究认为，丁村遗址的文化遗物分为石片、石核和石器，石片石器为主，有石片砍砸器、三棱大尖状器、小尖状器和刮削器（图 13—15）。石片砍砸器与石核砍砸器不同，绝大部分是一面打击的，并且刃部较薄。厚尖状器用大石片制成，又分成较厚的三棱大尖状器和较薄的鹤嘴形尖状器两种。石核石器也占有一定比例，有砍斫器、石球和一部分厚尖状器。三棱大尖状器和厚尖状器是丁村文化中最富有特色的器物，由于是在丁村首次发现的，所以又称为"丁村尖状器"。小尖状器都是用较薄的石片制成的，有的刃缘打制得相当平齐，反映了较高的工艺水平。"它是在中国黄河中下游，汾河沿岸生活的一种人类所特有的文化"。

1994年，王建、陶富海、王益人根据1976—1980年期间丁村遗址群调查发掘的资料，对丁村文化的概念进行了补充和修订，认为：它以丁村遗址群中发现的石制品组合为特征，概括为以下八点：

（1）砍斫器不发达。从其形态及刃部的加工特点看，可以说它是所有石器类型中最粗糙者。只有个别标本刃部尚属锋利，可用于砍剁；大部分刃角过大且不整齐，呈S形，基本上不具备砍剁功能。它们很可能是用交互打击法产生石片的石核，

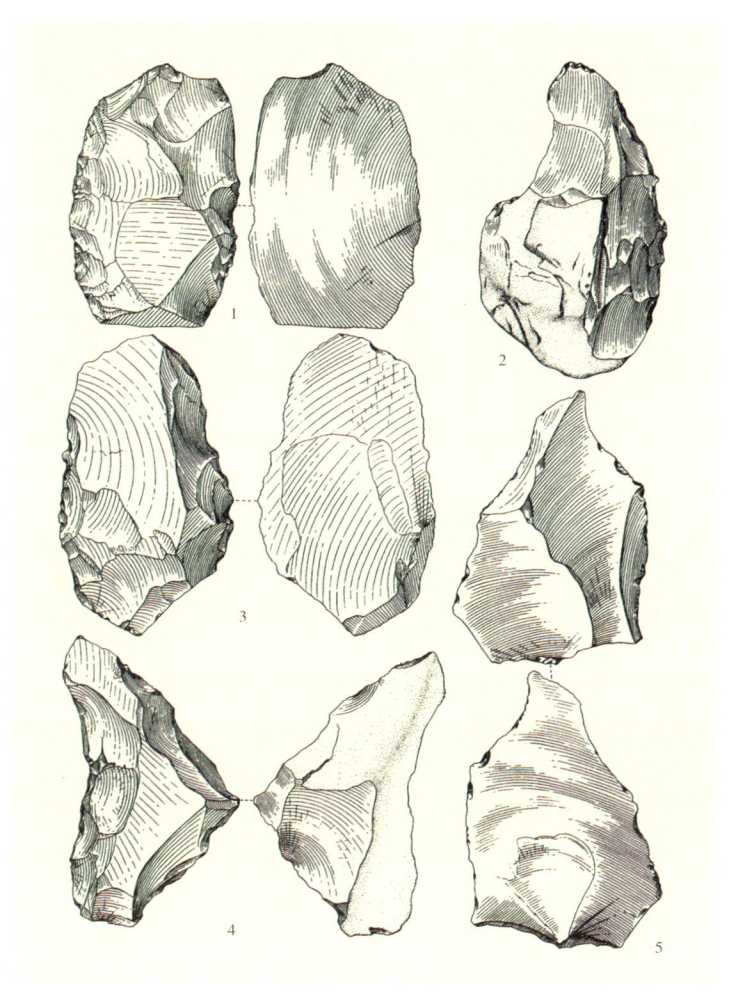

图13 丁村遗址1954年出土的部分石制品

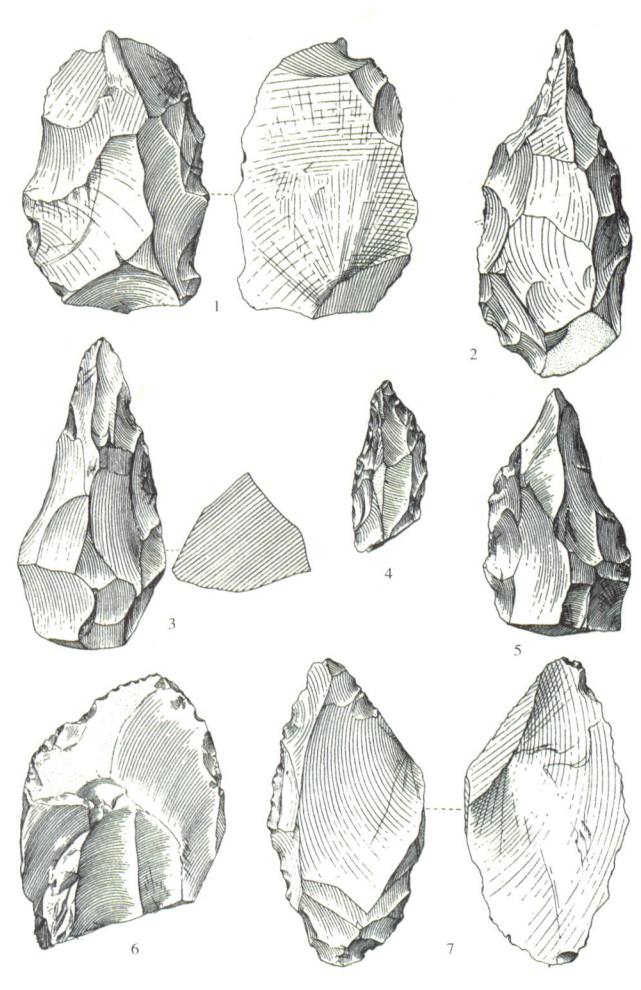

图 14　丁村遗址 1954 年出土的部分石制品

而被用来权作砍斫的工具。

（2）三棱大尖状器、大尖状器是丁村工业中最典型、最富有代表性的工具。

（3）斧状器、宽型斧状器较为发达。它们具有锋利的自然刃缘，把握部位部分加工或稍作加工即行使用，是砍剁、切割的最有效工具。

（4）锯齿刃器、凹缺刃器、修背石刀以及双阳面石刀和锥钻等新发现的器形，充实和扩大了"丁村工业"的内涵。

（5）典型刮削器不多（比例不高），刃不很陡。

（6）石片的特点和打制技术一致，主要是以锤击法产生的。其中巨大石片是丁村人打制三棱大尖状器、斧状器和宽型斧状器的目的石片。

（7）掌握和运用了双阳面石片打制技术。有一定数量的双阳面石片以及用双阳面石片制作的工具，表明丁村人已意识到双阳面石片的优点，并掌握了打制这类石片的方法。

（8）有丰富的石球。

上述特点是丁村遗址旧石器时代早中期以及晚期粗大石器的共同特点。

它们在丁村遗址群内三套不同地质时代的地层中重复出现，说明之间有着密切的传承关系。因而，我们将它们看成是同一文化的三个发展阶段的物质体现，统称为"丁村工业"，根据地质时代进而划分为丁村工业早段、丁村工业中段和丁村工业晚段。

丁村工业早段（Dingcun Industry-Ⅰ期），即旧石器时代早期晚段遗存。其器物有三棱大尖状器、大尖状器、斧状器、宽型斧状器、石球、刮削器以及用双阳面石片加工的锥钻等。以79：01、79：02、79：03等地点为代表，时代为中更新世晚期。

丁村工业中段（Dingcun Industry-Ⅱ期），即旧石器时代中期遗存。它们位于汾河两岸第Ⅲ级阶地底砾层的同一侵蚀面上，同时在Ⅳ级阶地顶部的S1中下部，时代为晚更新世早期。

丁村工业晚段（Dingcun Industry-Ⅲ期），即旧石器时代晚期遗存。以77：01地点石器为代表，由两种成分组成：一种是沿袭丁村工业传统的粗大石器，主要有大石片、三棱大尖状器、斧状器、宽型斧状器、

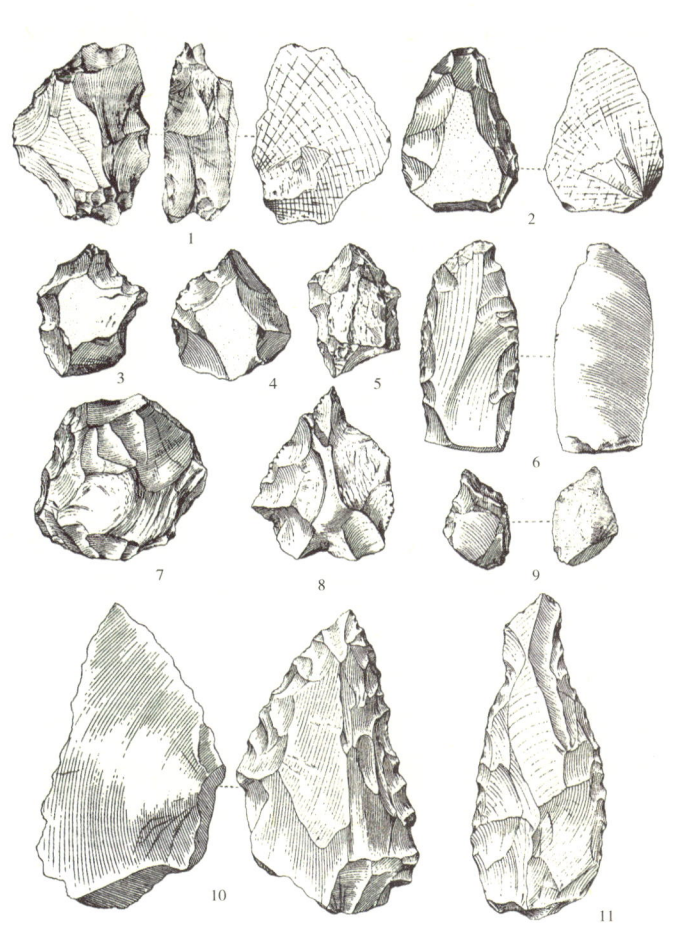

图15 丁村遗址1954年出土的部分石制品

37

双阳面石刀、石球等，是丁村工业晚段的主要成分；另一种是以燧石为主要原料制作的典型细石器，品类主要有锥状、楔状、船形等形态的细石核以及细石叶、石核式小刀、短身圆头刮削器、修边雕刻器、琢背小刀、圆底石镞、楔形析器等，与下川遗址的极为相似。尤其石核式斜刃小刀、修边雕刻器和圆底石镞等，与下川者形神皆似。

就77∶01地点石制品组合而言，可以说是既有继承，又有发展。其中的粗大石器，打制风格和器物组合与丁村旧石器时代早、中期者有着明显的传承关系，同时融入了与下川文化相似的典型细石器成分，使丁村工业晚段的性质发生了质的变化——受到当时业已成熟起来的细石器文化之影响而走向更高的境界。其细石器成分与下川文化别无二致，但粗大石器与丁村工业早中段的主要内涵基本一致，显示了清楚的传承关系。

2014年，他们在《丁村旧石器时代遗址群：丁村遗址群1976～1980年发掘报告》中指出："'丁村文化'在哲学层面上毫无疑问是存在着的，但并非像过去表述的那样，是一个由众多石器类型组合而成的分类名单，而应当是'鲜活的'，带着远古人类生活气息，渗透着当时人类智力水平和适应能力的一幅图画，包括自然环境、动植物环境、石器原料、各种石器的打制方法、使用方法、狩猎采集模式和经济形态等。"并且进一步认为："丁村文化"是以三棱大尖状器、斧状器、石球等器物组合为符号的物质存在背后的人类行为总和。它包括本报告研究的所有内涵——时空结构、人地关系，以及人类在丁村一带以其自然环境为背景所创造的"丁村石器工业"等。"丁村石器工业"是可供观察、分类、研究并系统化了的物质遗存，而"丁村文化"则是隐含在"丁村石器工业"背后的那个"实体"——丁村人的行为总和。

丁村遗址群各地点发现的石制品，除石球和细石器外，绝大多数是用角页岩打制的。在遗址内汾河阶地的砂砾层中，有丰富的石灰岩、角页岩及砂岩等砾石。其中石灰岩和砂岩占较大比例，且石灰岩的比例大于角页岩。然而，在我们发现和研究的丁村石制品中，绝大多数的石片和石器是用角页岩打制的，石灰岩、砂岩只用于制作石球，从不或者很少用它们打制石片、制作石器，可见当时的人对各类石料的性质了解得相当透彻。

角页岩是一种质地均匀，硬度较大，并具有良好韧性的岩石。汾河两岸丰富的角页岩，是丁村人赖以生存、丁村文化赖以发展的一个重要条件。他们就地选择石料，打制巨大石片，制作三棱大尖状器、斧状器等工具（图16），谱写了丁村文化发展的壮阔史诗。

在丁村遗址中，旧石器早、中、晚文化均有发现，以直接打击技术加工的角页岩石制品是旧石器时代早、中期石器工业的主体部分。石核是制

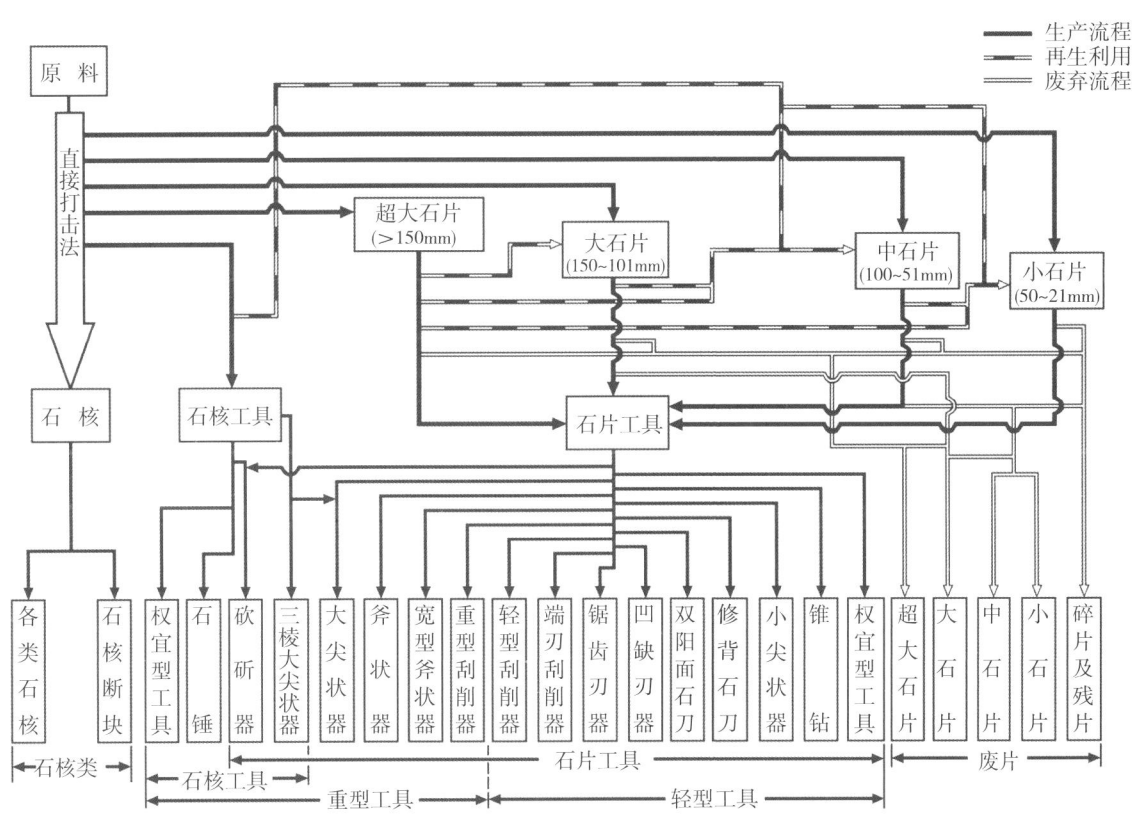

图16　丁村角页岩类石制品打制工艺流程及系统分类

39

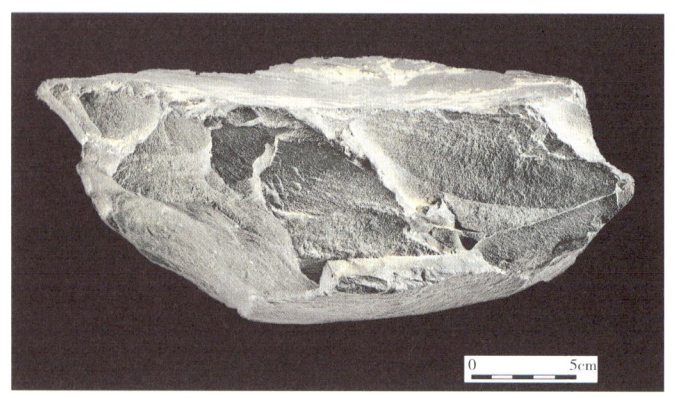

a.79:01 地点出土的巨型单台面石核　　　　　　　　　b.80:01 地点出土的单台面石核

图 17　丁村遗址中出土的石核

作石器的原料。其实在生产石器的过程中，石核、石片和石器会不断产生。石核既是整个生产过程的源头，同时也是末端产品。丁村遗址中发现有很多大型石核（图 17a），最大的甚至有 10 千克左右。图 17 b 所示的是一个重 1330 克的中型单台面石核，以板状砾岩为坯，整体形状上大下小，呈现出漏斗形。

先从石核上打击下来石片，再根据其形状和质地进行二次加工，是丁村人制作石器的惯用模式。图 18 所示的石片长 246 毫米、宽 175 毫米、厚 75 毫米，重 3543 克，波纹、放射线、泡疤这些打制石器的特征十分明显，这样大的石片是当时丁村人打制三棱大尖状器、斧状器、大型刮削器等工具的坯材。

图 18　丁村遗址中出土的大石片

三棱大尖状器是丁村石制品中的代表性器物（图 19）。它们由石片或砾石制成。一般来说，尖端两侧边必须经第二步加工的石器才能算作尖状器。丁村的三棱大尖状器的两侧边虽多为两边加工，但不完全拘泥于一种形式，有的尖端两侧修理精细；有的只在两侧简单地打掉一两个石片，形成三棱形器尖；有的则借助石片的一个陡边，在对边对称性整形成三棱器尖。可见丁村人不仅有很强的对称意识和构形思维，而且能因材施制，打出自己预期成形的器形。这些尖状器很有可能是丁村人用来挖掘食物根茎的工具。

斧状器是一种大型切割工具（图20），均以大石片为坯材，保留石片原有的锋利刃缘，仅仅在较厚的一两个边缘做钝化加工，以方便使用过程中把握，通俗地讲，可以理解为修理有把手的大石片。

锯齿刃器是一种特殊的切割工具（图21）。丁村的锯齿刃器有直刃和环状刃两种。直刃石锯是在石片的薄缘上打制成间隔均匀的锯齿状刃。

刮削器是旧石器考古遗存中最为常见、最为繁杂的一个大类。从刮削器的定义及引申出的概念来看，刮削器一定是用来刮削加工其他物体的。刮削器的制作和修整绝不是单纯为了把刃缘变得锐利，相反它是在把刮削器边缘弄规整的同时，局部地将其弄钝，以使其具有更大的抗力，从而进

图19 丁村遗址中出土的三棱大尖状器

图20 丁村遗址中出土的斧状器

行刮削工作（图22）。其分类可以按照刃的数量分为单刃、双刃、多刃等，也可按照刃的形态分为直刃、凸刃、凹刃、锯齿刃等。

图23-a 所示的是一件大型凸刃

41

图 21　丁村遗址中出土的锯齿刃器

图 22　丁村遗址中出土的小型刮削器

刮削器，以硅质岩块为坯，底面十分平整光滑，上边有一个两面修理的扁尖，制作得十分精细。

砍砸器或称之为砍斫器，过去被视作东亚旧石器体系中的主要类型，但对丁村遗址中出土石制品的研究却发现，砍斫器（砍砸器）并不是丁村文化的典型器物。从打制技术来看，丁村砍斫器以两面打击为主，器形不是很大，与盘状石核相比，除了器形较为规整以及具有比较好的把握部位和对应的边刃之外，没有很大区别（图23-b）。这种器物很像非洲的手斧类工具，可以适应古人在缺乏石器原料的地区远行的需求。随身携带它们，本身既是石器，可以在狩猎动物后砍、剁、敲、砸、切割毛皮或肉类，同时也可作为打制小型石刀的母体，根据需要从上面打击下小的石片工具来使用。所以在一定条件下，砍斫器和石

a. 刮削器
b. 砍砸器
c. 小尖状器

图 23　丁村遗址中出土的石器

图 24　丁村遗址中出土的石球

核是可以互相转换的，其本身形制并不完全固定。

　　丁村遗址中发现的尖状器的功能都是很明确的，无非是穿、刺、戳、挖掘、锥、钻等，但是以中小石片为坯制作的尖状器（图23-c），具有更大的灵活性和功能，可以手持，也可以绑在木棍前部用作标枪。旧石器时代晚期的尖状器更加小型化、特化，形成了类型丰富多彩、用途各异、分工明确的多元化形式。

　　石球是丁村遗址中一种非常独特的典型器物（图24），与其他有刃类工具有着完全不同的技术轨迹。首先是原料的选择不同，其次是打制技术不同，其三是用途和使用方式不同。丁村人用角页岩硬质原料打制有刃类工具，用磨圆度较好、质地较软的石灰岩、砂岩和闪长岩等石料来制作石球，说明他们对石料的性质与石器功能、性质之间的关系认识得非常清楚。在打制技术上，它们与有刃类工具完全不同，因此打击的方式完全不同。

丁村人首先选用卵圆形石灰岩砾石，将其从中截断，再将截断面的棱角去掉，制成留有石皮面的滚圆形石球。有些选择厚的板状石英岩、砂岩、闪长岩砾石为坯，以两个较平的自然面为台面，周边对击，打成近似方体的毛坯，再将边缘的棱脊逐步打掉。石灰岩质软，制出的石球滚圆；脉石英脆硬，制出的石球粗糙而棱角多；砂岩制出的石球则疤痕模糊。另一方面，石球并不是一种随时随地使用的工具，而是一种特定时间、特定场合使用的武器。石球是一种群体性攻击武器，一群人每人手执2～3个石球，对准一个目标同时发起群体性攻击，才能有效地将猎物置于死地。

1977年，考古工作者在汾河西岸柴寺村南1000米左右的丁家沟口发现了一处旧石器时代晚期石器地点，编号77∶01。文化遗物出土于汾河两岸的Ⅱ级阶地底部河蚌砾石层中，主要有石制品和骨器。这里出土的石器分为粗大石器和细石器两种。粗大石器与丁村遗址群早、中期一样，以角页岩、石英岩等为原料加工，石器类型也相仿，有大石片、砍砸器、刮削器、锯齿刃器、石球等。另一类则是以燧石、玛瑙、石英等为原料制作的典型细石器工艺制品，其中以细石核、细石叶技术为主要特征，还有大量以压制技术加工成的刮削器、石镞、背刀、雕刻器、小尖状器等（图25）。

细石叶在形态上为两侧对称的造型，体量都很小，绝大部分的完整宽度都不超过5毫米，但是其刃口却规整又锋利。它们的尾端往往有内弯或侧弯的情形，截端取直，有利于装柄等复合工具的制作。根据对细石叶上微痕的分析，它们的主要使用方式是切割、刮削和装柄，而加工的对象多以动物为主，包括鲜骨、肉、皮等。

（二）许家窑文化

许家窑遗址位于阳高县许家窑村

图 25　丁村 77：01 地点出土的细石器

与河北省的阳原县侯家窑之间的梨益沟西侧，包括73113地点和74093地点。1973年，中科院古脊椎动物与古人类研究所卫奇教授在山西雁北地区调查时，根据大同市药材收购站提供的线索，在阳高许家窑村附近的两叉沟（73113地点）发现大量动物化石和2件具有人工打击痕迹的石片，并进行了初步试掘；1974年，又在不远处的侯家窑长形沟发现了74093地点。1976年，贾兰坡、卫奇正式对其进行发掘，并在《考古学报》上发表了《阳高许家窑旧石器时代文化遗址》。这就是许家窑遗址的最早出处。

1996年，第四批全国重点文物保护单位公布时，为了平衡山西阳高与河北阳原两地的矛盾，将其公布为许家窑—侯家窑遗址。但是从考古学遗址命名原则来说，无论什么原因，遗址名一旦确立，不可随意更改，所以我们更愿意称之为许家窑遗址或许家窑人遗址（图26）。

许家窑遗址距今约10万年，属旧石器时代中期。1976—1979年，中国科学院古脊椎动物与古人类研究所先后进行了4次发掘，共获得2万余件石制品、20件人类化石以及大量哺乳动物化石和一批骨角器。许家窑遗

图26　许家窑遗址

址出土的人类化石较为丰富，其中包括顶骨、枕骨、下颌骨、牙齿等，分别属于十多个不同的个体（图27）。

通过对许家窑人骨化石的观察以及和北京人头骨化石的对比分析，我们可以总结出这样一些特征：

1. 脑壳异常厚重。头骨厚度大致达到了北京人的上限，超过了尼安德特人。

2. 枕骨圆枕度要比北京人弱得多，位置也较高，不具有北京人地平的现象。

3. 上颌骨粗壮，上颌骨吻部前倾的程度中等，没有北京人向前突出那么显著，和尼安德特人接近。

4. 牙齿巨大，和北京人颇为相似。

从这样一些特征，我们可以得出这样的结论：看起来它是从北京人向

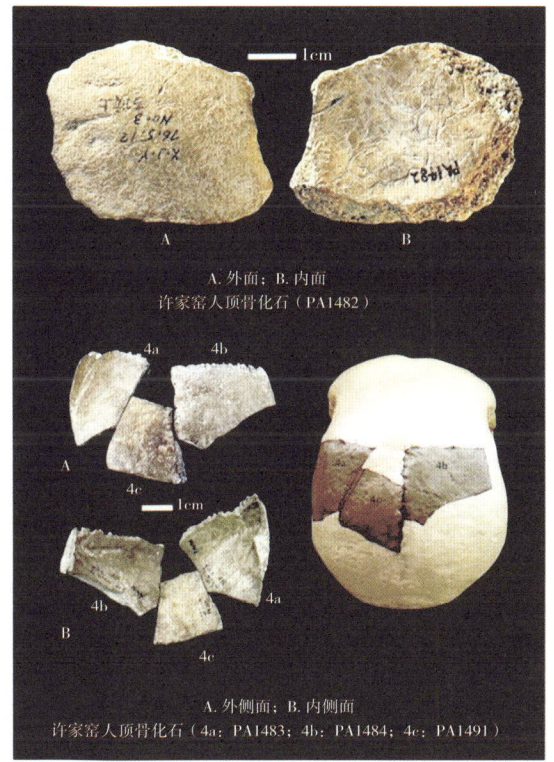

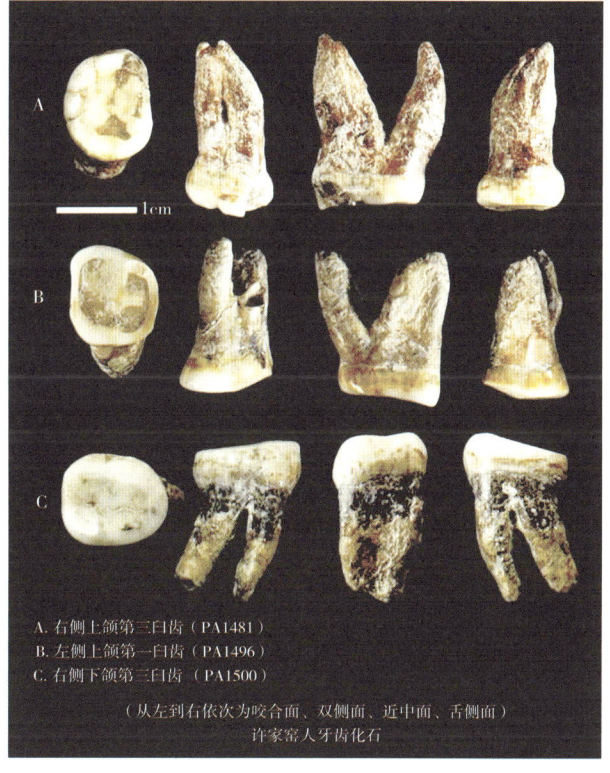

图27 许家窑人头骨化石（左）和牙齿化石（右）

47

尼安德特智人的过渡类型。

许家窑遗址中的文化遗物有石制品和骨角器两类。石制品主要以脉石英和火石为原料，火山岩次之，其余的玛瑙、石英岩、变质灰岩、硅质岩所占比例均较小。1974年试掘发现石制品589件，其中包括389件石核、石片、石器和200件打制石器时产生

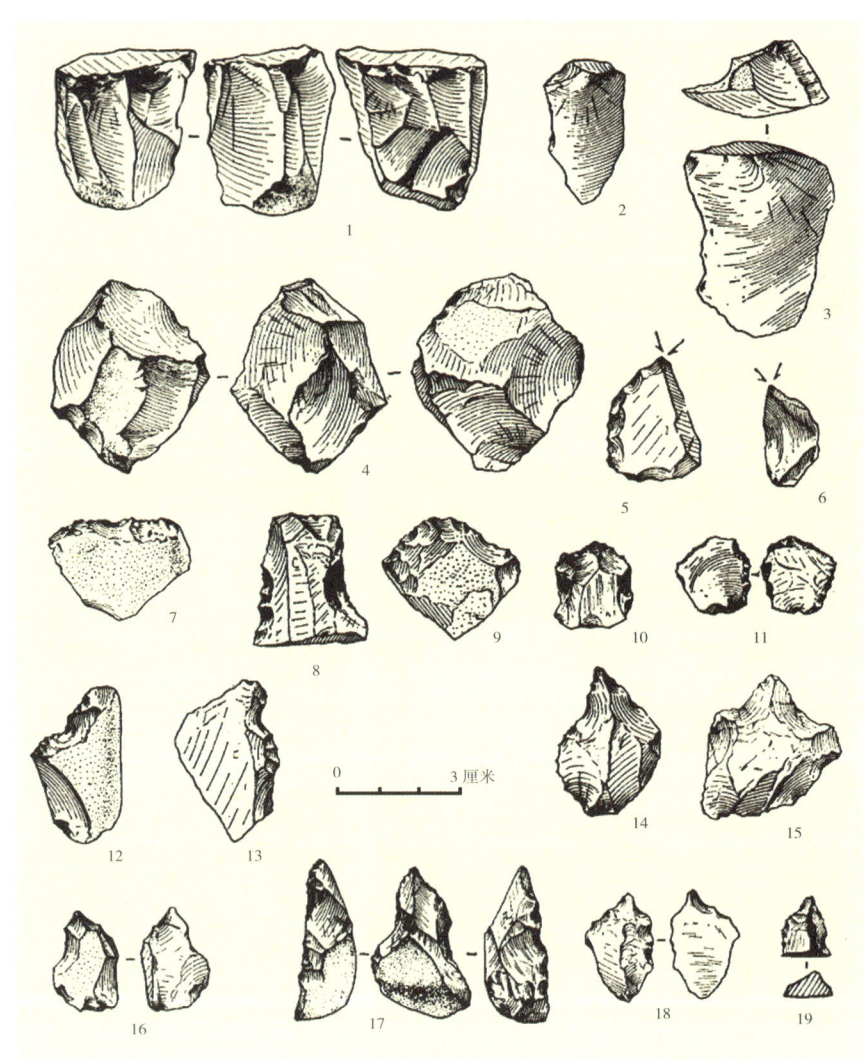

1. 原始柱状石核；2-3. 石片；4. 盘状石核；5-6. 雕刻器；7-13. 刮削器；14-19. 尖状器

图 28　许家窑遗址出土的部分石器（依贾兰坡等）

的碎块与废料。1976年，贾兰坡、卫奇的研究报告将石制品分为原始棱柱状石核、盘状石核、锤击石片、垂直砸击的"两极石片"、刮削器、尖状器、圆头刮削尖状器、雕刻器、石钻、小型砍斫器、石球等类型（图28—31）。

1976年，贾兰坡、卫奇、李超荣正式对许家窑遗址进行发掘，获得大丰收，共获得人类化石9件、石制品13650件以及一批骨角器和20余种脊椎动物化石。1979年，贾兰坡等重点对发现的人类化石进行了仔细研究，并对石制品进行了一定的研究，其石器分类仍然沿用了1976年的分类。

值得一提的是，许家窑遗址中发现了大量石球，仅1976年首次发掘就获得1059个石球。这样多的石球构成了许家窑文化的显著特色。石球最大的重达1500克以上，有的石球制作得滚圆，有的是半成品和毛坯，它们清楚地显示出石球制作的全过程。许家窑文化中还有许多器类加工得相当精致，如雕刻器、圆头刮削器、小石钻等，都反映出

图29 许家窑遗址出土的以燧石、玛瑙、石英为原料制作的尖状器、刮削器和凹缺刃器（李超荣提供）

图30 许家窑遗址出土的刮削器（卫奇提供）

图31 许家窑遗址出土的石球（李超荣提供）

其石器技术已具有相当的进步性质。

三、孰是孰非——中国古人类遗址PK"夏娃理论"

"夏娃理论"就是上文所提到的人类起源"替代说"。"夏娃理论"认为人类起源于14万年前左右的非洲,并拥有一个共同的母亲——夏娃。"夏娃"的后代离开非洲,扩散到欧洲、亚洲等地,取代了当地原有的早期智人(图32);而欧洲、亚洲原先的早期智人并非现代人类的祖先,它们与现代人类之间没有什么关系。"夏娃理论"是现代分子生物学的发展对人类起源这一课题的新的探索。持这种观点的国内学者认为这样一种替代现象发生在东亚的时间是在距今6万—7万年,"夏娃"的后代们取代了中国境内的原有智人群体,发展成今天的华夏人种。支持"替代论"的学者声称中国大陆发现的旧石器时代中期至旧石器时代晚期遗址存在着相当长的"空白期"。

这样的一种理论受到很多中国和澳大利亚学者的反对,反对的理论和依据即是在中国大地上不断发现的不同时期的旧石器时代人类遗址。

(一)在中国古人类遗址中发现的人类化石具有这样一系列共同的特征

1. 头骨脸比较扁,鼻梁较低,欧洲人鼻梁较高。

2. 眼眶为方形,欧洲人多为圆形。

3. 铲形门齿:门牙内侧两边有鼓起来的棱,就像炒菜的铲子,所以就叫铲形门齿。中国发现的十几个化石,门齿都是铲形的。即使是现代人,也有百分之八九十门齿是铲形的。而欧洲现在的白种人绝大多数都是平的。

4. 印加骨:也叫顶枕间骨,位于顶骨与枕骨之间人字点附近,因首先发现于南美洲印加人中而得名,后发

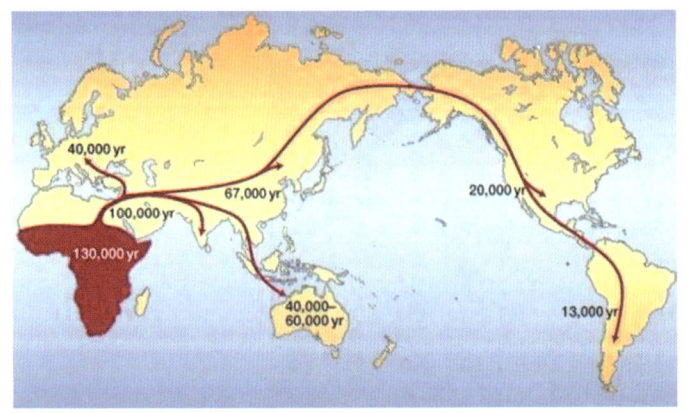

图32 "夏娃理论"有关现代人起源传播路线图

现蒙古人种即黄种人出现频率也较高，在白人群体中则很少。中国发现的北京猿人、丁村人、许家窑人化石上都有，而且一直延续到现代人。

（二）中国古人类遗址不是单独存在的

环境因素在旧石器考古研究中是非常重要的。二十世纪七八十年代，贾兰坡先生根据考古发现，提出中国旧石器考古华北大小石器两大文化传统：大石片—三棱大尖状器传统和船底形刮削器—雕刻器传统。

从丁村人与许家窑人两个遗址的环境，就可以看出他们区别的关键所在。如图33所示，丁村遗址位于汾渭地堑晋中部，其文化圈以大石器为特征，包括西南临汾盆地、运城盆地、中条山南麓黄河沿岸乃至陕西蓝田人在内，都以三棱大尖状器—砍斫器为特征，贾兰坡先生称之为"匼河—丁村系"或"大石片—三棱大尖状器传统"。许家窑遗址位于桑干河流域，其文化圈包括山西大同盆地、河北泥河湾盆地以及周口店地区，以小尖状器、刮削器—雕刻器为特征，贾兰坡先生称之为"周口店第1地点—许家窑—峙峪系"。从中可以看出，中国的古人类遗址并不是单独存在的，在核心遗址附近都有着广大的分布范围，而且遗址时间绵延旧石器时代早、中、

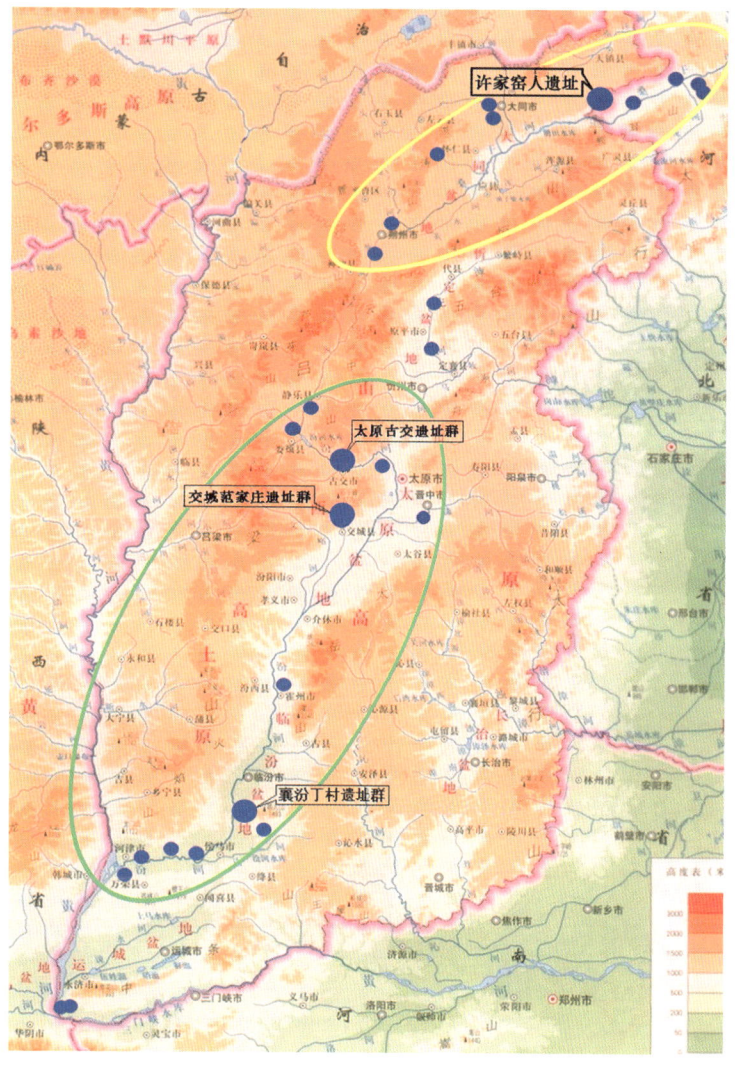

图33 丁村人文化圈（汾河流域）与许家窑人文化圈（桑干河流域）

晚三期，这就是说，从距今100多万年到距今1万—2万年，旧石器时代遗存一直都存在，并非像支持"夏娃理论"的学者所述的那样，中国的旧石器时代中期到晚期之间存在着长时间的空白，只不过到目前为止，很多重要遗存都还没有明确的认识，需要我们更多、更细致的考古工作的开展。

四、丁村遗址群第三次调查发掘和时空分布

2011年后，丁村遗址开始了第三次大的发掘，在"十二五"期间受到国家文物局特别大的支持，考古工作得以顺利进行。丁村遗址发现60多年来，虽然经过两次大规模的调查与发掘，发现了30余处石器地点，获得了不少科学资料，但是有关丁村遗址地质背景、原料环境、生态环境等基础性研究仍然较为薄弱。新的考古工作不再以找到几件典型的石器标本为目标，而是希望解决一些更加全面而系统的问题，包括对石器原料及其背景的调查，进一步扩大空间结构的考古调查和地理信息系统的建立，着力研究丁村远古人类的石器技术和行为等。正如2014年出版的《丁村旧石器时代遗址群：丁村遗址群1976～1980年发掘报告》中所述："旧石器时代人类最重要的工作不是打制石器而是生存，但要想生存就必须学会打制石器。因此，石器就成了那个时代人类留给我们唯一可以解读的技术记忆！"在1958年，裴文中和贾兰坡先生曾经将丁村文化归结为以三棱大尖状器为代表的人类遗址，而我认为丁村文化包括丁村人一切生活因素的组合，包括地质环境、气候环境以及丁村人对这些自然资源的利用。

过去几十年在丁村遗址中发现的大量打制石器和动物化石，都不是原地埋藏，根据地层剖面的观察，这些遗物都是经过坡面流水进入河流，最后埋藏在河谷的砂砾层中。2015年，我们在丁村遗址群东部黄土台塬约20平方公里的考古调查中，发现了旧石器时代遗址50余处。调查结果显示，丁村遗址群东侧塔儿山向汾河谷地过渡的山前土状堆积，是丁村远古人类的重要活动区。在北涧沟→沙女沟→红土寨沟→上庄沟一线的沟谷中发现

大量石制品和原地埋藏的人类遗址（图34），而在尚未侵蚀至大崮堆山基岩上的北寨沟和柴村沟中，角页岩砾石缺乏，也未发现人类活动的迹象，显示了丁村人对角页岩原料的亲近性和依赖性。看起来我们似乎找到了丁村遗址中人类活动和利用自然资源的行为链条，丁村人在富含角页岩层的沟谷中拣选石料并打制工具，然后回到汾河谷地进行渔猎生活。以下对在沟谷中发现的重要人类活动遗址作一简单介绍。

（一）老虎坡遗址

老虎坡遗址是一处原地埋藏的人类活动营地，位于襄汾县城南1公里左右的上庄沟左岸，2014—2015年发

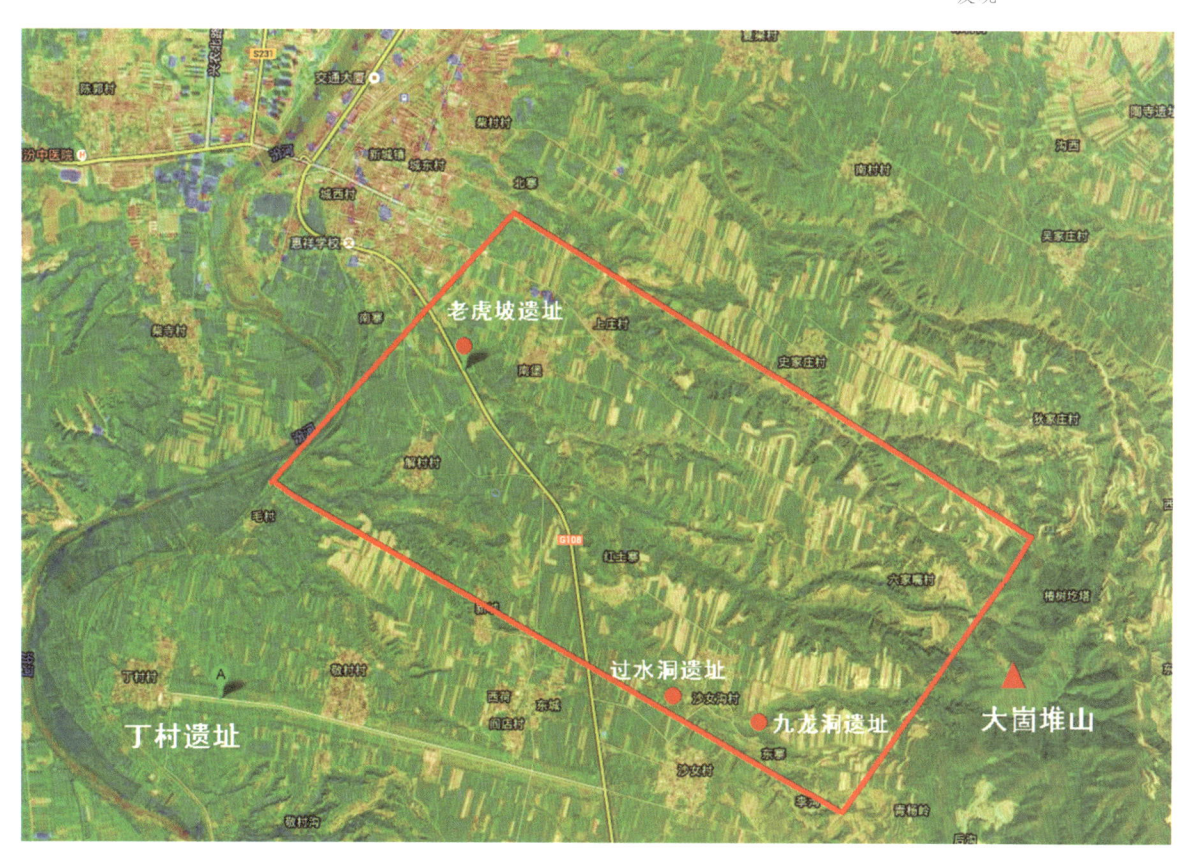

图34 2015年丁村遗址群调查工作区域及新发现

图 35　老虎坡遗址俯瞰

图 36　老虎坡遗址全貌 1

图 37　老虎坡遗址全貌 2

掘（图 35—图 36），出土石制品 600 余件，分布在马兰黄土（L1）中下部及第一条古土壤（S1）条带中上部，据此判断老虎坡遗址形成于距今约 10 万年，并一直延续到距今 5 万年左右，是丁村遗址群发现的第一个原地埋藏的黄土堆积旧石器时代遗址。上部马兰黄土的底界为距今 7.8 万年，而下面的棕红色古土壤条带为距今 7.8 万—13.1 万年。如图 37 所示，石制品从马兰黄土中下部开始，由上至下密度逐步增加，底部密集分布着大量直径多在 20～50 厘米之间的角页岩砾石、石核和少量经过风化的花岗片麻岩砾石，这些石块和大型石核单层分布，重量均在人类个体能够搬运范围之内（15～50 公斤左右）。它们之间并未夹杂任何砂或小砾石，也无统一的倾向。由此判断，这些巨大砾石并不是流水搬运而来，应该是原始人专门搬来铺在地面上的。平面分布上既有排列较为紧密整齐的中心区域，也有外围较为散乱的部分，显示了一定的结构（图 37）。

经过观察和实验，我们发现这些砾石的重量均在人类个体能够搬运范围之内，表明这些砾石应经过刻意的挑选，而且在适宜剥片的角页岩砾石上多具有较大的石片疤，应作为石核进行过剥片。初步分析，一方面可能是丁村人作为打制石器的原料储备；另一方面,在石块缝隙中发现的某种草本植物的孢粉含量远超过其他地区,古人可能在这些砾石上铺盖茅草,作为一种建筑设施,如石铺地面等。目前来看,以上推论均需更多证据,但其人工性质则较为确切。

(二)过水洞遗址

过水洞遗址位于沙女沟村西南沙女沟左岸,距九龙洞遗址约500米,2015—2016年发掘,系冲沟剖面上部地层整体坍塌形成的土状堆积类遗址(图38)。

从探方的地层结构看,可能是位于黄土中的第三条古土壤带的位置,推测其年代大约为30万年左右。发掘出土了大量动物化石,这些动物化石大部分为较破碎的小型食草类肢骨、脊椎骨等,并非自然破损。它们与石

图 38 过水洞遗址地貌及发掘位置图

图 39 过水洞遗址 2015 年发掘现场及套箱提取的动物化石、炭屑和红烧土块

制品、炭堆、炭屑、红烧土块同时出现在黄土地层中。这些包含物在地层中倾斜分布,很有可能是因为发生过褶皱和坍塌。不管怎样,都表明这是一处与人类活动密切相关的临时营地,有可能是古人野炊烧烤、分享食物的场所。为进一步深入研究和今后展示的需要,我们对其中炭粒密集的炭堆和动物化石、石制品共生的遗迹进行套箱提取(图39)。过水洞遗址是丁村遗址群首次发现的原地埋藏的用火遗迹,大量动物化石的发现,对于重建当时的环境,研究古人类的狩猎对象、策略以及能力具有意义。而炭堆、烧土等则为探讨古人类对于火的管控能力提供了新材料。

(三)九龙洞遗址

九龙洞遗址位于沙女沟村东南侧北涧沟沟口北侧一个突出的小土包上(图40)。其地层堆积属于沟谷冲洪积砾石侵蚀沟边土状堆积形成的叠层累加埋藏环境,前端为冲洪积砾石与

图40 九龙洞遗址地貌图

土状堆积互成的堆积，后端为原生黄土堆积。该遗址分 A、B 两区进行发掘。在 A 区的北部黄土堆积中，至少存在 3 层原地埋藏的石制品密集分布水平层，充分表明该区域内曾连续有人类活动。值得一提的是，B 区土状堆积中的同一层位中，在不到 9 平方米的面积内，发现两处原始人类打制石器的遗存，数以百件的石片、石核以及大量碎屑集中分布，虽然未见成形的石器工具，但场景仍然甚为震撼（图 41）。可以推测古人类将几块原料搬运至此，由两拨工匠分别在两处进行打制，之后将打制好的工具带走。

a. 九龙洞遗址俯瞰及发掘探方分区；b. 九龙洞遗址 B 区探方及石制品出土状况；c. 九龙洞遗址 A 区剖面；d. 来自全国的专家学者齐聚九龙洞现场研讨

图 41　九龙洞遗址

通过地层比对、石制品分析等综合分析，九龙洞遗址是原始人采集角页岩砾石、打制石器的一个重要现场。其年代为距今10多万年。九龙洞遗址的发现不仅展示了冲沟壁上砾石堆积形成的机理，而且为进一步深入研究原始人类的生存方式、复原人类行为、研究人地关系等提供了重要材料，对于研究丁村人石器原料选取、打制石器以及复原整个制作流程等具有重要意义。"十二五"期间，对丁村遗址几个新地点的发现，填补了原本丁村人生存时空的"空白"，再次为中国古人类起源"连续进化附带杂交论"填充了重要的事实依据。

五、旧石器时代遗址的保护和利用

我国的旧石器时代考古已经有近90年的历史了，发现的旧石器时代遗址遍布全国各地，其中有很多属于世界级的著名的古人类遗址或遗址群，如周口店遗址群、水洞沟遗址群、丁村遗址群和泥河湾遗址群，却没有形成旧石器考古发掘研究、遗址保护以及队伍建设的一个良性互动的模式。

回顾我国旧石器考古学的发展历程，虽然培养了一批有志于旧石器考古研究的专业人才，取得了不小的成绩，但是与国外先进国家相比，旧石器考古学并不是单纯的学术层面的落后，在学科设置、人才培养、管理体制和遗址发掘的理念等方面仍然存在着不小的差距。

法国的陶塔维尔（Tautavel）的阿拉戈洞穴（Cave of l'Arago）遗址发现于1967年，之后在亨利·德伦雷（Henry de Lumley）教授的领导下，每年进行两次非常仔细的发掘，至今已经培养出几十个博士和一百多个硕士，取得的科研成果塞满了十几个书架，建成了一个国际性的"欧洲史前研究中心"。在巴黎盆地塞纳河边的潘色旺遗址，从1964年发现至今，由法国著名的史前学家勒鲁瓦·古尔汉（Leroi Gourhan）教授领导的团队，常年进行发掘，基本未间断。持续的发掘揭露出距今12500年—12000年之间一系列史前人类的活动遗迹，表明这是一处露天的旷野遗址，人类每年都到这里狩猎，而且每年都被洪水带来的淤泥覆盖，使得这处史前营地的各种遗迹得以原样保存下来。在堆积中发现了将近20层相互叠压的居住面，好多地方可以看到三层居住面。它们的火塘几乎安置在同一个地方。火塘被淤泥覆盖之后又都被重新找出来使用，这说明来此地的人每年都是同样的人群。这样的研究让人震撼，令人深思。李英华、侯亚梅等在《法国旧石器技术研究概述中》给出了这样的评语："这些规范的田野发掘和技术研究理论方法，使史前考古学家开始通过研究精细发掘出的遗物遗迹来探索它们所体现的人类行为，同时也深刻地影响了整个史前考古学研究，直到今天还一直被当作考古学工作的典范和标准被广泛应用。"

旧石器时代遗址和石制品并非一般意义的文物，而应属于"文化遗产"或"文化资源"。很多旧石器遗址被授予"全国重点文物保护单位"称号后，便成了文物，但关键是如何行之有效地保护和利用它。2000年，我们曾在《山西旧石器时代考古的发现与研究》中提出："旧石器考古应当由游击战向阵地战转变、由单兵作战向集体作战转变、加强多学科交叉研究。"这里的"阵地战"，不但指在一个地区进行系统性的发掘，还包括发掘中建立实体基地，发挥重点遗址人才培养、遗址保护、文化宣传等一系列重要作用。最近，"丁村国家遗址公园"进入立项阶段，我们在《考古工作规划》中再次提出：只有将发掘、研究、展示有机地结合起来，增强学术活力，带动社会参与，才能发挥遗址和遗产保护的作用。希望我们能在发掘遗址的同时就考虑其后期保护和后续展示等与遗址保护相关的项目，多建设一些小型的遗址博物馆，让更多人参与到遗址保护的行列中来，让我国的旧石器文化遗址不再仅仅以一份报告就作为研究的终结，让一个个重要的文化遗址经考古人的建设变得更加鲜活起来。

参考文献：

[1] 裴文中，吴汝康，贾兰坡，等.山西襄汾县丁村旧石器时代遗址发掘报告.北京：科学出版社，1958.

[2] 王建，陶富海，王益人.丁村旧石器时代遗址群调查发掘简报.文物

[3] 贾兰坡，卫奇.阳高许家窑旧石器时代文化遗址.考古学报，1976(2).

[4] 贾兰坡，卫奇，李超荣.阳高许家窑旧石器时代文化遗址1976年发掘报告.古脊椎动物与古人类，1979，17（4）.

[5] 林圣龙.中西方旧石器文化中的技术模式的比较.人类学学报，1996，15（1）.

[6] 王益人.丁村旧石器时代遗址群：丁村遗址群1976～1980年发掘报告.北京：科学出版社，2014.

[7] 王益人.从"河流相"到"黄土堆积"——山西丁村遗址群2015考古获重要收获.中国文物报，2015-11-20.

[8] 王益人，袁文明，夏宏茹.山西丁村遗址群2015年考古调查与发掘.2015年中国重要考古发现.北京：文物出版社，2016.

[9] 王益人.旧石器考古发掘研究与保护的思考.中国文物报，2012-3-16.

主讲人 / 宋艳花

史前一万年

——新石器时代革命

主讲人 / 宋艳花

山西大学历史文化学院副教授

引　言

一般认为因能制作工具而得名的 *Homo habilis*（能人）是最早的人属成员，他们生活在距今180万—260万年前，因此，曾经国际公认的人类出现的时间是距今260万年前。2015年，肯尼亚西土卡纳附近发现的石制品测年结果为330万年前，又将人类出现的时间向前推进了70万年。如果我们保守一些，将人类发展的历史看成260万年，那么，旧石器时代就占据了259万年。考古学者研究人类出现以后的漫长历史，为了让大家更好地理解时间的概念，往往会把时间作一些更形象的比喻。如果将人类出现后260万年的时间比作一天24小时的话，新石器时代一直到现在文明时代的时间只占据了这一天中不到6分钟的时间，而近30年兴起的网络时代，时间也只相当于这一天中的最后两秒。

那么，为什么人类在漫长的250多万年间一直使用单一的打制石器，而突然在距今1万年的时候开始进入新石器时代？距今1万年左右，全球范围内开始发生新石器时代肇始的广泛的变化，譬如陶器、磨制石器、农业、驯化动物、人类的原始定居，都发生在这一时期。旧石器时代与新石器时代及以后的历史呈现出完全不一样的面貌，考古学者将这一巨大的人类历史变革称之为"新石器时代革命"。在距今1万年的时候，人类的文化面貌、生活、生态发生了巨大变革和根本性变化，因此用"革命"一词来概括这些变化。使用打制石器还是磨制石器，是最早区分人类进入旧石器时代还是新石器时代的标准。新石器时代与旧石器时代究竟有哪些差别？为什么从旧石器时代会过渡到新石器时代？这种过渡出现的原因是什么，又是如何发生的？不同地区从旧石器时代进入新石器时代是否存在时空差异？上述问题，是探讨新石器时代变革的重要方面。

一、"石器时代"的概念

要了解"新石器时代革命"，那首先要了解的就是"石器时代"的概念。石器时代，最早是由丹麦博物学家汤姆森在整理其收集的展品时提出的。1819年，被任命为丹麦国家博物馆首席馆长的汤姆森（Christian Jürgensen Thomsen），在对博物馆藏品进行整理时，依据工具和武器的材料，划分为依次演进的石器、青铜器和铁器三个时代，并按此标准将馆藏古物分为三组进行陈列。石器时代就是我们所讲的从旧石器时代的打制石器一直到新石器时代的磨制石器的时代。1865年，英国考古学家卢伯克又以打制石器和磨制石器为分界，把距今1万年以后出现了大量磨制石器的时代称为新石器时代，把新石器时代之前使用打制石器的时代称为旧石器时代。旧石器与新石器时代概念都是考古学者为了便于研究而定义的。随着考古材料的不断丰富，考古学者清晰地认识到，磨制石器只是新石器时代的一部分特征。

随着考古的不断推进，磨制石器出现的时间不断被提前。考古学家在日本、北亚等地发现了15000多年前的磨制石器。然而，从文化面貌上看，它们并不属于新石器时代。于是，考古学者给"新石器时代"增加了更多的界定，把陶器、驯化、定居等综合信息也纳入"新石器时代"。

旧石器时代人们的生活方式为狩猎、采集，随着气候的变化以及动植物群的迁移来营建临时宿营地，主要是使用打制石器。新石器时代呈现出完全不同的面貌，人们开始定居、种植（南方稻作农业、北方粟作农业）、制作陶器、驯化动物、使用磨制石器，有了最原始的畜牧业。这些都是根本性变革。人们的生活方式从居无定所的游猎生活定居下来。这些正是考古学者要研究与探讨的问题。这些变革发生的时间也正好在距今1万年左右。

二、新石器时代革命

考古学者将距今（距1950年）1万年左右人类文化面貌上的变革称为"新石器时代革命"。考古学家经过多年的不断讨论、对峙，逐步达成共识，当磨制石器、驯化（动植物）、陶器、定居四个因素同时出现时，文化就进入新石器时代。

目前可知的农业开始规模化，进入完全意义上的农耕社会的时间大概在距今5000年左右。随着新的考古发现和研究的不断深入，新石器时代各个因素发生的时间都在提前，新石器时代因素在旧石器时代晚期就已经肇始，并生根发芽，逐渐酝酿，最终在全球扩散。革命的意义在于在某些方面发生根本性变革，并产生了质的飞跃，新石器时代革命对人们生活方式与社会发展产生的影响正是如此。

（一）磨制石器

磨制石器是最早提出的新旧石器时代分界标准。现在考古发现证实，磨制石器在旧石器时代晚期就已经出现（图1）。在中国南方和北方，越来越多更早的磨制石器被发现。在中国北方地区，发现时代最早的磨制石器的遗址为陕西的龙王辿遗址，在距今大约25000年前的地层里发现了磨制的石铲，是目前发现的最早的磨制石器。继陕西龙王辿遗址之后，在河北省泥河湾盆地于家沟遗址和虎头梁遗址也发现了距今11000年左右的磨制石器。北京转年、东胡林遗址大致距今1万年左右，是目前发现的新石器时代最早的古人类文化地点，遗址内发现了典型的磨制石器。转年遗址中发现有雕琢成的石磨棒、石磨盘及少量磨制的小石斧、锛状器和石容器残片。东胡林遗址中发现了较多打制石器和细石器，有些加工精细，刃部锋利，还发现有精美的磨制石斧、锛等，其中一件类似凿的小石器体现了高超

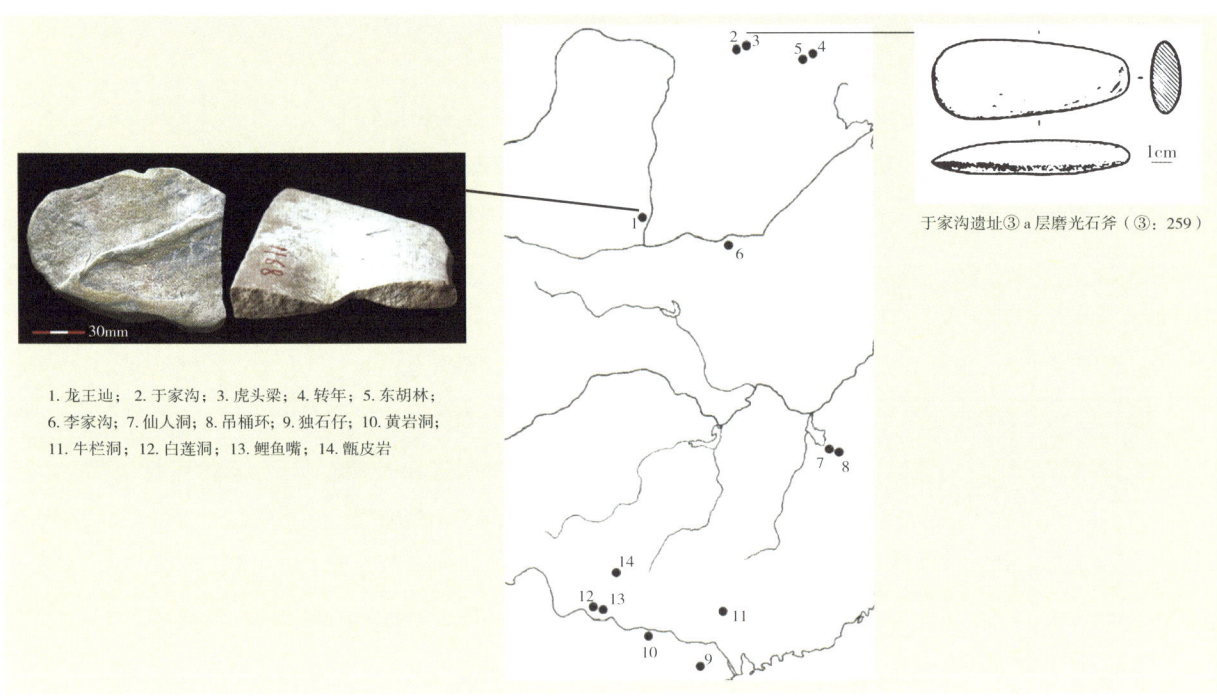

图1 中国发现的最早的磨制石器的地点

的磨制工艺(图2)。由此可以看到,磨制石器的出现与使用经历了逐步发展的过程,并非是突然产生的。

中国南方旧石器时代遗址中出土磨制石器的地点比北方地区稍多,且以洞穴遗址居多。其中以江西万年仙人洞遗址最具代表性。江西万年仙人洞遗址位于江西省万年县大源乡境内,经过1960年、1964年、1993年、1995年、1999年五次发掘,遗址中出土了南方地区最早具有磨制特征的石器。2012年,北京大学吴小红教授、张弛教授等在美国《科学》(Science)杂志上发表了《中国仙人洞遗址两万年陶器》的研究文章。研究结果将中国早期陶器出现的时间确定为距今19000年至距今20000年前,这是目前世界已发表陶器的最早年代。研究成果为探讨现代人行为、特定文明要素的出现和传播机制等提供了重要资料。

中国南、北方地区磨制石器遗物不断被发现,让我们更清晰地认识到新石器时代绝对不是一夜之间形成的。

(二)动植物的驯化

农业肇始是动植物驯化的一部分。发展到新石器时期,远古先民们已经能够通过控制动植物的自然繁殖来改变其野生性状,动植物得到驯化,在此基础上出现了原始的农业和畜牧业。农业和畜牧业的起源类似磨制石器的产生,也肇始于旧石器时代晚期。

以农业起源为例,河北磁山遗址、裴李岗遗址为曾经公认的新石器时代最早的农业肇始地。裴李岗遗址中发掘出石制磨盘、磨棒、铲、镰,还有猪骨和栩栩如生的猪头陶塑像,这些出土物充分证明当时的农业和畜牧业已经有了一定程度的发展,为我国早期农业经济提供了具体的证据。磁山遗址的灰坑里发现成堆腐朽的粮食,从残存的外壳观察当属粟类,结合农业工具的使用,可以证明已经有了比较发达的农业。出土的动物骨骼可分辨出猪、狗、牛等,显然有了相当数量的家畜。由此知道,磁山文化、裴李岗文化已有较高水平的原始农业和

图2 东胡林遗址出土的类似凿的小石器

家畜饲养业。相比两处遗址,时代更早、可提取农业信息的遗址频出,如山西吉县柿子滩遗址、河北阳原于家沟遗址、河北徐水南庄头遗址、河南新密李家沟遗址等。河北阳原于家沟遗址中发现距今11500年左右的驯化小米。继于家沟遗址出土驯化小米之后,徐

水南庄头遗址又发现了具有驯化特征的小米。农业的四大起源分别是美洲的玉米、西亚的小麦、中国北方的粟作农业与中国南方的稻作农业。中国北方在世界农业起源研究上占据非常重要的地位，粟作农业，即小米（包括粟和黍）的出现时间，随着研究的深入与新的考古发现，被不断更新。农业起源经历了非常漫长的过程，据最新研究成果，史前人类从"采集野生植物种子（果实）—种植—收获新种子，出现驯化特征"需要至少两千年的时间，据此推论，徐水南庄头遗址史前人类开始种植小米的时间应该比距今11500年更早。那考古材料中，有没有发现更早关于植物驯化的证据呢？柿子滩遗址当属一例。柿子滩遗址位于山西省吉县东城乡下岭村西南、清水河西北岸的阶地上，发现于1980年。柿子滩遗址是目前发现的旧石器时代末期到新石器时代早期遗址中农业起源文化因素出现最早的遗址。遗址由数十处地点群构成，S9地点处于旧、新石器时代过渡的关键时期，代表了柿子滩遗址最晚阶段的地质沉积。有幸的是，考古人员在S9地点第四层地层（地质时代为距今12756—11350年）土壤的浮选物中找到了最早的碳化的黍族植物种子（图3），同一地层中还出土了石磨盘（2件）和石磨棒（2件）（图4）。我们对2件石磨盘以及与它们配套使用的2件石磨棒进行了残留淀粉粒的提取和鉴定，结果证实，磨盘和磨棒具有相同的加工对象，主要是草本和栎属植物。这两种植物的淀粉粒占据了淀粉粒总量的73%，也占据了所有可鉴定淀粉粒的95%。其中草本植物主要为黍族中的黍亚科和早熟禾亚科成员，其淀粉粒占到淀粉粒总量的38%，占据了可鉴定总量的47%，栎属植物则主要为橡子，其他淀粉粒属于块茎和豆科植物。现代科学技术手段使得黍族植物淀粉颗粒的提取得以成功实现，黍族植物淀粉粒占淀粉粒总数的38%，说明磨盘曾经被用于黍族植物的研磨。除了来自石磨盘和石磨棒上的证据外，考古学者还把从地层中浮选出的碳化黍族植物种子与野生狗尾草种子颗粒、现生粟种子颗粒进行实验对比，地层中所出黍族植物种子在生物形态上介于野生与现生之间，是反映农业起源、

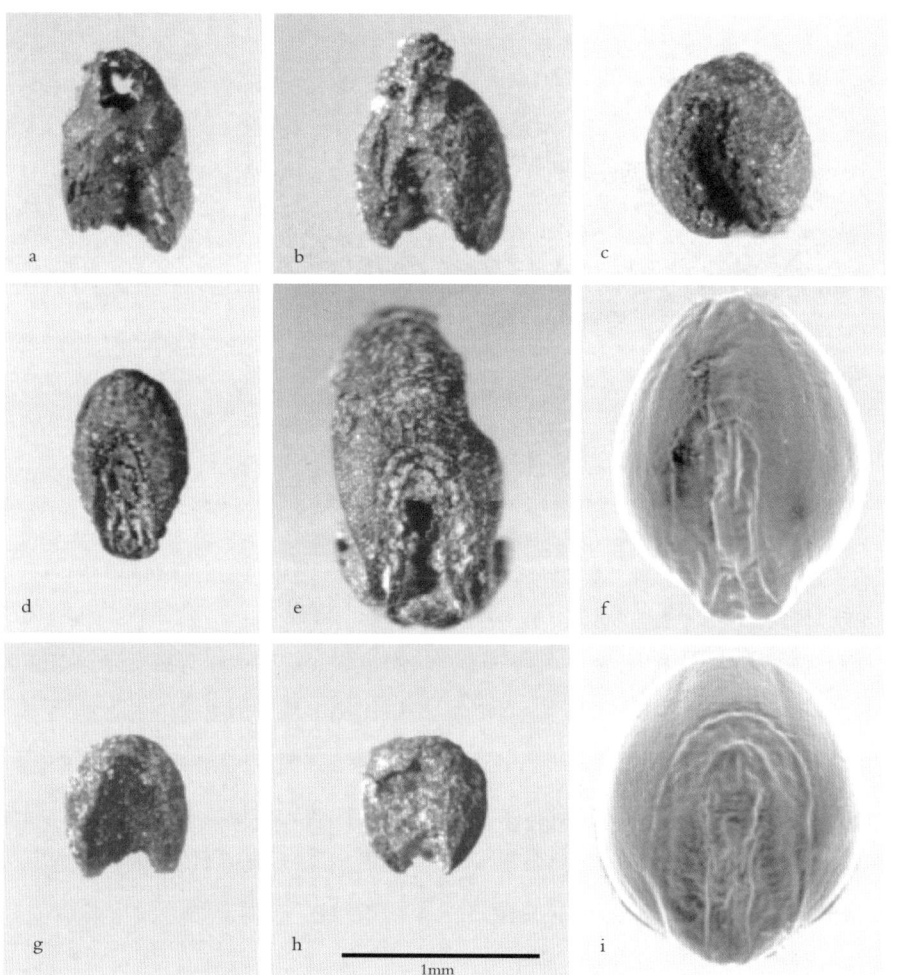

a、e.狗尾草（S9, Setaria sp.）; b.野生狗尾草（Setaria sp.）; c.驯化的狗尾草（Setaria italica spp.italica）; d.未成熟的狗尾草（S9, Setaria sp.胚乳较小）; f.现生狗尾草（扫描电镜SEM图像，Setaria italica spp.Viridis）; g、h.可能为稗属（S9, Echinochioa sp.）; i.现生稗属（扫描电镜SEM图像，Echinochioa crus-galli）

备注：种子碳化后个体会缩小15%

图3 S9地点浮选的碳化植物种子（据Bestel, 2014）

图4 柿子滩遗址第9地点出土的石磨盘和石磨棒

黍族植物被培育种植的有力证据。在中国北方,小米的种植最早可以追溯到近12800年前。那么,既然植物的栽培与种植不是朝夕之事,人们是从什么时候开始有意识的种植活动?又是因为什么开始种植?这些疑问引发农业起源的动因与机制学术问题的探索。我们再用柿子滩遗址S29地点第七层出土的一件石磨盘为大家简要说明。这件石磨盘的时代大约是距今25000年,通过对石磨盘上残留物的提取,石磨盘上残留黍亚科淀粉粒占到10%左右,这一数据暗示我们这件磨盘曾经也被用作野生黍族株本的加工,加工黍族植物是它的功能之一,它也是目前经过研究的、罕见的旧石器时代晚期磨盘。磨盘所处的时期正好是全球气候转冷的新仙女木冰期,环境骤变、气候转冷、动物资源减少,可能是诱发种植行为,促进原始农业起源的最根本的动力。

西亚地区农业起源的研究为此提供了参考。西亚小麦起源研究是全球最成熟的地区。西亚地区小麦起源于

11000多年前左右，正好处于新仙女木冰期，是冰后期气候突然转冷的一个时期。气候的转冷，动物资源减少，人类迫于无奈，转向植物资源的强化采集，从而引发农业的肇始，促使人类可获取植物与动物资源的根本性变革，这是西亚农业起源研究的探索。柿子滩遗址S9发现的石磨盘正好也处于新仙女木期全球气候变冷的时期。气候的突变，可能促使人类强化植物资源的利用。人类对动植物资源的集约利用，便是人类对突然降温事件和环境变化的应对，也是探索中国北方地区粟作农业起源机制的重要线索。

畜牧业的肇始同样起源于旧石器时代晚期。与西亚地区最早驯化绵羊、山羊不同，考古发现，中国地区最早被驯化的动物为狗，在狗之后，人类依次完成了对猪、牛、羊等动物的驯化。在河北徐水南庄头遗址，考古人员发现了最早具有驯化特征的狗的骨骼。同样，动物的驯化与植物的种植类似，动物驯化特征的出现是经历若干代驯养的结果，因此，最早畜牧业的肇始应远在南庄头遗址之前。至于人类究竟是从何时开始驯养狗，那就不得而知了。

综上，动植物的驯化在新石器时代趋于成熟，但动植物驯化的起源研究却是需要深入到更加久远的旧石器时代晚期。

（三）陶器

农业的起源导致了更多的变化，传统考古学者认为，因为农业起源的需要，陶器被广泛用作农业的仓储工具。前些年，学者们公认日本、北亚以及东北亚地区是发现陶器最早的区域，日本最早的陶器可追溯到距今16000多年前，北亚俄罗斯的发现可以早到14000多年前。2012年，北京大学吴小红教授等关于仙人洞遗址的最新研究成果，将陶器的出现时间提前到了距今19000—20000年前。据此，专家进一步推论，早期陶器的出现与农业的产生并没有直接的联系，可能与盛储水产类食物有关。那么，农业产生以后陶器的演变与发展和农业产生前陶器的工艺是否有直接的联系？总而言之，陶器的产生不能作为新旧石器时代分界的唯一标准。

在中国的北方中原腹地也发现有较早的陶器（图5），如河北阳原于

图5　早期陶器出土地点

家沟遗址、河南新密李家沟遗址等。在于家沟遗址出土了距今11900年的夹砂黄褐陶片。李家沟遗址在距今11360年的早期新石器遗存中出土了超过200片陶片。陶片均为夹粗砂陶，有浅灰黄色、黄褐色和红褐色等。大部分质地较坚硬，显示其烧成火候较高，已非最原始制陶技术的产品。有多件不同陶器的口沿，器形单一，均属直口筒形器物，保留有早期陶器的特点。尤为突出的是绝大部分都有纹饰，包括间断似绳纹、似绳纹与间断似绳纹的组合纹与刻划纹等。这些在农业起源核心地区的早期陶器信息也许能够为农业的起源提供更多的信息。

（四）定居

考古学者认为，原始农业的产生促使原始定居成为可能，动植物的驯化使得远古先民们不用再随着气候变化以及动物迁徙而改变自己的居住地。

定居生活中相对稳定的生活环境，为人群的扩大，稳定村落的营建，社会关系的复杂化提供了条件。很多因素导致了定居的发生。农业产生后，因为实际生产、生活的需要，陶器日用器被大量使用，同时，陶器上出现了很多反映定居生活的小特征，如很多器物上出现了耳、足等特征，以陶扁壶为例，一般在扁壶的口沿下两端有两錾或两耳，有学者指出，这种独特设计的用途在于穿系绳索背在背上，方便人们运送水或食物。法国巴黎大学李国强教授通过研究指出，新石器时代石磨盘的出现，证明当时的人们已经开始定居生活。以宁夏鸽子山遗址为例，在遗址旧石器时代晚期向新石器时代过渡的地层中发现了百余件形体较大的石磨盘，自身的重量较重，不可能经常从一个地点搬运到另外一个远距离地点使用。这一特性不利于原始先民的迁徙生活，很大程度上表明原始居民已经开始了定居生活。另外，新石器时代，磨盘的出现，和农业、定居生活已经密切关联。对比新旧石器过渡时代发现的石磨盘，旧石器时代遗址中发现的石磨盘体积相对小一些，在磨盘的使用上，存在就地取材、随打随用的现象，不携带磨盘迁徙，而是到了一个新的地方后会再制作新的石磨盘。

所以，农业的产生使得人类的定居稳定下来，同时也正因为更加稳定的定居生活，人们才有时间和机会展开精耕细作的农事活动，耕作的效率与收获才能更好地提高。在早期农业发展阶段，原始农业最初的农产品非常少，较多地依赖于当时的自然环境，而且在农业早期阶段并没有积累一定的耕作经验，远古先民们是否能够有所贮藏，以备不时之需呢？这个不得而知。但是原始人类进行农业耕作的时候，也会去狩猎，以保证自己的生活所需，但定居是必然的条件。

在旧石器时代晚期，半定居式的生活已经出现。最早的村落产生之前，除了洞穴和岩棚，原始人类已经有简易的临时性建筑。在欧洲的洞穴岩画上可以看到目前所知的人类搭建的最早的窝棚，表明已经有一些临时性的营地出现。这些临时性的营地逐渐发展成永久性的营地，然后才出现定居。旧石器时代晚期，在乌克兰首次出现确定无疑的人类构筑的居住遗迹。这些遗迹包括柱洞、排列有序的石块、猛犸象和其他大型哺乳动物的骨骼、工具和用具以及火塘等。在白俄罗斯、波兰和中国哈尔滨阎家岗遗址都发现过这种小屋,建筑时间大约在25000—14000年之前。这些由动物骨骼垒砌的房子可以定名为居址,除了这些确定可以看到的,应该还有一些已经消失看不见的。经过考古学者研究,在新石器时代磨制石器中,石锛、石斧、石凿是出现最早的器类,主要用于木质加工,加工成复合工具的木柄、骨柄,加工临时居所的木质构件。

三、旧、新石器时代过渡的不平衡性

旧石器时代向新石器时代的变革经历了很长时间,由于时间、地域上过渡的不平衡性,研究旧石器时代向新石器时代过渡的相关课题也成为学术研究的重点和难点。

首先,新石器时代起源的四大要素(磨制石器、驯化动植物、陶器、定居)起始时间早晚不一。以西亚地区为例,西亚地区的农业和畜牧业是最早的,绵羊和山羊的驯化早在距今11000多年前就已经出现。距今10000年左右,半地穴式半定居式房屋出现,这一时代被称为"前(无)陶时代"。到了距今9000年的时候,西亚地区的农业、畜牧业已经发展成熟,而陶器才刚刚出现。以中国华南地区为代表,在距今20000年前就已经出现了陶器与磨制石器,而农业及定居因素的出现则相对更晚一些。在青海拉乙亥遗址,则是在距今6000年左右才出现陶器,进入新石器时代。

其次,新石器时代四大因素在不同文化和地区延续的时间长短不同。在西亚、北亚地区,农业起源时间很早,在随后2000年的时间里,陶器出现,完成了旧石器时代向新石器时代的过渡。在中国华南地区,从距今约20000年陶器肇始,到真正意义上农业的产生,则经历了近8000年的时间。

最后,各个地区过渡的形式和内容各异。基于前两点,加之各个地区过渡形式与内容的不容,这一时期的相关研究变得更加复杂。在整个偏北纬度地区,经历了一个中石器时代。在西亚及环地中海地区(以色列、巴勒斯坦、土耳其），出现了非常典型的中石器时代，以典型的几何形细石器为代表，在加工方式上，利用压剥技术在石核上先打出窄长的石片，然后将其加工成几何形，最后用黏合剂将它们粘在刻槽的木柄或骨柄上，作为复合工具使用。继中石器时代之后，这一地区进入新石器时代，完成了旧石器时代向新石器时代的过渡。

中国现代考古学起步较晚，很多考古学概念多是从西方引入，"中石器时代"便是如此。中石器时代被认为是旧、新石器时代的过渡时代，这一观点是在二十世纪二三十年代被梁思永先生、裴文中先生引入中国学术界，从而被国内学者所知晓。在中国，曾把华北地区出现细石器的时代定义成中国的中石器时代。继 1999 年广东英德"中石器文化国际研讨会"召开后，国内学者认识到，西方所提出的"中石器时代"与其内涵，并不符合中国旧石器时代向新石器时代过渡的情况。现在国内学者放弃使用"中石器时代"这一概念，多使用细石器文化的提法。中国华北地区与华南地区在过渡的形式和内容上完全不同。就华北地区而言，在细石器文化中逐渐萌发出了陶器、农业起源因素，完成向新石器时代的过渡。华南地区则呈现出完全不同的过渡时期面貌，在石器工具上，完全承袭了旧石器时代石核石器的传统，并从中衍生出新石器时代文化因素。

总的来说，在不同的地区，新石器时代各个因素的起源时间、延续和发展时间不同，这就加大了旧石器时代向新石器时代过渡的不平衡性，各个地区的文化面貌也出现了差异。同时，也正是各个地区旧、新石器时代过渡的不平衡性，导致学者更关注新石器时代变革中文化多样性形成的动因。

四、时代变革的原因

谈及新石器时代变革产生的原因，考古学者认为至少要从环境、人口、文化传统三个层面来进行探究。

环境的变化是导致新石器时代变革的基础原因和导火索。在距今 1 万年左右，地质年代从更新世过渡到全新世，全球气候经历了从干冷向暖湿的大反转，气候变化引发了生物链的变化，大型御寒能力强的动物被迫向高纬度地区迁徙或走向灭绝，体型小的动物逐渐增多。同样，环境的变化给以采集、狩猎为生的人类带来了新的挑战。在全新世气候回暖的大环境下，原始人类也要探索新的生存方式，以应对环境带来的变化。这一时期，原始人类不仅要随着气候带的变化而迁徙，同时还要不停地奔波追逐小型化的动物资源。这种现象在考古遗址中也有发现。在柿子滩遗址年代偏早、对应气候较寒冷的地层中，往往出土有形制偏大的石矛头，原始人类将其捆绑在木柄上进行投掷，捕获个体较大的动物。在气候回暖后的全新世地层中，旧石器晚期遗址中细石器工具盛行，如考古发现的石镞等，则是用于搭弓射箭捕获小型动物。石器类型和功能的变化，正是环境变化引发的旧石器时代晚期文化变革的反映。

综上，冰后期环境巨变，打乱了人类生存的食物链，一些大型有蹄类动物纷纷消失，而人口的增长也使土地载能很低的狩猎、采集经济因大型动物的锐减而面临食物危机，人类普遍被迫转向了以前很少利用的小型资源，如鱼类、贝类、坚果、根茎和草籽等广谱食物种类。人类这一觅食范围及开拓技术转变的过程，就是所谓的"广谱革命"（Broad Spectrum Revolution），它提高了单位面积的土地载能，缓解了人口增长带来的食物压力，形成了农业肇始的基础。

人口压力可能是促使新石器时代变革产生的原因之一。有学者研究，在旧石器时代偏晚，随着气候回暖，人口数量增加，为了满足人口增长后的食物需求，原始的农业与畜牧业出现。同时，还有学者指出，人口大规模增长是在定居生活产生之后。相对稳定的定居生活，营造了相对稳定的生活环境，使得原始人类的生活质量提高，生育力以及孩童的存活率提高，人口得到了增加，增加的人口同时为农业的发展提供了支持。

对动植物的集约化利用与定居都并非朝夕之事，在这场声势浩大的新石器时代变革中，人口和环境都有了根本性的变化。这两个因素，不论是人口压力论，还是环境压力论，表现在文化传统上，或者说是文化遗存上，又出现了根本性的不同。

结　语

旧石器时代为什么要向新石器时代过渡？又是因为什么发生了人类历史上第一次根本性变革？就华北地区而言，在距今10000—8000年，人类文化遗存考古发现的空缺又该如何解释？……关于这场变革发生的更多细节和后续影响，学者们也在孜孜以求地探索，而博物馆展厅中每一件和这场变革相关的展品，虽然材质普通，样貌朴实，但它们的背后不仅蕴藏着考古学者艰辛的探索历程，更凝聚着人类应对环境变化，艰难创世，直面生活挑战的勇气和智慧。我也希望，今后山西地区能有更多的考古发现和研究成果来还原关于这场变革的更多细节，让我们和万年前的先民能够有更多的沟通和对话，也帮助公众能更好地了解这片土地上曾经发生的故事。

主讲人 / 薛新明

寄情山水

——从枣园农家到逐鹿中原

主讲人／薛新明
山西省考古研究所研究员

引　言

考古是一门追溯并认识已逝历史的学科，田野考古调查、发掘是其重要方法，新的发现常常会带给我们不同的感受和认识，让我们在探索、追寻历史的道路上更加接近历史的真实。随着文化遗存的出土和解析，我们可以看到部分过去的世界，每一件质朴的陶器以及陶器上神秘的纹饰，抑或一处远古的房址，都会让我们情不自禁地去想象几千年前远古先民的生活情景。然而，并不是每个人都有这样的能力和机会。若真的想了解先民们的生活，可以根据参加了具体调查、发掘的考古工作者的讲述，去探索文化与文化之间的交流、融合、传承以及流变。考古实践既有工作的艰辛，也有探索的乐趣，还有一些好玩的故事。

我今天所讲的故事，发生在对山西新石器时代遗存探索的进程中。首先，我们需要了解开启新石器时代的几个要素，其中包括初期的农业和家畜饲养业、制作陶器和定居的生活方式等。每个因素的出现既不相同，又相互联系，其中农业的兴起是核心因素。但是，从野生采集到栽培种植，从野外狩猎到家畜饲养，都是一个渐变的过程，动植物驯化的节点并不好掌握，而是一个相对模糊的时间段，陶器的发明和居住的房子也类似。到今天为止，我们还无法确定是谁第一次把种子撒进田，是谁第一次把牲畜养进园，第一次烧制成陶器在哪一天，第一次人工建造房子到底是哪一年。所以，这些因素出现的时间在学术界还没有定论，我们并不知道新石器时代开启的确切时间。但根据已发现考古材料的研究，至少在距今一万年之前，以上几个因素已经全部出现了，我们权且将此作为新、旧石器时代的交接点吧！

20世纪80年代前后，山西周边的几个主要地域都发现了属于新石器时代较早阶段的遗存，但我们省在相当长的时间内却一直是个空白，作为在山西主要从事新石器考古学研究的一个考古工作者，这曾是我们心头很重的一个负担。为了找寻山西最早的农业部族生活过的地点，我们也曾经进行过长期的调查，然而收效甚微。类似于武乡石门牛鼻子湾发现的石磨盘、石磨棒等遗存，只能说明曾经有少数经营农业的居民进入过太行山区，还未在这里形成支撑人类生活的初期农业。经过与地质部门、环境考古工作者一起工作，我们得知：在1万年前，山西中部绝大部分的盆地还是一连串的古湖，只有盆地的边缘地带有条件发展种植业，仰韶时期以前，山西中部地区可供人类开发的区域并不开阔。关于古代湖泊与人类居住地选择方面的研究，山西省考古研究所的王京燕女士对昭余祁的考察具有开拓和启发意义。也许正是在这样的自然条件下，以采集、狩猎为主要生存手段的旧石器时代先民们，在表里山河为特色的山西延续的时间相比黄河流域其他地区更久一些，新石器时代开启的节点也比较晚。在太行山下的人开始吃"草"（种植经济）的时候，我们山西人还在吃"肉"（狩猎经济）。我们今天要讲到的枣园文化，大约形成于7000年之前，是目前在山西发现的年代最早的新石器时代遗存，与新石器时代开始的1万年这个大致时间点还有3000年左右的距离。比枣园文化更早的阶段能不能填补？什么时候能够填补？在什么地方会有突破？这些都还是未知数，但寻找早于枣园文化的新石器时代遗址一直是我们努力的目标。

要了解山西地区新石器时代的情

况，需要持续不断的考古调查、发掘和研究，才能找到答案。目前，我们还必须从了解枣园遗址开始，关注枣园先民们的生活情景，一点点探索他们是如何从一个小小的农家起步，一步步发展到后来掀起一波巨大的艺术浪潮，最终逐鹿中原，影响周围其他地区。首先，让我们跟着考古工作者进入令人神往的"枣园农家"。

一、枣园农家

我们称为"枣园农家"的地点，属于枣园文化的一个遗址。考古学中的"文化"，具有特定的含义，简单地说，就是指一群人在一定的时间内、一定的区域里，创造并遗留下来，具有相同特征的遗存的综合。枣园文化因最早确认于山西翼城枣园遗址而得名，根据测定，距今约7000到6400年。该文化的分布范围主要在山西南部到河南西部，主要遗址包括山西的翼城枣园、垣曲古城东关、芮城清凉寺遗址、河南新安荒坡、三门峡南交口遗址、陕西的临潼零口遗址等。我们今天讨论的主要是枣园遗址，它不仅是这一考古文化得以确认的重要地点，而且发现的遗存也能代表当时的文化特色，但就规模而言，只是一处较小的聚落，我们认为仅仅是一个小小的"农家"。

枣园遗址最早发现于1991年5月，发现者是山西省考古研究所当时还很年轻的几个考古工作者。当时，我们所正在为配合山西侯马到河南月山的铁路建设而发掘翼城县北撖遗址，工作间隙，薛新明、田建文和杨林中对翼城东部的部分区域进行了一个小规模的考古调查，在北撖乡枣园村南部发现了一个灰坑，编号为"枣园H1"，在灰坑中采集了大量的陶片，经过后期的拼对，复原了20余件陶器，还选择了一些特色鲜明的标本。田建文先生根据这次的调查收获及其他遗址的新资料，写出了简报和《晋南地区新石器时期考古学文化的新认识》。1999年的秋天，我们对枣园遗址进行了正式发掘，发现了房屋基址、烧陶硬面、灰坑等遗迹。这些新增的材料扩展了我们的认识，为全面弄清枣园遗址的形成及相关问题奠定了基础，明确了迄今为止山西地区年代最早的新石器时代文化面貌。

定居是新石器时代居民们生活的

必要条件，而定居的首要因素是住房。枣园先民们的居住条件并不好，但却集中体现了他们的聪明才智。在遗址的发掘过程中，我们找到了一所由两个椭圆形洞室相互套接组成的房子。居住者在房子外间设置了用于出入地面的台阶，内室设置了用于照明的壁龛，在两个不同用途的房间之间筑起了矮隔墙，同时对房子的地面进行了一些加工。通过对略带弧度的墙壁的分析，我们发现，至少房子的里间是掏出来的窑洞，使用时还立柱支撑过可能不太坚固的房顶。由此可见，这里的居民当时很有可能已经认识到在寒冷的冬季防寒和炎热的夏季防暑的重要性，并且采取了行之有效的措施。枣园先民们就是在这样空间有限却功能齐全的居所里生活。如果这些推测不错，则这座房子便是我们在中原地区发现的较早的窑洞式房子之一，在中国远古建筑史上具有重要的意义。

人类生存和延续的前提是生产活动，他们当时使用的工具仍然比较原始，却满足了基本的需求。枣园遗址出土的工具有石磨盘、石磨棒、石斧，还有骨器、角器等。这些工具形象地表现出枣园人的生活状态：居民们依靠原始农业维持着生计，使用磨制的石器，种植以谷子为主的粮食，收获后先用石磨盘、石磨棒搓擦去壳，然后再脱皮加工成小米，存放起来，作为食物储备；有时也会在居住地附近的山区狩猎一些动物，在河湖中捕获一些鱼类，作为粮食作物的补充。遗址中发现有磨制精细的骨针，但未发现布类遗存，或许是用于缝制兽皮。

与旧石器时代相比，新石器时代最重要的进步之一是发明了陶器，这是人类最早改变自然物质的物理性状，并在生活中广泛使用的杰作。由于陶器易碎，使用时间较短，形制更新快，因此最能反映和代表遗存的时代特色，也成为我们今天认识遗址基本情况的重要素材。在枣园遗址出土了很多陶泥，根据我们的观察，居民们有选择地采集到黏性较大的"红胶泥"，经过筛选、揉制、阴干等环节，使其成为制作陶器的基本原料。从质地上可将陶器分为泥质陶和夹砂陶两大类，两类不同质地的陶土又各自制作出多种不同的器类。绝大部分泥质器物的陶土都经过专门的淘洗，胎体均比较轻薄，主要有钵、盆、壶等器类。夹砂陶土胎体较粗，陶土一般都未经淘洗或淘洗不够精细，质地较酥软，而且有的器物还有表皮剥落现象，其中还夹杂着细小的砂粒或植物的碎屑，主要制作罐、釜等形制较大的器物。陶器的坯体全部为手制，有泥片贴筑法、手工捏制和泥条盘筑法等方式，未发现轮制的陶器。泥片贴筑法是一种较为原始的制陶方式，将胶泥加工成一片片的泥片，然后相互交错、叠压贴附在一起。这种方式制成的器物比较薄，只用来制作少数钵、盆类器物。手工捏制法仅限于制作小型器物，小器座是捏制的主要代表。泥条盘筑法为当时最盛行的制坯方法，而且延续了很久。有的器物，尤其是形体较大或形制较复杂的器物，采用多种方法复合制成，即先做好不同部分的毛坯，然后采用对接、套接或捏合的方式将这些部件组合在一起。器表装饰比较简单，多为素面，少数有弦纹或划纹，但泥质的多数钵类器在器物口沿部分装饰有一条红色或红褐色的彩带，虽然略显粗糙和简单，但这是现在所发现的山西最早的彩陶。为防止相互黏接或剥落，陶坯在入窑焙烧之前，都要放置于植物碎屑或粟类皮壳碎屑之上，在阴凉处晾干，因此，在器物的底部多数留有这些痕迹。

陶器绝大部分是日用器皿，形制和功能很多都与我们今天仍旧在使用的器物类似，陶钵、碗可能是用来作饮食器皿的，器形略大的陶盆用来盛放食物，陶鼎、陶釜用来炊煮食物，陶罐、壶用来储藏食物，而陶制的"凹腰圆形的小器座"，大概就是承托圜底陶器器身的圈足，其他器物较少（图1—图4）。

图1　枣园文化陶钵

83

图 2　枣园文化陶罐

图 3　枣园文化陶鼎

图 4　枣园文化红陶壶（瓶）

枣园遗址的遗迹是当时设施的真实分布情况，结合用具的分析，我们了解到这样一幅枣园先民们田园式的生产、生活情境图：

在这块小小的台地上，背后山梁树木成林，周围山坡草绿花红，前面河里鱼虾戏水，村落附近禾熟粟黄。每当晨曦初露，一群鸟儿的鸣唱打破了山村清晨的宁静，人们开始在地穴式房屋内炊煮食物。他们先将加工好的小米用泥质钵类器物淘洗干净，再放进夹砂深腹罐中熬煮。所有的成员用带有假圈足的陶钵吃了并不丰盛的早餐。随着一缕缕炊烟逐渐散去，吃过早饭的居民们开始各司其职，年轻男子到山里狩猎，老人和妇女们在附近的农田中进行耕作。当夕阳西下，在山林狩猎、农田忙碌了一天的人们先后归来，孩童在路边嬉戏迎接。夜晚，在位于村落中南部的地穴式或窑洞式房子中，墙上松枝灯火通明，地上旺火腾腾不息，家庭成员欢聚在一起。村民们生活得纯真、自在、平静，其乐融融。在距今数千年的这个山前地带，这是一幅多么温馨的家居图景啊！几千年之后，陶渊明描述的"采菊东篱下，悠然见南山"不正是这样的一种生活吗？

枣园一带生活的居民们虽然生产力低下，过着简单而淳朴的生活，但是已经是比较强盛的一个部族了。整个黄河流域地区发现的考古学文化中，与枣园文化年代接近的遗存分布区域较广，但由于枣园文化位于当时东、西两个大的文化圈之间，在相互的交流中有着得天独厚的条件，因此，该文化既独树一帜，又与其他文化始终保持着交流和联系，成为最后勃兴的最大优势，正是在这样的前提下，他们开启了"东西对接"的历程。

二、东西对接

在枣园文化之后，山西南部发展起来的是以北撖遗存为代表的考古学文化。北撖遗址的位置距离枣园并不远，早期的文化内涵与枣园文化基本可以前后衔接。目前来看，同类遗存的主要分布地区也在临汾盆地和河南西部地区，但外围所波及的范围超过了枣园文化。得益于距今约6000年前气候的逐渐变好，已经从事农业多年的居民们选择的生活环境再不是原来的小坡地，而是更加适宜劳作、广阔而平坦的耕田。

山西省考古研究所于1990年、1991年连续两次发掘了北撖遗址。清理的遗迹有房址、灶址、墓葬、灰坑和壕沟等，可以确认这是一个面积较大的聚落，可以划分为前后连续的四个时期。从房址和灶坑来看，这时候的房屋结构主要为地面起建，大部分平面为方形，只有少数为圆形。其建设工程相对复杂，以方形房子为例，平整房基地后，要在预定的房子墙壁所在位置先挖基槽，槽内立柱，组成柱网，立柱之间再加绑横木，形成四个边墙，墙体的上部斜向中间内收，房屋中部依承重的不同分别设一根或呈方形分布的四根立柱，由边壁通过中间的立柱向顶部斜置木椽，木椽在正中间捆绑，搭建成两面坡或四面坡形状的框架，最后在侧面和顶部涂抹草拌泥。这样的房屋面积大的可以作为核心厅堂,小的则供个体家庭居住。与枣园的小户"农家"相比,不仅居住条件有了很大的改善,而且也有了新的用途,居民的规模显然扩大了许多,因此,生活在这里的部族明显更加强盛。

基于对翼城北撖遗存中陶器的分析,我们对晋南地区仰韶早期的认识得以明晰。北撖遗址出土的陶器有这样一些特点:第一、始终以泥质红陶、夹砂红褐陶为主,而且色泽纯正,质地优良。第二,器表纹饰以线纹、绳纹为主,其他纹饰均较少,其中彩陶不太发达,但数量比枣园时期有了较大的增加,绝大多数为红地黑彩,仅晚期出现个别白地黑彩,图案的母题始终以竖线、斜线、弧线三角及圆点为主。在这一地区文化特色的形成过程中,虽然也曾接纳了后岗一期文化和半坡文化的部分因素,但它的直接源头是一样分布在晋南地区的枣园文化。由于该文化的主要分布区在潼关以东,我们将以上特点归为黄河中游地区这一时期的东部因素。

大约在枣园文化第二期初,黄河中游地区的文化水平开始有了较大突破,其中地域相邻的半坡文化和枣园文化的关系非常密切。陕西关中地区继老官台文化之后发展起来的半坡文化,是整个仰韶文化开端的主要代表,其代表性遗址有西安半坡、临潼姜寨等,其繁荣程度远远超过今天的潼关以东地区,在当时中原及其周围地区的众多考古学文化中占有举足轻重的地位。该文化的得名和最早被认识始于对半坡遗址的发掘,在1954—1957年先后进行的五次较大规模的发掘中,先后发现了大量房屋、窖穴、陶窑遗址和墓葬,还有粟、菜籽等类别的遗存,仅出土的生产工具和生活用品就达一万余件。从陶器来看,常见粗砂罐、小口尖底瓶和钵,其中杯形口的尖底瓶是其代表性器物,而且将前仰韶时期就已经萌芽的彩陶发扬光大。彩陶均为红地黑彩,花纹简练朴素,绘人面、鱼、鹿、植物枝叶及几何图形。另外,陶器上还刻画一些纹样,可能是一种类似文字的符号。由于其核心区域在潼关以西的关中,我们将半坡文化的这些特点归为黄河中游地区这一时期的西部因素。

分居东、西的这两种文化各自向

外拓展生存的空间，并在其扩展的过程中难免会发生碰撞、冲突，但最后的结果是二者相互补充与融合。这些历史事件虽然没有文献记载，却在陶器的分析中得到证实，我们在一些器物上发现了这东西两种文化交融、沟通的实证。例如，考古工作者在山西芮城东庄村的发掘中发现了山西年代最早的标准尖底瓶，其口沿部分的形状像是个喝水的杯子，这是典型半坡文化的特征，体态修长、饱满却更具北撖类遗存的韵味，一件器物上兼具了东西两类遗存的特点。这类现象的出现可能是基于以下的一种发展机制：大约在北撖一期时，陕、晋、豫交界地区的居民接受了繁荣的半坡文化的先进信息，模仿半坡尖底瓶的形式，把本地枣园以来传统的内折沿口、溜肩、瘦长体壶改变为内折沿口、瘦长体的尖底瓶，并在原来光洁的素面上饰以有别于半坡文化的斜行线纹，创造出最早的庙底沟式尖底瓶。与此同时，当地人学到了半坡文化居民们在彩陶上饰彩的程序和原料制作技术，只是绘画能力尚不完善，因而采用了简单的宽带纹和技术含量较低的圆点、弧线等主题，然而这种简单的花纹却奠定了这一区域最早的彩陶的风格。类似的现象还有绳纹与线纹装饰的兴起，可以说北撖类的陶器艺术是盛极一时的庙底沟彩陶艺术的发端，而半坡文化则是彩陶技术传承与升华的重要因素。

由以上的简单分析可见，在两种文化东西对接的过程中，半坡文化提供了尖底瓶与彩陶的模式，却没有保留下来已经形成的风格，而北撖遗存彩陶纹样中流畅、圆润的笔法以及壶类器物体态瘦长的器形得到传承。这一时期两种不同风格的文化在碰撞、交流与融合中，水平得到大幅度的提升，逐渐形成了盛极一时的庙底沟文化，并且将新的文化特色以极快的速度向周边地区传播，从此，中原及周边地区掀起了一波空前绝后、波澜壮阔的艺术浪潮。

三、艺术浪潮

庙底沟文化在以北撖早期为代表的"东方"因素和以半坡早期为代表的"西方"因素的交流、碰撞、融合中形成，在此基础上发展成史前时期分布范围最广、势力最强大、特色最鲜明的考古学文化。该文化因最早确认于河南陕县庙底沟遗址而得名，以陕、晋、豫交界地区为核心，代表性遗址有山西夏县西阴、河南灵宝西坡、陕西泉护村等，分布区遍及黄河流域绝大部分地区，影响所及东到大海，西上甘青，北抵大漠，南越长江。

庙底沟文化最让人记忆深刻、耳目一新的是十分发达的彩陶，彩陶纹样以圆点、旋纹、弧线三角为特色，著名考古学家王仁湘老师恰当地用"史前中国的艺术浪潮"概括了这一文化最主要的特色。

我们虽然对庙底沟文化的普遍特色早有了解，但真正较为深刻地认识该文化在山西地区的特点是以下马遗址的发掘为机遇的。下马遗址位于山西省垣曲县，东与河南济源相邻，分布在黄河支流西阳河的西侧，东南距黄河干流仅三千余米，主要遗存分布在一块面积并不大的坡地上。遗址虽然在20世纪50年代就已经发现，并收集到了精美的彩陶器，但较全面地认识其面貌却是在世纪之交。2000年，为配合小浪底水库的建设，山西省考古研究所对该遗址进行了大规模的发掘，发现了属于庙底沟文化的房子、瓮棺、陶窑和墓葬等遗迹，其中房屋与北撖遗址发现的同类房屋形制相似，陶窑、零星的墓葬也与其他地方同期的遗存区别不大。在此，我想与大家分享在遗址中发现的尖底瓶。在以前的研究中，大家一直认为尖底瓶是典型的水器，然而从造型来看，部分尖底瓶缺少附耳，或者附耳在器身下部，这样的设计显然并不适合在河岸边取水用。近年来，新的研究对传统的观点提出了挑战，学者们对陕西米家崖遗址发现的尖底瓶内壁的残留物进行了测试、分析，有了一些新的发现，这些小口尖底瓶内侧有"啤酒"的残存成分，这就对尖底瓶的功能探讨有了新的启示。如果当时尖底瓶确实是用于酿酒的器具，属于庙底沟文化的遗址内出土的尖底瓶数量众多，难以想象当时人对酒的需求到底有多大，它又为什么要做成尖底的样式呢？平底的造型不是更便于适应生产和生活吗？与上述的认识都不同，在下马遗址，我们发现这里的少数瓮棺葬都是以大型的尖底瓶作为葬具的，这种尖底瓶与其他地方的形制没有区别。这是当地十分独特的现象，或者说只是一种地方习俗，还是其中另有隐情，目前我们还没有弄清楚。综上所述，关于尖底瓶用途的探讨迄今为止仍然没有一个确切的结论。

从瑞典学者安特生发现河南渑池仰韶村新石器时代遗址算起，迄今已经过去了近百年的时间，这期间，我们对彩陶文化的研究一直没有停下脚步。庙底沟文化中，彩陶器虽然有不同的器类，但形制却有一个最大的特点，所有的器物都下腹部回收，上腹部鼓出，口部收敛，彩陶的花纹都绘制在器物表面的上部。这大概与当时人们的起居生活息息相关——桌、凳等家具尚未使用，大多数陶器都是直接放置在地面上，上半部分的花纹正是人们站立或蹲坐的视角位置，可见当时人们已经将这些装饰作为古老的欣赏艺术。在如此广大的范围内，人类使用高度雷同的图案装饰陶器，或许还可能有某种特殊的含义。

庙底沟文化彩陶的流行时期正是东方艺术传统奠基的时代，从装饰艺术的角度而论，应当是史前艺术发展达到的第一个高峰，或许当时已经有了成熟的艺术理论，题材选择与形式表现都有某种讲究，陶工的艺术素养已经达到相当的高度。王仁湘先生概括出庙底沟彩陶文化的构图法原则，主要表现在以下六个方面：

1. 遵循了连续的基本原则，在有限的空间表述了一种无限的理念。

2. 使用形状对比手法，凸显了构图的动态感，丰富了彩陶的内涵。

3. 构图兼顾了对称与平衡。

4. 设计具有节奏感和韵律感。

5. 纹饰一般都环绕陶器一周，但有固定的走势和明确的方向感。

6. 普遍使用了完善的地纹表现手法。

从绘制的纹饰可以推断出当时已经广泛使用了毛笔，并且有了比较固定的颜料，其中主要运用到黑、白、红三种颜色。从现代色彩原理上看，不论是红与黑，还是白与黑，它们的配合结果是明显增强了色彩的对比度，也增强了图案的冲击力。画工们一般用黑与红两种颜色绘制各种灿烂多变的花纹，图案在强烈的对比中又透出艳丽的风格，利用有限的色彩，在有限的陶器表面上,展示出无限的空间。不管是黑色的描绘,还是红陶的底面,构成的美丽图画都会让人浮想联翩,然而,到底是一种什么样的力量促使当时制作陶器的人们以这样的器物作为载体绘制出美丽的图案呢?这种精神层面的东西实在令人匪夷所思。

下面我们对与山西有关的庙底沟文化彩陶纹饰作简单的欣赏和了解。

西阴纹:西阴遗址在山西夏县,这处遗址对于中国考古学有着非同一般的含义。1926年,中国考古学的前辈学者李济先生主持了对西阴遗址的首次发掘,这是第一次由中国人独立主持完成的田野考古发掘工作。当时李先生将彩陶器上一种常见的纹饰称为"西阴纹",以"牛角向上翘"的简单样式概括了西阴纹的典型图案特点(图5)。

圆弧纹:这种纹饰是山西地区常见的图案,连绵不断的安排居然很少绘制错误,真正体现了古人的聪明才智。有人将以圆点和双弧线组合的圆弧纹解读为鸟形的抽象画变形,看着这样的纹饰,我们似乎看到了一只由远及近飞翔的飞鸟,它由远处的一个

图5 庙底沟文化彩陶钵

小黑点逐渐清晰,进而舒展双翼,翱翔到我们眼前。

单旋纹与双旋纹:纹样的旋转流畅、和谐,甚至与今天的书法艺术有异曲同工之妙,表现出遥远的艺术家高超的智慧及精神世界。

到目前为止,发现彩陶的地点涵盖了大半个中国,著名考古学家韩建业先生精当地指出:"这就是最初中国,同时也是一个艺术的中国,而不是一个政治疆域的中国。"正是这个具有十分强大的生命力的族群,以其特有的方式,完成了"逐鹿中原"的壮举(图6—图7)。

四、逐鹿中原

根植于晋南至豫西这片沃土的文化从北撤一期开始起步,在与起源于关中地区的半坡文化在今天的陕、晋、豫交界地区东西对峙了一段时间后,

图6 庙底沟文化双旋纹

图7 庙底沟文化彩陶盆

大约在北撤二期前后，两大集团吸纳了对方传统文化的精华，逐步融合，形成了你中有我、我中有你的庙底沟文化新模式。这是一次文化交流、碰撞的完美历程，奠定了一统中原的基础。新的文化特色形成之后，东、西两种先进因素汇聚的合力仍旧连绵不绝地产生着能量，从而促进了庙底沟文化的发展进程。与同时期其他地区的文化相比，具有综合优势的庙底沟文化并不满足于原来的区域，人口的增长也增加了生存与生活的压力，因此，大约从北撤三期开始，虽然仍旧以今天的潼关附近为其中心区，但他们逐步将其文化理念向周边地区渗透、传播，文化传播的速率如大潮涌动，潮流所向，波及东、南、西、北四方，就目前考古发现的因素来看，向东最远发展到河北曲阳的钓鱼台遗址，最南端到达河南邓州的八里岗遗址，西达甘肃的大地湾遗址，北至塞外内蒙古的乌兰察布。在这么大的范围内，庙底沟的彩陶艺术得到了认同，虽然我们还不能说明是一种什么样的精神力量促使这样大的范围内的特色高度统一，但客观上却形成了中原地区大一统的局面（图8—图9）。

位于庙底沟文化核心区域，并且是该文化主要源头的山西南部地区，在这个文化传播中具有重要的地位。以"表里山河"为最大特色的地势、地貌特征，使这里历来具有不同于单纯的广阔平原或闭塞的山区成长起来的文化传统，生活在这里的居民们总是能够吸纳不同的文化因素，而且并不缺乏创意，萌发一种代表时代的潮流。这里也是部族与兵家必争之重地，兼容并包的理念与纵横驱驰的战争，都对文化的传播有着重大影响，但有这样一种现象：如果这种新的文化模式可以突破山西地区地貌的局限，走向更加广阔范围的话，就会逐渐辉煌并流传，反之则会夭折。庙底沟文化的传承是较早的成功实例，而后来陶寺文化未能走出临汾盆地，则让人唏嘘不已。

结　语

枣园遗址是迄今为止山西发现的最早的新石器时代遗存，这一时期的遗址规模普遍较小，只是一些类似枣园遗址的小小"农家"，但其后续的

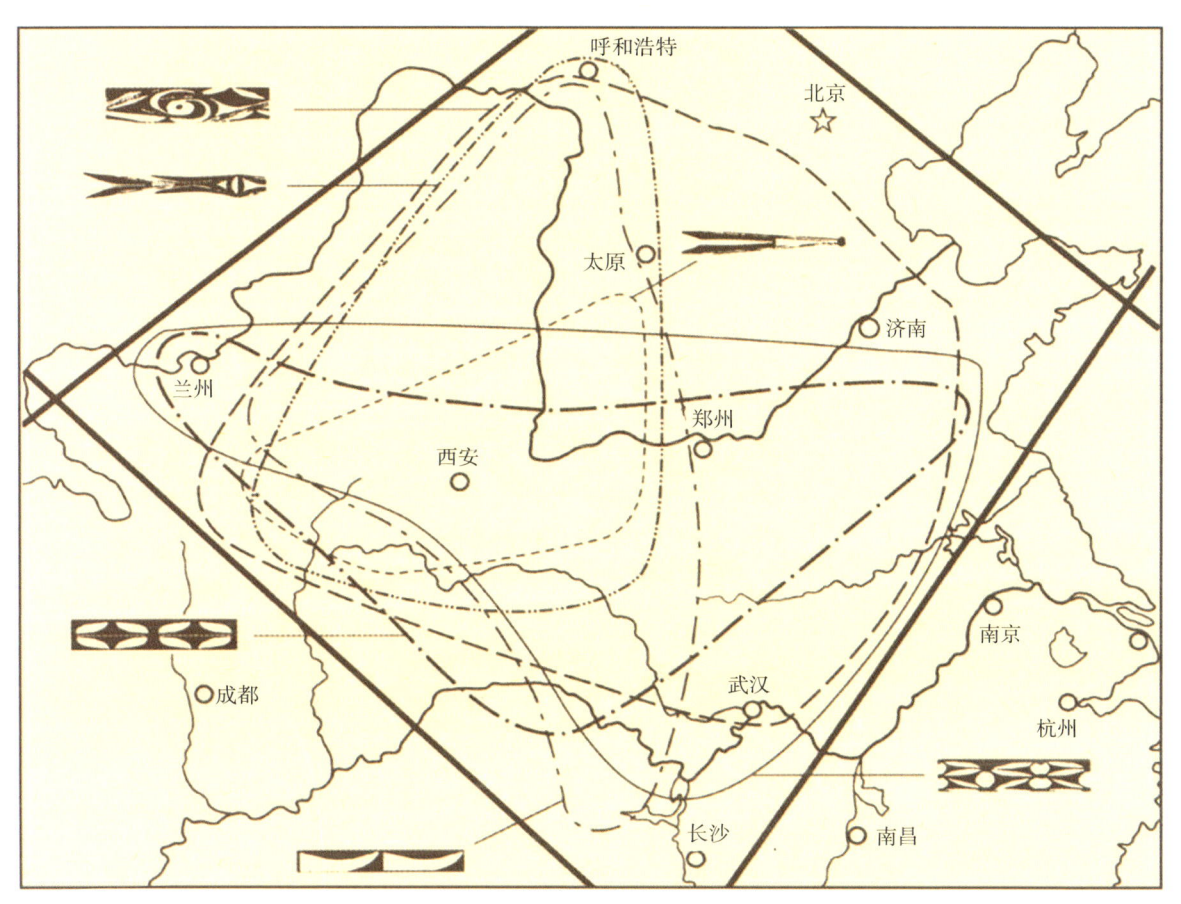

图 8 庙底沟文化彩陶纹饰分布示意图（摘自王仁湘《中国史前艺术浪潮——庙底沟文化彩陶艺术的解读》）

图 9　仰韶文化庙底沟类型彩陶图案

北撤类文化却在与西部的半坡文化的交流与碰撞中形成了庙底沟文化,并且在吸收和融合了不同的传统文化精华的基础上发展壮大,形成逐鹿中原的强大势力。

庙底沟文化的彩陶是一个奇迹,其图案设计理念的传播,不仅仅是一种艺术思潮的扩散,可能还有我们至今未能够解析的深刻背景。这种传播标志着古代中原部族艺术思维与实践的趋同,也标志着更大范围内居民们的文化认同。从这一个意义上看,6000 年以前,以彩陶传播为象征的艺术浪潮,正是华夏历史上的第一次文化大融合。庙底沟文化传导给我们的信息，已经远不只是那些彩陶闪烁着艺术光芒的斑斓色彩，还包含着逐渐集聚的文化意识，标志着一个凝聚与扩散并存的伟大时代的形成。

山西是否还有比枣园文化更早的新石器时代遗存？庙底沟文化形成过程中是否还有半坡文化之外的其他文化参与？庙底沟文化对外的影响如此之大，是否还有其他的原因？这些我们目前均不得而知。许多问题的解答，都需要考古学家去探索，也需要不同学科合作研究。我们应当有这样的认识：考古学家们通过发掘，连串起来的只是历史的碎片，保留至今的文化遗存也仅仅是漫长历史中很小的一部分，而通过考古调查、发掘发现的文化遗存，又是留存下来的遗存的很小一部分，在已经发现的古代遗存中，我们可以完整释读的又是其中很小的一部分。毫不夸张地讲，我们的认识仅仅是沧海一粟，但也就是这样的"一粟"，也可以给予我们重大的启迪，无数的"粟粒"逐渐连接成线，又逐渐扩展成面，相信考古学这个年轻的学科会发展得越来越好，也会和其他学科有很好的合作，科学会带我们一步步走近历史的真实。

枣园农家到逐鹿中原是一个壮举，也是我们中华民族发展历程的一个缩影，而发现枣园文化，解析它与庙底沟文化之间的联系，应该是山西史前考古发展史上的一个经典。

主讲人 / 王晓毅

陶寺考古与中国文明起源

主讲人 / 王晓毅
山西省考古研究所研究员

引　言

陶寺遗址位于山西省临汾市襄汾县，是我国新石器时代晚期一处重要的大型遗址。随着中华文明探源工程的开展，陶寺考古渐渐走入公众的视野。在陶寺遗址中发现了面积达280万平方米的古城、宫殿、观象台、王级大墓等重要遗迹，这些规模宏大的工程，需要有效组织大量人力、物力，表明陶寺古城曾经控制了大量的人口。综合考古资料，学者们发现这里的社会成员有明显的等级分化，有为贵族服务的手工业，甚至有过相当规模的暴力"革命"和战争，同时也出现了早期文字和铜器。这样一系列的证据证明在陶寺遗址的早、中期阶段已经进入了文明社会，具备了早期国家的雏形。甚至不少学者都认为陶寺遗址就是帝尧的都城，是最初的"中国"，与华夏文明的起源有着直接联系。

一、什么是考古

对于考古学的定义，中华人民共和国成立后，考古学的主要组织者和领导者夏鼐先生在《中国大百科全书·考古卷》是这样描述的："考古学是通过研究古代人类活动留下的各类实物资料来研究人类古代社会历史的一门学科。"这其中包含几个重要的内涵：考古学研究的一定是实物资料，这些实物资料又可分为不可移动与可移动两类，不可移动文物被称作"遗迹"，可移动文物被称作"遗物"。

前者如宫殿、住宅、寺庙、作坊、矿井、都市、城堡、坟墓等建筑和设施，后者如工具、武器、日用器具和装饰品等器物。在中国，由于"西学东渐"思想和"疑古思潮"的兴起，长期以来考古学的目标都是为了能够重建"三代历史"，所以我们一直将考古学划分在历史学的范畴中。但是由于考古学涉及人类整个历史和社会发展的各个方面，不同国家和地域的历史文化传统也不一样，所以考古学在不同国家所研究的侧重点又各有不同。在欧洲，考古学的兴起最初与"文艺复兴"运动相联系，所以欧洲的考古学很大一部分归属于艺术史的范畴内；在美洲，由于美国和加拿大的建国时间很晚，美洲考古学研究的对象是土生土长的印第安人，又由于美洲很多印第安部族一直存续至今，所以美洲考古学借鉴了大量民俗学和人类学的研究方法。所以在世界各地，不同地域对于考古学的定义和所研究的侧重点是不同的。

那么我们如何认识文物呢？目前文物管理部门将"文物"定义为："文物是具有历史、艺术、科学价值的古代历史的实物遗存。"我认为，任何一个人都可以创造历史，任何一件历史的遗存也可以代表或说明一段历史，从这个角度讲，任何一件历史遗留的物品都可以被称作文物，只是其蕴含的价值高低不同。在具体考古工作中，我们也应当正视这样的概念，以规范我们的考古工作。一处人类生存的遗迹很有可能它的文化层是经由不同的历史时期逐渐层累而形成的，我们在向着某些考古目标前进时，这些其他时段的人类文化遗存同样值得我们重视和珍惜。

遗迹又可分为政治类遗迹，例如城址、宫殿、神庙、祭坛、观象台等；生活类遗迹，例如普通居住址（房址）、窖穴、水井、墓葬、垃圾坑（灰坑）等；经济类遗迹，例如矿井、陶窑址、瓷窑址、水利设施等；军事类遗迹，例如长城、烽火台、城壕、古战场等。我们来看一些重要遗迹的举例：

1. 石峁古城东城门，属于政治类遗迹

石峁古城距今 4000 年左右，总

面积约425万平方米，分外城和内城，中间有一高地，现在的名字叫"皇城台"。其城墙上分布很多规划合理的马面，每隔50米或100米一个。东城门还有瓮城遗迹。马面和瓮城都具有防御作用。几乎同时期的陶寺遗址也发现了类似的结构，在陶寺小城外还发现了壕沟遗址。仔细分析石峁遗址的城址结构，可以发现这一时期形成依次以皇城、宫城、郭城来建设都城的方式，为我国后来历朝历代建都提供了一个范式。明清时期的北京城也毫无疑问延续了这样的建设方式。

2. 辽宁喀左红山文化女神庙，属于政治类遗迹

中国考古学的泰斗苏秉琦先生曾经在20世纪80年代时就提出了中国文明的起源"不是单一地点，更不是单一模式，而是'满天星斗'式的"。辽宁喀左红山文化也是这其中一颗闪亮的"星星"，它有着相当发达的宗庙祭祀文化。该遗址出土了红山文化女神像，神像为泥塑，眼睛处镶嵌青玉，出土于遗迹的中央。在周围还发现了数百个由石头垒砌的大大小小的祭坛，形制有方有圆，层数既有单层，也有多层。

3. 陕西神木寨峁梁遗址，属于生活类遗迹

时代为公元前2300年左右，早于石峁文化和陶寺文化。从出土遗物来看，石峁文化是由寨峁梁文化逐渐发展而来的。寨峁梁遗址为一处高地，中心高地有一处大型房址，围绕中心高地，按等高线呈圈状也分布着房址，俨然已经形成了一个规划整齐的聚落。房址的墙壁也处理得比较讲究，涂有半墙高的白灰皮，且墙面的白灰处理得特别平滑。从出土的生产工具来看，当时的人们主要使用石质工具。专家认为寨峁梁遗址应系石峁遗址下属的一般聚落，或为村落级别。如果以石峁城址作为黄土高原北部早期国家出现的重要标志的话，那么寨峁梁遗址等"卫星城"和石峁城址的未来对比研究，将在很大程度上加深对中国文明国家的形成和发展，以及黄土高原史前区域历史和社会复杂化进程的认知。

4. 绛县横水西周墓地，属于生活类遗迹

墓地发现于2004年，由山西省

考古研究所等文物考古部门进行发掘。该墓地由西周早期一直延续至春秋时期，位于山西省绛县横水镇横北村北约 1000 米处，北倚绛山，南临中条，跨涑水河。出土青铜器、玉器、陶器等各类文物 2000 余件。其中一、二号墓为一组带斜坡墓道并穴排列的土坑木椁墓，墓中出土藏品丰富。根据这一对墓葬的形制、随葬器物以及铜器铭文，可以推定墓主人为文献失载的西周中期的倗伯夫妇。此外，在 M1 中发现了十分珍贵的荒帷遗迹，保存状况较好，并对其实施了保护性的整体搬迁。绛县横水西周墓地荣获 2004 年十大考古发现和 2005 年田野考古一等奖。

5. 中条山矿冶遗址，属于经济类遗迹

在矿渣上出土了一个亚腰形石锤，其为采矿时所使用的辅助工具，在商周时期的矿冶遗址里面发现了很多。这个遗址中还出土了陶片，经检测，为公元前 1500 年左右，所以最迟在夏商之际，山西地区的先民们已经熟练掌握了开采铜矿的技术。

6. 新绛孝陵陶窑址，属于经济类遗迹

孝陵遗址内庙底沟二期文化遗存相当丰富，且年代偏晚，在时间上约为公元前 2000 年左右，接近陶寺文化早期。在地域上，孝陵遗址与陶寺遗址相去不远，几乎不存在因地域相距较远而产生的文化差异。在第三发掘区 700 余平方米的范围内发现了 43 座陶窑，绝大部分属于庙底沟二期文化，少数属于陶寺文化。如此密集的陶窑群，在考古发掘中是非常罕见的，说明这里曾经是一处大型制陶作坊，附近还可能有其他与制陶作坊有关的配套设施。可见陶寺文化时期烧窑已经成为一门专门的手工业，已经出现以制陶为生的手工业者。

7. 河津固镇瓷窑址，属于经济类遗迹

制瓷作坊及瓷窑炉的发现是这处遗址最重要的收获。作坊多为窑洞式，地域特色鲜明，各个做陶器的房间存在着明确的分工。最能体现固镇窑生产的瓷器工艺水平及产品特色的莫过于北宋的精细白瓷和金代的装饰瓷枕。出土的北宋细白瓷，胎体致密度高，油面晶莹光洁，造型素雅，可媲美邢、定白瓷。金代瓷枕工艺中的剔花填黑技法将黑与白的碰撞演绎到了极致，白如凝脂，黑似刷漆，浅浮雕效果搭配珍珠地划花技法，给观赏者以遐想和发挥的空间。国内外诸博物馆均将河津窑生产的瓷枕视为艺术珍品，可谓"总道官哥汝定钧，瓷枕还看古龙门"。河津固镇瓷窑址是首次在山西地区发现的制瓷遗迹，是晋南地区宋金时期重要的烧瓷窑场之一，为研究北方地区古代制瓷工艺提供了丰富的资料。

8. 长平之战古战场遗址，属于军事类遗迹

古长平在今山西省晋城高平市城北10公里的长平村。在这里出土了大量的尸骨和刀币、布币、半两、箭头、带钩等文物，为研究长平之战提供了重要的实物资料。

遗物是指人类创造的可移动的物质文化成果。遗物按材质可分为无机类遗物和有机类两大类。无机类主要有石器、陶器、铜器、玉器、瓷器、金银器等。有机类主要有漆木器、骨角牙器、简牍文书等。按功能分为生产工具、生活用具、礼乐器、车马器、钱币、文房用具、度量衡器、石刻造像、宗教用品等。在考古工作中，将遗存进行有效的分类是非常重要的工作，是进行考古研究的重要基础。

具体重点举例有：

1. 石器

人类最早使用的工具，我认为应该是木制的，从制作工艺上来说，木制工具的制作最为简单。但是由于木头的材质为有机质，不易保存，所以到目前为止并没有具体的考古学证据来证明。从考古发现来说，一般认为石器是人类最早发明和广泛使用的工具，在人类发展的早期，经历了漫长的石器时代。从石器的加工技术来讲，又分为打制石器和磨制石器两个时期。这两种对石制品不同的加工方式，分别作为旧石器时代和新石器时代的典型标志。当然我们今天判断一处史前人类生活的居址是否进入到新石器时代，需要更全面的判定因素，例如是否出现定居生活、是否开始使用陶器、是否出现动植物的驯化、是否有农业起源等要素。

2. 陶器

陶器是人类最早使用的盛器，也

是由旧石器时代进入到新石器时代重大的技术革命。陶器在考古发现中具有重要的价值,它对于出土地点、年代的判定,文化面貌的认定,都具有重要的标尺作用。制陶技术在我国一直存在和发展,形成了后来不同历史时期炫彩斑斓的陶瓷加工工艺,是我国古代手工业的代表。

3. 玉器

玉的美感和稀缺使它成为奢侈品和装饰品的主要原料,但从来没有成为生产工具。在没有金属工具的史前时期,玉器加工是一种费时耗力的工艺,所以拥有玉器往往是地位、财富和权力的象征。像在良渚、红山、石峁、陶寺等新石器时代遗址中发现的玉器,都远非一般平民所能拥有。在中华文明中,玉器的使用久盛不衰,它不仅代表一种对不朽和永恒的追求,而且被认为是君子品质的象征。

4. 青铜器

青铜器是由青铜合金制成的器具。中国青铜器制作精美,在世界青铜器中享有极高的声誉和艺术价值,代表着中国4000多年青铜发展的高超技术与文化。青铜器研究包括礼器、兵器和生产工具的类型研究,青铜铭文和造型艺术的研究,青铜乐器及青铜铸造技术的研究等。这几个研究方面各成体系,但又相互关联,涉及考古学、历史学、古文字学、冶金学、艺术史等多个研究领域。山西地区许多重要的商周时期的遗址都有大量精美的青铜器出土。

5. 瓷器

瓷器是由瓷土或瓷石为原料,随着陶器制作工艺逐渐成熟和进步而产生。早在夏时期,中国就烧制出了原始瓷器。东汉时期烧制出了真正的瓷器。经魏晋南北朝及隋唐时代,制瓷技术有了很大提高。到宋元时期,中国制瓷业进入发展兴盛时期,创烧出了大量的新品种。从唐宋以来,中国瓷器制作技术和工艺流传到世界各地,为世界文明的进步和发展做出了卓越的贡献。

总体来说,考古学用地层学的方法来发掘遗迹,获取遗物;用类型学的方法来研究遗物,从而达到复原古代社会的目的。因为考古研究的每一个过程都有严格的工作规程,很多数据结论的得出,都要借助科学手段,所以可以很自豪地说，考古学是人文学科领域里少数具有自然科学属性的学科。

二、陶寺考古的主要收获

在1956年第一次全国文物普查工作中，陶寺遗址首次被发现。1978年改革开放后，中国社会科学研究院重新启动山西的考古工作，在晋南选取了几个地点作为重点勘察目标，主要有晋南垣曲盆地的丰村遗址，临汾盆地的南石遗址、方城遗址和陶寺遗址等。在这些遗址有很多重大的发现，尤其是陶寺遗址。社科院考古所及山西省当地文物部门在陶寺遗址最初的发掘工作就找到王级大墓区，取得了难能可贵的收获，使得陶寺遗址为世人所瞩目（图1）。

从1978年到现在，陶寺遗址的研究与发掘经历了一段兴衰历程，大约分为滥觞期、沉寂期、复兴期、蓬

图1　陶寺城址全景鸟瞰

勃期四个阶段。

（一）滥觞期（1978年—1990年）

1978年—1987年，为了寻找夏王朝的踪迹，探索夏文化的面貌，中国社会科学院考古研究所对陶寺遗址早期墓地和普通居住址进行发掘，共发掘墓葬1300余座。1982年开始，徐殿魁、高炜、高天麟、张岱海、李民、王文清等人发表一系列文章，对陶寺遗址的文化性质、族属及文明起源等问题展开探讨，奠定了陶寺文化研究的基础。

关于陶寺考古，不能不提到一位著名的历史学家——徐旭生先生，他于1927年担任了中国历史上第一个中外合作的科学考察团——"中国西北科学考察团"的中方团长。这个考察团的组成，结束了从19世纪末以来我国大批珍贵文物任外国人随意拿走的屈辱历史。它的巨大考察成果，震动了国际学术界，影响深远。二十世纪二三十年代，正值"西学东渐"思想和"疑古思潮"兴起，疑古派的代表学者顾颉刚先生通过对上古典籍的梳理，提出了历史是历代"层累"而出的理论，认为对于东周以前的史料"宁可疑古而失之，不可信古而失之"。徐旭生先生结合文献的搜集和实地的考察，利用"二重证据法"的方法，编著了《中国古史的传说时代》，认为传世典籍不可一味否认。关于中国古代最早王朝——夏朝的问题，徐旭生先生将自己的主要思想和观点在《略谈研究夏文化问题》一文中进行了阐释。他根据文献的记载，提出了"夏墟"的地望所在：一是豫西地区的洛阳平原以及嵩山周围，尤其是颍水谷地上游登封、禹县一带（后来在这一带发现著名的二里头遗址）；二是晋西南汾河下游一带（后来在这一带发现了东下冯遗址和陶寺遗址）。1959年夏，72岁高龄的徐旭生亲赴豫西对"夏墟"进行实地调查，探察了告成、石羊关、阎砦、谷水河、二里头等重要遗址，写成《1959年夏豫西调查"夏墟"的初步报告》。鉴于徐旭生先生的理论指导，中国社会科学院考古所选定陶寺遗址开始发掘，徐旭生先生可以说是陶寺考古的奠基人。

1. 滥觞期主要考古发现

关于滥觞期的主要考古发现，可总结为16个字：见龙在田，清凉古玉，尧乐陶陶，流光溢彩。逐一对应在陶寺遗址中发现的重要实物资料：龙盘、玉器、礼乐器、彩绘漆器。

1978年，在陶寺遗址大墓中一共发现5件龙盘，其中4件藏于中国社会科学院考古研究所，1件藏于山西博物院。龙盘内的蟠龙图像以蛇为主体，兼以鳄鱼的甲片、鱼的鱼鳍等多种动物的特征组成复合图腾。蟠龙口中吐出好似麦穗状的信子，很多学者认为这是古代的"嘉禾"，代表了古代先民们对农业丰收的企盼（图2）。陶寺遗址考古领队何驽先生则认为这有可能是古代的一种可以制作致幻药剂的农作物——麻黄草，同时也认为陶寺遗址发现的大墓的墓主人很有可能是古代的大巫师。对龙图腾的崇拜是华夏的传统，在陶寺遗址研究早期，很多学者认为陶寺与夏文化有关，多是因为彩绘龙盘的关系。但是如果不考虑其他考古学证据，只拿龙盘来论证陶寺与夏文化的关系，是不充分的。

陶寺出土了大量的玉器，但这些玉器总体来讲器型比较简单，玉质比较粗劣。主要有玉璧、玉琮、玉圭、玉璜、玉钺、玉环以及玉梳等（图3）。

图2 陶寺彩绘龙盘

图3 陶寺玉器

105

《周礼》中记载:"以玉做六器,以礼天地四方,以苍璧礼天,以黄琮礼地,以青圭礼东方,以赤璋礼南方,以白琥礼西方,以玄璜礼北方。"除了琥和璋以外,其余器型在陶寺遗址中基本都能看到,由此可以看出,早期陶寺"礼天地四方"的观念已经产生。另外还出土有大型玉钺。《左传》中记载:"国之大事,在祀与戎。"作为古代兵器的象征,玉钺的出土也标志着陶寺遗址已经产生较为集中的国家权力。除此之外,还出土了玉骨组合簪。这个簪子由四部分组成,为骨笄、L形玉件、穿孔玉片、吊挂坠饰。骨笄端头从下方插入穿孔玉片的圆孔中,穿孔玉片的上面另嵌入一件带孔的L形饰件,上、下两面堆积一定厚度的、起固定作用的胶状物,并镶嵌多枚绿松石,用L形玉件上端的圆孔穿绳吊挂坠饰。这是出土组合头饰中最精美、保存最好的一组。高炜先生考证这个玉骨组合簪可能就是中国古代妇女最早使用的"步摇"。

陶寺还发现了很多乐器,表明在当时陶寺先民们拥有了自己独特的精神文化生活。在陶寺遗址中发现的乐器有铜铃、石磬、土鼓、鼍鼓等。其中铜铃的发现表明陶寺先民们已经掌握了金属冶铸技术(图4)。这一发现奠定了陶寺已经处于文明社会的物质基础。已故著名考古学家苏秉琦先生曾经在1985年山西侯马召开的晋文化研究会上作了一首七言诗,以表明他对中国古代文明起源的探索:"华山玫瑰燕山龙,大青山下斝与瓮。汾河湾旁磬和鼓,夏商周及晋文公。"诗句中所写的"汾河湾旁磬和鼓",即是指汾河下游新石器时代遗址出土的石磬和陶鼓。在陶寺遗址中还出土了一种特殊而稀少的鼓——鼍鼓。鼍

图4 陶寺铜铃

指鳄鱼，鼍鼓是一种木制的，顶端蒙着鳄鱼皮的鼓，鼓的底部还装饰有精美的纹饰。陶寺遗址中的特磬和鼍鼓是配套出现的，演奏时可以和声。不同于一般的乐器，它们应该是陈于庙堂之上的高级、庄严的礼乐器（图5—图6）。

陶寺遗址出土了大量彩绘陶器及漆木器，颜色有白、黑、红及蓝等。经科学检测分析，陶寺先民已经掌握了矿物质颜料的使用技术。其白色为方解石、黑色为石墨、红色为朱砂、蓝色为孔雀石。这些精美的彩绘技术和漆木器表明陶寺先民们的制陶和漆木器手工业生产已经达到了相当的高度（图7）。

2. 滥觞期的主要研究

1982年，陶寺墓地的发掘刚刚结束，徐殿魁先生发表了陶寺考古研究的第一篇论文——《龙山文化陶寺类型初探》，该文认为陶寺类型可以分为前后相继的两个阶段，其早段的文化面貌与当地庙底沟二期文化接近，陶寺晚期文化应该是早期文化的继承

图5　陶寺土鼓

图6　陶寺石磬

图7　陶寺彩绘陶壶

107

与发展。关于族属，徐殿魁先生更倾向于陶寺乃"夏墟"说，建议对二者所表现的契合度进行深入探讨。

1983年，陶寺遗址的发掘者高炜、高天麟、张岱海三位先生，联名发表《关于陶寺墓地的几个问题》《龙山文化陶寺类型的年代与分期》，注意到陶寺早晚阶段在文化面貌上有缺环，预言可能会存在一个中期，在族属问题上还在探索"夏文化"的总体思路下进行研究。这两篇文章奠定了研究陶寺遗址年代分期的基础。

1985年，李民先生发表《尧舜时代与陶寺遗址》，结合《尧典》等篇目，主张将陶寺置于夏文化的大背景下进行研究。其以历史学者的身份，借助文献，研究考古材料的社会历史内涵，开创了一类学术范式。这一范式的使用和观点的提出，引发了学术界关于陶寺"夏文化说"与"尧舜时代说"的论战。

1989年，高炜先生发表《陶寺考古发现对探讨中国古代文明起源的意义》，将陶寺与文明起源相联系，将陶寺文化的重要性提到一个新的高度。

1990年，刘绪先生发表《简论陶寺类型不是夏文化——兼谈二里头文化的性质》一文，指出持"夏文化说"者存在逻辑性在历史解说中的缺失问题，仅用支持自身观点的材料，无视存在矛盾的材料。该文之后，支持"夏文化说"者日渐凋零。

（二）沉寂期（1990年—1999年）

1987年就结束田野工作的发掘材料迟迟未系统发表，随着1990年刘绪先生对陶寺遗址"夏文化论"的沉重一击，再加新的新石器时代晚期重要考古发现层出不穷，如辽宁红山文化、浙江良渚文化、山东大汶口文化等，考古学者们转而研究其他考古新发现，陶寺文化的研究陷入沉寂。

这一时期，社科院考古所在陶寺遗址的考古工作中断，陶寺遗址内仅山西省考古研究所在1998年配合当地高压线塔基的建设清理了2座陶窑。此外，在临汾盆地内，该时期的重要发现当属社科院考古所与山西省考古研究所先后发掘的临汾下靳墓地。

临汾下靳墓地位于临汾市尧都区尧庙附近，距离陶寺遗址直线距离25公里，1997年砖厂取土时发现。1998年，中国社会科学院考古研究所与山西省考古研究所先后两次对该墓地进行发掘，共清理墓葬533座，出土大量玉器。下靳墓地中发现随葬绿松石手镯的一老年女性墓，现已整个套箱回来，在山西博物院进行陈展（图8）。

这一时期的相关研究乏善可陈，仅有发掘者高炜、高天麟等以研究的方式公布新材料，如高炜在此期间发表了《陶寺文化玉器及其相关问题》《龙山时代玉骨组合头饰的复原研究》，高天麟发表了《龙山时代陶寺类型农业发展状况初探》。此外，社科院考古所的科技考古人员对陶寺遗址采集的陶器等样本、年代学、环境做了一些科学分析。

（三）复兴期（2000年—2002年）

2000年以来，科技部重点攻关项目"夏商周断代工程"顺利结项，将夏、商、周三代时期的年表作了有序的梳理。紧接着，"中华文明探源工程"呼之欲出。2000—2002年，梁星鹏先生担任社科院考古所山西队队长，认识到陶寺文化面貌的认定对华夏文明的起源有着重要的启示作用，重新启动了陶寺遗址的考古工作。

这一阶段的主要收获是确认了陶

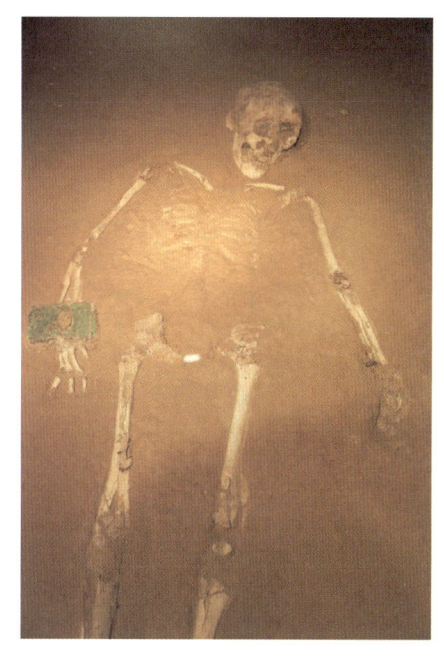

图8　下靳76号墓

寺的城址和夯土城墙。从2000年梁星鹏先生勘探发掘出陶寺第一道夯土城墙开始，到2002年基本确认陶寺由早期小城、中期大城构成，大城面积达280万平方米，是当时发现的最大的史前城址，重新振兴了陶寺考古的信心。此外，还确认了城内有贵族居住区、中期墓地、仓储区、平民居住区、手工业作坊区等功能分区（图9）。

（四）蓬勃期（2003年至今）

2003年至今，何驽担任社科院考古所山西队队长。2004年，科技部启

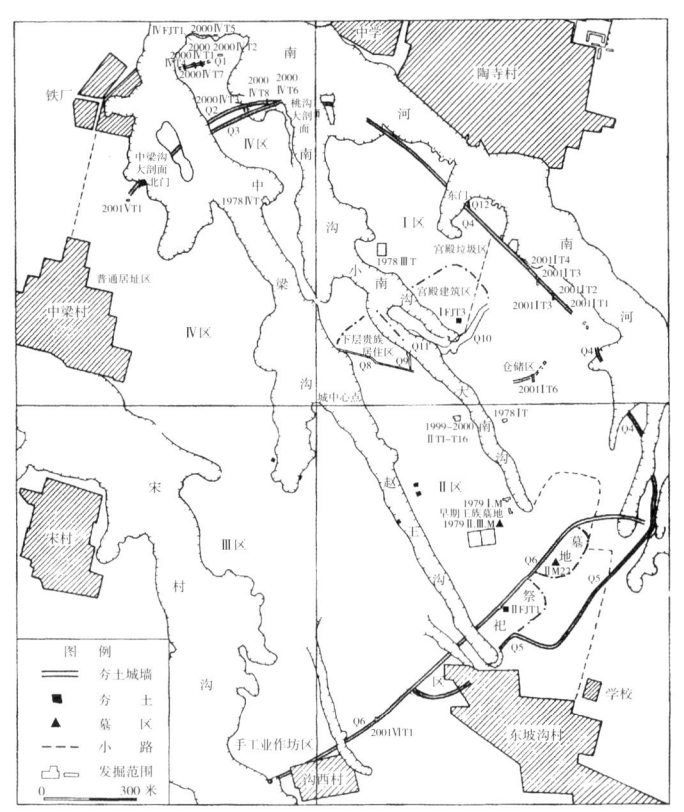

图9 陶寺城址平面图

动国家科技支撑计划"中华文明探源工程",将可能与黄帝有关的河南灵宝西坡遗址、与传说中的尧时空吻合的襄汾陶寺遗址、可能是禹都阳城的登封王城岗遗址、可能是夏启所居的河南新密新砦遗址、学术界比较认同的夏代中后期所都河南偃师二里头遗址及郑州大师姑遗址,共同列为中华文明起源阶段的六大都邑。陶寺考古进入了蓬勃发展时期。这一时期,学术思想有所转化,开始转向重点遗迹的发掘,不再追求夺目的遗物,而是主张"透物见人",更加关注宫殿区、城址、手工业区等,更加注重对当时人的行为研究,甚至探讨古人的思维方式,寻求与古人真正的"对话"。

这一时期的主要收获是观象台、中期大墓M22的发现和解读。观象台位于陶寺城址的东南位置。整个遗迹包括外环道直径约60米,总面积约为1740平方米。台基直径约40米,总面积约1001平方米。台基大约可分三层。第一层台基基础位于台基正东,呈月牙形,生土半月台基芯被第一层台基的夯土版块所包护。第二层台基基础呈半环状,东、西两端接在城墙上。第三层台基呈半圆形,由夯土挡土墙、夯土观测柱缝及台基芯构成。第三层台基芯以生土为主,还有部分夯土台芯、观测点等遗迹。在现存的陶寺晚期的台基破坏界面上,发现了一道弧形夯土墙基础。观象台是天文学家们认定的我国迄今为止发现的最早的"天文台"。观象台共有13个夯土柱和

12道缝，观测者站在台基中部的同心圆中部，透过特定的缝隙观察早上日半出或日切塔儿山山巅时是否在缝隙正中，如果恰在正中，则可能是当时历法中某一特殊节气（图10）。

中期22号大墓已被盗掘，仅墓周壁龛内的文物得以完整保留下来。墓被盗掘的时间较早，且其性质是属于政治报复，盗掘的目的并不是为了盗取其中的陪葬品，在破坏后的回填土中仍然找到铜器、玉器等贵重的随葬品。在M22中出土的最重要的实物资料是一件看似并不起眼的不同颜色间隔的漆木杆，何驽先生考证这是一件圭表日影测量仪器系统中的圭尺，表明当时的陶寺先民已经掌握了大地测量技术，何驽先生据此认为陶寺遗址是"最初的中国"。在M22中还出

图10 陶寺观象台在原址上的复原场景

土了一件玉神面,玉质优良,制作精美,造型神秘静谧,有些学者认为它是古代蚩尤的形象。M22墓主人的头端以公猪下颌骨为中轴左右各倒立摆放三件带彩绘木胎漆柄的玉石钺,以"貜豕之牙"的图例表示休兵不战,威慑敌国的上政,有"不战而屈人之兵"的意思,因此与唐尧时期崇尚"文德"联系起来(图11—图12)。

何驽先生的勤勉及开放式的学术态度,再加上考古材料的及时发表,此阶段呈现出"百花齐放,百家争鸣"的学术氛围,形成空前繁荣的学术局面。围绕观象台的天文学研究,陶寺在中国文明起源中的地位,陶寺遗址与尧都的关系,有关环境、技术、经济、社会发展等诸多方面,开展了广泛、深入的研究。通过几代人的不懈努力,陶寺考古从1978年走到2016年,将近40年的探索,陶寺考古迎来了空前繁荣的局面。陶寺先民们已经走入文明阶段成为学界的共识,很多学者都认为可以与历史上的"尧都平阳"联系起来。

三、文明是什么

提及文明,我们总也无法回避另外一个名词——文化。文化是指人类所创造的物质财富和精神财富的总和,也就是说,自人类诞生以来,广义的文化就已经产生。而文明的产生需要社会文化发展到一个较高的状态,其与"野蛮"一词对应。文明是使人类脱离野蛮状态的所有行为的总和,

图11 陶寺中期大墓M22

图12 玉神面

其内涵包括但不限于城邦国家、宗教信仰、语言文字、制度法律、风俗习惯、道德规范、思想艺术、科学技术等方面。

文化是文明的基础，文明是文化的升华。文化是一种渐进发展的过程，文明具有突变的特点。

文明的英文 Civilization 来源于拉丁文 Civis，意思是城市中的居民，也就是说，具备建造城市以及掌控城市的能力才能称之为文明。所以西方国家把城市、人造金属的存在、文字的产生、独特与发达的礼仪文化作为考察一种文化是否已经过渡到文明阶段的标准。根据我国的情况，著名历史学家李学勤先生又增加了人殉与人牲以及贫富分化两条标准。

四、中国文明起源

谈及中国文明起源，首先要了解"中国"这两个字的来源。"中国"一词最早见于西周初年的青铜器"何尊"铭文中的"……余其宅兹中国，自之辟民……"，其本意是居天地之中者，后演变为中原地区，中国以外则称为四夷。

讨论陶寺遗址是否已经进入文明社会，需要考虑陶寺考古中所发现的文明起源因素。

（一）城市的出现

城市可理解为"城"和"市"这两个概念。要成为一个"城"，首先应具有筑城技术——夯筑技术，考古发掘已经发现陶寺至少使用了五种夯筑技术用以筑墙。前文中提到，陶寺圭表的发现表明陶寺人掌握了大地测量技术。陶寺城址和石峁古城的方向都为北偏东45°，这体现了当时人们建城的一种独特思维。"市"的形成需要社会经济发展到一定高度后才能产生。随着社会分工的产生，依次出现了产品之间的交换、商品流通和商人群体，然后才有"市"的产生。在陶寺遗址中发现诸多专业化手工业生产产品，表明陶寺社会产生"市"的可能。

（二）冶金实物的出现

陶寺出土了五件冶金实物，其中铜环和铜铃是由纯铜打造的，一件铜盉没有测定出成分，还有两件是合金，原料为铜和砷。这些铜器制品说明陶寺人当时已经掌握了铸造青铜合金的技术。

（三）文字是文明社会产生的另一个重要标志

在陶寺遗址出土了一件残扁壶，上面有使用朱砂书写的两个符号，一个在扁壶的正面腹部，它的文法与甲骨文和金文中的"文"字并无二致，已经被多数学者所认同；另一个在扁壶平直的背面，多有争议。何驽先生考证其为最原始的"尧"字的初文，认为陶寺城址高大的城垣和所处黄土原的特征，与《说文》"尧"字的本意十分贴切。扁壶背后朱书字符上部虽只有一个◇（土），但"一"及其下的"已"或"儿"笔画形象与甲骨文"尧"字下部的"兀"字形更接近。陶寺文化晚期的"尧"字，"兀"上只有一个◇（土），可能是比较直观地描绘陶寺城址圆角方形的城圈。罗琨先生在《陶寺陶文考释》一文中认为扁壶背面的两个字符应合成一个来看，通过与甲骨文、金文的"易"字比较，认为其应隶定为"易"字；另对"文"字无异议，认为扁壶朱书"易文"，亦即"明文"，推测陶寺陶文用这两个字和一个符号记述尧的功绩，以便帮助记忆，传诸后世。尽管众说纷纭，存在争议，但是大家基本都认同这两个字为文字符号（图13）。

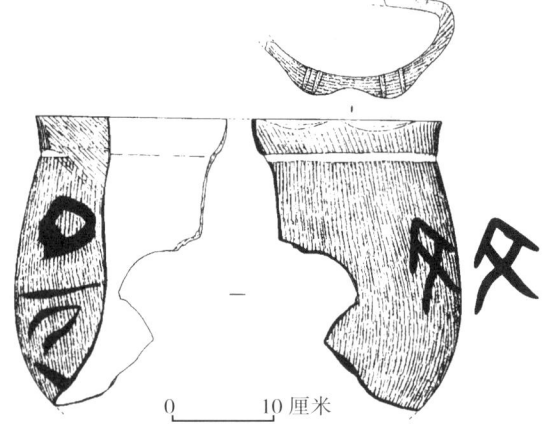

图13　襄汾陶寺出土的朱书陶文

（四）礼乐制度

陶寺遗址出土了鼍鼓、土鼓、石磬以及铜铃等乐器，而这些乐器主要是祭祀时使用的礼仪乐器，特别是石磬和鼍鼓。除此之外，陶寺还出土了大量的玉器，有象征权力的玉钺，有礼天的玉璧、礼地的玉琮等。由此可见，陶寺已经形成礼乐制度，并且有了一定程度的发展。

（五）人殉与人牲，体现了古代阶级和等级观念

人殉为一种葬礼，人牲是一种祭祀礼。陶寺遗址暂时没有发现人殉，但是出现了大规模的人牲现象。

（六）贫富分化

贫富分化体现在很多方面。从建筑上来看，陶寺遗址有8000余平方米的大型柱网式单体建筑，开创了我国宫殿建筑的先河。也有小型半地穴式房屋，进深和面阔两米左右，房屋中间还有火膛，人类活动的空间很小，仅能容身。从墓葬上来说，陶寺遗址共发掘墓葬1300余座。根据随葬品的多寡，发掘者将其分为大、中、小三个类型。从数量上来看，这三种类型明显呈金字塔状。大型墓仅有9座，中型墓约80座，其余90%以上皆为小型墓。所以说，建筑及墓葬两方面已经体现出当时社会中的贫富分化现象。

综上所述，从这六个因素来看，陶寺无疑已经进入了文明社会，为探索中国文明起源提供了重要支撑。

随着"中华文明探源工程"的深入，中华文明起源问题已经成为学界关注的热点问题。陶寺遗址作为中原地区规模大、等级高的中心性城邑，被列入研究重点。它出土的一系列重要的文化遗存，为探索中国早期文明的产生、发展、特征提供了重要的考古学证据，为我国探索文明起源问题提供了新思路。相信未来陶寺这座神秘的古都将逐渐揭去其神秘的面纱，以更加清新秀丽的姿态展现在世人面前。

主讲人 / 侯亮亮

科技告诉你：
古人的食物结构

主讲人 / 侯亮亮
山西大学历史文化学院副教授

引 言

当我们走进博物馆，驻足观赏精美文物的时候，总会对其背后的故事心生好奇，迫切想知道它们的前世今生。

目前，挖掘文物的"潜信息"，诠释它们的故事，让其"开口说话"，让文物彻底"活起来"，"透物见人"，"把历史的智慧告诉人们"，是每一个考古工作者的奋斗目标，也是每一位考古工作者的责任和担当。随着现代科学技术的大发展，科技在挖掘和诠释文物背后的"潜信息"和故事方面，开始发挥着越来越重要的作用，并展示着无穷的魅力和潜力。

在此背景下，以各种分析方法为基础的科技考古开始迅速发展起来，并开始在断代测年、产地溯源分析、聚落考古、人群迁移、文化交流、食物结构重建、生业经济还原等方面取得丰硕成果，这不仅可以有效挖掘遗存的"潜信息"，而且丰富并发展着考古学相关问题的深入认识[1]。从更宏观的角度而言，当今考古学迫切需要各个学科的理论、方法及手段有机结合，应用到实物资料的收集、整理、研究之中，以便更好地挖掘和诠释遗存的"潜信息"和故事[2]。

"民以食为天"。人类自产生到

发展，大部分时间都在寻找食物、生产食物、创造食物。食物不仅是人类生存和演化的物质基础，也是人类创造绚烂多彩文化的原动力。因此，重建先民的食物结构具有重要的意义。

本文将以科技考古的视角去重建先民的食物结构和摄食特征，进而还原不同时空框架下先民的生业经济和社会生活。

具体而言，本文将分为四个部分，分别进行阐释。

首先，探索重建先民食物结构的动因和机制；其次，回顾重建先民食物结构的方法、成果及局限性；第三，展示科技考古中人和动物骨骼稳定同位素分析领域在重建先民结构方面的优势和成果；最后，介绍稳定同位素视角下山西先民的食物结构和生业经济。

一、为什么要重建古人的食物结构

（一）民以食为天

在漫长的历史长河中，人类几乎全部的活动都是围绕着食物展开的。自人类产生以来，他们经历了旧石器时代、新石器时代和历史时期。在不同时期，他们对食物的获取和利用方式各异。

整个旧石器时代，人类几乎全部依赖渔猎、采集而生存。全新世（距今11700年）以来，全球平均气温大幅度提高（全新世大暖期），"新石器革命"导致了农业的产生和家畜饲养业的发展，人类第一次过上相对安定的农耕生活。随着社会复杂化的加剧，农耕文明得到空前的发展，人类进入了历史时期。进入工业时代，人类不仅可以生产大量的食物，而且创造出前所未有的丰富的食物，促进了人类工业文明的大发展。

显然，食物是人类生存和发展之本，重建不同时空框架下先民的食物结构极其重要。

（二）一方水土养育一方人

因栖息地的差异，人类不同的饮食文化得以产生和发展。新石器时代伊始，"南稻北粟"的饮食文化便分别在长江中下游地区和黄河中下游地区得以产生和发展[3]。同时，"稻粟混作"的生业传统也在淮河流域产生和发展[4]。此外，在青藏高原地区及北方草原地带，游牧或畜牧经济得以出现和发展，这使得当地先民以肉食为主要饮食传统。

总之，由于自然条件或水土条件的差异，不同地区先民的饮食各有不同，以此创造出绚烂多彩的饮食文化，进而形成"一方水土养育一方人"的传统。

（三）食物是文化的原动力

围绕食物的载体——器物及其组合群——所反映出来的文化特征和文化面貌，是我国考古学关注和研究的主要对象。

在旧石器时代，石器及其组合群（如尖状器、刮削器等）是人类加工和利用食物的主要工具，也是人类生存和发展的重要基础。在新石器时代，陶器及其组合群（如陶甑、陶鬶等）是人类加工食物的主要工具，也与我国源远流长的蒸煮及使用筷子的饮食文化密切相关。进入历史时期，青铜器及其组合群（如爵、鼎等）成为表达先民饮食文化和礼制文化的重要媒介，对华夏文明的发展具有重要的作用。

综上，重建和还原先民的食物结构和摄食特征极其重要。一方面，可以更好地理解为什么人类可以发展到现在的文明阶段；另一方面，可以探索参差多态文化产生的动因和原动力；最后，可以使得当今的我们以考古为研究视角还原历史，启示未来。

那么，目前有哪些手段来重建和还原古人的食物结构呢？

二、让物说话——让遗物、遗迹、古人"说话"

（一）让遗物"说话"

遗物是古代人类活动遗留下的可以移动的遗存。遗物的一个重要特性就是可移动性，而且在移动的过程中它的基本属性不会发生变化。下面具体介绍一些与食物相关的遗物，让它们"开口讲话"，"告诉"我们先民的食物结构和摄食特征。

首先，介绍一种在秘鲁地区考古遗址中较多发现的纹饰和形制都比较特殊的陶器（图1），即借用玉米的形象来进行设计和装饰[5]。结合考古学多科学综合研究的成果[6]，可以确定玉米在当地先民的生产和生活中发

图 1 Karapampa 玉米形陶器[7]

图 2 Heraklion 考古博物馆陈展的"罂粟神"陶俑[9]

挥着极其重要的作用,导致人们对玉米及其形象崇拜有加,进而创作出各种以玉米为原型的陶器及其组合群。

在古希腊的米诺斯文化后期,以罂粟为装饰原型的陶器和陶塑人俑以及罂粟的实物多有发现,特别是头戴罂粟装束的神明备受崇拜(图2),这说明罂粟与当时人们的生活有密切的关系,也说明先民可能已经掌握了罂粟的特殊功能,从而崇拜这样一种神奇的植物。通过综合分析[8],可以肯定罂粟并不在先民的日常生产和生活中占据重要地位,也绝不是先民的食物来源,而只是一少部分特殊阶层(如巫师或大祭司等)使用或享用的特殊用品。因此,利用类似的遗物可能无法真实还原先民的食物结构,只能揭示某种文化习俗。

视野回到古代中国,一组唐西州时期的彩绘劳动妇女俑(图3)真实、形象又直观地还原了当时妇女使用石转磨将小麦加工成面粉并制成面饼的整个过程[10]。显然,这些遗物为小麦的食用提供了直接的证据链。现有证据显示,小麦大约在距今4500年前传入中国,开始对北方粟黍农业产生

图3 唐西州时期彩绘劳动妇女俑[14]

相应的影响[11]。然而,小麦何时、何地及为什么成为先民的主要食物,却缺乏相应的探讨和研究[12]。东周至两汉时期,石转磨的发明和使用,面粉的出现,使先民们制造出更多、更丰富的面食,缓慢有序地改变了先民传统的"粒食"习惯,使得小麦更加可口宜食,进而促进了小麦的普及和种植[13]。

同时,在一些极端的环境下,古人的食物及残存可能长久地保存下来,使得今天的我们得以一窥其真容。如在浙江余姚河姆渡遗址中就发现大量新石器时代的炭化水稻颗粒[15],在陕西临潼姜寨遗址中出土了大量新石器时代的粟粒[16],在湖北江陵凤凰山遗址甚至还发现了西汉时期的古稻穗[17],在江苏句容浮山果园西周墓中还发现当时的一罐鸡蛋,当然现在仅剩鸡蛋壳及鸡蛋的形态[18]。

在新疆地区,由于长年炎热且干燥,诸多有机物得以长久保存,成为我们观察和研究古人食物结构主要的方式和途径。如在苏贝希墓地不仅发现了古代的面条和点心,而且还发现了加工这些面条和点心的原材料——粟[19];在新疆相关遗址还发现有水果遗存——干梨、葡萄等[20-21];在阿斯塔纳墓

121

图4 新疆阿斯塔纳墓地出土的点心遗存[23]

中还发现了唐西州时期有花纹的饼干和点心,多为麦面制品,淡黄色,作圆形花瓣状,花式多样,做工精细,数量较多(图4)[22]。

此外,近些年在国际上产生强烈反响的食物遗物要数距今4000年前的青海喇家遗址发现的一碗由泥土封存的保存完好的面条。考古学家首先发现一个倒扣的陶碗,当陶碗被揭开时,陶碗底和里面的泥土沉积物已经能够自然分离,附着在地面上的碗内沉积物呈圆台形,在圆台体的顶部发现面条。然而,遗憾的是,在样品采集过程中,面条很快破碎或风化,留给我们的只有影像资料。2005年,《自然》上发表了青海喇家遗址面条的细节,改写了面条起源的历史,奠定了中国是面条最早起源地的观点,因为这个时间起点要远早于意大利和阿拉伯国家的面条时间起点[24]。考古学家通过对陶碗中面条残留物的植硅体、淀粉和生物标志化合物等系统分析,发现了先民是以粟(小米)、黍为主来制作面条的综合证据。2015年,他们利用传统的制作饸饹面条的工具,参考挤压糊化凝胶成形的方法,复制了与出土面条成分、形态一致的粟类面条,使得今天的人们得以吃到类似4000年前的面条[25]。

特别值得一提的是,在现代科学技术的帮助下,植物的微体化石(植硅体、淀粉粒和孢粉)也成为揭示先民食物结构的重要遗物。如在陕西米家崖遗址出土的形似漏斗状的陶器内壁上发现了先民酿造啤酒的证据,即先民用黍、大麦、薏米和少量根茎作物混合制作成啤酒[26]。考古学家们通过对这些器皿中残留物的分析,对这些器物的用途和功能有较好的回答,这可以帮助我们全面了解古人饮食文化的具体细节。

显然,以上案例几乎都是围绕着

植物考古所取得的成果展开的。接下来，简要举几个围绕动物考古所取得的成果的案例。

在长江中游地区新石器时代的石家河遗址墓葬中较多出现用猪下颌来陪葬的现象[27]。如M231是二次葬的墓葬，埋葬一位35岁左右的女性，随葬30副猪下颌；再如M232也为二次葬的墓葬，随葬7副猪下颌；又如M237虽为一次葬的墓葬，也随葬7副猪下颌。尽管这些猪下颌的陪葬可能并不单纯代表墓主人生前主要的食物来源，可能更多的是在社会复杂化进程中不同人群财富和权势的体现，即随葬猪的下颌越多，墓主人生前就可能越显贵。然而，进一步的分析也可以显示猪在当时先民的生产和生活中具有重要的地位，应该是先民主要的肉食来源之一。

2009年，在陕西战国时期的墓葬中发现一个青铜鼎，其内有狗骨。其后，通过多学科的综合研究，考古学者认为鼎内盛放的应该是狗肉汤。这个发现非常有意义，2011年被美国考古杂志评为全球十大考古发现之一[28]。

2011年，在陕西临潼湾李村M208中出土了一个非常密闭的铜敦，其内盛放着几乎炭化的肉制品，且散发着酸臭味。经过红外分析和蛋白质组合方法，最终确定为黄牛肉，且应该是风干的牛肉，这使得人们得以看到2000多年前的风干牛肉[29]。

（二）让遗迹"说话"

遗迹是古代人类遗留下来的不可移动的遗存，例如壁画、水井、道路等。这些遗存如果发生移动的话，往往会造成一些不可逆的变化和破坏。中外很多壁画遗迹中都出现过与古人食物密切相关的场景，这为我们直接观察和研究古人的生活提供了一个生动的"窗口"。

酒不仅极大地丰富了各阶层的精神生活，而且还极大地催动了人类文化和艺术的大发展，因此对古人的生活极其重要，在不同时空的壁画中都有描述和表达。如在埃及的壁画中，就出现了很多描绘古埃及人如何饮用啤酒的场景，生动表现了古埃及人的生活场景之一[30]。无独有偶，在古努比亚人的壁画中也发现有类似的现象，即人们围坐喝啤酒的场景。经过相关研究，古努比亚人喝啤酒，不仅仅是将其作为饮料,而且还因为啤酒有治疗疾病的功效,即可以作为抗生素来饮用[31]。

在古埃及古墓壁画中,不仅有古埃及人农耕的画面,而且还有当时人们采摘葡萄和桃子的画面,说明古埃及人种植和利用这些作物的技术已经非常成熟,这些作物也是当时人们主要的食用对象[32]。

在我国也有许多类似的遗迹现象,这为我们重建先民的食物结构提供了有益的线索。例如,在宣化多座辽墓的壁画中都出现了制作茶饮的生活场景,这些清晰直观的描述可以帮助现

代人透视辽代先民的生活片段[33]。再如,山西北朝忻州九原岗壁画描绘了当时贵族狩猎的场景(图5)。这些画面都可联想到当时人们可能的食物构成。

(三)让古人"说话"

如果埋藏条件足够好,人类的遗体或遗骸是可以较完整地保存下来的。通过对这些人类遗体或遗骸进行研究,可以让古人"开口讲话",进而"告诉"我们他们的食物结构和与食物相关的信息,这有助于复原古代社会。以下简单介绍一些成功的案例,以便领略该领域研究中的魅力。

图5 九原岗壁画之狩猎图[34]

125

在新疆小河墓地发现了一具干尸,在其腹中发现了一些麻黄的实物[35]。据《本草纲目》记载,麻黄有使人目明、清醒、利尿等功效。经过考古学研究,发现这具干尸生前为特殊人群,可能为巫师,因此在其腹内发现麻黄可能有特殊的含义,即这具干尸生前极有可能已经发现并利用了麻黄的功效[36]。

在阿尔卑斯山发现的奥兹冰人,其佩带了刀、弓箭、蓑笠等,为我们了解其生前的活动提供了非常有益的线索和实物资料(图6)。值得特别注意的是,在他的蓑笠上发现了单粒小麦,即人工种植的小麦。因此,可以推测这个人干完农活(收割小麦)以后,上山狩猎的过程中不幸遇难。如此,通过单粒小麦的发现,可以看出小麦在其生产和生活中具有重要的地位。

在长沙马王堆汉墓中,不仅发现了大枣、梅子、杨梅、藕片等食物遗存,而且在辛追夫人的胃中还发现了138粒甜瓜籽[38]。同时,在海昏侯墓主人刘贺的遗骸中也发现了40多颗甜瓜籽,因此可以推断刘贺可能也死于水果丰盛的夏秋季节[39]。此外,靖安发现的春秋大墓中的遗骸,腹部也发现大量甜瓜籽[40]。显然,甜瓜或香瓜在达官贵人的生活中扮演着重要角色,我们期待相关研究的深入和细化。这样的发现,不仅让我们对古代贵族的食物结构有了进一步了解,而且随着科技的发展,甚至有希望让这些古代遗留下来的果核和种子等发芽、开花、结果。

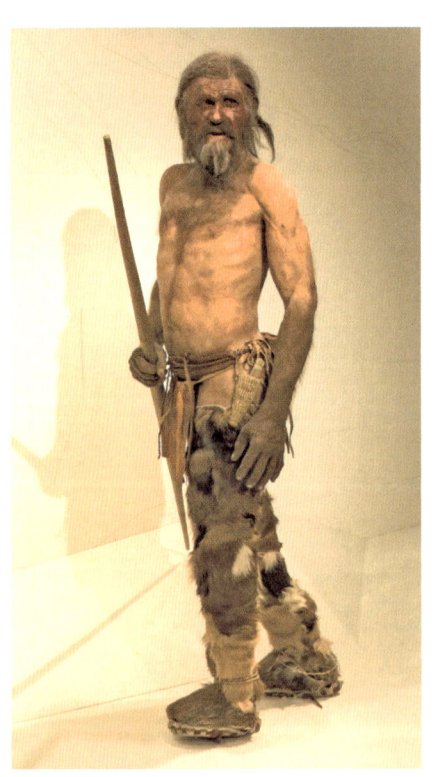

图6 奥兹冰人复原图[37]

在新疆吐鲁番洋海墓地中,距今2300年前的葡萄藤成了家族墓地的主要葬具,因此可以看出葡萄应该与当时古人的生活、生产关系非常密切[41]。此外,在新疆小河墓地小河公主脖子下发现有一圈棉絮状的东西(图7)[42],考古学家通过分析,认为这应该是奶酪,说明奶制品或奶酪对小河公主具有重要意义。

三、让物"说话"的局限性及寻找新方法

尽管以上总结可以让物"说话",可以提供许多先民食物结构的珍贵信息,然而,这些方法依然有很大的局限性和片面性,迫使我们寻找一些新的途径,探索更全面、更完善的方法。

(一)以上方法的局限性

首先,先民遗留下来的食物遗存受限于保存环境。食物遗存一般易于保存的环境为极干、饱水或极寒的环境,因此在我国温带季风气候区内很难保存,即便保存下来,还可能会出现很多问题。

如果保存差的植物发现得较少,但这个植物确实是当时古人常吃的一

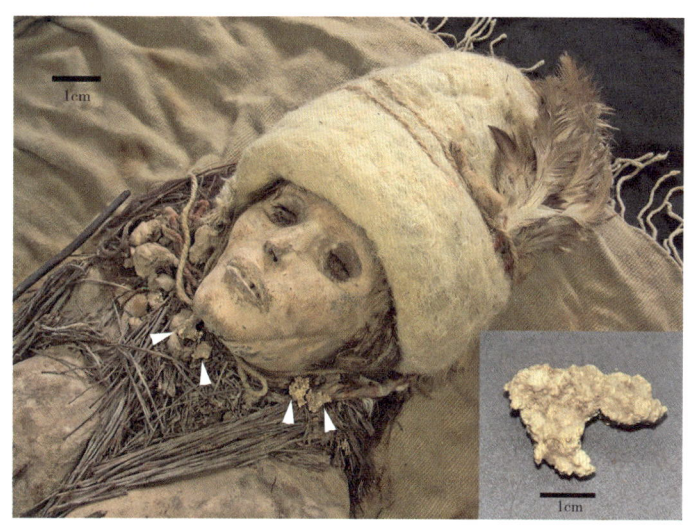

图7 小河公主及其脖子周围棉絮状的奶酪[43]

种植物,那么根据考古发现,我们可能就会认为其在先民食物结构中不占主要地位,则此相关植物在先民食物中的作用就会被低估。反之,如果这个植物古代先民只是偶尔食用,但是其易于保存,根据考古发现,我们可能就会认为其是古人的主要食物来源,由此保存好的植物的作用就会被高估。因此,相关结论可能会失真,或具有极大的片面性。同理,遗迹和遗物的发现也是极其有限的,据此来还原和重建古人的食物结构,也可能会出现错误或片面性。

其次,据生产工具和生活用具来重建先民的食物结构不够直接,存在

许多不确定因素。随着科学技术的发展，现阶段的研究条件可以对考古遗存进行分析，进而挖掘其背后的"潜信息"，当然包括古人的食物结构的信息，然而，现有的科研条件终究还存在局限性，因此无法对遗存，特别是一些器物的用途，做真实的还原和分析。

第三，古人艺术作品中的描绘同样也有局限性。这些艺术作品中的艺术形象在很大程度上都带有作者的主观臆测性，但当时古人作画时的思想我们现在是无法知道的，所以据此还原古人的食物结构存在一定的局限性。

最后，人类遗体受限于保存环境，只有在极端的条件下，如极干、饱水、极寒的环境才可能保存下来，因此据此得到的食物结构的信息也是个体或部分群体的信息。

（二）寻找新方法

面对诸多局限性，新时代的考古工作者需要寻找新的思路和新的方法。当我们观察和审视考古的发现和发掘时，常常可以看到许多人和动物的骨骼及牙齿等硬组织，从中获取古人食物结构一时间成为考古工作者关心和探索的最重要的课题之一。

20世纪70年代末至80年代，据"我即我食（You are what you eat）"的原理，生物考古学家发现人骨中的碳、氮稳定同位素比值能够直接而真实地反映古人生前的食物结构[44]。目前，碳、氮稳定同位素分析不断完善，已经成为重建先民食物结构的常规方法。在此基础上，先民生业经济变化、农业起源和人类演化等重大课题得到了很好的解释。在下文，我们对相关原理进行简单介绍。

根据光合作用途径的不同，陆生绿色植物基本可分三类，即C3植物、C4植物和CAM类植物。其中，C3植物和C4植物与人类生产、生活关系密切。C3植物主要是稻、麦、豆类及大多数草本植物等，具有比较低的碳稳定同位素值，平均值为−26.5‰；C4类植物主要是粟、黍和玉米等，具有较高的碳稳定同位素值，平均值为−12.5‰[45]。当植物被动物所食，这种差异将贯穿整个食物链。在植物中的碳经动物消化、吸收转化为骨胶原中碳的过程中，碳稳定同位素值将发生约5‰的富集[46]。若不考虑碳同位素在营养级的分馏效应（约富集1‰~1.5‰，常忽略不计），以100%的C3、C4类食物为食的动物，其骨胶原中的碳稳定同位素值分别约为 −21.5‰和−7.5‰[47]。

因此，分析人骨和动物骨中的碳稳定同位素值，即可了解和判断其食物来源（包括植物或动物）的类型。

相关研究表明，在我国古代北方地区的野生植被基本都是C3植物[48]。然而，新石器时代伊始，北方先民种植的粮食作物几乎都为C4作物,即粟、黍等[49]。如果先民每天食用C4食物，那么其骨骼中的碳稳定同位素值就会非常高。如果是游牧民族，他们主要依靠在野外放牧为生，他们骨骼中的碳稳定同位素值应该较低。同样，根据相关原理，也可以区分一个动物是在野外生活，还是经过人工干预而被驯养和饲喂等问题。

与碳稳定同位素值主要反映食物来源（包括植物或动物）的类型相比，氮稳定同位素值在营养级间传递时存在明显的富集，因此更多地用以确定动物在食物链中的地位。研究表明，食物链的营养级每上升一级，氮稳定同位素值将富集3‰~5‰，这意味着植食类动物比其所食的植物的氮稳定同位素值约富集3‰~5‰，而肉食类动物又比摄取植食类动物的氮稳定同位素值富集约3‰~5‰[50]。一般认为，植食类动物的氮稳定同位素值约为3‰~7‰，杂食类约为7‰~9‰[51]，而肉食类则常大于9‰。显然，通过人和动物骨中的氮稳定同位素值，就可判断其肉食资源和营养级。

根据碳、氮稳定同位素的原理，每一种生物都有特定的值或范围，因此在二维的象限都会有自己的一个独特的位置。经过大量的实验和案例积累，科学家据此制作了相关的表格。根据碳、氮稳定同位素的原理，结合前期的总结和积累，我们分析新的材料的时候，便可以对其食物结构有一个清晰的认识。

那么科学家是如何发现这样的一个机理的呢？下面我们来简要回顾一下相关机理和方法的发展历程。

20世纪50年代，卡尔文首次发现植物光合作用的卡尔文途径，使人们认识和了解到植物转换能量过程的方式[52]。其后，光合作用的途径被不断地补充和发展[53-54]。1977年，Vogel和Van Der Merwe首次将相关碳稳定同位素的原理应用到考古领域，追溯了玉米在美洲的起源、传播和推广的相关问题[55]。此后，相关研究不断深入和发展，稳定同位素研究在考古学领域开始发挥越来越重要的作用。

1984年，蔡莲珍和仇士华首次将该方法介绍到国内，并以我国南北不同区域的多个遗址中人骨的碳稳定同位素值勾勒出古代"南稻北粟"的生业格局[56]。这一工作影响深远，堪称我国稳定同位素领域的开山之作和奠基之作。

然而，此后20年，相关工作几乎停滞。2002年，胡耀武以稳定同位素的相关方法为基础，探索了古代人类食谱，完成了相关研究的博士论文[57]。2003年，张雪莲系统总结和梳理了古人类食物结构的相关研究[58]。

其后，我国人骨稳定同位素工作得到了飞速的发展，积累了大量的数据和研究案例，对于重建和还原古人的食物结构和生业经济具有重要的意义[59]。仔细梳理相关工作，不难发现，目前的人骨稳定同位素研究工作主要集中于新石器时代中期至两汉时期[60]。

四、中国及山西先民的食物结构

（一）中国相关工作的概况

碳、氮稳定同位素研究可以直接揭示先民及动物的植物类食物来源，判断先民及动物的食物中蛋白质的来源和营养级。在此基础上，我们还可以更深入地探讨先民的生业经济（农业生产形式和家畜饲养方式），同时也可以去研究先民的社会组织和形态等重大的社会问题。

近些年，稳定同位素研究方法在我国应用非常广泛，且取得了非常丰硕的成果：一方面，大体上再现了我国先民从新石器时期到历史时期不同地区先民生业经济的变迁和异同；另一方面，更生动地再现了无文字记载时期先民的生业经济活动，印证了有文献记载时期的社会生产生活及普通先民的物质生活[61]。

我国南、北方先民的生业经济差异较大，因此采用稳定同位素分析的方法可以取得较好的效果。人骨的稳定同位素分析成果显示[62],新石器时代北方地区诸多遗址的先民及动物主要以粟类为食,南方诸多遗址的先民则以稻米为食,南北交界地区先民的食物结构则兼有稻、粟,这说明"南稻北粟"和"稻粟混作"的生业传统由来已久。

历史时期的先民,基本上延续新石器时期先民的生业经济,但在长城以北的草原地区的先民却主要从事游牧经济,这一生业经济与中原地区及南方地区的农耕经济迥异[63]。

(二)山西先民的食物结构

山西在华夏文明的发展和演进过程中发挥着举足轻重的作用,重建和还原该地区先民的食物结构和生业经济具有重要的意义。随着山西地区不同时期人骨稳定同位素数据的积累和完善,稳定同位素视角下先民食物结构和生业经济的轮廓日益清晰。

本文以山西地区新石器时代至历史时期多个遗址已发表的先民和动物的碳、氮稳定同位素数据为基础,初步还原了不同时空框架下山西地区先民的食物结构和生业经济,勾勒出该地区先民生业经济发展和变化的特点

图8 文中涉及遗址的位置示意图[65]

和规律。

1. 陶寺遗址

鉴于襄汾陶寺遗址在中华文明起源过程中的重要性(图8),考古学者较早开始对陶寺遗址出土的遗存开展了多学科的研究,并取得了丰硕的成果[64]。其中,人和动物骨骼的生物考古学工作初步勾勒出陶寺遗址先民的食物结构和摄食特征,并还原和

重建了先民的生业经济。

1984年,蔡莲珍、仇士华对陶寺遗址3例人骨、1例猪骨和1例炭化小米进行了碳十三测定,初步发现陶寺遗址先民主要以粟类为食,且用粟类或其副产品来饲喂猪[66]。

2007年,张雪莲等又提取了12例人骨进行了碳十三测定,进一步印证了陶寺遗址先民以粟作农业为基础的生业经济[67]。同时,张雪莲等还对7例人骨、7例猪骨进行了碳十三和氮十五测定,不仅发现二者都主要以粟类为食,而且还发现二者相差一个营养级左右,揭示了家猪应该是陶寺先民主要饲喂的对象和主要的肉食来源。

2012年,陈相龙等对陶寺遗址出土的12例家猪、5例狗、5例绵羊和6例黄牛的骨骼进行了碳、氮稳定同位素分析,不仅印证了新石器时代以来我国北方先民依赖粟作农业喂食猪、狗的传统饲养策略,而且还发现距今4500年前陶寺遗址先民对外来的牛和羊不同于传统的新的饲养策略,即黄牛虽主要被喂食粟类副产品,但还有一些C3植物(青草),绵羊则主要被喂食C3植物(青草)[68]。

2. 内阳垣遗址

2002年,山西省考古研究所、临汾市文物局和乡宁县文管所在乡宁县昌宁镇内阳垣村南发掘了大量各个时期的墓葬和遗迹[69]。其中,春秋时期的墓葬最多,也最有特点。

2008年,为了还原和重建该地区春秋时期农耕人群与戎狄的关系,特别是他们在饮食习俗和生业经济方面的互动和响应,裴德明等对该墓地夏时期的两例人骨和春秋时期的21例人骨进行了碳、氮稳定同位素分析[70]。结果显示,夏时期当地居民主要以粟、黍为食,应该主要从事粟黍农业;春秋时期当地居民的食物结构差异较大,既有主要以粟、黍为食的群体,也有主要以肉食资源为主的群体,说明春秋时期内阳垣遗址的粟黍农业受到游牧经济的强烈影响。

该研究为探讨人群的交流和融合提供了新的研究手段和视角,也为更深入地探讨游牧民族汉化问题建立了范例。

3. 清凉寺墓地

2003年秋到2005年冬,山西省

考古研究所、运城市文物局、芮城县文物旅游局对山西省运城市芮城县东北部西陌乡清凉寺村的史前墓地进行了连续三年的抢救性发掘，取得了重大收获，对认识以陕、晋、豫交界地区为核心的中原史前文化发展历程具有重要意义[71]。

2010年，为了重建该墓地仰韶文化时期和龙山文化时期居民的食物结构和生业经济，以期发现该墓地不同阶段先民生存方式的异同，进而尝试寻找社会复杂化的动因，凌雪等对清凉寺墓地选取的27例人骨进行了碳、氮稳定同位素分析[72]。结果显示，仰韶文化时期和龙山文化时期居民的食物结构没有明显差异，即都以粟、黍为主要食物，说明他们主要以粟黍农业为生。同时，该研究还为史前男女分工问题的研究提供了相关证据，即相较女性而言，男性可以获取更多的肉食资源。

4. 大同南郊北魏墓群

1988年，山西省考古研究所和大同市博物馆对山西省大同市区南缘1公里处的大同市电焊器材厂扩建区域内的大片墓地进行了发掘，发现大量北魏时期的墓葬[73]。这些墓葬分布密集，排列有序，保存完好，随葬品丰富，对认识北魏时期平城地区的社会状况和文化面貌等具有重要意义。

2010年，为了探讨游牧民族在南下过程中与农耕文明的互动关系，特别是游牧民族在汉化过程中食物结构和生业经济方面的响应程度，进而深入揭示多民族间的交流和融合问题，张国文等对大同南郊北魏墓群出土的人骨进行了碳、氮稳定同位素分析[74]。结果显示，大同南郊北魏墓群第一期（~398 AD）、第二期（398 AD~439 AD）、第三期（439 AD~477 AD）和第四期（477 AD~496 AD）居民的食物结构都比较一致，即大部分人以粟黍农业为生，或以粟黍农业为基础的家畜饲养业为生。同时，几乎每一期都出现了个别"射猎为业"的个体。然而，需要指出的是，每一期样品数量差异极大，特别是第一期仅有两个样品，这很有可能影响相关认识。

该研究为探讨游牧民族南下进入农耕地区后相应的生活方式和文化习俗的变化提供了新的研究手段和视角，也为民族融合问题的深入研究提供了更直接的证据。

5. 浮山桥北遗址

2003年，山西省考古研究所、临汾市文物局和浮山县文化局对山西省浮山县北王乡桥北村西300米的一处墓地进行了考古发掘，发现多座商、西周、春秋、战国和汉代等时期的墓葬。这些墓葬时间跨度大，葬式和随葬品等差异大，对了解这一地区长时段的社会变化等具有重要意义[75]。

2013年，为了还原该地区长尺度上先民的食物结构和生业经济的变迁，并揭示不同时代、不同等级的人群在食物结构上是否存在差异等问题，王洋选取了13例人骨样品进行了碳、氮稳定同位素分析[76]。结果显示，商至西周时期的先民主要以粟、黍为食；到了东周时期，先民的食物结构开始出现较大的差异，即大多数先民依然主要以粟、黍为食，但部分先民食物结构中明显增加了C3类食物；到了汉代，仅有的一例个体的食物结构中C3类食物的比例在增加。这说明商至西周时期，先民保持了当地传统的粟黍农业，但在东周时期，该地人群混杂，交流频繁，粟黍农业可能受到了一定的冲击。此外，浮山桥北西周时期墓主与殉人之间的饮食结构存在一定差异，商末周初殉人之间的食物结构亦存在差异。

显然，此项研究为今后以食物结构的差异为视角来讨论或研究先民等级差异问题等提供了一个重要的参考。

6. 榆次聂店遗址

2011年，山西省考古研究所对山西榆次聂店墓地进行了考古发掘，发现了大量方向一致的土坑竖穴墓[77]。墓葬的大小和形制都比较一致，随葬品也几乎没有差异，因此可以认定是一组典型的平民墓地。

2013年，为了探讨等级相近或相同的人群在食物来源上是否相同或存在差异等问题，进而期望建立食物结构差异与社会等级之间可能存在的联系，王洋等随机选择该墓地63例人骨开展了碳、氮稳定同位素分析[78]。结果显示，聂店墓地先民主要以粟、黍或以粟黍农业饲喂的动物为食，说明他们主要以粟黍农业和以粟黍农业喂养家畜为生。同时，等级相近或相同的聂店先民的食物结构存在明显差异，但这种差异与先民的性别、年龄及随葬品的差异等因素几乎没有关联性。由此，该研究为以后拟从先民食物结构的差异来讨论先民等级差异等问题提供了一个重要的参考，即需要结合多学科的多重证据更加谨慎地建立可能的相关联系。

7. 屯留余吾墓地

2007年，山西省考古研究所在山西省屯留县城西北的余吾镇发掘了大量墓葬，主要以战国到两汉时期的墓葬为主[79]。该墓地的发掘和研究，为揭示战国至两汉时期社会变革过程中出现的文化习俗等问题提供了丰富、翔实的材料。

2015年，为了重建晋南地区战国至两汉时期居民的食物结构和生业经济是否发生变化，即内在的动因等问题，薛鹏锦从屯留余吾墓地选取了21例人骨进行了碳、氮稳定同位素分析[80]。其中，战国时期人骨6例（分属6座墓葬），西汉时期人骨2例（分属2座墓葬），东汉时期人骨13例（分属10座墓葬）。结果显示，战国至两汉时期先民主要以粟、黍为食，但明显增加了很多C3类食物（如小麦等）。这说明这一时期这一地区先民的生业经济还是以粟黍农业为主，但已经开始种植外来的农作物。

这一成果为还原小麦等外来农作物在山西地区的传播和推广等问题提供了有效的研究手段和方式，因此未来有望借鉴和利用此方法还原小麦何时何地在山西成为先民主要的种植和食用的对象。

8. 大同东信广场北魏墓群

2013年，为了配合大同东信广场的建设，大同市考古研究所对该区域进行了考古发掘，发现了大量北魏时期的墓葬，特别是北魏早期的墓葬[81]。该墓地出土的考古材料极其重要，有望还原拓跋鲜卑定都平城地区前后该地区的社会和文化面貌。

2014年至今，为了还原北魏定都平城后居民的食物结构，重建他们的饮食习俗，进而讨论游牧民族饮食文化形成的滞后性及其动因，侯亮亮等选取了29例人骨进行了碳、氮稳定同位素分析[82]。结果显示，先民的食物结构差异较大，但大致可以划分为两个群体，即以C3类食物为主的群体和以C4类食物为主的群体。这说明这一时期这里的先民既有主要以放牧或狩猎为生的群体，也有主要以种植粟、黍或以粟、黍喂养家畜的群体。这两种完全不同的饮食传统，说明游牧民族以粟、黍为生的饮食习俗的形成滞后于北魏政权的建立。

该成果直接研究先民的食物结构，进而有效地讨论了文化形成的滞后性，是一种独特的视角。这为以后讨论文化的碰撞、交融和变迁等现象，提供了新的视角和研究方法。

9. 晋中小南庄墓地

2011年，为了配合山西高校新校区工程（山西大学城），山西省考古研究所对山西省晋中区乌金山镇小南庄村东约500米的一处墓地进行了考古发掘，发现了多座东周时期的墓葬[83]。该墓地的发掘和研究，为重建东周时期晋中地区的社会和文化提供了重要的材料。

2014年至今，为了探索小麦在东周时期是否在晋中地区有所推广，以及其对先民食物结构和生业经济的影响程度及其背后的内在动因等，唐淼等选取了18例人骨进行了碳、氮稳定同位素分析[84]。结果显示，该时期这里的先民主要以C4类食物为主，也有少量C3类食物，但动物蛋白消费有所区分。据他们对动物蛋白占有的不同，该墓地人群至少可以划分为两个经济群体，第一个群体可能从事农耕经济，第二个群体可能从事畜牧经济。其中，从事农耕经济人群食物中的C3食物应该主要来源于小麦，这说明小麦在东周时期开始在晋中地区有所推广。然而，小麦推广的速度极其缓慢，这可能与当地根深蒂固的粟黍经济和饮食习惯的阻碍有关。

这一成果为更精准地还原小麦在何时何地对晋中地区先民的食物结构和生业经济产生影响提供重要参考，因此未来找到并积累更多合适的研究材料，便可以还原小麦在山西的前世今生。

10. 大同御昌佳园北魏墓群和华宇广场北魏墓群

2013年，为了配合大同御昌佳园住宅区的建设，大同市考古研究所对该区域进行了考古发掘，发现了大量北魏中晚期的墓葬[85]。2014年，为了配合大同华宇广场的建设，大同市考古研究所对该区域进行了考古发掘，也发现了大量北魏中晚期的墓葬[86]。

相关考古材料极其重要,不仅可以有效帮助重建北魏中晚期社会生活的具体细节,而且可以有效揭示北魏中晚期居民的文化和生死观念等问题。

2014年至今,为了研究拓跋鲜卑从定都平城(398年)到迁都洛阳(494年)直至灭亡百余年的时间,以拓跋鲜卑为主体的人群的生业方式的演变模式,侯亮亮、古顺芳选取典型的早期、中期和中晚期的人骨若干,进行了碳、氮稳定同位素分析[87]。其中,大同御昌佳园北魏墓群人骨21例,大同华宇广场北魏墓群人骨29例。结果显示,大同御昌佳园北魏墓群(中晚期)和大同华宇广场北魏墓群(中晚期)大多数居民的食物结构,和大同东信广场部分居民(早期)的食物结构相似,应主要从事粟作农业,或以粟作农业喂养家畜。综合研究发现,大同地区北魏时期居民在不同阶段食物结构发生了变化,这和他们的生计方式转变密切相关,即"畜牧迁徙,射猎为业"的生计方式逐步萎缩,农耕经济的地位逐步重要。

此外,本研究还发现碳、氮稳定同位素分析在人骨种属鉴定方面可能存在一定的潜力。

11. 大同水泊寺北魏墓群

2015年,为了配合大同市政府建设保障性住房的施工,大同市文物考古研究所对大同市御东新区水泊寺旁的墓葬群进行了考古发掘,发现了大量的北魏墓葬[88]。结合体质人类学的鉴定结果,该墓地大部分的女性墓葬均随葬有动物,随葬品也较为丰富,但男性的墓葬则基本无动物随葬,随葬品也较少,因此该墓地的材料为考察女性在北魏时期的地位问题提供了重要的资料。

2015年以来,为了考察北魏时期男女食物结构的差异问题,苏俊吉选取了34例人骨和10例动物的骨骼进行了稳定同位素分析[89]。结果显示,大部分居民都主要以粟、黍为食,说明主要从事粟作农业,或以粟作农业喂养家畜。然而,男女在食物结构上无明显的差异,明显不同于考古现象,这说明社会地位的差别不一定可以反映在食物结构上。

(三)山西先民的生业经济及变迁

为了更清楚、更直观地揭示山西

先民的生业经济及可能存在的变化现象，现对山西地区已经发表的碳、氮稳定同位素数据进行梳理和总结，见表一。需要指出的是，由于前期部分工作只有碳稳定同位素的数据，无法与后期的工作进行比较，因此下文不对这些数据作进一步的分析。

如表一所示，从新石器时代早期到东周时期，山西地区先民的碳、氮稳定同位素均值几乎没有较大的变化，说明山西先民的食物结构比较一致，几乎都以粟、黍为主要食物。由此可见，粟、黍自仰韶文化早期就是山西地区最典型的农作物，也是山西先民最主要的利用对象。同时，在粟黍农业的基础上，山西先民开始利用粟、黍及其副产品饲喂家畜（猪和狗）。到了龙山文化时期，山西先民在喂养外来的黄牛时明显添加了粟、黍的副产品，但在喂养外来的绵羊的时候没有类似的行为。

对表一分析可知，尽管仰韶文化时期山西先民就开始经营典型的粟黍农业，但也从事渔猎或采集活动，获取C3食物。其后，整个龙山文化时期，山西地区粟黍农业得到了极大的发展，有效地推动了山西地区长时期文化的繁盛和人口的显著增长。夏、商、西周时期，粟黍农业依然是山西先民最主要的生业方式。东周时期，尽管山西先民依然以粟黍农业为最主要的生计方式，但随着外来农作物——小麦的推广和种植，粟黍农业体系开始受到相应的影响。两汉时期，小麦对粟黍农业体系的冲击加强。然而，直到北魏时期，山西先民还继续保持着粟黍农业的生业经济，且粟黍农业还出现强化的趋势。

最后，需要特别指出的是，历史时期，山西多个地方都出现了多民族的交流和融合现象，当地的生业经济也受到了相应的影响，如畜牧经济在农耕区的繁盛和发展，再如游牧群体逐步适应和发展农业经济。

（四）小麦在山西的推广

进入历史时期，尽管粟、黍还是山西地区最重要的粮食作物，但文献中开始出现小麦在山西及周边地区种植的情况。如甲骨文卜辞里多次提及小麦，说明小麦在商代时已经是商王朝统治核心区，即黄河中下游地区的重要粮食作物[90]；又如《诗经·魏

表一　山西地区新石器时代至北魏人骨碳、氮稳定同位素比值的平均值[94]

遗址名称和时间	个体数量	碳同位素比值平均值/‰	氮同位素比值平均值/‰
芮城清凉寺墓地A（4050 BC~3770 BC）	11	−9.4±1.0	8.2±0.8
芮城清凉寺墓地B（2280 BC~1780 BC）	37	−7.7±1.5	9.1±1.2
芮城清凉寺墓地C（2430 BC~1700 BC）	29	−8.5±2.3	9.6±1.3
芮城清凉寺墓地D（2040 BC~1700 BC）	10	−7.6±0.7	10.2±0.9
芮城清凉寺墓地a（仰韶文化时期）	13	−8.3±1.1	8.1±1.1
芮城清凉寺墓地b（龙山文化时期）	14	−7.9±0.6	8.8±1.0
襄汾陶寺遗址（2300 BC~1900 BC）	7	−6.6±1.0	8.9±1.3
榆次聂店遗址（约2100 BC~1600 BC）	60	−7.1±0.3	10.5±0.7
乡宁内阳垣遗址A（约2100 BC~1600 BC）	2	−7.3±0.0	8.4±0.1
浮山桥北遗址A（约1046 BC~771 BC）	5	−7.7±0.2	8.2±0.8
浮山桥北遗址B（770 BC~476 BC）	7	−8.0±0.6	9.2±0.8
乡宁内阳垣遗址B（770 BC~476 BC）	20	−8.4±0.7	9.7±1.0
乡宁内阳垣遗址C（770 BC~476 BC）	1	−15.4	9.9
晋中小南庄墓地A（770 BC~476 BC）	5	−7.7±0.2	9.3±0.3
晋中小南庄墓地B（770 BC~476 BC）	11	−8.1±0.4	11.0±0.4
浮山桥北遗址C（206 BC~220 AD）	1	−9.0	7.2
屯留余吾墓地A（475 BC~221 BC）	6	−9.8±1.6	8.8±0.6
屯留余吾墓地B（206 BC~220 AD）	15	−10.4±1.3	9.1±1.5
大同南郊北魏墓群A（398 AD~496 AD）	39	−9.1±0.8	9.6±0.9
大同南郊北魏墓群B（398 AD~496 AD）	3	−16.1±0.9	11.4±0.7
大同东信广场北魏墓群A（约398 AD）	7	−15.5±1.5	11.2±1.3
大同东信广场北魏墓群B（约398 AD）	19	−10±1.1	9.3±0.6
大同御昌佳园北魏墓群A（北魏中晚期）	20	−10±1.1	9.6±0.7
大同御昌佳园北魏墓群B（北魏中晚期）	1	−17.8	9.4‰
大同华宇广场北魏墓群A（北魏中晚期）	13	−9.5±0.7	9.7±0.5
大同华宇广场北魏墓群B（北魏中晚期）	2	−15.6±1.9	11.6±3.4
大同华宇广场北魏墓群C（北魏中晚期）	1	−18.7	5
大同水泊寺北魏墓群A（北魏中晚期）	30	−7.8±2.2	9.3±1.1
大同水泊寺北魏墓群B（北魏中晚期）	2	−16.1±0.6	9.6±1.1

风·硕鼠》（1100 BC~600 BC）中提及"硕鼠硕鼠，无食我麦"，说明在今山西芮城地区已经有小麦的种植[92]；《左传·成公十年》（722 BC~468 BC）说"晋侯欲麦，使甸人献麦"，反映了今山西省大部分地区种小麦的情况[93]；《战国策·韩策》（490 BC~221 BC）说"韩地险恶，山居，五谷所生，非麦而豆，民之所食，大抵豆饭藿羹"，也反映了山西南部种植大豆和小麦的状况[94]；《后汉书·鲁恭列传》（25 AD~220 AD）提及"三辅、并、凉少雨，麦根枯焦"，说明小麦在山西地区得到了广泛种植[95]。

表一也显示，东周时期，小麦开始对山西地区的粟黍农业体系产生相应的影响。到了两汉时期，小麦对粟黍农业体系的冲击开始加强。如表一所示，晋中小南庄墓地 A 组先民的稳定同位素值（-7.7±0.2‰，9.3±0.3‰，n=5）与同一地区时间较早的聂店遗址先民的同位素值（-7.1±0.3‰，10.5±0.7‰，n=60）相比而言，晋中小南庄墓地 A 组先民的食物结构已经发生了一定的变化，即他们食物中粟、黍的比例开始下降，这应该与当地小麦的推广有关。

相较山西中部而言，山西南部年平均气温较高，年降水量也多，更适宜小麦的生长[96]，因此《诗经》《左传》《战国策》等文献也主要偏重于山西南部地区小麦的记载和表述。如表一所示，和同时一时期浮山桥北遗址 B 组（-8.0±0.6‰，9.2±0.8‰，n=7）及稍后的屯留余吾遗址 A 组（-9.8±1.6‰，8.8±0.6‰，n=6）、屯留余吾遗址 B 组（-10.4±1.3‰，9.1±1.5‰，n=15）先民的稳定同位素值相比而言，晋中小南庄墓地 A 组（-7.7±0.2‰，9.3±0.3‰，n=5）先民的碳稳定同位素比值则较高，说明小麦在山西不同地区的推广速度有所区别，即囿于自然环境，小麦在晋中地区的推广速度可能不如在山西南部的推广速度。

此外，如表一所示，榆次聂店遗址（-7.1±0.3‰，10.5±0.7‰，n=60）、乡宁内阳垣遗址 B 组（-8.4±0.7‰，9.7±1.0‰，n=20）和晋中小南庄墓地 B 组（-8.1±0.4‰，11.0±0.4‰，n=11）先民都具有非常

高的氮稳定同位素比值,说明他们大部分人都食用了大量的肉食资源,也反映出他们主要从事畜牧经济。

显然,以上人骨稳定同位素的数据已经间接揭示了小麦在山西地区推广的线索。然而,直到北魏时期,小麦依然不是山西先民主要的食物来源,因此期待更多各个时期的人骨和动物骨骼的发现和研究,以便勾勒出小麦何时何地成为山西先民的主要食物结构,进而还原小麦在山西的前世今生。

结　语

以自然科学为手段,以考古资料为边界条件的科技考古,在挖掘考古遗存"潜信息"、诠释文物背后的故事的领域已经发挥出举足轻重的作用,也展示出无穷的潜力和魅力。

对人和动物硬组织研究的生物考古学,作为科技考古的重要组成部分,让我们逐步洞悉古人的生产和生活,特别是他们的饮食习惯和文化,这对重建和还原古代历史的细节,复原古代社会的点点滴滴,具有重要的意义。

相信随着科学技术的发展,我们一定能够在挖掘文物的"潜信息"、诠释它们的故事等方面不断进步,不断完善,真正让其"开口说话",让文物彻底"活起来",真正地"透物见人"、"穿越古今",进而"把历史的智慧告诉人们"。

参考文献:

[1] 王昌燧.科技考古进展.北京:科学出版社,2013.

[2] 王昌燧.科技考古进展.北京:科学出版社,2013.

[3] 王星光,徐栩.新石器时代粟稻混作区初探.中国农史.2003(3):3-9.

[4] 王星光,徐栩.新石器时代粟稻混作区初探.中国农史.2003(3):3-9.

[5] ME Dunn.Ceramic Depictions of Maize:A Basis for Classification of Prehistoric Races.American Antiquity,1979,44(4):757-774.

[6] JE Staller,RH Tykot,BF Benz.Histories of Maize:Multidisciplinary Approaches to the Prehistory, Linguistics, Biogeography, Domestication, and Evolution of Maize.2006, Academic Press.

[7] ME Dunn.Ceramic Depictions of Maize:A Basis for Classification of Prehistoric Races.American Antiquity,

1979,44(4):757-774.

[8] FR Riley.The Role of the Traditional Mediterranean Diet in the Development of Minoan Crete:Archaeological, Nutritional and Biochemical Evidence.1997, a PHD paper of the University of Cape Town.

[9] https://en.wikipedia.org/wiki/Poppy_goddess

[10] 山西博物院,新疆维吾尔自治区博物馆,吐鲁番博物馆.天山往事:古代新疆丝路文物精华.太原:山西人民出版社,2012.

[11] 赵志军.小麦传入中国的研究——植物考古资料.南方文物,2015(3):44-52.

[12] XY Liu, DL Lister, ZJ Zhao, et al.Journey to the East:Diverse Routes and Variable Flowering Times for Wheat and Barley en Route to Prehistoric China.PLOS ONE,2017,12(11):e0187405.

[13] 曾雄生.从"麦饭"到"馒头"——小麦在中国.生命世界,2007(9):8-13.

[14] 山西博物院,新疆维吾尔自治区博物馆,吐鲁番博物馆.天山往事:古代新疆丝路文物精华.太原:山西人民出版社,2012.

[15] 浙江省文物考古研究所,余姚市文物保护管理所,河姆渡遗址博物馆.浙江余姚田螺山新石器时代遗址2004年发掘简报.文物,2007(11):4-24.

[16] 半坡博物馆.姜寨:新石器时代遗址发掘报告.北京:文物出版社,1988.

[17] 湖北省考古研究所.江陵凤凰山一六八号汉墓.考古学报,1993(4):455-513.

[18] http://news.163.com/13/1214/16/9G2PLP6I00011229.html.

[19] T Chen, Y Wu, Y Zhang.et al.Archaeobotanical Study of Ancient Food and Cereal Remains at the Astana Cemeteries, Xinjiang, China.PLOS ONE,2012,7(9):e45137.

[20] 新疆楼兰考古队.楼兰古城址调查与试掘简报.文物,1988(7):1-22.

[21] 伊斯拉菲尔·玉苏甫,安尼瓦尔·哈斯木.塔里木盆地周缘古代居民饮食结构溯源.龟兹学研究,2007,第二辑:54-68.

[22] 山西博物院,新疆维吾尔自治区博物馆,吐鲁番博物馆.天山往事:古代新疆丝路文物精华.太原:山西人民出版社,2012.

[23] 山西博物院,新疆维吾尔自治区博物

馆,吐鲁番博物馆.天山往事:古代新疆丝路文物精华.太原:山西人民出版社,2012.

[24] HY Lu, XY Yang, ML Ye, et al.Millet Noodles in Late Neolithic China. Nature,2005,437(7061):967.

[25] 吕厚远,李玉梅,张健平,等.青海喇家遗址出土 4000 年前面条的成分分析与复制.科学通报,2015,60(8):744-756.

[26] J Wang, L Liu, T Ball, et al.Revealing a 5,000-y-old Beer Recipe in China. Proceedings of the National Academy of Sciences of the United States of America.2016,113(23):6444-6448.

[27] 王银平.邓家湾遗址石家河文化墓葬相关问题再探讨.江汉考古,2013(4):84-92.

[28] http://news.163.com/11/0401/03/70HAT9A500014AED.html.

[29] http://news.cnwest.com/content/2012-09/28/content_7339757.htm

[30] SH Katz, MV Mary.Bread and Beer: The Early Use of Cereals in the Human Diet.Expedition.1986,28(2):22-34.

[31] S Page.Antimicrobial Resistance: The Big Picture.New Zealand Veterinary Association Conference,2014,11(9):1356-1363.

[32] https://en.wikipedia.org/wiki/Ancient_Egypt

[33] 河北省文物研究所.宣化辽墓壁画.北京:文物出版社,2012.

[34] 山西省考古研究所,忻州市文物管理处.山西忻州市九原岗北朝壁画墓.考古,2015(7):744-756.

[35] http://chinesearchaeology.net.cn/cn/xccz/20160120/52855.html.

[36] https://en.wikipedia.org/wiki/?tzi

[37] https://en.wikipedia.org/wiki/?tzi

[38] 何介钧.马王堆汉墓.北京:文物出版社,2012.

[39] http://news.china.com/domestic/945/20170216/30258622.html.

[40] http://news.china.com/domestic/945/20170216/30258622.html.

[41] HE Jiang, YB Zhang, X Li, et al.Evidence for Early Viticulture in China:Proof of a Grapevine(Vitis vinifera L., Vitaceae) in the Yanghai Tombs, Xinjiang. Journal of Archaeological Science,2009,36:1458-1465.

[42] YM Yang, Shevchenko A, Knaust A, et al.Proteomics Evidence for Kefir Dairy in Early Bronze Age China,

143

[43] YM Yang, Shevchenko A, Knaust A, et al.Proteomics Evidence for Kefir Dairy in Early Bronze Age China, Journal of Archaeological Science, 2014,45(1): 178-186.

[44] MJ Kohn.You Are What You Eat. Science,1999,283(5400): 335-336.

[45] MH O'Leary.Carbon Isotope Fractionation in Plants.Photochemistry, 1981,20(4): 553-567.

[46] SH Ambrose, L Norr.Isotopic Composition of Dietary Protein and Energy Versus Bone Collagen and Apatite: Purified Diet Growth Experiments.In: JB Lambert.G Grupe. (eds.)Molecular Archaeology of Prehistoric Human Bone(Prehistoric Human Bone-Archaeology at the Molecular Level).1993, Berlin: Springer.

[47] MH O'Leary.Carbon Isotope Fractionation in Plants.Photochemistry, 1981,20(4): 553-567.

[48] 刘恋,周鑫,于严严,等.黄土高原自然植被的土壤有机碳同位素证据.第四纪研究,2011,31(3): 506-513.

[49] L Barton, SD Newsome, FH Chen, et al.Agricultural Origins and the Isotopic Identity of Domestication in Northern China.Proceedings of the National Academy of Sciences of the United States of America,2009,106(14): 5523-5528.

[50] REM Hedges, LM Reynard.Nitrogen Isotopes and the Trophic Level of Humans in Archaeology.Journal of Archaeological Science,2007,34(8): 1240-1251.

H Bocherens, M Fizet, A Mariotti. Diet, Physiology and Ecology of Fossil Mammals as Inferred from Stable Carbon and Nitrogen Isotope Biogenchemistry: Implications for Pleistocene Bears.Palaeogeography, Palaeoclimatology, Palaeoecology, 1994,107(3-4): 213-225.

[51] SH Ambrose.Effects of Diet, Climate and Physiology on Nitrogen Isotope Abundances in Terrestrial Foodwebs. Journal of Archaeological Science, 1991,18(3): 293-317.

[52] M Calvin, AA Benson.The Path of Carbon in Photosynthesis.Science, 1948,107(2784): 476-480.

［53］ MD Hatch, CR Slack, SH Johnson. Further Studies on a New Pathway of Photosynthetic Carbon Dioxide Fixation in Sugar-cane and Its Occurrence in Other Plant Species. Biochemical Journal.1967,102(2)：417-422.

［54］ MH O'Leary.Carbon Isotope Fractionation in Plants.Photochemistry,1981,20(4)：553-567.

［55］ Vogel J, Van Der Merwe N.Isotopic Evidence for Early Maize Cultivation in New York State.American Antiquity,1977,42(2)：238-242.

［56］ 蔡莲珍,仇士华.碳十三测定和古代食谱研究.考古,1984(10)：949-955.

［57］ 胡耀武.古代人类食谱及其相关研究.中国科技大学博士学位论文,2002.

［58］ 张雪莲,王金霞,冼自强,等.古人类食物结构研究.考古,2003(2)：62-75.

［59］ YW Hu.Thirty Four Years of Stable Isotopic Analyses of Ancient Skeletons in China：an Overview, Progress and Prospects.Archaeometry,2018,60(1)：144-156.

［60］ YW Hu.Thirty Four Years of Stable Isotopic Analyses of Ancient Skeletons in China：an Overview, Progress and Prospects.Archaeometry,2018,60(1)：144-156.

［61］ YW Hu.Thirty Four Years of Stable Isotopic Analyses of Ancient Skeletons in China：an Overview, Progress and Prospects.Archaeometry,2018,60(1)：144-156.

［62］ YW Hu.Thirty Four Years of Stable Isotopic Analyses of Ancient Skeletons in China：an Overview, Progress and Prospects.Archaeometry,2018,60(1)：144-156.

［63］ YW Hu.Thirty Four Years of Stable Isotopic Analyses of Ancient Skeletons in China：an Overview, Progress and Prospects.Archaeometry,2018,60(1)：144-156.

［64］ 中国社会科学院考古研究所,山西省临汾市文物局.襄汾陶寺：1978-1985年考古发掘报告.北京:文物出版社,2012.

［65］ 侯亮亮.稳定同位素视角下山西先民的食物结构.待刊.

［66］ 蔡莲珍,仇士华.碳十三测定和古代食谱研究.考古,1984(10)：949-

955.

[67] 张雪莲,仇士华,薄官成,等.二里头遗址、陶寺遗址部分人骨碳十三、氮十五分析.科技考古(第二辑).北京:科学出版社,2012.

[68] 陈相龙,袁靖,胡耀武,等.陶寺遗址家畜饲养方式初探:来自C、N稳定同位素的证据.考古,2012(9):75-82.

[69] 许文胜,张红娟,李林.乡宁内阳垣清理一批夏、春秋时期墓葬.文物世界,2004(1):1-4.

[70] 裴德明,胡耀武,杨益民,等.山西乡宁内阳垣遗址居民食物结构分析.人类学学报,2008,27(4):379-384.

[71] 山西省考古研究所,运城市文物工作站,芮城县旅游文物局.山西清凉寺史前墓地.考古学报,2011(4):525-560.

[72] 凌雪,陈靓,薛新明,等.山西芮城清凉寺墓地出土人骨的稳定同位素分析.第四纪研究,2010,30(2):415-421.

[73] 山西大学历史文化学院,山西省考古研究所,大同市博物馆.大同南郊北魏墓群.北京:科学出版社,2006.

[74] 张国文,胡耀武,裴德明,等.大同南郊北魏墓群人骨的稳定同位素分析.南方文物,2010(1):127-131.

[75] 王洋.社会等级相近或不同居民的生活方式差异研究.中国科学院大学硕士学位论文,2013.

[76] 王洋.社会等级相近或不同居民的生活方式差异研究.中国科学院大学硕士学位论文,2013.

[77] 王洋.社会等级相近或不同居民的生活方式差异研究.中国科学院大学硕士学位论文,2013.

[78] 王洋,南普恒,王晓毅,等.相近社会等级居民的食物结构差异——以山西聂店遗址为例.人类学学报,2014,33(1):82-89.

[79] 山西省考古研究所.屯留余吾墓地.太原:三晋出版社,2012.

[80] 薛鹏锦.屯留余吾战国至两汉时期人骨的C、N稳定同位素分析.山西大学硕士学位论文,2015.

[81] 大同市考古研究所.大同东信广场北魏墓群.待刊.

[82] 侯亮亮,古顺芳,张昕煜,等.农业区游牧民族饮食文化的滞后性——基于大同东信广场北魏墓群人骨的稳定同位素研究.人类学学报,2017,36(3):359-369.

[83] 山西省考古研究所.晋中小南庄墓地.待刊.

[84] 唐淼,王晓毅,侯侃,等.山西晋中小南庄墓地人骨的C、N稳定同位素:试析小麦在山西的推广.人类学学报,2018,37(2):318-330.

[85] 大同市考古研究所.大同御昌佳园北魏墓群.待刊.

[86] 大同市考古研究所.大同华宇广场北魏墓群.待刊.

[87] 侯亮亮,古顺芳.大同地区北魏时期居民食物结构的转变.边疆考古研究,2018,待刊.

[88] 大同市考古研究所.大同水泊寺北魏墓群.待刊.

[89] 苏俊吉.大同水泊寺北魏墓群人和动物骨骼的C、N稳定同位素分析.山西大学硕士学位论文,2018.

[90] 郭沫若.甲骨文合集.北京:中华书局,1999.

[91] 侯亮亮.稳定同位素视角下山西先民的食物结构.待刊.

[92] 高亨.诗经今注.上海:上海古籍出版社,1980.

[93] 杨伯峻.春秋左传注.北京:中华书局,1980.

[94] 诸祖耿.战国策集注汇考.南京:江苏古籍出版社,1985.

[95] 范晔.后汉书.北京:中华书局,1985.

[96] 史海萍.山西气候变化及植被生态系统的响应研究.兰州大学硕士学位论文,1985.

晋国霸业

三千多年前,武王克商,西周建立,分封诸侯,屏藩王室。成王"桐叶封弟",册封其弟叔虞于唐。《史记·晋世家》载:"唐在河、汾之东,方百里,故曰唐叔虞。"其子燮父改国号为"晋",其后励精图治,开疆拓土,逐渐强盛。周室东迁,文侯首功;践土会盟,文公称霸,其后纵横中原,九合诸侯,成就百年霸业。春秋战国之际,公室衰落,六卿专权,最终导致"三家分晋"。韩、赵、魏变法图强,称雄于战国。从周初叔虞受封始,至秦始皇统一宇内,晋国与三晋七八百年,奠定了中原华夏文化的基石。文献多载晋国与三晋史事,可资为证。

除史书记载外,大批晋国及三晋的出土器物,也向世人讲述了那个遥远的辉煌时代。晋南是晋国的始封地和中心区域,遗存丰厚。翼城和曲沃交界处的"天马—曲村遗址",面积达10余平方公里。20世纪60年代至今,已揭露大面积的文化遗存。其中晋国公族的公墓,即名满天下的"晋侯墓地",出土文物上万件,为确认西周时期的晋国文化提供了重要的实物资料。

公元前585年,"晋人谋去故绛……晋迁于新田"。20世纪50年代以来,在侯马发掘出春秋中期至战国早期的城址、宗庙、墓葬、祭祀及手工作坊等遗址,初步勾勒出晋国晚期繁华都城的面貌。铸铜作坊和侯马盟书是晋都遗址最重大的发现。

西周末年就在晋国政治舞台上活跃的赵氏家族,到春秋晚期,与韩、魏二氏鼎足而三,掌控晋国的政权。赵氏的早期食邑晋阳,在赵简子时成为军事基地和政治大本营。《史记·赵世家》云:"赵名晋卿,实专晋权,奉邑侔于诸侯。"三家分晋后,"赵襄子以晋阳之城霸",晋阳成为新生赵国的都城。晋国赵卿大墓及其车马坑的壮观场面,再现了晋阳崛起的风采。

主讲人 / 李伯谦

晋国霸业

漫说晋国、晋文化

主讲人 / 李伯谦
北京大学考古文博学院教授

引　言

美丽的山西在三千多年前孕育出一个强盛的晋国，创造了辉煌、灿烂的晋文化。晋国的崛起与繁荣，促进了民族的融合、文化的交流、经济的发展，书写了长达 800 多年波澜壮阔的历史篇章，构成了中原华夏文化的核心。经过多年来系统、科学的考古发掘与研究，晋文化的面貌逐步清晰，晋国的历史、文化、社会、生活等方面被一一揭示。考古成果的取得，促使人们从厚重的晋文化中感受到教益和启发，也鼓励着我们积极传承三晋文明，创造新的文化。

由于年代久远，晋国开端至今在学界仍是众说纷纭、莫衷一是。史籍中的"晋水"和叔虞进献"异亩同颖"之嘉谷，已为晋国的起源提供了不同的文献依据。西周初年，成王将其弟叔虞封于唐地，"启以夏政、疆以戎索"，对北方戎狄族通过融合、同化，保证了北部边境的安定、和睦。

"觐公簋"中的铭文侧面印证了"燮父徙晋"的历史。虽然史料中"河、汾之东，方百里"的唐地所在仍然值得学界商榷，而"由唐迁晋"之后，晋国都城的所在地随着天马—曲村遗址的发现逐渐变得清晰。其后几代晋侯励精图治，开疆拓土，晋国逐渐强盛。春秋晚期，公室衰落，最终导致"三家分晋"。韩、赵、魏承继晋文化宗脉，变法图强，勤于王事，发展经济，称雄战国。先秦时期，晋文化的发展壮大绵延近千年，构成了中原华夏文化的核心，其历史意义尤为重要。

一、"晋"之由来

著名歌唱家郭兰英的一首《人说山西好风光》在20世纪60年代唱响大江南北。山西位于黄河中游，华夏腹地，东西各有太行山与吕梁山绵亘，中间有汾河流淌，古称河东之地，从北到南在恒山、太岳山、吕梁山、中条山等诸山脉环绕之中。

（一）西周金文中的"晋"字和学界对"晋"字的不同解释

晋国的历史需要追溯到三千多年前的西周初年，周王室在今天的山西南部分封了一个小小的国家——唐，始封者是周武王的小儿子叔虞，史称唐叔虞，叔虞之子燮父在位的时候，改唐为晋，由此开启了晋国的历史。对古老的晋国的探索，可以从"晋"字本身去寻找。在甲骨文中就可以见到"晋"字的踪迹，可惜甲骨文中的"晋"与后来的"晋国"中的"晋"，经考证并无直接关系。而在西周早期青铜器中可见当时"晋"字的端倪。目前为止，在考古发掘中发现的最早的"晋"字，出现在曲沃县天马—曲村遗址中北赵晋侯墓地时代最早的M114出土的鸟尊铭文上。这件精美的青铜器的盖内和腹底都铸有铭文"晋侯作向大室宝尊彝"（图1）。在另外一件西周早期的青铜器——觐公盨中也有包含"晋"字的铭文，这件青铜器的年代应该比晋侯鸟尊还要更早一些（图2）。对于"晋"字本身的起源与其含义，学界很多专家们有着不同的解释：

1. 东汉郑玄《诗谱·唐谱》中述："成王封母弟叔虞于尧之故墟，曰唐侯，南有晋水，至子燮改为晋侯。"

2. 在《说文解字》中，"晋"字解释为"进也，日出万物进"。在《史记·周本纪》中有叔虞得"异亩同颖"之嘉谷向周王进献，周王转赐周公之说，谓晋得名于"嘉谷"之进献。《归禾》《嘉禾》二辞，均为《尚书》名篇，可惜双双佚失，有名无书。《史记》中的这篇记载，其真实性也还值得讨论，根据考古及文物材料，叔虞封唐之时还未有"晋"之称呼，由唐改晋

图1 晋侯鸟尊及鸟尊铭文拓片

之后，才出现"晋"之称。

3. 西周早期铜器觉公簋铭文"觉公作妻姚簋，遘于王令（命）昜（唐）白（伯）侯于晋，唯王廿又八祀"中提到了唐伯侯于晋地。

4. 山西省考古研究所的田建文先生从地方方言入手，提出翼城一带读"晋"若"绛"，而今天曲沃东南尚有白水，又称"绛水"，认为也许正是燮父"改唐为晋"的关键所在。

这些都是尝试从文献、地方志、文物等不同角度对"晋"字起源进行探索，可惜"晋"字究竟源出何处，至今仍然未有定论。

图2 虞公簋及铭文拓片

（二）叔虞封唐的认识

太原有一处非常著名的旅游景区，就是晋祠，传说是唐叔虞为纪念其母邑姜所建。关于叔虞的历史记载，要追溯到太史公司马迁的《史记·晋世家》中"桐叶封弟"的典故：

武王崩，成王立，唐有乱，周公诛灭唐。成王与叔虞戏，削桐叶为珪以与叔虞，曰："以此封若。"史佚因请择日立叔虞。成王曰："吾与之戏耳。"史佚曰："天子无戏言。言则史书之，礼成之，乐歌之。"于是遂封叔虞于唐。唐在河、汾之东，方百里，故曰唐叔虞。姓姬氏，字子于。

叔虞封唐的"唐"地所在何处虽然还未有定论，但是唐地原住民为"唐尧"部族中的一支恐怕还是说得通的。说到"陶唐故国"，就不能不提到山西省临汾市襄汾县的陶寺遗址。社科院考古研究所、山西省考古研究所以及临汾市地方文管单位经过几十年的辛苦工作，在陶寺遗址中发现了一大批具有重要历史价值的遗迹和遗物，包括280多万平方米的城址范围以及其中的宫城、观象台遗址，许多贵族的大型墓葬、众多的彩陶和代表宗庙祭祀的礼器、玉器等。我认为陶寺是目前所发现的黄河流域最早进入"王国"阶段的代表性遗址。古代中国文明进程经过"古国""王国""帝国"三个阶段。"古国"阶段的时间大约在距今 5500 年至距今 4300 年的范围内，从其社会发展进程来看，"古国"还不能称为真正意义上的国家，所以苏秉琦先生在提出"古国"这个概念时更进一步解释为"比部落的组织形式略进步一些"。我认为其概念与西方学术界提出的"由原始社会向阶级社会过渡"的"酋邦"概念是接近的——从完全平等的原始社会开始向阶级社会过渡。"古国"后进一步发展的"王国"才可以说是真正意义上的国家。陶寺遗址就是在黄河流域所发现的最早的"王国"。同样处于"王国"阶段的还有长江流域著名的良渚遗址。陶寺是"唐尧"时期都城的所在地，"唐尧"后代部族后来迁徙到各个地方，西周初年，叔虞被封之地的原住民就是"唐尧"的后裔。文献中提及唐是在"河、汾之东，方百里"，也因为封地的原因，叔虞被称作唐叔虞。1979 年，邹衡先生带领北大学生，与山西省文物管理委员会一起，开始对天马—曲村遗址进行探查、发掘，由此开始了对早期晋文化的探索。因为晋祠的传说，太原在很长一段时间被认为是晋国始封的"唐"地所在。为了验证这一说法，曾经对传说中的太原叔虞墓做过考古工作，结果显示是汉代以后带有纪念性质的遗址，这也从侧面反映了在西周早期太原地区还未在晋国范围内。

在山西省天马—曲村遗址北赵晋侯墓地 M114 出土了一件西周早期的方鼎，方鼎出土时已经碎为数十块，后经拼合、复原，鼎腹内壁一侧铸 8 行 48 字的铭文，兹隶定如下：

隹十又三月，王酻

大禘槱在成周。

咸槱，王乎殷厥

士，蠲叔矢以分、衣、

车、马、贝卅朋。敢

對王休，用乍寶

尊彝，其萬

年揚王光厥士。

铭文中的内容大致是有一天举行了一场重大的祭祀活动，叔矢本人受到赏赐，做了这件青铜器，把这件很光耀的事情记录下来，以作纪念。其中的第四行第四字究竟应该怎样释读呢？长久以来，很多人都认为它是"矢"（音同泽）。叔矢方鼎出土地点特殊，出土于晋侯墓地最早的M114，按照墓葬的排布，M114应该是第一代晋侯燮父的墓葬。这与文献所载的"叔虞封唐""燮父徙晋"的历史有莫大关系，所以有学者认为"叔矢"可能指的就是叔虞。如何正确认识这件方鼎，"矢"字的隶定就成为关键。无独有偶，在江苏镇江出土的一件西周早期青铜器宜侯矢簋，簋中长篇铭文上也有"矢"字形。故宫博物院著名古文字学家唐兰先生经过考释，认为应该是"虞"字的早期写法。这样我们就可以肯定叔矢方鼎的归属——是燮父的父亲叔虞的传世之物，这件文物很有可能是叔虞在分封唐地之前所作的器物。通观叔矢方鼎全铭，其意为：某年十四月，王在成周举行大酻祜盛大祭典。礼毕，王会见与会臣下贵族，赐叔矢鬯、衣、车、马和三十朋贝。叔矢称颂王的美德，铸造了这件宝鼎，以志万年不忘王对臣下的赏赐（图3—图4）。这篇鼎中铭文向我们描绘了封唐前叔虞的形象：一名效忠宗室，非常积极的"奔走王朝的士"。

（三）燮父徙晋与觐公簋铭文引出的讨论

叔虞的后代名为燮，从很多文献中我们可以找到关于他由始封地"唐"迁徙至"晋"的记载：

唐叔子燮，是为晋侯。

——《史记·晋世家》

成王封母弟叔虞于尧之故墟，曰唐侯，南有晋水，至子燮改为晋侯。

——《诗谱·唐谱》

唐叔虞之子燮父徙居晋水旁。

——徐才《宗国都城记》

（康王）九年，唐迁于晋，作宫而美。王使人让之。

——今本《竹书纪年》

那么晋国早期究竟有没有迁徙，始终为晋国史上的一件疑案，直到觐公簋的横空出世，才为这个问题的解决提供了较为确实的旁证。觐公簋原由香港一位藏家收藏。器内铸有21字铭文与一族徽。朱凤瀚先生在《考古》2007年第3期发表了《觐公簋与唐伯侯于晋》一文，为天马—曲村遗址性质、晋国始封等问题的研究打开了新局面。现将簋内铭文和朱凤瀚先生的隶定移录如下：

親公作妻姚簋，遘于王令（命）昜（唐）白（伯）侯于晋，唯王廿又八祀。

铭文的内容并不难解释，但是其中确有几个问题需要讨论。

从簋的形制与铭文的字形特点来看，该器的成器时代范围是商末到西周康王时期。朱先生根据簋内铭文"王命唐伯侯于晋"，断言叔虞始封地之唐和燮父所封的晋确为两地，显然是有说服力的。而至于叔虞封唐时的爵称问题，从親公簋的这句铭文也可见端倪，叔虞之子燮父"侯于晋"之前称"唐伯"。李学勤先生主张"唐伯"之"伯"是伯、仲、叔、季之长幼排序，我则认为其为爵称的可能性很大。无独有偶，1993年，平顶山市应国墓地 M242 出土了一件柞伯簋。发掘者根据形制、花纹、铭文字体和行文体例，推定为康王时器物，铭文中的"柞伯"则应该是柞国的始封君。柞国即是文献中的"胙国"，是周公庶子的封国之一。作为周公庶子，被封于柞后称"柞伯"，"伯"自然是爵称，而不是指家族排行。

郑玄《诗谱·唐谱》："成王封母弟叔虞于尧之故墟，曰唐侯，南有晋水，至子燮改为晋侯。"如史籍所载，叔虞所封的唐与尧墟有密切的关系。这里所说的"尧墟"，尽管可以不作尧都的具体所在理解，但是如同"夏墟"可作为夏文化二里

图 3　叔虞方鼎

图 4　叔虞方鼎铭文拓片

157

头类型的分布范围看待，"尧墟"或亦可作为尧文化的陶寺类型龙山文化的分布范围看待。"尧"部落中一支的后裔有可能就是叔虞封地——唐所在地的原住民。朱凤瀚先生根据觉公簋铭文明确指出，簋铭"明言唐伯是受王命而'侯于晋'的，根据其他也言及王命某贵族'侯于'某地的西周金文例证可知，被封者皆是从原驻地迁至受封之地，所为侯之地是新的封地"。晋确为地名，似无讨论的余地。又从天马—曲村晋侯墓地的诸多发现，可见燮父在"侯于晋"后始称晋侯。

关于觉公簋"王命唐伯侯于晋"之"唯王廿又八祀"为何王纪年，是另一个值得商榷的重要问题，对厘清晋国早期真实历史有显著的意义，故学者关注甚多。从簋的形制与铭文的字形特点来看，该器成器时间应该在成、康之间是没有问题的，这是多数学者一致的看法。有所争论的只是成王廿又八祀还是康王廿又八祀。晋国天马—曲村遗址的发掘成果对界定"唯王廿又八祀"的纪年提供了很大的参考。假设为康王二十八年，那么燮父此时才"侯于晋"的晋都却出现了早于康王二十八年，时代可早到成、康之际的遗存，特别还有一些随葬品为三鼎二簋，地位仅次于晋侯的贵族墓葬，岂不矛盾？那么，如果将其解释为成王纪年，在成王晚年，燮父即改封晋侯，此时随燮父一起徙居此地的一部分贵族留下时代相当于康昭时期的遗存也就很自然了。

可以说觉公簋的出现对晋国早期历史问题的探索具有非常大的启发。原来根据天马—曲村遗址的发掘成果，我们很自然地认为晋侯墓地就是唐的所在地。但根据对觉公簋铭文的考释，我们又很自然地想到天马—曲村遗址是燮父迁晋以后的都城所在地，也可以说是最早的晋都所在地。那么迁晋之前的唐在什么地方呢？从汉代以来，史学界主流观点都认为唐在太原，所以才会有唐叔虞建造晋祠这样一些传说。这个问题从汉代开始就争论不休，清代初年的著名学者顾炎武在他的著作《日知录》中就认为唐国故地应该是在临汾。就如前文所述，经过现代考古工作的开展，唐地在太原地区的说法已经基本被否定，但是唐地的具体位置直至现在还未能确定。前几年，山西省考古研究所在浮山一带做了一些考古工作，出土器物被证明是"先"族的所在地；临汾考古队曾经在庞杜村附近考察了一些商末周初的遗址，虽然仍可认为是很重要的线索，但是也需要继续考证，未来我们希望在这个问题上会有更大的进展。

（四）天马—曲村遗址的发掘

通过前面的叙述，我们知道了天马—曲村遗址就是晋国最早的都城，下面我们就来详细说一下它的情况。早在1962年谢元璐和张颔先生在晋南考古调查时就发现了这个遗址。1963年，时任北京大学考古学院主任的苏秉琦先生主张学生到这里实习，开始了对这处遗址的第一次试掘。1979年，北京大学的邹衡先生带领学生，同山西省考古研究所一起进行了调查、发掘，发现了一些铜器墓葬，从此开启了天马—曲村遗址大规模的考古工作。从1980至1988年，基本上隔一年就进行一次大规模的发掘，在这里发现了近千座西周至战国时期的晋国中小型墓葬及数万平方米的居住址。虽然还没有发现诸侯陵园、大型宫殿建筑基址，也缺乏相关的出土文献，但是邹衡先生认为这里就是早期晋国的国都所在。后来盗墓之风兴起，在20世纪80年代末90年代初，晋侯墓地因遭到盗掘而被发现。在晋侯墓地发掘过程中，考古工作者同盗墓者进行了艰苦的"暗战"。从1992年开始，重点发掘晋侯墓地，共发现西周早、中期之间直至春秋早期9组19座晋侯及其夫人的墓葬，其中有9座墓被盗。周围分布有陪葬墓、祭祀坑、车马坑等。遗憾的是，晋侯墓地发掘过程中，盗墓行为严重，许多珍贵的历史材料被破坏。盗墓者们的非法所得很多很快就流到香港甚至海外。2009年11月23日，美国华裔企业家范季融夫妇将3件天马—曲村遗址晋侯墓地出土的铜器和6件甘肃礼县出土的秦国铜器捐给了国家文物局；早在20世纪90年代，上海博物馆原馆长马承源先生也曾将晋侯稣钟中的14件从香港购回。

从1992年开始发掘的晋侯墓地是晋国早期的公墓区，自燮父至晋文侯，共九代晋侯埋在这里。公元前745年，晋昭侯分封其叔父桓叔至曲沃（古曲沃），其后几十年，曲沃旁支与在翼都的晋国嫡脉进行了数次你死我活的斗争，最后小宗篡夺大宗，取代了晋国的君主，成为春秋时期礼乐崩坏的标志性事件。

晋侯墓地中发现的 9 组 19 座晋侯及其夫人墓葬，根据出土青铜器的铭文，我们基本上可以与晋侯早期九代晋侯一一对应（图5）。最早的一组晋侯墓里面出土有"晋侯作向太室宝尊彝"铭文的鸟尊，所以这组墓葬不是叔虞墓。从此一直排列下去，可以找到晋侯墓地出土的青铜器中晋侯及与晋侯有关的人：

叔虞方鼎（M114、M113 组，燮父墓中）；

晋侯（M114、M113 组，燮父墓中）；

晋侯僰马（M32、M33 组，晋厉侯）；

晋侯喜父（M91、M92 组，晋靖侯）；

晋侯對（M1、M2 组，晋釐侯）；

晋侯斯（M8、M31 组，晋献侯）；

晋侯穌（M8、M31 组，晋献侯）；

晋侯邦父（M64、M62、M63 组，晋穆侯）；

晋叔家父（M93、M102 组，晋文侯或者殇叔）。

晋侯墓地的时间从西周的早中期之交一直延续至春秋早期，除却 M93、M102 晋侯墓的墓主身份还有争议外，穆侯以前八代晋侯墓葬的墓主身份基本都达成了一致。在 M102 这处晋侯夫人墓中没有墓道，规格相对较小，这组晋侯墓也没有出土带有"晋侯"铭文的铜器，仅仅出了一件带有"晋叔家父"铭文的铜器，所以有的学者认为这是晋穆侯之弟、文侯之叔，拥兵自立后又被袭杀的殇叔的墓葬。

下面我们将晋侯墓地出土的重要的青铜器作一简单的介绍。

鸟尊与叔虞方鼎当然非常重要，我们前文也已经介绍过，在此不加赘述。

M113 燮父夫人墓中出土一件甗，上有铭文"伯作宝尊彝"，其中"伯"是家族排行序列"伯仲叔季"中的"伯"。

M92 中出土器物有铭文"晋侯僰马作宝尊壶其永宝用"。"僰马"是晋侯墓地出土铜器铭文中出现的第一个明确的晋侯名字。在 M31 中也发现了带有晋侯僰马名讳的铜器，是一件

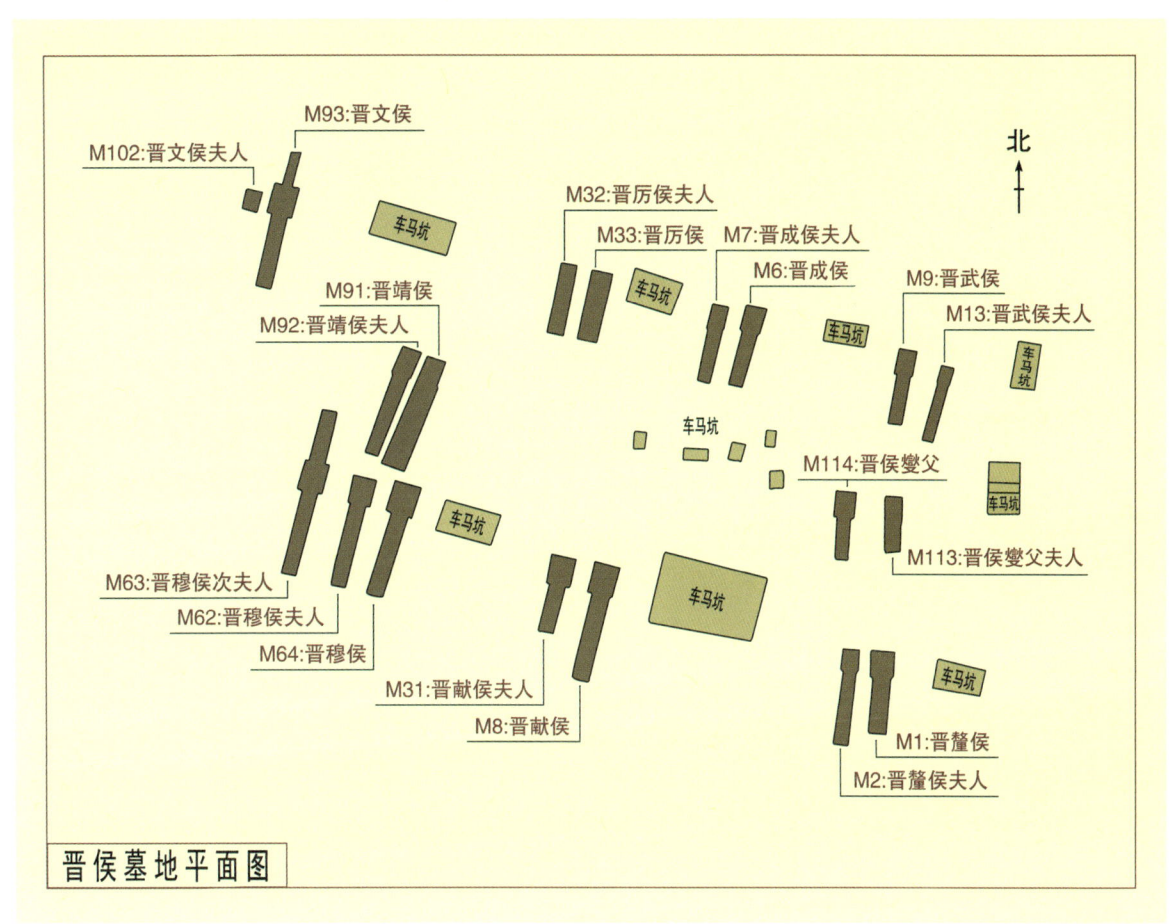

图 5　晋侯墓地平面图

非常重要的青铜盘。这件盘在 1993 年上半年出土于 M31，因为 M8、M31 这组墓葬遭到了严重的盗掘，出土后与其他随葬品一起送入山西省考古研究所侯马工作站文物库房保存，未曾修复去锈，直至 2002 年 8 月 1 日上海博物馆举办"晋国奇珍"展览时，才发现盘内的铭文。盘铭可能因长期使用或者有意打磨，已经辨认不清，但在适宜光线中仔细观察，依稀可见"楚马""成侯"字样。这是非常重要的，后来经过考释，揆其铭文大意，应是：

161

某年正月初吉日，王在某地，举行某种仪式，僰马在场，王呼作册某赏赐僰马銮勒等物，僰马称颂天子美德，用作其文考成侯宝盘，其万年永用。

首先依盘铭可知，该盘是僰马受王赏赐之后为其已经逝去的父考成侯所作的祭器，而僰马之前未冠以"晋侯"称谓，表明铸器时成侯刚去世不久，僰马尚未正式即位，故该盘可以以僰马盘命名之。再者，晋侯僰马所作铜器最早出于M33，和僰马盘铭文为其父考成侯作器的事实，确凿无疑地证实作为M33墓主的僰马，即《史记·晋世家》成侯之子厉侯。

大家知道，晋侯墓地的材料刊布以来，围绕9组晋侯及夫人墓的墓位安排，墓主人与《史记·晋世家》如何对应，乃至墓地性质，是有不同意见的。对于这些问题的判定，我们一直只有两个基点。一个基点是M8。M8出土有晋侯稣列鼎5件（其中，1件是考古发掘出土，2件被盗出后由公安局追回，2件被盗卖出境）、晋侯稣编钟1套16枚（科学发掘2枚，14枚被盗售出境后由上海博物馆马承源馆长购回）。《史记·晋世家》晋献侯名籍，《索隐》云"系本及谯周皆作'苏'"。晋侯稣仅见于M8，且铸于最能代表墓主人身份、地位的鼎和编钟上，故M8必为晋献侯之墓。第二个基点是M91、M92。这组夫妇墓中出土了一件青铜盘，铭曰："晋侯喜父作宝盘，其子子孙孙万年永宝用。"M91出有一件残器，铸有铭文"唯五月初吉庚寅，晋侯喜父作朕文考剌侯宝口，子子孙孙其永宝用"，为晋侯喜父为其父考剌侯作器。剌通厉，剌侯即晋厉侯。《史记·晋世家》厉侯之子为靖侯宜臼，则为其父考厉侯作器的晋侯喜父必为靖侯宜臼，晋侯喜父器仅见于M91和M92，则这组墓葬就必为靖侯宜臼夫妇之墓。现在M33、M32组为晋厉侯夫妇墓的确定，就成为我们确定晋侯世袭排列对应的第三个基点。这三个基点都是可以和史籍的有关记载对应起来的，是确定无疑的。

M92晋侯夫人墓中出土1件晋侯對鼎，上铸有铭文"隹（唯）九月初吉庚寅，晋侯對作尊鼎，其万年眉寿永宝用"，根据铭文及有关考证，晋侯對应该是晋釐侯。但是出土的墓葬却又有些蹊跷,他的器物怎么能出土在比他长一辈的夫人墓葬当中呢?其实这种情况很好理解,国君自己做的器物放置在其母亲的墓葬中,这种可能性是有的,在晋侯墓地中也不是只有这一例。目前发现铸有"晋侯對"名号的铜器还有1件鼎、8件簋、1件匜、1件盘、1件铺。因为M1、M2组晋侯墓葬被盗掘,所以很多"晋侯對"的铜器是流失至境外后再购买回来的。

晋侯墓地毫无疑问是当时晋国的公墓区,它的分布次序很值得我们注意。西周时期诸侯国公墓区内的墓位安排,按照《周礼·春官宗伯·冢人》中的记载,其原则是"先王之葬居中,以昭穆为左右,凡诸侯居左右以前,卿大夫士居后,各以其族",王陵如此,诸侯国君墓地亦如此。但是将晋侯及其夫人墓地依时代先后排列后,并不能看出来哪组墓葬居中,何者为昭,何者为穆。也就是说,从西周早中期至春秋初年,在晋国公墓区内并未实行昭穆制度,各组晋侯墓葬的墓位只是依父子先后次序安排。为什么要形成这样一种安排,我们现在也还不知道原因。

晋侯稣是晋侯墓地发现铜器铭文中唯一可以直接与史书对应的晋国国君,对整个晋侯墓地性质的判定具有标尺性的作用。与其相关的铜器需要我们重点关注。晋侯稣鼎出自M8,即晋献侯墓中,该墓被盗,5件鼎仅最小的1件由考古发掘而得,最大的2件由当地公安部门破案追回,其余2件被盗卖出境,上海博物馆购回1件,1件现流失海外。

M8中出土晋侯稣钟铭文355字,而且是刻铭,记述晋侯稣跟随周宣王于宣王三十三年在东方的一次战役经过(图6)。在晋国早期,晋侯的等级还是并不太高的"偏侯"。晋侯陪葬列鼎一般为五鼎,夫人等级要低一些,一般是三个鼎。在献侯墓中还出土了两件"晋侯斯(pí)壶",形制、纹饰、铭文基本相同,造型别致雄浑,纹饰华美流畅。盖内铸铭4行26字,"唯九月初吉庚午,晋侯斯(pí)作尊壶,用享于文祖皇考万亿永宝用"。

"斯(pí)"经过隶定,被认为是"斯"字的异写。同是M8出土的青铜器,晋侯名号一件显示是稣,一件是斯,这是怎么回事呢?我比较赞

图 6 晋侯稣钟

匹，是迄今为止发现的西周时期规模最宏大的车马坑。在出土的 48 辆车中，有近 20 辆战车，在车的内外还出土有铜镞、铜戈和铜矛等兵器（图 7）。在几排车子的车舆与车轮之间以及车轮旁还发现有长木杆，有的一端有铜矛，显然是矛柲，其中有几辆带青铜甲片的车辆，其车厢还放置马甲和兵器，铜甲片像古代戎服的铠甲一样，整齐密集地编排在车的左、右和后栏上，庄严肃穆，我们称之为"装甲车"（图 8）。排序晚于 M8、M31 晋献侯夫妇墓的第八组墓葬 M64、M62、M63 是唯一一组有两座夫人墓的晋侯墓。M64 中出土有"晋侯邦父鼎"，邦父之"邦"，李学勤认为是晋穆侯名"费王"或即"弱王"之急读。裘锡圭认为，"费王"或"弗生"之"弗"，与"弱"古音相近可通，其义也与"邦父"意义相近。费王是晋穆侯之名，邦父是晋穆侯之字。在 M63 次夫人墓中出土的杨姞壶，铭文为"杨姞作羞醴壶永宝用"，墓主人是姞姓的杨国女子。根据考古调查，我们同样也发现了周代时杨国的位置，大约在曲沃县以北的洪洞县。杨国古代与晋国相互通婚，

同裘锡圭先生的意见，这是古代晋侯的名和字。"稣"与"斯"二字本义相近，从含义上来讲，也形成了某种对仗，稣代表木材，斯代表一种伐木工具，这两种称呼是有密切关系的。M8 陪葬的车马坑也让考古工作者们震惊，这里出土车辆 48 辆、马匹 105

图 7 晋侯墓地 1 号车马坑发掘场景

这件壶就是当时杨姞本人陪嫁时所作的媵器。

晋侯墓地最后的一组晋侯墓 M93 出土有"晋叔家父壶",壶内铭文"晋叔家父作尊壶其万年子孙永宝用"。吉琨璋先生认为这组墓中没有明确的晋侯的名字,而且其配偶 M102 的规制很低,缺少作为国君级别的墓道,所以认为墓主人是殇叔,当然这种可能性也是存在的。

以上就是晋侯墓地的大概情况,此外还出土有各种鼎、簋、壶、玉器等。晋侯墓地中出土的玉器是除了青铜器外体现墓主人身份等级的另一类重要的随葬品。这里特别要注意 M63 即晋穆侯次夫人墓中的陪葬玉器。M63 之墓主虽然为次夫人,但她却使用了南北两条墓道,其随葬玉器之多更是其

图8 晋侯墓地1号车马坑出土的装甲车

他各墓所不及。这位夫人不仅在八位晋侯和其夫人们当中随葬的玉器最丰富,而且最有特点,这也是值得我们对她关注的原因。晋穆侯次夫人墓葬的玉器,除了见于棺内和棺外的丧葬玉和礼仪用玉外,在棺椁之间墓主人头部侧面还有一个放置玉器的铜盒。出土时铜盒已碎成粉末,盒中的玉器至少30多件,而且兼具种类多、玉质佳、做工细等特点。这些玉器中除了玉人、鹿等是西周作品,大部分是商代的玉器。其中有一件抚膝蹲踞的玉熊,它与殷墟妇好墓403号熊如出于一人之手,惟妙惟肖。这些盒装玉器也不具备商代那种神圣的地位,专供观赏、把玩,是墓主人的收藏。这些意识形态的改变是从西周晚期开始社会结构出现变化的真实反映。

(五)为什么西周初年要把叔虞封到唐地?

《史记》中记载西周初年唐地发生内乱,在平定之后分封叔虞在此。我以为这个问题需要放在整个西周王朝大的政治格局来看。西周初年,武王继承其父文王的遗志而灭商,在灭商之后就会面临一个巨大的问题:采用何种方式统治比原来周地大得多的国土？必须采用新的对策。按照史籍记载，武王在回到宗周（长安）之后，第一个措施决定将都城东移，派遣周公与召公考察、探访，计划将都城建立在"天下之中"的洛阳。虽然最后并未完全完成迁都，但在洛邑建立成周，并且确实起到了西周王朝政治中心的作用。叔虞方鼎中记载的盛大的庆典举办地点就是在成周。第二则是施行分封制，将自己的姬姓子弟、建周功臣以及先王后代都分封在全国各地为诸侯，引为周王室的屏藩。所以审视"叔虞分唐"这段历史，并不能简简单单地认为是传说中的一段有趣的故事，实际上是西周初年为了巩固地方政权而实行的很重要的措施。第三则是开拓疆土的需要。西周初年，唐地还不是周王朝稳定的根据地，周围戎狄环伺，所以将叔虞分封在这里，也是寻求和当时少数民族和睦相处的一种手段。《史记·晋世家》中记载："（悼公）十一年（公元前562年），悼公曰：'自吾用魏绛，九合诸侯，和戎、翟，魏子之力也。'赐之乐，三让乃受之。"可见一直至春秋时期，晋国的扩张发展仍然受制于周围戎狄的威胁。

二、晋国疆域与晋都变迁

（一）从"河、汾之东，方百里"到地跨晋、陕、豫、冀

从地域上来说，晋国疆域变化极大。叔虞受封于唐时，其领地仅"河、汾之东，方百里"，晋大夫郭偃说："今晋国之方，偏侯也，其土又小，大国在侧。"晋武公在位时，晋国的疆域开始扩张进程，先攻灭了荀国，并翼之后又攻灭了董国、贾国、杨国。晋献公时期，"并国十七，服国三十八"，"西有河西，与秦接境，北边翟，东至河内"，黄河中游皆为晋国所有，为文公争霸奠定了坚实的基础。晋文公时受赐周畿的阳樊、温、原、州、陉、浠、沮、攒茅等邑。又经灵、成、景、厉、悼五代的开拓，其版图最终形成了包括今山西省全部、陕西省东部与北部、河北省中部与南部、河南省西部与北部、山东西北部与内蒙古一部分的广大地区。经过几代晋侯的励精图治、开疆拓土，晋国由最初今天山西西南部的区区之地发展到首屈一指的中原大国。

（二）晋都变迁

1. 文献记载

文献中提到的晋都，不同的书籍，说法不一，其中《左传》中记载的晋都有：

（1）翼。《左传·桓公二年》："晋始乱，故封桓叔于曲沃……（鲁）惠之四十五年，曲沃庄伯伐翼，弑孝侯。"杜注："翼，晋国所都。"

（2）绛（故绛）。《左传·僖公十三年》："（秦）于是乎输粟于晋，自雍及绛相继，命之曰泛舟之役。"杜注："雍，秦国都。绛，晋国都。从渭水运入河、汾。"

（3）新田（新绛）。《左传·成公六年》："（韩厥谓郇瑕氏之地）'不如新田，土厚水深，居之不疾，有汾、浍以流其恶，且民从教，十世之利也……'公说，从之。夏四月丁丑，晋迁于新田。"

《史记·晋世家》记载的晋国都城有：

（1）唐。《晋世家》："武王崩，成王立，唐有乱，周公诛灭唐……遂封叔虞于唐。唐在河、汾之东，方百里，故曰唐叔虞。"

（2）翼。《晋世家》："（晋）昭侯元年，封文侯弟成师于曲沃。曲沃邑大于翼。翼，晋君都邑也。"

（3）绛。《晋世家》："（晋献公）八年，士蔿说公曰：'故晋之群公子多，不诛，乱且起。'乃使尽杀诸公子而城聚都之，命曰绛，始都绛。"

历史上曾有不少史家依靠文献资料对晋都的地望问题有过探讨。西晋郑玄在《诗谱》中的《唐谱》中云："唐者，帝尧旧都之地，今日太原晋阳，是尧始居此，后乃迁河东平阳。成王封母弟叔虞于尧之故墟，曰唐侯。南有晋水，至燮改为晋侯……至曾孙成侯，南徙居曲沃，近平阳焉……其孙穆侯又徙于绛云。"整合这些史料，我们发现在以往文献中，晋国都城的变迁如下：

叔虞封唐→燮父徙晋→成侯迁曲沃→穆侯迁绛→孝侯迁翼→景公迁新田。

2. 考古实证

近年来，大量的考古工作为晋国都城的认定起到了重要补充和纠正的作用，基本可以认定"叔虞封唐"中"唐"地在今天的临汾地区。虽然这个推论尚待发掘证实，但天马—曲村遗址的发现使得我们基本可以肯定在曲沃（今闻喜）代翼彻底完成之前，晋国的都城就在这里。天马—曲村遗址就是燮父始徙的晋都，中经"曲沃（武公）代晋"，晋献公时期才迁都至绛。绛在何处呢？原来我们认为是在翼城的古城村，在那里做过调查，也做过试掘工作，但是并未找到确切的证据。从献公城绛，历经献、惠、怀、文、襄、灵、成、景八君，至晋景公时期，由故绛迁新田（新绛），即侯马，历经景、厉、悼、平、昭、顷、定、出、哀、幽、烈、孝12代，一直至晋静公二年（前376年）三家分晋，"晋绝不祀"。

这里需要着重介绍位于山西侯马的新田遗址。新田遗址是最早发现的晋国都城，从1956年开始至今，考古工作一直在断断续续地进行，很多老一辈的考古学家都在这里做过辛勤的工作。晋国铸铜遗址位于牛村古城南（今侯马平阳机械厂及其周围），是新田遗址的重要组成部分，在1960年至1963年曾经进行了两次大规模发掘，出土了大批制范工具、铜锭和数万件陶范。铸铜遗址中发现了非常完整的陶模和陶范，制作之精美，令人叹为观止。新田遗址中共发现11座小城，其中平望、牛村、台神三处宫城遗址呈现出"品"字形布局。其余古城遗址的性质、功用以及它们之间的关系，还需要我们进一步讨论。也许从当时晋国内部统治者的政治结构入手分析会有一些眉目。当时的晋国在公侯之下还有许多卿，卿大夫的权力大到一定程度上可以左右当时晋国的局势，甚至诸卿可以与晋公室分庭抗礼，以至于后来发生"三家分晋"的事情。在侯马晋都遗址中发现的这些小城，可能与这种政治结构相关。如果在将来可以通过考古工作将这些问题一一整理清楚，是非常有意义的一件事。除了古城以外，还发现了多处手工业作坊、11处祭祀遗址、9处墓地。1994年出版的发掘报告《上马墓地》发表了在侯马上马村东浍河南岸台地上发现的1300多座墓葬的资料，为了解晋国春秋青铜器乃至整个中原地区青铜器的基本形制的演变提供了重要资料。位于新绛县东南的柳泉墓地是一处规格较高的墓地，大墓有积石积炭，出土的青铜器气势宏大，应该是新田遗址晋国国君的公墓区。很多祭祀遗址中都有玉器存在，最著名的毫无疑问就是20世纪50年代发现的侯马盟书。"盟书"又称"载书"，是春秋时期卿与卿之间、晋公与卿之间所订立的一种书面结盟的形式，用毛笔在"圭"形的玉石片上写下盟誓内容，内容包括宗盟、委质、纳室、诅咒、卜筮等。侯马盟书对研究这一时期的书法艺术具有重要价值。这些重要的考古发现向我们展示着这就是晋国最后二百多年的都城。当然关于侯马新田遗址，还有很多正式报告没有出版，还有很多问题值得我们研究。

三、晋国、晋文化的历史贡献

晋国在当时的历史中发挥了怎样的作用，做出了怎样的历史贡献，这是值得我们注意的问题。

1. "启以夏政，疆以戎索"，与北方戎狄通过融合、同化，保证了北部边境的安定、和睦。《左传·定公四年》中记载成王给叔虞封唐制定的地方政策是："启以夏政，疆以戎索。"在晋侯早期夫人墓葬当中，常常会发现三足罐、大口尊等，这种类型的器物都明显带有当地少数民族的风格。我们可以这样推测，早期晋侯的很多夫人都有可能出自这些戎狄民族。这样一种"怀柔"的地方政策，对西周王朝北部边疆的稳定和民族融合都起到了很重要的作用。

2. 扩大了疆土和华夏文化的覆盖范围。叔虞初封唐地，周围戎狄环伺，成王将自己最信任的兄弟分封在这里，更是寄予姬姓子弟开拓疆土的期望。

3. 勤于王事，发展经济，成为王朝支柱和中原地区华夏文化的核心文化。在史籍中，晋国在历史发展过程中，多次对周王室起到了重要的支撑作用，多次勤于王事。在幽王、平王之际，晋文侯帮助迁都洛邑。在很多考古发掘的青铜器铭文中，也有很多晋侯因随周王作战而受赏获封的记载，所以晋国在维护中央王朝的稳定上起了很大的作用。在春秋中后期，随着国力的增强，晋国自然而然就成为中原的大国，以至于晋文化成为后来华夏文明的核心文化。

四、"三晋"继承

"三家分晋"后，晋国虽然解体，但是韩、赵、魏三家还是继承了晋国的文化传统，而且其势力范围还在继续扩展，晋文化对周文化的继承和发展还在继续，这对华夏文明主体的构建都起到了非常大的作用。在思想文化领域，晋国是先秦法家发育的土壤，孔子弟子子夏发展出一套偏离儒家正统政治观点的政治及历史理论，成为晋地"法治"思想的启蒙者，后来的历史发展也证明这样的思想更加符合时代的发展。从中华法系第一部成文法典的著者李悝，到"礼法并重、邢德并举"的荀况，再到"刑过不避大臣，赏善不避匹夫"并且提出权力制约理论的韩非，以及吴起、商鞅、慎到等，其法治精神和法治思想共同构成三晋法家文化的精髓，成为后来统治者治理国家的重要政治思想。关于三晋时期的考古发掘工作，如河北的赵王城遗址、河南郑韩古城和开封魏国遗址等，也还在继续开展。

三晋在促进手工业（例如韩国的金属冶炼工艺）、文学艺术（例如《诗经》中的《唐风》《魏风》等）、音乐（例如师旷）、都城内部格局的布置（新田遗址中发现的平望、台神、牛村三城的"品"字形格局）等发展上都有突出的贡献，可以说晋文化在各个方面对华夏文化都产生着重要的影响。

我们讲晋文化，学晋文化，对今天的社会有什么重要作用呢？

历史对社会的发展有很多重要的经验可以汲取。怎么看待原来的历史，对今天山西的发展和华夏文明的认识有重要的借鉴作用。继承晋与三晋文化的优秀传统，发展社会主义新文化，为实现中华民族伟大复兴的中国梦而努力，全方位提升山西实力，这是我们大家要共同积极思考的。

主讲人 / 马保春

历史地理看晋国

主讲人 / 马保春
首都师范大学历史学院教授

引 言

晋国存在于西周至春秋时期，这一时期是中国历史上大国争霸、政治制度大变革的时期，但同时也是民族大融合的一个高峰。在这样的背景下，探讨晋西南乃至整个山西的历史地理问题就显得具有重要的意义。自晚新生代以来，山西就处于地质构造运动中形成的地堑系的中部主体位置，由北向南一个又一个的地堑盆地形成了一条"S"状的地带。温暖湿润的东部季风、踏实厚重的马兰黄土为古老的农耕文明创造了适宜的外部条件。

晋既是一个国名，也是一个地名，更是一条河水的名称，包含较为浓厚的地理内涵。虽然从说文象形的角度很难探究"晋"字的本源，但从历史地理的角度或可解释：包括今山西的临汾盆地、晋中盆地、忻定盆地、大同盆地等在内的串珠状盆地就是被东边的太行山、太岳山与西边的吕梁山包裹在里面，所以"晋"本义或许就像《韩非子·外储说下》中所提到的那样，为"内"或"插"。

西周初年，成王"剪桐封唐"，叔虞建国于"河、汾之东，方百里"的区区之地。用历史地理的视角纵观晋国疆域的发展史，发现一方面在一定程度上受到了自然地理形势的影响，另一方面，晋国疆域扩张的力度以及每一步进程都是和晋国的国力相联系在一起的。临汾盆地四面皆山，晋国初期的国力较弱，很难在其边境地区得心应手地扩展其领地,而一旦晋国突破这些山脉的交通要塞,很快就会据其扼要而全部占领新的地理单元。正如在晋献公时,晋国灭掉附近多数国族,将疆域扩展到今天的整个运城、临汾盆地。而后,晋人在此基础上南下,拥有南阳;东越太行,雄踞东阳;将太行山由原来的界山变成自己国境之内的山脉,至此晋国的疆域达到了鼎盛,直至"三家分晋"。纵观晋国在地理上的发展变迁,犹如绘制在山西大地上的一幅跌宕起伏的历史画卷。

一、山西的自然地理特征

山西内部的地理特征可概括为高人一等、高中有低、低处有平、平面有原、原下有隰;在区位上,山西居中而北、左右逢源、南北通道、直抵中原、文化枢纽(图1)。

晋国后期的发展为何指向东南,而基本上西不过黄河,一方面,西方羌等戎族盘踞;另一方面,东南才是逐鹿中原之所在,天下之政治舞台。吕梁山是山西之后院,中部平原是山西的内院,太行山是山西的门户。

(一)地质状况(晚新生代以来)

今天我们赖以生存的大地,曾经历过几十亿年的演变,但是中生代大地地貌的演变迹象在今天的地表上已经相当模糊,几乎不存在了,就连上新世以前的地貌演变情况也不是很清楚[1],所以,我们今天的大地地貌是新生代第四纪以来演变的结果。

从地质学上来看,整个山西地区处于一个在晚新生代以来新构造运动中形成的地堑系的中部主体的位置,所以把这个地堑系称之为山西地堑系。其北端起于今北京市的延庆区,自此沿西南方向经河北省、山西省到陕西省分布着一系列在成因上属于地堑的盆地,从东北至西南有延(庆)怀(来)盆地→阳原盆地→大同盆地→繁(峙)代(县)—忻(县)定(襄)盆地→晋中盆地(太原盆地)→临汾—侯马盆地→运城盆地。这些盆地组成一个在北部近似东西走向,在中部近似南北走向,在南部又转为东西走向的"S"形地带。

在漫长的地质时期,山西地堑系诸盆地接受了数以千米计的新生代沉积,使得盆地的表面一般较为平坦,

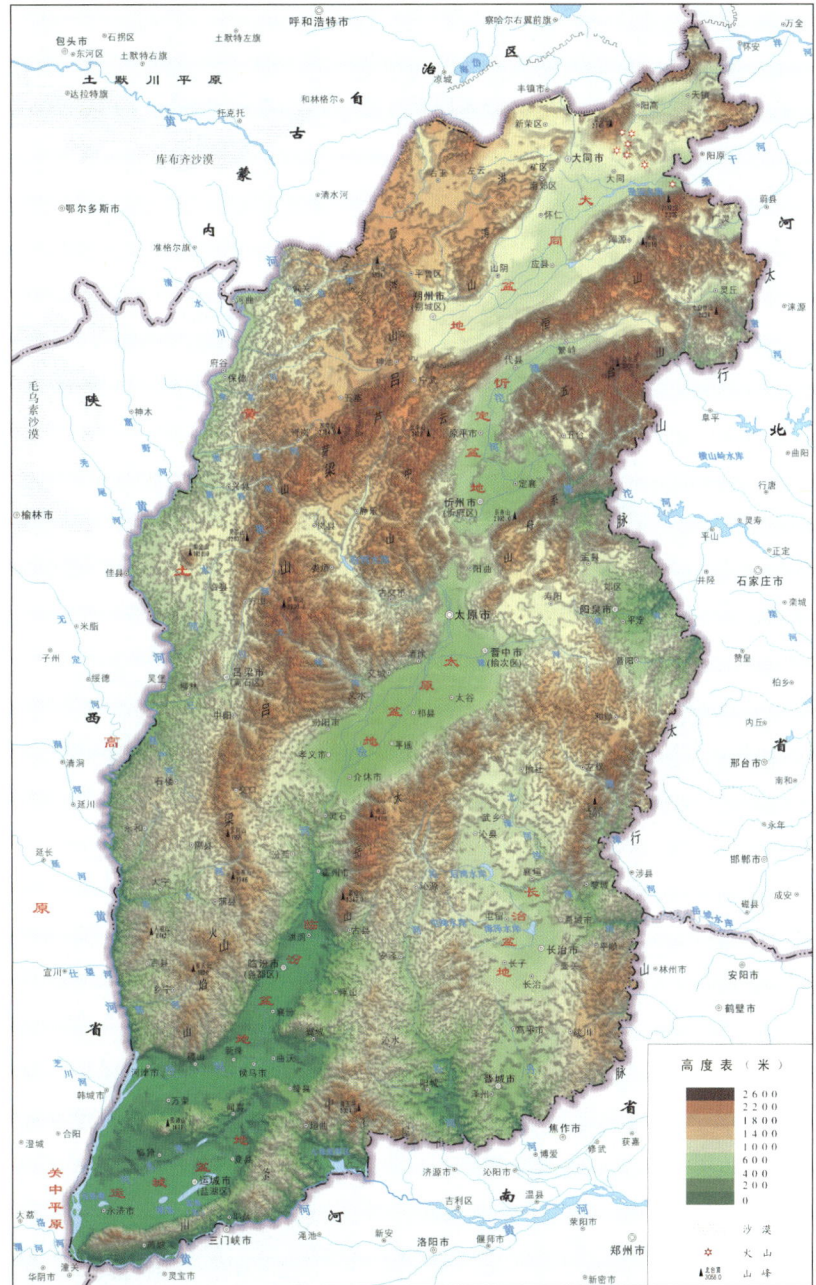

图1 山西地形图

较大的盆地就可形成平原,它们就成为晋、陕两省最好的工农业用地和城市集中的地方。由于盆地的断层差异活动,盆地内常有一些上升的断块,形成隆起的地垒或断块山地,如临汾—侯马盆地的峨嵋台地地垒和塔儿山等。

北京大学地质地理系地貌专业曾于1957年将山西地堑系作为长期的教学、科研基地,对山西地堑系进行了综合研究。在沉积层与环境演变方面,根据阳原盆地红崖地方的地层剖面和临汾盆地深钻记录分析,在距今250万年前左右,即由上新世到早更新世的时段内,气候有明显变化——上新世早期气候温暖湿润,晚期变干,早更新世气候又变得湿润。在此期间,构造运动活跃,盆地加速下沉,沉积物不能补偿新产生的盆地空间,因而出现大规模的湖泊。盆地中的大规模湖泊一直存在到晚更新世,由于气候变干而逐渐缩小。在一些盆地中可以看到湖泊消失过程中形成的盐类沉积物,但在少数下沉幅度很大的地区,即使气候变干,湖泊也未完全消失,只是由外流湖变为内陆湖,湖水盐化,这种残留的小湖至今仍存在,如运城的盐湖。

研究者根据地貌和沉积的证据,认为山西地堑系内的河流在新构造运动中发生过显著的变化,如滹沱河上游曾一度南流,经三教、太和岭入太原盆地,太和岭和石岭关一带隆起才断了这条流路。又如汾河下游曾有一个支岔流入运城盆地,峨嵋台隆起后才使得这一支岔流消失[2]。

这里需要单独介绍一下我们研究的重点地区——晋南和晋西南地区的新生代地层与环境变迁的情况。首先来看晋南,即临汾地区的临汾盆地和侯马盆地。

1. 临汾地区

(1) 临汾盆地

在《山西地堑系新生代沉积与构造地貌》一书中,晋南地区称为"临汾—侯马盆地",这是一个山西地堑系南段的断陷盆地,盆地西侧为吕梁山,东侧为太岳山、乌岭山,盆地以北为灵石丘陵区,盆地南部有紫金山—峨嵋岭隆起,将其与运城盆地隔开。盆地内地形以冲积、洪积平原为主,东部次级断阶上发育了黄土丘陵。临汾盆地和侯马盆地以二者之间的塔儿山—汾阳岭隆起为界隔。

临汾盆地西侧山地，平均海拔1200米左右，与盆地之间的高差在600米以上。山地大部分地区基岩裸露，低缓山坡上有厚达几米到上十米的黄土。

盆地中部洪积、冲积平原，是临汾盆地断陷最深的部位，其上有数百米厚的新生代沉积。盆地中央是广阔而且十分平坦的冲积平原，平原西缘是吕梁山东麓洪积扇，东部有洪安涧、曲亭、涝、汜四河汇入。

盆地东部黄土丘陵，依据构造和地形，又可分为两部分：靠近临汾盆地冲积平原一侧的西佐乡一带为一北东走向的新构造隆起，隆起带以东为浮山小地堑盆地，盆地内地形为遭受切割的黄土塬。西佐隆起带南部有两座基岩小山包——十村山和卧虎山。浮山小地堑盆地地面较西侧的西佐岭隆起低将近100米，与盆地东侧的佛岭山山地间的高差更大。

临汾盆地东侧山地，为临汾盆地与沁水盆地之间的分水岭，大部分地区为覆盖黄土的基岩山地，山坡上覆有一二十米左右的中晚更新统黄土。部分地区为基岩裸露的山地，如佛岭山、司空山等。

（2）临汾—侯马盆地中部的塔儿山—汾阳岭横向隆起带

塔儿山为基岩山地，隆起时代最早，幅度最大。柴村隆起区的地形为黄土台地。汾阳岭为近东西走向的黄土缓丘，基本上缺失上新统至下中新统的沉积，表明该地曾长期为临汾、侯马两盆地之间的高地。

（3）侯马盆地

侯马盆地的东、南、北三边有山地或台地围限。盆地北侧东段为塔儿山—汾阳岭横向隆起，西段即吕梁山南端。侯马盆地东段有中条山基岩中山（中条山东北段），构成与沁水盆地间的分水岭。中条山与盆地之间有宽约5~8公里的黄土台地，受河谷切割后成为黄土丘陵。丘陵的前缘、后缘都有断层通过。

侯马盆地南缘为紫金山—峨嵋岭隆起带。隆起带呈北东向延伸，构成侯马盆地与运城盆地的分水岭。由于新构造活动特征的差异，隆起带不同地段具有不同的地貌特征。东端南柳一带是一片黄土梁区，梁顶面很平坦，与绛县一带的冲积平原连成一片。这些黄土梁下部出露有上新世的紫红色砂和红黏土，之上出露有零星的早更新世砾石层，再上是中、晚更新世黄土。黄土梁前缘与侯马盆地之间有正断层发育，由于断层的活动，黄土梁前缘形成陡崖。

紫金山是一基岩中山，为一单斜翘起的断块山地。北麓大断层自晚新生代以来曾强烈活动，可见良好的断层崖发育。

紫金山以西是峨嵋台，为一典型的黄土台地，顶面是平坦的平原，四周是陡峻的黄土斜坡。峨嵋台是一断块台地，台地北侧有一大断层，该断层是紫金山北麓断层向西的延伸。

峨嵋台往西是万荣黄土塬，一直延伸到黄河岸边，长约80公里，宽约20公里，稷王山和孤峰山耸立其间。东段由于面积较窄，又由于源于稷王山的沟谷水流的切割，已成为黄土梁地形；中段虽也有源于孤山的水流切割，但仍保持黄土塬地形；西面侵蚀切割轻微，地形比较平坦。组成物质除近山前发育洪积黄土夹洪积砾石层外，大面积都是以黄土为主。

侯马盆地的主体是广阔的冲积平原。新生代以来，盆地大规模断陷，接受了巨厚的新生代沉积。侯马一带和河津一带为两个断陷中心，盆地周缘的洪积扇大部分已不发育，山地河流出山后，切入晚更新世形成的洪积扇中，形成洪积台地。也有一些地方发育了全新世洪积扇，如紫金山山前洪积扇，新绛县泽掌附近的吕梁山山前洪积扇。

在新绛县北边有九源山地垒，是突立于冲积平原之上的小山包，相对高度为140多米。九源山地垒与北边的汾阳岭地垒相距不足10公里。二者之间为一近东西向地堑，称为丰盈地堑。南唐隆起带是从翼城北至曲沃东的一条狭长隆起带，长达30多公里。隆起带东段丹子山—绵山段为自北向东走向。绵山、丹子山都是基岩小山包，由奥陶系灰岩组成，相对高差140米左右，它们之间是黄土垄岗。

有关临汾地区晚新生代地层与环境的演化，研究者通过对临汾—侯马盆地选点钻孔及剖面的分析研究，初步得出了第四纪该区环境演变的情况。

早更新世主要有三种沉积：①灰

绿色湖相粉砂质黏土间灰黄色河流相或湖滨相砂层或砂砾层。由此看来，对整个早更新世沉积而言，湖泊占绝对优势。②午城黄土，表明临汾—侯马盆地东边的黄土丘陵区在早更新世时期就已经成为黄土台地。③砾石层，在盆地很少露头，只见于侯马盆地东边的续鲁一带，而钻孔揭示沿盆地边缘分布较广，往盆地中心与湖相沉积逐渐过渡。

中更新世，临汾和侯马两盆地的拗陷中心都是湖泊沉积占优势。柴庄一带的中更新统底部仍为河湖相沉积，中上部为离石黄土，表明柴庄地区于中更新世初期以后由下降转为上升，迅速发生湖退，并形成台地，只接受风成的黄土沉积。临汾和侯马从此分隔为两个盆地，一个统一的大湖也从此分割成两个分立的小湖。至中更新世晚期，不仅在相对隆起的地区沉积了相当厚的离石黄土，下降的盆地边缘也开始沉积黄土或次生黄土，并逐渐向盆地中心扩展，而湖泊则开始向临汾和侯马两盆地各自的沉降中心收缩。至中更新世末，湖泊仅存在于临汾盆地的拗陷中心和侯马盆地极个别的小区域。

晚更新世，盆地沉降中心仍以湖泊沉积为主，间夹河流相砂砾层。盆地沉降中心以外的广大区域大部分沉积了马兰黄土，包括东边的黄土丘陵和南边的峨嵋台地，都沉积了风成马兰黄土。盆地边缘的洪积扇上以洪积黄土沉积为主，间夹洪积相砾石层。至晚更新世中期，盆地中除局部地区以外，冲积的次生黄土沉积取代了湖泊沉积。至晚更新世晚期，临汾—侯马盆地中湖泊沉积的历史已经结束。

全新世，临汾—侯马盆地中主要有两种沉积类型：一是河流沉积，主要见于汾河及其支流的谷地中，构成河漫滩和低阶地的沉积物；二是洪积相，新绛县泽掌镇与稷山县仁义村一带的吕梁山山麓洪积扇及紫金山北麓的局部地段的洪积扇，全新世以来仍有堆积，而其他地方的洪积扇一般不再发育。

2. 运城地区

运城盆地是山西地堑系西南端的一个断陷盆地。其北为峨嵋台断块台地，东侧与南侧为中条山地，西隔黄河与渭河盆地相望，总面积约 6000 平方公里。新生界在运城盆地广泛分布，主要为河湖相沉积、冲洪积物和风成黄土。运城盆地位于山西台背斜的南端。该区地貌可分为中条山地、峨嵋台地和运城盆地内部平原三部分。

（1）中条山地位于盆地的东部和南部，走向为东北—南西。最高峰雪花山海拔1993.6米，高出运城盆地1500米以上。在太（原）—三（门峡）公路以西，中条山走向为北东东或近东西，宽10公里左右，向西延伸约50公里，其南北两侧分别为三门峡盆地和运城盆地。山地受流水侵蚀作用强烈，沟谷地貌发育完全，多为向北和向南流的冲沟。但山地南北的沟谷地貌发育有差别：北侧冲沟短，沟床坡度大，裂点多，许多冲沟沟头越过老的分水线而位于山地南坡；南侧冲沟相对较长，沟床坡度较小。中条山南北两侧均有走向与山体走向近于平行的正断层发育，为相对于两侧盆地强烈抬升的地垒构造。

太—三公路以东，中条山走向近北东—南西，宽度30公里以上，在运城盆地东侧延伸约60公里。最高峰麓王山海拔1571.4米，高出盆地1100米以上。山地西北麓发育两级台地。高台地由基岩及上覆的上新世砂砾石层及第四纪黄土构成，宽度达十几公里，高出运城盆地250～300米。由于受冲沟流水的强烈下切侵蚀，高台地呈高度相近，走向近东西的梁状地形。低台地主要由更新世河湖相地层及上覆的黄土构成，宽度约1公里，高出运城盆地近100米。

（2）峨嵋台地位于运城盆地的北部，其南北两侧均有陡坎，呈东北—南西走向，延伸约60公里，宽度25公里左右，除几个岛状中低山（紫金山、孤山、稷王山）外，其余均为黄土覆盖，顶面平坦。峨嵋台地主要由中更新世和晚更新世黄土组成。

紫金山位于峨嵋台地东北端，海拔1115米，山体呈东北走向。东段较窄低，主要由古生代灰岩组成；中段山体宽、高度大，主要由太古界片麻岩构成，南坡出露古生代灰岩；西端窄低，全部由太古界片麻岩构成。紫金山的南北两侧均有正断层发育，为向北翘起的断块山地。稷王山位于峨嵋台地的中段，海拔1281米，山体主要由寒武系灰岩和太古界片麻岩构成。孤山由燕山期花岗岩组成，海拔1411.2米。

（3）运城盆地内部平原，是由中条山、峨嵋台地及黄河围限而成的三角形平原，地势由北向南降低。中条山北麓盐池一带最低，海拔320米。受新构造运动的影响，盆地内中部有一个北东—南西走向，东起中条山地，西至王范、北相一带的长条状高地，当地人称之为"鸣条岗"，主要由早更新世以来的河湖相地层及第四纪中晚期的黄土构成，是一个比较明显的地垒。据研究者证明，鸣条岗地垒是一个现在仍在活动的地垒构造。鸣条岗地垒东北部东吴剖面反映此段鸣条岗高地主要由早更新世河湖相地层及上覆黄土构成，早更新统出露厚度20多米。鸣条岗高地中段沙流村附近，只出露中更新世晚期以来的河流相含蚌壳砂砾石层，早更新统深埋于地下150米。在鸣条岗南端的北相一带，鸣条岗地垒倾伏于地下，地表形态已经不明显了。根据上述地层特征，我们推测鸣条岗地垒的抬升方式为由北东向西南方向渐渐抬升，抬升的范围越来越大。正因为这样，运城盆地内的河流受着鸣条岗地垒抬升的巨大影响，涑水、沙渠水河道自更新世以来一直自东向西、向南移动[3]。

鸣条岗将运城盆地分成两部分：西北侧的涑水河平原和东南侧的清龙河平原。

涑水河是运城盆地最大的外流河，发源于运城盆地东北部的中条山地，近北东—南西向，经由涑水河平原于今永济一带入黄河。盆地内部的南部山前有许多湖泊发育，如伍姓湖、硝池、苦池和盐池等，它们位于盆地内次一级深凹陷带内。

运城盆地的晚新生代古地理环境的演化情况是：盆地内部早更新世以河湖环境为主，沉积了巨厚的河湖相地层。但据钻探资料，早更新世早期，运城古湖很大，但湖泊水位有动荡变化。峨嵋台地上的广大地区被湖泊占据，只有一些岛状山地露出湖面，运城古湖与侯马古湖连成一片。早更新世中、晚期，峨嵋台地进一步发生构造抬升，湖水退出峨嵋台地，峨嵋台地上至少有两条河流存在，沟通着南北两湖。

中更新世，运城古湖有一个扩张

而后又迅速缩小的过程。中更新世末期,隘口—礼元古河道废弃,运城盆地退出了汾河流域。

晚更新世,涑水河沿袭古汾河部分古道,在涑水河平原堆积冲积相地层,中条山山前地带许多冲沟汇合在鸣条岗西南侧堆积冲、洪积相地层,其他广大地区则接受风成黄土堆积。

全新世与晚更新世环境相近,湖泊进一步缩小,局限于山前的次一级断陷带内。历史时期人类修筑姚选渠[4],减少了盐湖地表水的供给,加速了盐湖的碱化和盐分的析出。

(二)晋国疆域范围内的地貌概况

从现代地貌的地域组合上看,山西位于大兴安岭、阴山、贺兰山、六盘山及横断山一线以东的东部季风湿润区。其地貌的主要特征是东北向山地与平原、丘陵相间分布,山地的海拔多在 1000～2000 米,平原与丘陵多在 500 米以下。

华北地区的山地、高原、平原大体呈北北东向平行排列,地势以山西山地为最高。山西山地习惯上又叫山西高原,海拔一般在 1000～2000 米,个别高峰达到 2500 米以上,甚至超过 3000 米,如五台山高达 3058 米。整个山地由一系列北北东向雁阵式断块山与断陷谷组成。纵贯南北的晋中断裂谷,把山西山地分为东部以太行山、太岳山为主体的山地和西部以吕梁山为主体的山地。黄河自北而南,切过吕梁山西侧,造成晋陕之间的峡谷地形。汾河循着断裂谷亦向南行流,切过吕梁山南端汇入黄河。山西山地的许多河谷和山坡,普遍覆盖着第四纪黄土,因此也是广义黄土高原的一部分[5]。

黄土高原的地貌结构主要包括三种类型:(1)位置最高,突起于黄土覆盖层之上的基岩山地;(2)位置最低,接受新生界沉积的断陷盆地或地堑谷地;(3)位置居中,基岩之上为深厚黄土层所覆盖,为河谷、沟谷分割的所谓"塬""梁""峁"。

山西的地貌又可分为三大块——东部山地区、西部高原区和中部盆地区。东部山地区由北往南主要有恒山、五台山、系舟山、太行山、太岳山和中条山,海拔 1500 米以上。本区发源的河流除东南部丹河、沁水注入黄河外，余皆属于海河水系。太行山与太岳山之间以高原地形为主，称"晋东南高原"或"沁潞高原"，由长治、晋城、阳城等盆地及周围的低山、丘陵组成，海拔约800~1200米。长治盆地海拔1000米左右，地面较平，面积较大，四周约距30多公里。由此向北为沁县、襄垣一带的黄土丘陵，向西为丘陵或低山，东南为侵蚀低山与晋城盆地相接。晋城盆地的北部高原一带比较平坦，南部略有起伏。阳城盆地则多由丘陵、低山组成，相当破碎。此外，此区还散布着几个山间小盆地，如北部的广灵、灵丘盆地，中部的阳泉盆地、寿阳盆地，南部的垣曲盆地等，都是重要的农耕区。

西部高原地区以黄河为界与陕北高原遥遥相对，东面以一系列山地突起于中部断陷盆地区，七峰山和洪涛山是与大同盆地的界山，云中山是与忻定盆地的界山，吕梁山是与太原盆地、临汾盆地的界山。这些山地的共同特点是，东坡（或东南坡）大都以断层与盆地相接，高出盆地700~1500米，山坡陡直，山前多分布有洪积扇；西坡则和缓，上覆黄土，逐渐过渡为黄土高原。吕梁山是构成高原山地的骨干，由北而南包括黑驼山、管涔山、芦芽山、云中山、关帝山、真武山、紫荆山及龙门山等主要山峰，长300多公里，海拔一般在1500米以上，以关帝山最高，海拔2830米。

吕梁山之西统称"晋西高原"，其总体趋势北高南低，自东向西倾斜。河流短小，大都直接注入黄河，较大者有：朱家川河、岚漪河、湫水河、三川河、昕水河、清水河、鄂河等。地表普遍覆盖着10~13米厚的黄土，局部地区厚达70~80米。省境西北部左云、右玉一带，地貌比较完整，是被沙黄土覆盖的波状丘陵；河曲、保德、偏关一带为沙黄土覆盖的峁状丘陵；兴县以南至中阳多为梁状或峁状黄土丘陵；南部石楼、隰县、永和、蒲县、乡宁一带尚保存有破碎的黄土塬，塬面平坦，倾斜大都为5°以下，利于耕作。东西对比，一般在近黄河地区分割剧烈，溯河而上逐渐缓和。此外，晋西高原上还散布着许多土石山地，如吉县境内的人祖山，临县、兴县之间的紫金山等。

中部盆地由几个彼此相隔的盆地

组成，与周围山地多以断层相接，中部沉陷，后经堆积而成，地面平坦，人口密集，为山西省经济最繁荣的地区。

大同盆地，西以口泉断层与七峰山、洪涛山为界，南至阳方口，亦以断层与恒山相接，沿东北—西南方向分布，长约120公里，宽20～40公里，海拔1000～1100米。盆地面积为5100多平方公里。盆地中有桑干河及其支流浑河、黄水河、御河、南洋河等流经。盆地向东又分成三支：一支溯浑河而上，一支沿桑干河伸向河北省境，另一支沿南洋河展布于阳高、天镇县境。盆地绝大部分由湖泊、河流泥沙堆积而成，地面平坦，并有薄层黄土覆盖。

忻定盆地，包括滹沱河上游谷地，东北起于繁峙大营一带，南至石岭关，形状颇不规则。滹沱河上游谷地是一个地堑谷，北为恒山，南为五台山，其间有一条狭长的谷地平原，沿山麓分布着大量洪积扇地形，地面向河谷中央倾斜。盆地中部海拔800米上下，面积2050平方公里。

太原盆地，北起太原以北的石岭关，南至灵石县的韩信岭，东西分别以太谷、交城两大断层与两侧山地相接，长200多公里，宽12～40公里，海拔700～900米。盆地面积5050平方公里。盆地包括全部汾河中游地区，其支流从两侧山地汇入汾河，主要有潇河、文峪河、龙凤河等。盆地中心非常平坦，地面水与地下水丰富。

临汾盆地，北起韩信岭，南至曲沃一带向西转折至黄河沿岸，长200多公里，宽20～25公里，海拔400～600米，面积5200多平方公里，包括整个汾河下游地区。汾河河谷两侧有1级阶地和2～3级高阶地，形状像台阶，因此临汾盆地是由阶地平原组成的盆地。盆地西北侧以龙门山断层与吕梁山相接，东北以霍山断层与霍山相接。霍山山前陡峭，又分布有洪积扇地形，有泉水出露，霍泉与龙子祠泉为本省的名泉，富灌溉之利。盆地东侧以黄土丘陵与边缘山地相连，山势和缓。

运城盆地，北以峨嵋台地与临汾盆地相隔，东南达中条山麓，西隔黄河与渭河盆地毗邻，涑水河流经其间，故又称"涑水盆地"。盆地面积2975

平方公里，海拔在400～500米之间，是山西省最低的盆地。运城东南的盐池海拔更低，只有320米；其北的峨嵋台地海拔500～700米；孤山、稷王山和绛县的紫金山突兀其上，台地由黄土组成，高出地表200～300米，顶面平坦[6]。

（三）西周至春秋战国之交晋国疆域范围内的自然地理状况

从事晋国历史地理研究，不仅要了解离我们最近的地质时期该区域的地理环境，而且也应当了解西周晋国始封以来至晋亡这个时段内这一地理范围内的自然地理状况，诸如气候、农作环境等等。从今天的气候状况来看，整个山西地区大陆性气候显著，境内垂直变化亦显著，南北差异突出，恒山、内长城以南属于暖温带季风型大陆性气候，以北属于温带季风型大陆性气候。气候总的特征是：冬季漫长，寒冷干燥；夏季不长，多雨；春季较长，风沙盛行；秋季短暂，天气温和。

竺可桢先生曾撰文讨论过我国近5000年来气候变迁的轨迹。西周的气候虽然最初温暖，但不久就恶化了，5000年来第一个寒冷期就从这里开始了，时间跨度大约从公元前1000年至公元前850年，延续了一两个世纪。春秋时期前夕，我国的气候又进入了第二个温暖期，这个温暖期一直延续到公元初期的西汉时期。由于我们研究的晋国始于周初叔虞封唐，终于公元前376年晋静公被迁为家人，所以整个晋国时期在古代气候上大致经历了一个寒冷期和一个温暖期，但寒冷期短，大约有一百七八十年[7]。晋国所经历的温暖期较长，自公元前850年至公元前376年，大约470余年。考诸晋国历史，可能自始有纪年的晋靖侯以来开始转暖[8]。温暖期年平均温度要比现在高出2℃左右，而寒冷期的年平均温度比现在低1℃左右[9]。可见晋国历史的大部分时期处于温度比现在高出1℃～2℃的温暖湿润气候之中[10]。

王守春先生曾经对西周至战国时期黄土高原的植被做过很细致的研究。王先生以《诗经》《山海经》等历史文献资料为主，辅以自然地理的资料与方法。研究表明，古代黄土高原的原面上草地占有较大面积。黄土高原的代表植被,应当是黄土原上的植被,而黄土原上的植被应当为疏林灌丛草原。这一植被特点应当是古代(西周至战国时期)六盘山以东、吕梁山以西、渭河以北、长城以南地区黄土高原主体部分植被的特点[11]。我们研究的晋国疆域范围的主体虽然不在此区,但与此区紧紧相接,且属于广义黄土高原的一部分,推想会和上述王守春先生所研究地区的植被有一定的相似性,况且吕梁山以西、黄河以东地区已经属于晋国疆域的范围。

先秦时期,黄土高原土壤侵蚀相对较轻,黄河及其支流输沙量相对较小,枯水位变化也相对较小,所以这一时期,泾河、渭河、汾河、黄河都较畅通地通航,但仍然有梁、塬、峁的地形发育。而这个地带正是先民生活的好去处,处于海拔高于此地的基岩山地与低于此地的河漫滩发育地带,多覆盖有厚厚的黄土或黄土状土层,黄土具有特殊的物理、化学性质(疏松多孔隙、富含$CaCO_3$、垂直节理发育、透水性强、易沉陷等),矿物质养分丰富,土层深厚,对农业生产极为有利,但由于其多数处于半干旱地区,生态平衡较脆弱[12]。尽管如此,古代先民仍然选择了黄土地作为它们生活的最适宜地区。

田建文先生在讨论叔虞初封的唐地在何处寻找时指出,殷墟时期,晋东南地区的遗存与安阳相差极微,而山西汾阳杏花、灵石旌介、垣曲与陕西西安老牛坡、扶风益家堡等遗址大体可分殷墟文化与土著文化两类遗存,唐地应与其文化面貌相去不远。分析上述殷墟时期遗址的位置可见,它们大多处于险要地带或山前平坦地域。晋南的考古工作多集中于汾、浍及其支流两岸地势低缓地带,同样处于唐地范围内的绛山、塔儿山的山前或山间类于梁、峁、塬、堡的地带则考古工作极少,唐邑或晋始封地的位置也许恰在其中[13]。

田先生为寻找古唐地所划定的范围以及所列殷墟时期诸遗址,正处于黄土堆积的山前或丘陵地带,在这里寻找早期先民的生活遗迹,是很有见地的意见,从而也说明黄土高原上的黄土地貌环境在很大程度上影响了历史时期人们的生产、生活方式。正因为这一情况,我们认为,依据黄土的分布规律及其自身的地貌特征来探讨早期历史地理问题,是一条有效的途径。

二、山西的古地名和地理的关系

晋国是西周、春秋时期屹立于今山西大地之上的一个重要诸侯国家,在先秦时期的政治地理架构中,占有十分重要的地理区位,对中国的历史产生过重要的影响,也极其深刻地影响了山西的历史,以至于后来学界出现了很多以"晋"为核心词的学术概念和名词,如"晋文化""三晋""三晋古文化""晋文化考古""晋学"等。晋与秦、楚、齐鲁、吴越等区域文化概念并行于学界,包括我们今天所说的"晋界"。

（一）晋

今天的山西大地,历史上有一个十分重要的名称,就是"晋"。晋既是一个国名,也是一个地名,更是一条河水的名称,包含较为浓厚的地理内涵。在甲骨文中有"▨"字(《合集》19568),仅两例,辞例又相同,均为"……晋将……"(《合集》19569)。"将"是一个动词,其前的"晋",据甲骨文例"于南方将河"(《续》1·38·3)、"弜羞将兄丁"(《邺》三下446)、"我将自兹邑"(《戬》37·13、《续》4·34·1)、"我勿将自兹邑"(《续》6·95)等来判断,有可能是名词,也有可能是副词。如果是名词,或为人名,或为国族名,似与地名有关。金文中"晋"字多见,如"格伯作晋姬簋""晋公簋""曾侯乙编钟"等。字形与甲骨文近同,只是下部有或从日、或从口之别。《说文·日部》:"晋,进也。日出万物进。从日从臸。"段注:"臸者,到也。以日出而作会意。"杨树达《释晋》:"晋字上象二矢,下为插矢之器……二矢插器,其义为箭……自小篆变二矢之形为臸,变器形为日,形与义略不相关,于是说字者遂不得其正解。"[14]但"晋"字亦有"内""里面"等义,《韩非子·外储说下》:"孟献伯相晋……食不二味,坐不重席,晋无衣帛之妾,居不粟马,出不从车。"陈其猷《集释》云:"晋无衣帛之妾,犹言内无衣帛之妾。"所以,晋有里面、内部的含义是没有问题的。从地形上看,今山西的侯马、曲沃、翼城之地,甚至是临汾盆地，或者从更广泛意义上说，今包括临汾盆地、晋中盆地、忻定盆地、大同盆地等在内的串珠式盆地，不就是被东边的太行山、太岳山与西边的吕梁山包裹在里面的内部吗？特别是侯马、曲沃、翼城之区，北有塔儿山、二峰山、柴村—汾阳岭隆起，南有绛山、峨嵋岭，东边是太岳山南部余脉乌岭山支脉佛山、翔山，西边隔着汾河是吕梁山南部余脉火焰山，四面山地隆起，从地形上还就是一个山地的内部，谓之晋是有可能的。另外，"晋"有"插"义，插本身也是由外而里地进入才能完成其本意。

（二）并

除了"晋"这一名称，山西历史上还有一个相当重要的名称"并"，似乎并不比"晋"出现得晚。"并"最早当见于《周礼·夏官·职方》："正北曰并州。其山镇曰恒山。其泽薮曰昭余祁。其川滹池，呕夷。其浸涞，易。其利布帛。其民二男三女。其畜亦宜无扰。其谷宜五种。""并"有一个异体字"幷"，后来又有从"并"的"併"和从"幷"的"倂"，"併"和"倂"也是异体字关系。《说文·从部》："并，相从也。从从幵声。一曰从持二为并。"而《说文·从部》"从，相听也。从二人。"可见"从持二为并"就是两个"人"形与"二"的并构。甲骨文有类似的 ![字] （《合集》32833）字，是两个侧身站立的人形一前一后的组合。"并"在甲骨文中可作地名用，有"途启于并"（《合集》6055）、"田于并"（《合集》10959）、"奠于并"（《合集》32833）等，可见商人曾在此地田猎、置奠，应该是一个离殷都不远的地点（图2）。

综合王筠、徐灏、林义光、于省吾等人的意见，"并"字最初的本义就是两人并立之形，在形体上从"从"从"二或一"，"二或一"乃指示两人并立之形态。我们认为，"从"下所横贯的一或二，除了指示两人并立之意外，可能还有两人并联而组成一个整体的意味。

地名"并"的源头似乎还可以追溯到商代早期。20世纪90年代，考古工作者在商代早期的郑州小双桥遗址发现了一批陶器刻画符号，其中在一陶罐（95VM3：01）腹部内壁有一个符号，作 ![字] 形[15]。这个刻符的

6055　　　　　　　　10959　　　　　　　　32833

图 2　甲骨文中的"并"字

笔画简洁流畅，疏朗清晰，但左上部和右上部稍有残缺。刻符的主体部分"𠀤"形似两个侧立的人形，它们的下部有一条短线横向贯穿，正与作"𠀤""𠀤"诸形[16]的甲骨文"并"字近同，与金文中作"𠀤"形（见《金文编》576页1370《中山王䆊鼎》）的"并"字亦近。以上诸形皆是在前后两个侧立人形下横贯一或两横笔，这和小双桥遗址出土陶符"𠀤"在形体上相一致。

古文字中还有一个"並"字，其实这个字最初的构形是"竝"，隶变为"並"，后与"并"相混，现多用"并"字。《说文解字》"立部"有"並"字，云："並，併也。从二立。"甲骨文中有𠓎（《合集》33113）字，竝在甲骨文中为人名、族名和地名，且有"竝方"之称。商王曾在商方命令竝方，竝方和𢀛方又一起去攻打过别的方国，可见竝方与商人的关系也较为紧密（图3）。

屈万里就指出："并，地名，卜辞习见。殷王田猎区，多在今河南沁阳一带，此并地疑亦距沁阳不远。然则上古传说中十二州之并州，或与此并

189

地有关也。"[17]郑杰祥先生认为甲骨文"并"地可能就是《水经·淇水注》提到的"并阳城",亦即"《郡国志》所谓内黄县有并阳聚者也",地在今河南内黄南[18]。其实不管是沁阳还是内黄,均没有离开太行山东南麓,也许都是沁阳田猎区或附近的地方。今河南沁阳离郑州不是很远,沁阳田猎区在黄河之北、太行山以南,郑州小双桥遗址在黄河南岸不远,与沁阳田猎区亦不远。那么,郑州小双桥北出土的"并"字形陶符,与甲骨文中作为方国地名的"并"或有一定的联系。郑州小双桥遗址的年代,据专家研究,应相当于二里岗上层时期较晚阶段的白家庄期[19],比殷墟甲骨文的时代要早,也就是说早于殷墟文化时期。这说明至迟在商代早期晚段,"并"作为国族名、地名,或已存在。

传世和出土有"并"字铭文的商周青铜器,似乎为我们探索"并"国族的地理位置及其变迁提供了一些线索。据王永波先生统计,与并氏有关的有铭青铜器,见于著录的有20余件。

33065　　　　　33113　　　T23(2A):44　4054　　　33042

图3　甲骨文中的"并"字

单铭一个"并"字的6件：有簋（《金文编》1063）、爵（《殷存》下·2）、斝（《殷存》下·30）、方彝（《金文编》1063）各1件，卣2件（《殷存》上·27）。此6件并氏器均属传世品，出土地点不明，具体年代亦难确定，但视其为商代遗物是没有问题的。铭文为两字以上的有20件：竝开戈（《集录》343，亦作"竝并戈"）、己竝爵（《松续》下·6）、并父己簋（《续殷》上39）、并父辛簋（《金文编》1063）各1件；己并父丁爵1件，是1952年在安阳与另外7件青铜器同时出土的[20]；余下的15件，包括5件铜鼎、5件铜爵、3件铜觚、1件铜卣和1件铜尊，皆铭"己并"二字，是1983年于寿光县"益都侯城"发现的[21]。就大的历史阶段而言，它们同属晚商遗物[22]。

寿光益都侯城遗址出土有"己并"铭文的这批青铜器，其时代原报告定在商末，王永波先生通过观察造型风格，结合《商周考古》[23]一书的意见，认为寿光这批有"并"字铭文青铜器的年代应定为殷商中期偏晚阶段[24]，大约为武乙前后。王先生同时指出，"竝开戈"和"己竝爵"的年代可能略早一些；"己并父丁尊""并父己簋""并父辛簋"的铭文，风格较寿光"己并"器似乎更晚，可定为殷商末期，甚至可到西周初年[25]。可见，"寿光并器"晚于郑州小双桥遗址出土的"并"字陶文的时代，同时也比"竝开戈"的时代要晚。

那么，"竝并戈"能早到什么时期呢？该戈是考古工作者在山西省石楼征集来的[26]，所以其时代只能根据器形推断。"竝并戈"内部正反两面都有铭文，一面作"竝"，一面作"并"字（图4）。从戈的形制看，"竝并戈"似乎在殷墟早期。杨锡璋先生曾对商代青铜戈作过形式学的研究，按照杨先生的意见，"并并戈"达不到二里岗时期青铜戈援长和援底宽3.5—4.5∶1的标准，援长不够，更符合其所划分的殷墟西区墓葬出土的AⅠ式，即銎式直内戈，此戈在大司空村二期时较少，到三、四期时增多，且数量相近[27]，说明石楼县征集的"竝并戈"时代有早到大司空二期的可能性。大司空村遗址的四期分法基本上代表了殷墟文化发展的序列。第一、二期

191

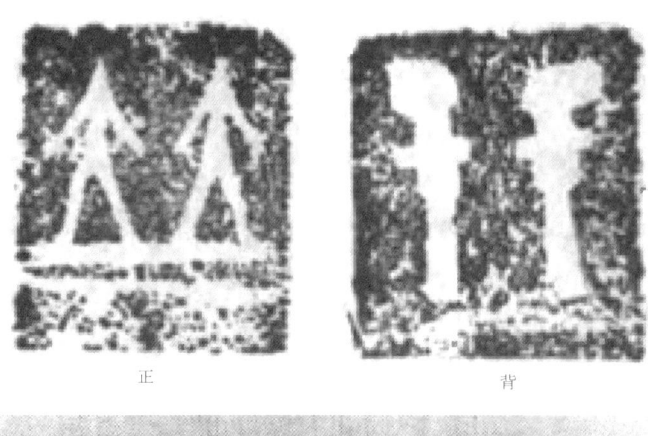

图 4 "并卅戈"及铭文拓片
(杨绍舜:《山西石楼新征集到的几件商代青铜器》,
《文物》,1976 年 2 期,第 94 页)

通称早期,第三、四期通称晚期[28]。其中大司空村三、四期分别属于廪辛、康丁、武乙、文丁和帝乙、帝辛时期[29]。20 世纪 70 年代,继小屯发现相当于大司空村一期的陶器与卜辞共存的遗存后,又发现了妇好墓和十八号墓,从而证明了武丁一代跨殷墟文化第一、二两期的结论[30]。殷墟文化第一期早段属于盘庚迁殷以后至武丁以前,绝对年代约相当于盘庚迁殷至小辛、小乙时代。殷墟文化第一期晚段的年代相当于武丁早期,因而第二期早段的上限就可早到武丁时代(约为武丁晚期),第二期晚段大致相当于祖庚、祖甲时代[31]。可见,大司空村二期约相当于武丁晚期至祖庚、祖甲时期。这就是"并卅戈"较早的年代范围,其有可能早到武丁晚期。

此外,20 世纪 50—70 年代,在今山西省中西部、陕西省东北部的晋陕交接一带,还征集和发掘出土了不少商代青铜器[32]。有"并"字铭文的青铜器在吕梁山地区出土,说明这里在商代曾为商王国所拥有,且称为并地。根据这些出土商代铜器和相关的甲骨文资料,彭邦炯先生认为,"并"是殷代一个有名的大民族,商代并氏故地应在今山西省中部一带,或许就在今太原、石楼一带[33]。由于这里征集到了可以早到殷墟文化二期偏早阶段的"竝卅戈",所以,我们据此推断这一带是晚商时代并氏、并国较早的居地。而"寿光亚器"的时代可能要偏晚些,在殷墟文化第三期的武乙前后。它们所反映的信息是，中原北部的邢氏族人由于某种原因，如为了逃避商周易代之乱，或随同殷纣东迁，定居于寿光一带。这批青铜器铭文中的"邢"，多是与"己""其"等字组合出现，似乎也暗示了原先独立的"邢""己""其"等国族之间碰撞与融合的迹象。"己""其"等族在山东的可能性较大[34]，所以"邢"很可能就是后来迁去的，然后与此前已经生活在这里的"其""己"等国族融合。当然也不能排除它们都是自别处迁于山东的可能性。

春秋时期，齐国军队曾驻扎过的"邢"地，可能就是商代迁于山东半岛的邢氏后来的居地。《春秋·庄公元年》："齐师迁纪邢、鄑、郚。"杜预云："邢，在东莞临朐县东南。"我们知道，"邢"字加邑旁是春秋战国时期地名字普遍的特征。又《汉书·地理志》齐郡临朐县班固自注云："应劭曰：临朐山有伯氏骈邑。"《齐乘》："临朐，古骈邑，齐大夫伯氏所封。"杨伯俊《春秋左传注》："（邢）故城在今山东安邱城西。"看来邢氏在山东的居地后来封给了齐国大夫伯氏，但已由"邢"演变为"骈邑"了。

另外，有迹象表明，"邢幷戈"所代表的商代邢氏，其不只是向东迁徙到山东半岛，而且还有向西迁徙的可能。1980年4月，文物工作者于陕西岐山县蔡家坡农副公司捡得一件"㚘母戊爵"（图5），通高21.8厘米，流至尾长16.4厘米，重0.6千克。窄流，近流折处有两个伞形柱，腹微鼓，卵圆形底，腹上有鋬，三足呈光刀状。腹饰细雷纹衬地的饕餮纹，鋬上端有浮雕牺首，鋬下铸铭文"㚘母戊"。报告称"㚘"可释为"邢"字，当系族徽，"㚘母戊"为作器者之名。该器为商代晚期之器[35]。从器形上看，它和殷墟文化二期出土的圜底Ⅲ式爵相近[36]。这类爵的特征是形体较大，圜底，伞形柱钮，兽头鋬，流、尾、腹均有扉棱。除了无扉棱外，其余如伞形柱、卵圆形底（即圜底）、鋬上浮雕牺首、鋬下有铸铭、腹部有饕餮纹等特征，均与殷墟文化二期的Ⅲ式爵相近。所以，岐山县蔡家坡出土的"㚘母戊爵"的时代，可定在殷墟文化二期。这说明晚商时代殷人的势力曾经到达岐山县

图 5 <mark>并</mark>母戊爵及铭文拓片
(庞文龙:《岐山县博物馆藏商周青铜器录遗》,
《考古与文物》,1994 年 3 期)

以北的陇东地区,而关中地区早在殷墟早期就在其掌控之中。殷墟文化二期的偏早阶段大约相当于武丁晚期,晚商在武丁时期曾有扩张疆土的武功。推测岐山县捡到的"<mark>并</mark>母戊爵"之并氏,很有可能就是在商王武丁时期由原并地迁徙至此的。其迁徙的方式,或是并国人跟随商王西征,或商人的势力向西扩展至岐山一带后,并国人被商王室指派戍边而来,武丁以后,可能脱离了商王朝的控制。

到了商周之际和西周早期,岐山一带的并氏,或许向北、向西迁至今陇东的泾水上游及其支流马莲河流域一带。20 世纪 70 年代,岐山县以北今甘肃庆阳曾出土过商代玉戈[37]。1983 年,又在庆阳韩庙滩咀的一座土坑墓中发现了商代晚期的鼎、觚、爵等三件青铜器[38]。其中爵还有铭文"<mark>且癸</mark>",其形制与前述岐山县的"<mark>并</mark>母戊爵"相近。1983 年 10 月,在甘肃灵台县新集公社崖湾大队东庄墓地出土的西周早期青铜器"<mark>并</mark>伯甗"(图 6),其铭文为"<mark>并</mark>伯乍宝彝"[39],"<mark>并</mark>伯"当是伯爵,并国君王的称谓。但是据报告称,这是一座长方形的竖穴土坑墓,南北向,早年被盗,"<mark>并</mark>伯甗"发现于距离地面约 83 厘米的墓穴东北角,可能是早年被盗时又遗失下来的,所以这座西周墓的其他情况并不清楚,只是发现了一些铜泡、蚌泡饰、兽骨、残陶鬲片和残玉器片等遗物。

从墓坑长 3.8 米、宽 2.9 米、距地面深 4.9 米的规模，结合其为一棺一椁的情况判断，显然这座墓的级别相当高，是方国君主的墓似乎是没有问题的。报告从该墓残存的遗迹判断，认为其形制、葬俗与灵台县白草坡等西周早期墓葬近似，年代大致为康王时期或稍晚一些，那么其一定晚于山西石楼县征集的"垃弁戈"的时代。所以单从时代上判断，似乎甘肃灵台县出土有"幷伯甗"的墓地所代表的并国是从山西石楼县一带西迁过来的，迁徙途中也许经过今岐山县一带。因为商代晚期甲骨文中就有并地，如前所引甲骨文，发现与并地有关系的有"攸"（与条、鸣条有关）、"郑"、"吴"（与虞通，即中条山一带的虞国）等国族，且并地是商王田猎的场所之一。虽然研究甲骨文地名的专家对于商王田猎区的分布、范围都有分歧，但是有一点是可以肯定的，即目前还没有人认为商王的田猎地可远至今甘肃灵台一带，所以，商代的并地、并国当不在泾水上游今甘肃地区。据此，甘肃庆阳、灵台一带发现与并国有关联的商周墓葬，表明这里的并国可能是由今山西一带西迁，经由岐山县而至于此的。

并氏西迁的原因，除了上述随着商文化的西播而迁徙外，可能还和晚商时期先周在

图 6　并伯甗及铭文拓片
（史可晕：《甘肃灵台县又发现一座西周墓葬》，《考古与文物》，1987 年 5 期）

殷人大后方的政治经营有关。据《史记·周本纪》记载，"西伯阴行善，诸侯皆来决平。于是虞、芮之人有狱不能决，乃如周"，结果被周文王倡导的"皆让长"之风气所感化，"遂还，俱让而去"。虞在今晋西南平陆县，芮在虞西，今黄河河曲一带，这里地处太行山、吕梁山脉连体的南段，在文王德仁的感化下归附周人的小国可能不少，虞、芮只是代表而已，所以在太行、吕梁两山并联之区的并国，也有可能归附周人而西迁。当然也不能排除并国或其一部分是在周人的武功下归并于周人的势力范围，并被西迁至泾水流域的。因为传世文献记载，文王在殷人的大后方发展实力，是德仁和武力并用的。

三、地名"并"之取义与"并州"浅论

国族地名"并"何以谓之"并"？通过上述考古和古文字资料的初步探讨，我们认为，其取义可能源于地貌形态。这个地貌部位就是今山西省中部自北而南的大同、忻定、太原、临汾等盆地及其东西两边太行和吕梁山脉之间河流冲积平原地带。对于生活在晋中冲积平原的人来说，所谓"并"，或许就是指东西两大山脉均南北向纵贯排列，并立于两边，组成一个独立的地域单元。相传起于夏代，形成于战国时代的九州制，有不同的版本，其中《周礼·职方》所提到的九州制中就有"并州"。其大体位置可能就是指今永济市以南黄河以北太行山脉和吕梁山脉东西并立组成的地域。并州在九州制中地理位置居中部偏北地带，地势高险，历来是兵家必争之地，在改朝换代过程中，其政治地理意义更为突出。并州的这一地理优势和作用，在三代更替中就已经有所体现了。

据《史记·周本纪》记载，文王受命之年决虞、芮之讼，二年伐犬戎，三年伐密须，四年伐耆，五年伐邘，六年伐崇，七年作丰邑。犬戎、密须、崇均在关西，邘在河内。《集解》引徐广曰："邘城在野王县西北，音于。"《正义》引《括地志》云："故邘城在怀州河内县西北二十七里，古邘国城也。"[40]看来，邘国的所在地正是商王的田猎地。"并"在甲骨文中也是田猎地，由此似可推知晚商的并

地也在周人灭商过程中拉拢攻伐的地理范围之内。耆就是黎[41],清华简《耆夜》篇有"武王八年征伐郘（黎）"的记载,将戡黎之事系于武王八年,与传世文献不同。《尚书·商书·西伯戡黎》"西伯既戡黎"下伪孔传云:"近王圻之诸侯,在上党东北。"[42]《史记·周本纪》正义引《括地志》云:"故黎城,黎侯国也,在潞州黎城县东北十八黎。"唐代潞州黎城县即今晋东黎城县,说明黎国就在商的王圻之边,离殷都极近。这样看来,周人在灭商前夕于殷西所经营的重要地区之一是古并州南部之地。而晚商时代的并地、并国,或许就在其攻伐的范围之内。由此可见,正是文王、武王通过施德和武功两种手段攫取了并州大部分地区后,才取得了"三分天下而有其二"的政治地理优势,为完成革商大业打下了坚实的基础。

从地域范围看,《周礼·职方》中并州和幽州（大体上指太行山脉以东、黄河下游以北的地区）合起来组成《尚书·禹贡》版九州制中的"冀州"。在传世文献的记载中,中国古代的九州制除了《职方》《禹贡》外,还有《吕氏春秋·有始览》《尔雅·释地》《史记·夏本纪》等,各个版本之间也都互有出入,不尽相同。古文字资料中,新近大家多有讨论的上博简《容成氏》[43]中,亦有九州之名,云夹、涂、竞、莒、藕、荆、阳、叙、虐等。关于上博简《容成氏》的九州制,李零先生[44]、苏建洲[45]、晏昌贵[46]、朱渊清[47]、陈伟[48]、陈剑[49]、沈建华[50]、易德生[51]等先生都有过讨论,在一些具体问题上意见不尽相同。如关于藕州的讨论,苏建洲和易德生以为是"幽州",其余学者基本一致地认为是"并州"。《容成氏》云:"禹乃通蒌与易,东注之海,于是乎藕州始可处也。"可见蒌水、易水所在之域为并州,蒌水或即滱水,或即滹沱河,易水在其北,它们都源于太行山脉。把这里称作并州,也基本符合我们关于古地名"并"得名于太行、吕梁两山相并峙之地貌形态的意见。《周礼·职方》中"并州"也是"其川虖池,呕夷,其浸涞、易"地域范围,说明九州制中的"并"似乎在原来大的区域地名"并"（太行、吕梁并联之域）的基础上有所东移。晏昌贵先生认为

《容成氏》的时代大约在两周之际或春秋早期，说明简文所指的"并州"，是在商代古并地的基础上延续而来的。

诸九州制中州名存在差异（表一），可能是因为每个九州的系统中，都体现了不同区域、不同时期的人们对九州制的一种习惯的、特定的看法。这些看法往往显露出重视本地区、本时代的倾向，因而某一个区域在不同的九州系统中，要么被高度重视而细分，多划出几个州来，要么被忽视而简单地只作为一个州来处理，或者在名称上加以改易。如《史记·夏本纪》中兖州作"沇州"。《周礼·职方》中的幽、并两州之地就相当于《尚书·禹贡》中的冀州之域。《周礼》是周人的典章制度，按照钱穆先生的观点[52]，至少周人的先公、先王有在并州一带活动过的历史，在王天下的过程中起于斯，获利于斯，对这里给予足够重视，是理所当然的。

另外，早在帝舜时期的十二州制中，古冀州之地亦被分为幽、并两州。《广韵·清韵》："并，亦州名。舜分冀州为幽州、并州。"说明帝舜及《周礼·职方》中九州制的提倡者重视黄河以北地区的政治地理观念。《史记·五帝本纪》曰："舜，冀州之人也。舜耕历山，渔雷泽，陶河滨，作什器于寿丘，就时于负夏。"虽然学界对历山、雷泽、河滨、寿丘、负夏等的地理位置有不同的意见，但大体上均在冀州及其附近地区，说明帝舜曾多在冀州活动。又《五帝本纪》"（舜）

表一　不同版本"九州制"的对照表

文献出处	九州名称											
《尚书·禹贡》	冀	兖	青	徐	扬	荆	豫	梁	雍			
《周礼·职方》	冀	兖	青		扬	荆	豫		雍	幽	并	
《吕氏春秋·有始览》	冀	兖	青	徐	扬	荆	豫		雍	幽		
《尔雅·释地》	冀	兖		徐	扬	荆	豫		雍	幽		营
《史记·夏本纪》	冀	沇	青	徐	扬	荆	豫	梁	雍			
上博简《容成氏》		兖		徐	扬	荆	豫		雍		并	竞 营

年六十一代尧践帝位"下《集解》引皇甫谧曰："舜所都，或言蒲阪，或言平阳，或言潘。潘，今上谷郡。"《正义》引《括地志》云："平阳，今晋州城是也。潘，今妫州城是也。蒲阪，今蒲州南二里河东县界蒲阪故城是也。"蒲阪在今山西永济，平阳在今临汾，潘在今河北涿鹿一带。这几处帝舜可能的都城，基本上都分布在太行、吕梁山脉之间及其附近南北延伸地区，亦在古并州的地域范围中，也更能说明帝舜曾置身并州治天下的史实。

楚简《容成氏》对今山东地区的州制划分比较详细，可能代表了这个区域的人们对于九州划分的一种看法。身居山东半岛之地，西向面对并州，唯太行山及其东麓山前地带是其重视之区，所以《容成氏》指示并州之地时，只言及太行山及其东麓的菱水、易水或滹沱河流域地区。

由此看来，九州制中的并州，可能就是以今山西省为主体的地域。之所以名并，是与这里东西两座山脉并立对峙的地貌形态有关，而且不单是并立处之，还是一种由东边的太行山脉和西部的吕梁山脉相对并立且组成一个统一体的概念。"并"本身的含义就是两两相并而组成统一体。"并"在先秦时期当是个较大的区域地名，即九州制中的并州。其核心可能就是太行山和吕梁山两两相对的中心部位，今天看来当是晋中太原盆地一带。所以后世各代在地方行政区划的命名上，往往沿用这一名称。如自西汉设"并州刺史"后，曹魏曾置"并州"、宋太平兴国年间复置"并州"等。

综上所述，"并"是一个很古老的地名，其取义或与其所指称地区的地貌特征有关，即太行、吕梁二山南北纵贯而并峙之地形，这里就是古并州的所在，古并氏、并国亦应在此区某处。据前述相关文物考古及古文字资料初步推断，出土"竝并戈"的山西石楼一带，或是其较早的居地。商代晚期，开始向外迁徙，一支东播于山东半岛，其后裔居处在春秋时代为齐大夫伯氏的封邑；一部分西迁至关中西部今岐山县一带，并于西周早期继续北移于甘肃陇东泾水上游及其支流马莲河流域，灵台县出土的"并伯甗"可能就是西周并国君主的自作用器。

早于"晋""并"的与山西有关的古地名还有一个,就是"冀"。在《尚书·禹贡》的"九州"中,今山西、河北、北京、天津之地被称为"冀州"。中国古代的"九州"有多个版本,除了《尚书·禹贡》外,还有《尔雅·释地》《周礼·职方》《吕氏春秋·有始览》及楚简《容成氏》篇。各本但凡有冀州者,多用"冀"字。关于"冀州"之"冀"的得名,有一种说法是,冀是春秋时期的国名,冀国后为晋所灭,故址在今山西河津东北冀亭,即古冀国。顾颉刚认为九州之冀州得名和这个古冀国有关。

《尚书·五子之歌》:"惟彼陶唐,有此冀方。"伪孔传:"陶唐帝尧氏都冀州,统天下四方。"这个"冀州"尚不知是否与古冀国有关,如果有关,则冀国和帝尧的活动地区有关。有学者认为今陶寺遗址属尧文化,这之间看来不无关系。又《左传·昭公四年》:"冀之北土,马之所生,无兴国焉。"记载的是晋平公二十年,楚灵王(时为其三年)派椒举来晋国,请晋国出面助其召见诸侯各国,以增加其影响。平公有心不接见椒举,司马侯劝平公接见,认为楚国是自取灭亡。平公说:"我晋国有三条可以取胜于天下诸侯,地势险要,多产良马,楚齐等国又自己有灾祸。"司马侯认为此三条没有一条足以让晋国兴国。在这次对话中,司马侯谈到了"冀之北土,马之所生,无兴国焉"。杜注认为"冀之北土"指燕、代。我们认为应该是北屈、屈等地,即今吉县、乡宁一线以北至柳林、离石一带,而非燕、代,因为燕、代两地均有较为强大的国家。《史记·晋世家》《左传·庄公二十八年》《左传·僖公四年》《国语·晋语一》等都记载过屈、北屈、二屈、屈产等。又《左传·僖公二年》:"晋荀息请以屈产之乘与垂棘之璧,假道于虞以伐虢。"杜注:"屈地生良马,垂棘出美玉。"今石楼、柳林县还有屈产河,"屈产之乘"可能与此地有关。由此看来,"冀之北土"之"冀"可能说的是位于今河津一带的古冀国,其北正好是屈地、屈产之乘的得来之地。

看来冀州很可能最初只在晋南。后来的并、幽州并非是由冀州分出,而是自冀州继续向北的拓展。如此,则冀州在南,并州在中部,幽州在北部。

晋之分野,河东之地为参宿分野,参宿属于二十八宿中西方白虎中的最后一个宿。

关于大夏、夏墟、古唐国、河东、太原,顾祖禹《读史方舆纪要》卷四十山西太原府太原县太原故城下云:"盖大夏、大原、大卤、夏墟、晋阳、鄂凡六名,其实一也。"这显然是有问题的。

四、晋国疆域的拓展与地理之关系

历史上,对晋国疆域全面关注的论说,最值一提的是顾炎武《日知录》卷三十一"晋国"条下的论述,其云:

晋自武公灭翼,而王命曲沃伯以一军,为晋侯。其时疆土未广,至献公始大。考之于《传》,灭杨、灭霍、灭耿、灭魏、灭虞。重耳居蒲,夷吾居屈,太子居曲沃,而公都绛,不过今平阳一府之境。而灭虢、灭焦,则跨大河之南。至惠公败韩之后,秦征河东,则内及解梁。狄取狐厨,涉汾而晋境稍蹙,文公始启南阳,得今之怀庆,襄公败秦于殽,自此惠公赂秦之地复为晋有,而以河西为境,若霍太山以北,大都皆狄地,不属于晋。文公作三行,以御狄。襄公败狄于箕,而狄患始稀。悼公用魏绛和戎之谋,以货易土。平公用荀吴败狄于太原,于是晋之北境至于洞涡、雒阴之间。而邬、祁、平陵、梗阳、涂水、马首、盂为祁氏之邑,晋阳为赵氏之邑矣。若成公灭赤狄潞氏而得今之潞安,顷公灭肥、灭鼓而得今之真定,皆一一可考。

顾亭林用短短的二三百字就把晋国疆域的发展脉络梳理得相当清晰,不愧是经典之笔。但其所述起自曲沃代翼之际,而于此前的情况如何,没有交代。虽然《日知录》卷三十一"唐"条下讨论过晋始封地的问题,但始封地和始封时期的疆域是两个不同的概念。而对所提各关键地点与当时的对应地点的表述,也过于粗线条。

我们用历史地理的视角纵观晋国疆域的发展史发现,一方面在一定程度上受到了自然地理形势的影响,另一方面,晋国疆域扩张的力度以及每一步进程都是和晋国的国力相联系在一起的。如太岳山、乌岭山、吕梁山、绛山所围成的临汾盆地,四面皆山,晋国初期的国力较弱,很难在其边境地区得心应手地扩展领地,而一旦晋国突破这些山脉的交通要塞,通过控制这些要塞,从而进入另外的地理单元后,很快就会全部占领这些新的地理单元,这是地理形势所表现出的特征。如对晋东南的控制,晋国主要是通过今晋南洪洞县、古县向东至安泽、沁源、长治的通道,以及从晋中南下的黄花岭关、龙舟峪关、岭子关等要塞,来控制晋东南上党地区。所以说,晋国疆域的扩展与变迁,是晋地范围内的自然地理形势同晋国国力相互交融的结果。通过对晋国疆域变迁的考察,我们提出了其发展的三阶段说,即:

1. 晋穆侯以前,可能在今山西省曲沃、翼城地区。晋国疆域只是在初封的区域之内,没有多大的扩展,所以我们称之为分封后的迁都所至,即以原初封地及数次迁都所至为中心的区域。

2. 穆、献以降,至献、惠、怀之际,北扩至霍山以南,南到中条、黄河,西南部偶越黄河,东到太岳山一线,大致在今临汾、运城盆地,此乃第二阶段。这一时期以武力攻取为主,攻灭了周围好几个较有实力的小国及封国,同时打击了戎狄的势力。

3. 自晋文公始,至于晋亡,晋国东向跨太行,东南出南阳,北经雀鼠谷进入晋中、趋向晋北,西向关中更远处发展,是晋出山越河寻求更大发展的鼎盛时期。西与秦,东与中山、齐、鲁,东南与卫,南与周、郑等周临各国全面接触,相互功伐,或有略土。同时晋北、晋西北、晋东、晋东北的戎狄在晋人的重创之下归附晋国。

下面对这三个阶段(分不同的时期)逐一进行讨论:

(一)叔虞初封至武侯、穆侯时期

《史记·晋世家》曰:"(周)武王崩,成王立,唐有乱,周公诛灭唐。成王与叔虞戏,削桐叶为珪,以与叔虞,曰:'以此封若。'史佚因请择日立叔虞。成王曰:'吾与之戏耳。'史佚曰:'天子无戏言。言则史书之,礼成之,乐歌之。'于是遂封叔虞于唐。唐在河、汾之东,方百里,故曰唐叔虞。"[53]从这段晋祖叔虞被封的历史记载中看,叔虞始受封的古唐国之地理位置在"河、汾之东",地域范围为"方百里"。《孟子·告子下》云:"天子之地方千里,不千里不足以待诸侯。诸侯之地方百里,不百里不足以守宗庙之典籍。周公之封于鲁,为方百里也,地非不足,而俭于百里。太公之封于齐也,亦为方百里也,地非不足也,而俭于百里。今鲁方百里者五,子以为有王者作,则鲁在所损乎?在所益乎?……周公、太公地尚不能满百里,俭而不足也,后世兼侵小国,今鲁乃五百里矣。"[54]看来诸侯之地"方百里"的惯例是西周礼制所规定的,而且各诸侯国的始封者为了表达其"俭"而往往不足百里,所以,周初受封的唐叔虞,理应严格执行周制,其国辖域当在区区百里之内,或为确信之言。

又《上海博物馆藏战国楚竹书(二)》之《容成氏》曰:"昔尧处于丹府与藋陵之间,尧戈陀而□□寞(赛?),不劝而民力,不刑杀而无盗贼,甚缓而民服。于是乎方【6】(简编号,引者按)百里之中,率天下之人就,奉而立之,以为天子。"[55]可见传说时代的帝王立国,在百里之内即可成。而周初叔虞所封之唐,作为唐尧之后的古唐国,其域方百里,似乎应合了《容成氏》的说法。所以《史记·晋世家》古唐国地域"方百里"的记载是基本可信的。而叔虞封于此,当不会广于百里。

邹衡先生认为晋国早期疆域必不广大。《晋初封地考》一文说:"西周初至战国早期,山西南部与晋国(包括三晋)并存的还有许多受周封的姬姓或异姓小国以及戎、狄等少数民族,从晋穆侯以来才逐渐被晋国兼并。不用说,在晋兼并前的晋始封之时,这些小国或少数民族所据之地绝不可能是晋国领地,晋国只能局限于很小的范围之内。"[56]晋国在献公之前,向周围扩展领土的力度非常小,其疆域很可能是指今翼城、曲沃和侯马一带的相应地区,即在东到翔山,西至汾河,北达乔山、塔儿山,南抵绛山的区区之地内,或包括塔儿山周围。

20世纪80年代以来发现和逐步发掘的天马—曲村遗址为晋国初封地问题的探讨揭开了新的一页,特别是北赵晋侯墓地9组19座晋侯及其夫人墓的发掘,使这一问题更为明朗化。

目前,虽然天马—曲村遗址是否就是晋初封地唐或别的都城,学术界还有一定的分歧,但北赵晋侯墓地无可争辩地说明这里曾经是晋侯及晋国人所生活过的地域,是没有问题的,那么它也一定在晋国的疆域范围之内。所以,今山西省曲沃、翼城两县大体上为晋穆侯以前晋疆的主体部分(图7)。

(二)穆侯以降至文公时期

这个时期,晋国开始打破初封地的范围,向周围扩展疆土了。又可分为以下三个小阶段:1.晋穆侯、晋文侯时期;2.晋昭侯、晋武公、晋献公时期;3.晋惠公、晋怀公、晋文公时期。

1. 晋穆侯、晋文侯时期

(1)条地

《史记·晋世家》云:"(晋穆侯)七年,伐条,生太子仇。十年,伐千亩,有功。生少子,名曰成师。"《集解》引杜注:"条,晋地。西河介休县南有地名千亩。"《集解》所引杜注当是《左传·桓公二年》"初,晋穆侯之夫人姜氏以条之役生大子,命之曰仇"下杜注,这是文献所见晋国首次向周围的国族展开攻伐之事。条地,杜预以为晋地,而未详确址,其或与《后汉书·西羌传》"宣王三十八年,伐条戎"之"条戎"当是一事。另外《竹书纪年》亦云:"王师及晋师伐条戎、奔戎。"顾栋高云:"旧以直隶河间府景州有古条为晋条地,汉周亚夫所封。今按其地太远,穆侯时疆土疑不到此,今山西解州安邑县有中条山,县北三十里有鸣条冈。孟子曰舜卒于鸣条,《尚书·大传》汤伐桀,战于鸣条。此为晋之条地,当近是。"[57]

钱穆先生指出:"旧说皆以安邑鸣条冈说之。案:中条山绵延甚远,此戎或盘踞中条山中,而不能说其的所。"[58]则又是在《春秋大事表》的基础上提出的谨慎看法,看来晋条地在中条山某处是可以确定的。由条为晋国早期首先攻伐的对象这一点来思考,其地应与当时晋国疆域较为接近才是,而今闻喜县之所谓的鸣条冈[59],乃中条山之支脉,位置偏北,与今曲沃、翼城相对较近,所以把它作为晋条地的所在是可备一说的。

(2)千亩

亦见《史记·周本纪》,其云:"(周宣王)三十九年,战于千亩,王师败绩于姜氏之戎。"《索隐》:"千亩,地名,在西河介休县。"《史记·赵世家》亦云:"由此为赵氏,自造父已下六世至奄父,曰公仲,周宣王时伐戎,为御。及千亩战。"《正义》曰:"《括地志》云千亩原在晋州岳阳县北九十里也。"唐晋州岳阳县治今山西省古县,其北九十里已到晋中南界。钱穆先生提出不同看法:"《元和志》:'千亩原在晋州岳阳县北九十里,周回四十里。'《正义》之说得之。介休非当时周、晋兵力所及。岳阳故城,今安泽县东。"[60] 钱先生是嫌介休过于偏北而置"晋州岳阳故城"于安泽县东,不知何据,所以我们仍然以千亩在今介休为是。

2004年10月19日,笔者在太原师范学院环境变迁与历史研究所走访了谢鸿喜先生,聆听了先生不少教导,受益颇多。据谢先生讲,千亩的位置可能就是灵石静升旌介一带,因为谢先生曾踏察过此地,发现这里四面开阔,地势平坦,符合"千亩"之义。而且早在1976年、1985年,在这里发掘过三座商代晚期的中型墓,出土了殷墟晚期风格的爵、罍、尊等青铜

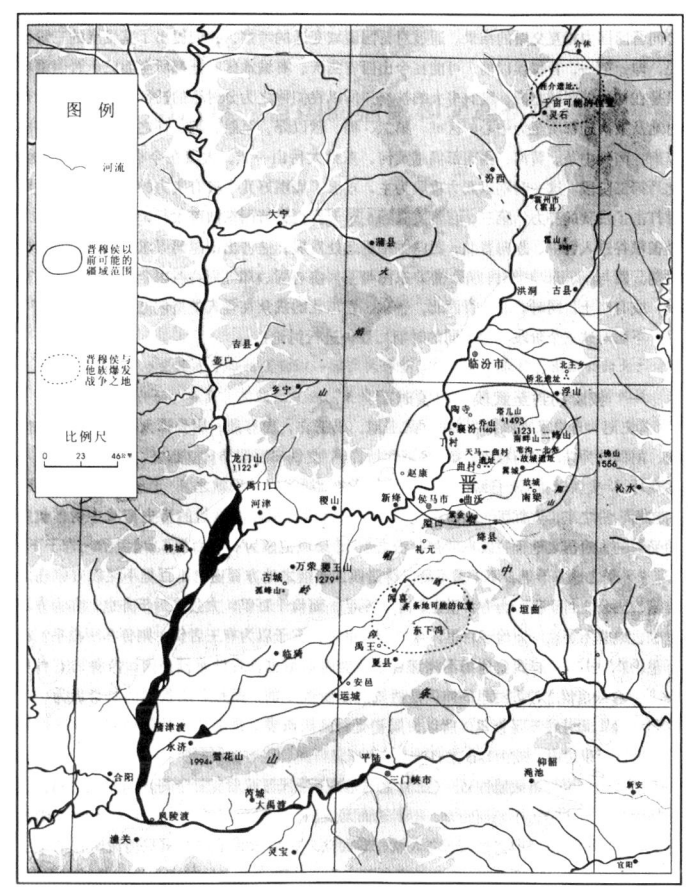

图7 晋穆侯时期晋国疆域图（摘自马保春《晋国历史地理研究》,文物出版社,2007年,以下疆域图均出自此书,不再注）

礼器,同时又有北方系青铜文化的某些特征,可以认为这一带为商文化与北方系青铜文化交汇处的一个小方国[61],说明商代末期这里确实存在着某个国族,至周初仍然在此生活。

此期,条地在晋疆之南,千亩在晋疆之北。先秦征战,不像后世人想

象的那样，交战双方相互比邻，中间无任何隙地，都是在自己势力范围的周边与对手较量，其实未必尽然，交战双方完全有可能是相距较远而不甚了解，但知道对方为自己发展的威胁，或危险有可能来自那里的时候，交战的一方完全有可能越过二者之间的隙地或者是别的小国族，而进行远征。如汤桀之战、武王灭商，均是这样。再如秦欲袭郑，只有通过晋境，方可与郑国地域相接，计谋失败后，灭滑而还，滑地西距秦也相当遥远。所以，晋穆侯时期，晋国的疆域不至介休，但不一定晋人就不在此作战，看来，置千亩于今介休、灵石一带，是可以接受的。谢鸿喜先生也认为，晋国叩问晋中，并非始于献公时期，此前的穆侯时期，兵锋已北至此，只是战而复还而已[62]。

2. 晋昭侯、晋武公、晋献公时期

（1）荀地

荀地，或称为荀国。《古本竹书纪年》："（晋）武公灭荀，以赐大夫原氏黯，是为荀叔。"则曲沃武公时期已经灭荀而有之。此荀地不同于《史记·晋世家》"咎犯与秦晋大夫盟于郇"之"郇"。荀在今山西省新绛县北。而郇地，《集解》引杜预云："解县西北有郇城。"有关西晋解县的地望，作如下考证：

《左传·僖公二十四年》："毕原酆郇，文之昭也。"可见文王子封于郇地。又《左传·成公六年》："郇瑕氏之地，沃饶而近盬。"服虔云："郇国在解县东，郇瑕氏之虚也。"《水经·涑水注》云："涑水西迳郇城。京相璠曰：'桑泉、臼衰、并在解县东。《传》言'入桑泉，取臼衰'，不言解，明不至解。'今解故城东北二十四里有故城，在猗氏故城西北，乡俗名之为郇城。服虔之说，贤于杜氏。"钱穆《史记地名考》卷十一"郇"下按语云："《清统志》：'郇城在猗氏县西南'，是也。《方舆纪要》：'在临晋北十五里'，恐不得为'沃饶而近盬'矣。"则郇地在今运城盆地的涑水下游一带，与新绛北相去较远，非一地。

此前荀人曾有叛曲沃之举，《今本竹书纪年》："周桓王五年（原注：曲沃武公元年），芮人乘京，荀人、董伯皆叛曲沃。"可见在曲沃武公元年，即公元前715年时，荀国还是独立于曲沃的，则武公灭荀是在其元年之后的事了。

（2）董地

《今本竹书纪年》："周桓王五年（原注：曲沃武公元年），芮人乘京，荀人、董伯皆叛曲沃。"芮人、荀人、董伯既叛曲沃，说明此前三地当与晋旁支曲沃势力为盟，因而三地当近于曲沃之域。有关董地地望，《左传·文公六年》："改蒐于董，易中军。"杜注："河东汾阴县有董亭。"《春秋大事表·春秋列国都邑表》"董"条下云："晋汾阴今为蒲州府荣河县。又闻喜县东北四十里接绛州界有董氏陂，中产杨柳可以为箭，即《左传》所谓董泽之蒲也……疑为一地。"[63] 顾栋高是将汾阴之董与闻喜之董等同之，置于闻喜东北。高士奇《春秋地名考略》卷四亦认为杜注董亭与清闻喜之董泽陂"疑为一地"[64]。《元和郡县志》闻喜县董泽，一名董池陂，在县东北十四里。杜氏于文公六年、宣公十二年所注董在汾阴县，董泽在闻喜县东北，不知同否。但是闻喜县东北之董泽陂更接近曲沃境，所以推想晋武公之董，可能在闻喜、绛县一带。

探讨某一个诸侯国的疆域，一方面要努力寻找属于其疆域范围之内的土地，另一方面也要不失时机地考究其疆界附近不属于该国的地域。

《史记·晋世家》："鄂侯六年卒。曲沃庄伯闻晋鄂侯卒，乃兴兵伐晋。周平王使虢公将兵伐曲沃庄伯，庄伯走保曲沃。"说明至晋鄂侯末年，中条山以南之地还不为晋有。我们所说的晋包括正宗文侯一族和曲沃桓叔一族。

《史记·晋世家》又云："哀侯八年，晋侵陉廷。陉廷与曲沃武公谋，九年，伐晋于汾旁，虏哀侯。"按：引文后半部分我们认为应该这样标点："九年，伐晋，于汾旁虏哀侯。"陉廷在今曲沃县听城村，如古曲沃在今曲沃县南部峨嵋岭北，则既不属于晋正宗，也不属于曲沃小宗，陉廷与二者显然是并立的关系，如此看来，在早期晋国疆域的可能范围之内，并不是完全皆归于晋，可见当时晋的疆域并不大。"于汾旁虏哀侯"很有可能是晋不敌曲沃，哀侯出逃至汾旁后被虏。

（3）骊戎

骊戎是晋献公的时候被晋所灭的。《史记·晋世家》："（献公）五年，伐骊戎，得骊姬、骊姬弟，俱爱幸之。"《集解》引韦昭曰："西戎之别，在骊山也。"《国语·晋语一》："献公卜伐骊戎。"韦昭注："献公，晋武公之子献公诡诸也。骊戎，西戎之别，在骊山者也。其君男爵，姬姓也，秦曰骊邑，汉高帝徙丰民于骊邑，更曰新丰，在京兆。"《左传·庄公二十八年》："晋伐骊戎，骊戎男女以骊姬。"杜注："骊戎，在京兆新丰县，其君姬姓，其爵男也。"

有关骊戎之所在，韦昭和杜预都是放在了今陕西省关中东部的骊山一带，而蒙文通先生以为"依骊山以说骊氏，谓在新丰县，殆不可据……于时晋之攻伐，不可远至河西达于渭域也"[65]。陈槃先生基本赞同蒙文通先生的意见[66]。顾颉刚先生指出："彼时晋献公都绛，西未灭耿，西南未灭魏，南未灭虞、虢，不审其将由何道渡河转渭以伐此居于骊山下之戎也？"[67]所以顾先生也认为骊戎不在骊山，而以《国语·晋语四》"公悦，乃行赂于草中之戎与丽土之狄"，"丽土之狄"为骊戎，从而等于把骊戎置于晋东南了。沈长云先生以为骊山、骊土从古音上、词义上不能相通和对等，又认为骊戎出自犬戎，其地望仍当在关中东部骊山一带[68]。骊戎是在晋献公五年，即公元前672年，被晋所灭的。

晋献公时期虽未灭耿、魏、虞、虢诸国，但从地理位置来看，它们并不能阻止晋人西渡黄河入河西。因为耿在汾、河之交，在涑水流域以北，而魏在中条山以南，亦不及涑水，虞、虢更在魏东，且在中条山间及其以南，所以晋人完全有可能自涑河而下，于后来的蒲津渡渡河，且此前曲沃旁支可能已对涑水流域经营多年，推想其对涑水流域的控制力度还是较强的，所以我们同意沈长云先生的意见，还是把骊戎置于今陕西东部骊山一带。

（4）蒲、屈

《史记·晋世家》："十二年，骊姬生奚齐。献公有意废太子，乃曰：'曲沃，吾先祖宗庙所在，而蒲边秦，屈边翟，不使诸子居之，我惧焉。'"《集解》引韦昭曰："蒲，今蒲坂；屈，北屈。皆在河东。"杜预曰："蒲，今平阳蒲子县是也。"按：钱穆先生指出："蒲城，今隰县西北。杜预以为即重耳所居。《水经注》从其说。其地尚在平阳西北二百八十里，恐晋献公时晋疆不至此，当依韦昭说。至惠、文所降蒲阳，则为蒲子县。则蒲在永济。"[69]

又《国语·晋语一》亦云："骊姬赂二五，使言于公曰：'夫曲沃，君之宗也；蒲与二屈，君之疆也，不可以无主。宗邑无主，则民不威；疆场无主，则启戎心。戎之生心，民慢其政，国之患也。若使太子主曲沃，而二公子主蒲与屈，乃可以威民而惧戎，且旌君伐。'使俱曰：'狄之广莫，于晋为都，晋之启土。不亦宜乎？'"此两段记载说明了蒲、屈在晋献公时期（具体讲晋献公十二年是公元前665年）晋国疆土的位置。它们是北部与西南部的边疆。

（5）霍、魏、耿

《史记·晋世家》："十六年，晋献公作二军。公将上军，太子申生将下军，赵夙御戎，毕万为右，伐灭霍，灭魏，灭耿。"《集解》："服虔曰：'三国皆姬姓，魏在晋之蒲阪，河东也。'杜预曰：'平阳皮氏县东南有耿乡，永安县东北有霍太山也。'"《索隐》按："永安县西南汾水西有霍城，古霍国；有霍水，出霍太山。《地理志》河东河北县，古魏国。《地记》亦以为然。服虔云在蒲阪，非也。《地记》又曰皮氏县汾水南耿城，是故耿国也。"

又《国语·晋语一》："（献公）十六年，公作二军，公将上军，太子申生将下军，以伐霍……太子遂行。克霍而反，谗言弥兴。"

按：钱穆《史记地名考》（509页）[案]云：《水经注》羊求水西迳北屈故城南，城即夷吾所奔邑。今山西吉县东北。又《水经注》引《竹书纪年》魏襄王十一年，翟章救郑，次于南屈。应劭曰："有南故加北。"则晋献公十六年时，晋向北、西、西南三个方向均有拓展。晋献公十六年即公元前661年。

（6）东山

《史记·晋世家》曰："十七年，晋侯使太子申生伐东山。"《集解》："贾逵曰：'东山，赤狄别种。'"钱穆先生认为"《左》闵二年：'东

209

山皋落氏。'《水经注》清水迳皋落城北。"今垣曲县西北五十里有皋落堡。

又《国语·晋语一》:"申生胜狄而反,谗言作于中……十七年冬,公使太子伐东山。"晋献公十七年为公元前660年,这一年,太子申生伐东山皋落氏,获胜而归,其地或属晋。

(7)虞、虢

《左传·僖公二年》:"晋荀息请以屈产之乘与垂棘之璧,假道于虞以伐虢。公曰:'是吾宝也。'对曰:'若得道于虞,犹外府也。'"杜注:"荀息,荀叔也。屈地生良马,垂棘出美玉,故以为名。四马曰乘,自晋适虢途出于虞,故假道。"晋假之虞道,实际上就是自北向南翻越中条山的颠軨道。鲁僖公二年乃公元前658年,于晋为献公十九年。又《史记·晋世家》:"(晋献公)十九年……乃使荀息以屈产之乘,假道于虞。虞假道,遂伐虢,取其下阳以归。"《集解》:"服虔曰:'下阳,虢邑也,在大阳东北三十里。《谷梁传》曰下阳,虞、虢之塞邑。'"

又《左传·僖公五年》:"晋侯复假道于虞以伐虢,宫之奇谏曰:'虢,虞之表也。虢亡,虞必从之。晋不可启,寇不可玩,一之为甚,其可再乎?'"杜注:"为二年假晋道灭下阳,谚所谓辅车相依,唇亡齿寒者,其虞虢之谓也。"《史记·晋世家》:"(献公二十二年)其冬,晋灭虢,虢公丑奔周。还,袭灭虞,虏虞公及其大夫井伯百里奚,以媵秦穆姬,而修虞祀。"按:晋献公二十二年为公元前655年,至此,晋完全占领了虞、虢所在的古虞阪道之塞,控制了渡黄河南去的重要通道。

(8)屈、翟

《史记·晋世家》:"二十三年,献公遂发贾华等伐屈,屈溃。……二十五年,晋伐翟,翟以重耳故,亦击晋于龁桑。"《集解》:"《左传》作'采桑',服虔曰:'翟地。'"《索隐》:"裴氏云《左传》作'采桑'。按:今平阳曲南七十里河水有采桑津,是晋境,服虔云翟地,亦颇相近。然字作'龁桑',龁桑,卫地,恐非也。"晋献公二十五年为公元前652年,我们认为这里是晋西北方向于此时最远的疆土。

(9)河外列城五

《国语·晋语二》记载了晋公子

夷吾请求秦人支持他入晋为君,为此许下诺言说:"亡人苟入扫宗庙,定社稷,亡人何国之与有?君实有郡县,且入河外列城五。"又《左传·僖公十五年》:"既而皆背之,赂秦伯以河外列城五,东尽虢略,南及华山,内及解梁城,既而不与。"鲁僖公十五年乃公元前 645 年,于晋为惠公六年。晋惠公在归国即位前就能以"河外列城五"许秦而赂之,说明至迟在惠公即位前一年,即公元前 651 年,"河外列城五"已为晋有。由此推断"河外列城五"当是晋献公时期被纳入晋国版图的。

"河外列城五",据《左传·僖公十五年》杜注,大致位置在今黄河以南、以西近河之处,可能东起虢略,即今河南灵宝市虢略镇一带;西至黄河以西秦国东界,相当于今陕西省华县、大荔、澄城一带[70];北似乎又在黄河以北今永济附近的解梁城;南至今陕西华山。

此时的晋疆范围,从以上各被灭国族的地理方位看,就能有个大致的把握。《史记·晋世家》云:"当此时,晋强,西有河西,与秦接境,北边翟,东至河内。"《索隐》:"河内,河曲也。内音汭。"首先,"当此时"乃指晋献公末年,即公元前 652 年左右。其次,是对"东至河内"的理解问题。如果"河内"为后来晋所启南阳地,则其在晋境东南,语义可通,如此一来,《索隐》所云当不确,但是当时晋疆恐不至此,语义虽通,而与事实不符,且"河内"一词晚出,所以当不取此解。假若依《索隐》所释,以"河内"为"河汭",即河曲,地在今晋西南黄河转弯的山西省永济、芮城一带,则其方位又不在晋境之东,而是晋疆之南,因此,颇疑《史记·晋世家》"东至河内"之"东"为"南"字之误,且其前言"北",其后言"南",也是常有的惯例。如此,则《史记·晋世家》只言北、西、南三方,而未及东方,或许是因为当时晋在北、西、南三方有所拓展,而于东方没有开拓,故不言。所以当时晋域之东境,实乃晋国都所在的核心区域(图 8)。

有关晋献公末年的晋国疆域,《国语·晋语二》亦有所载,其云:"宰孔谓其御曰:'晋侯将死矣!景霍以为城,而汾、河、涑、浍以为渠,戎、狄之民实环之。汪是土也！"[71]韦注："景，大也。大霍，晋山名也，今在河东。四者水名也。渠，池也。环，绕也。汪，大貌。"

"晋侯将死矣"之"晋侯"当是晋献公。"景霍"之"景"，韦昭以为"大"义，恐不确。"景、霍"可能与"汾、河、涑、浍"一样，也是指同类与地域有关的事物，后者为河川，前者由"霍"为霍山推断，"景"亦当为山名。雍正《山西通志》卷二十四"山川"万荣县下云："孤山在县南二里，高十五里，盘踞八十余里，以不接他山名孤山，一名方山，以其四面胥方也，又以山基绵延名绵山，西半隅有槛泉，南麓有双泉，又有桃花洞，其东谷有暖泉，又名东谷涧，上有法云槛泉寺，《唐志》猗氏有孤山，《山海经》名景山。"《山海经·北山经》云："又南三百里曰景山，南望盐贩之泽，北望少泽。"郭璞注："《外传》曰景霍以为城。盐贩，即盐池也，今在河东猗氏县，或无贩字。"从孤山南望，正好是今运城与永济一带的盐池所在，所以，《晋语二》"景霍"之"景"，与"霍"指霍山一样，也是指一座山，即今山西万荣县的孤山。此山与霍山一南一北，遥相呼应，正好代表了当是晋境内的主要地区，似为国都的天然城郭，而"汾、河、涑、浍"正是流行其间或附近的河流，符合宰孔之意。

所以，晋国在晋献公时期的疆域，我们又可表述为：北达霍山，南及河外，东到太岳、乌岭山脉，西渡河与秦为界。

又《国语·晋语一》："郭偃曰……今晋国之方，偏侯也，其土又小，大国在侧，虽欲纵惑，未获专也。"韦昭注曰："方，大也。偏，偏方也，乃甸内偏方小侯也。《传》曰：'今晋甸侯。'其土又小，小于三季王也。大国，谓齐、秦也。专，擅也。"《晋语》所载晋国事，始自武公代翼、献公拓土之时，所以郭偃此言或即晋献公时期的地理状况，当时齐桓公称霸，秦国亦在迅速地壮大，所以晋国东、西都有强国，相比之下而称其为"偏侯也，其土又小"，实际上是其疆东不过太行、西不越黄河的局势。

3. 晋惠公、晋文公时期

此期扩地的特点是，通过扶持王

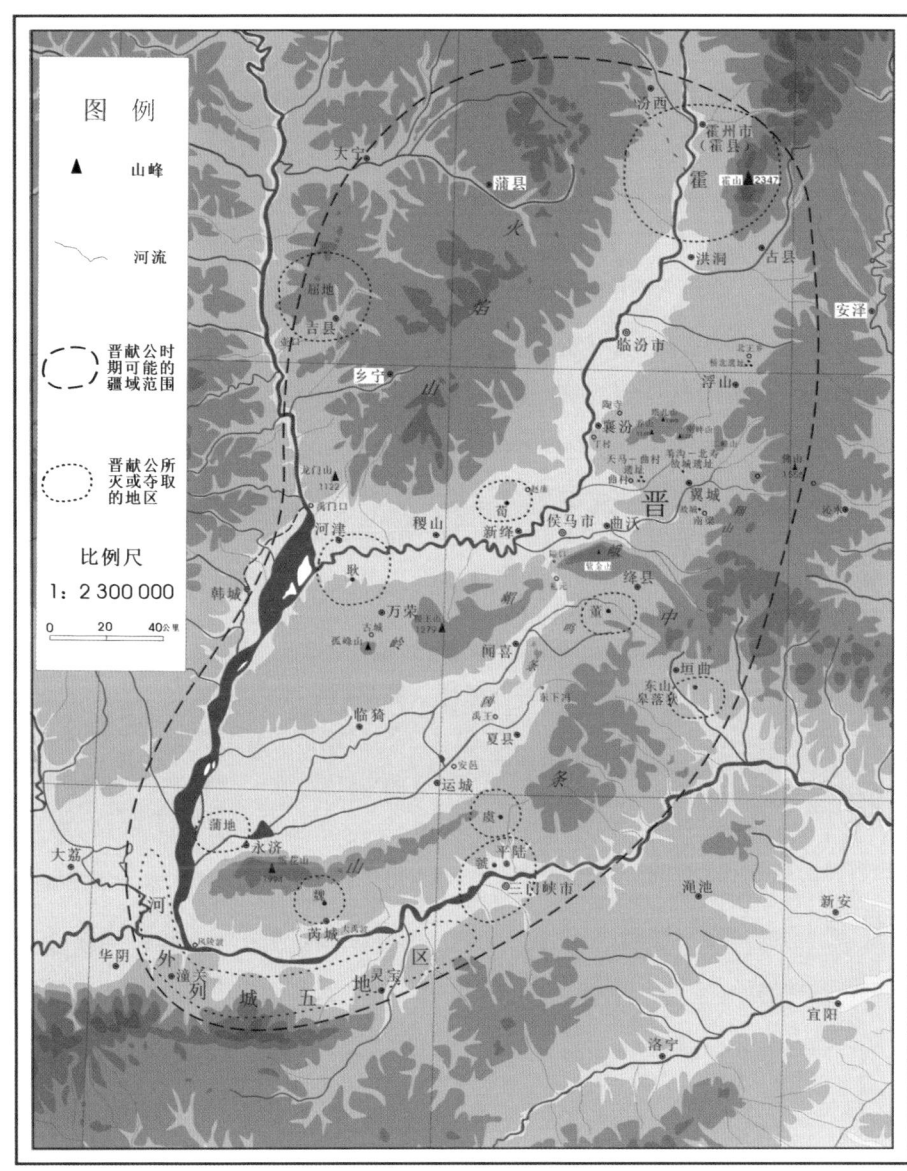

图 8 晋献公时期的疆域

室，以德化的方式来取得进展，例如王室赐南阳于晋文公，文公又以德取原地。另外一个特点是，晋文公时期在东南方向上的重要拓展，为下一个阶段晋人翻越太行山，进入华北大平原，与齐、鲁、中山、卫等国疆域接触打下了基础。

惠公时期，晋国的西南边疆仍在河曲一带。《国语·晋语二》："公子絷退，吊公子夷吾于梁……公子夷吾出，见使者，再拜稽首，起而不哭，退而私于公子絷曰：'……君苟辅我，蔑天命矣！亡人苟入扫宗庙，定社稷，亡人何国之与有？君实有郡县，且入河外列城五。'"

"河外列城五"仍然是晋惠公时期晋国西南边疆，皆与秦疆相近，故有赂秦之可能。

（1）韩原

《国语·晋语三》："（惠公）六年，秦岁定，帅师侵晋，至于韩。"韦昭注："韩，晋地韩原。"按：则韩原亦为晋西北之边地。

（2）草中之戎、丽土之狄

《国语·晋语四》云："冬，襄王避昭叔之难，居于郑地汜。使来告难，亦使告于秦。子犯曰：'……若不纳，秦将纳之，则失周矣，何以求诸侯？……继文之业，定武之功，启土安疆，于此乎？在矣……'公悦，乃行赂于草中之戎与丽土之狄，以启东道。"韦昭注："冬，文公元年冬也。二邑戎狄，间在晋东。"文公元年为公元前636年，这是晋国开启晋东南的关键一步。顾颉刚先生以为丽土之狄即骊戎之国，草中之戎与丽土之狄并称，二者当相距不会太远，骊戎之国不在今陕西省骊山一带，而在今山西南部，晋都之东的析城山、王屋山一带[72]。但是后来沈长云先生认为骊戎之国仍然应该定在骊山一带[73]。

（3）南阳

《国语·晋语四》："（文公）二年春，公以二军下，次于阳樊。右师取昭叔于温，杀之于隰城。左师迎王于郑。王入于成周，遂定之于郑。王飨醴，命公胙侑。公请隧，弗许。曰：'王章也，不可以二王，无若政何？'赐公南阳阳樊、温、原、州、陉、絺、组、攒茅之田。"韦昭注："二军，左右军也。阳樊，周邑。温、隰城，皆周地也。八邑，周之南阳地。"

《国语·晋语四》："文公伐原……公曰：'得原而失信，何以使人？夫信，民之所庇也，不可失。'乃去之，及孟门，而原请降。"按，原与孟门相去不远，在晋之南疆一带。

（4）五鹿

《国语·晋语四》："文公问元帅于赵衰……公从之。公使赵衰为卿……乃使栾枝将下军，先轸佐之。取五鹿，先轸之谋也。"则五鹿是晋文公时期新获之地。文献中多次提到"五鹿"，从其出现早晚来看，它在春秋早期属于卫地，后来归晋所有。但是杜注又以为"五鹿"有二：一在西晋卫县（今河南清丰县），一在西晋元城县（今河北大名东北）。但不管怎样，两地均在大河之东，是当时卫北境或其边防地区。依《左传》哀公元年、四年杜注，卫被削弱后，曾一度归晋，是没有问题的。卫国在太行山东南麓今河南濮阳、淇县一带，说明晋人的势力已东扩至此（图9）。

《国语·晋语四》："文公即位二年，欲用其民……乃大蒐于被庐，作三军。使郤縠将中军，以为大政，郤溱佐之。子犯曰：'可矣。'遂伐

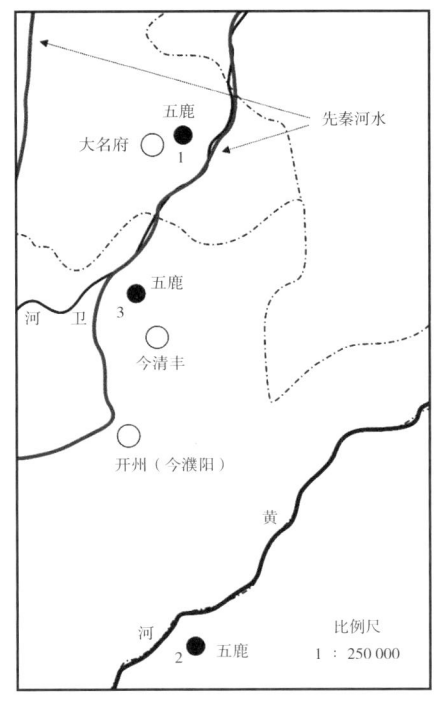

图9　五鹿示意图

曹、卫，出谷戍，释宋围，败楚师于城濮，于是乎遂伯。"韦昭注："被庐，晋地名。谷，齐地也。鲁僖二十六年楚伐齐，取谷，使申公叔侯戍之。二十七年楚围宋，晋伐曹、卫，以救之。二十八年楚使申叔去谷，子玉去宋，避晋，畏其强也。"晋文公二年乃公元前635年，此时晋国军队已经越过太行山，与曹、卫交战，于齐地谷戍兵，又与楚战于城濮，显然晋国的疆域已开始推向太行山的东部平原地区、

215

太行山东南麓等地区，其谓之东阳的地方，或已与太行山南的南阳地区相连接，而太行山脉成了晋国疆域以内的山脉，不再是其东部与他国之界山（图10）。

（三）晋襄公、晋灵公、晋成公、晋景公、晋厉公、晋悼公时期

晋襄公时期攻取的地域有滑国、彭衙、汪、箕、宁等。滑国在殽之战中取得，箕地是与白狄作战时取得的（图11）。

在西南方，与秦界于河曲、汪、彭衙等地。《国语·晋语五》："赵宣子言韩献子于灵公，以为司马。河曲之役，赵孟使人以其乘车干行，献子执而戮之。"韦昭注："河曲，晋地，鲁文公十二年，秦伐晋，战于河曲。"鲁文公十二年乃公元前615年，于晋为灵公六年。秦、晋战于河曲，则河曲为二国边境一带的地域，且属于晋。襄公初年，与秦战于彭衙，且取其汪地。同时，晋军败白狄于箕。

图10 晋惠公、晋文公时期的疆域

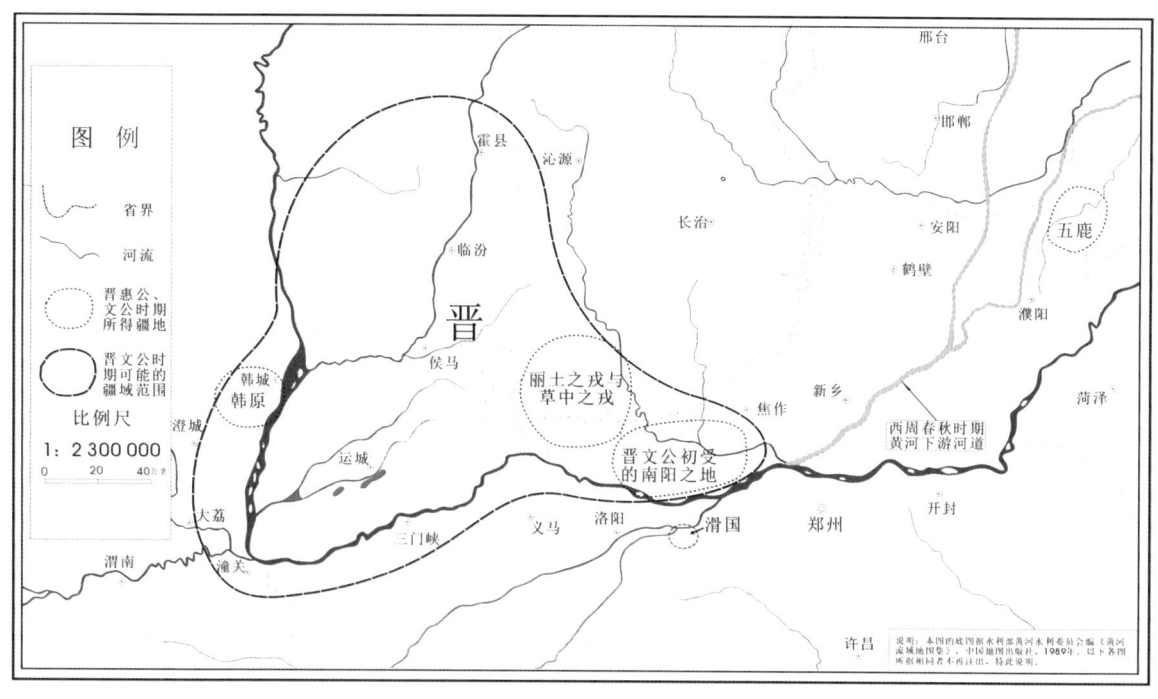

又《国语·晋语六》："栾武子曰：'昔韩之役，惠公不复舍；邲之役，三军不振旅；箕之役，先轸不复命：晋国固有大耻三。'"韦昭注："晋人败翟于箕，先轸死之，故不反命于君，在鲁僖三十三年。"鲁僖公三十三年为公元前627年，当为晋襄公元年，箕地在晋狄之边界。《春秋·僖公三十三年》："晋人败狄于箕。"杜注："太原阳邑县南有箕城。"此"太原"乃西晋太原郡，治所在今太原市，则箕地在其近旁。但是《春秋地理考实》卷一云："箕，《经》晋人败狄于箕，杜注太原阳邑县南有箕城。《汇纂》今在太谷县东南三十五里。今按此年伐狄者，白狄也，白狄在西河，渡河而伐晋，箕地当近河，成十三年《传》云秦人入我河县，焚我箕、郜，是近河有箕，今山西隰州蒲县本汉河东郡蒲子县地，东北有箕城，隋初移治，此后改蒲县，唐移今治，而箕城在县东北，晋人败狄于箕，当在此，若太谷之箕去白狄远，别是一地。"看来江永认为箕地在蒲县东北。此箕地为晋在北疆的关键点，位于临汾盆地与太原盆地的界隔一带，可见在晋襄公初年，

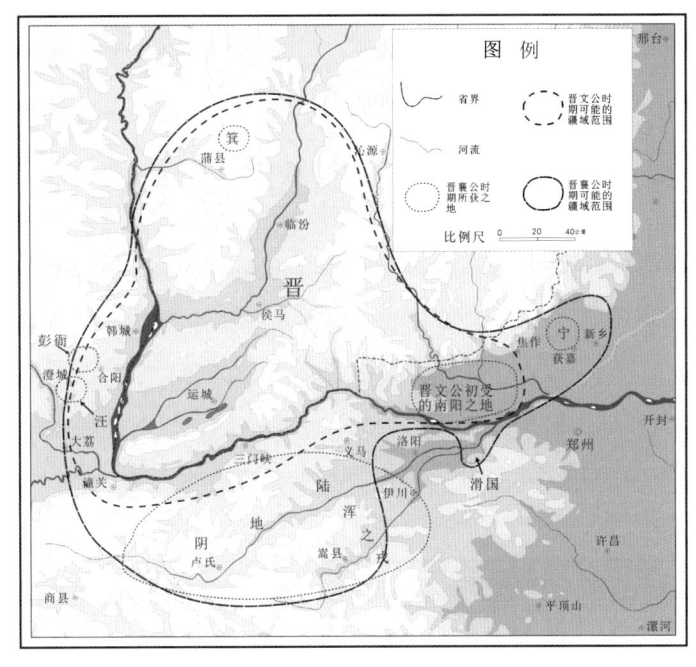

图11　晋襄公末年的疆域

晋北部的疆域已经开始向太原盆地扩展了。

晋灵公时期，晋国在河曲一带的秦、晋对抗线上似乎处于劣势。公元前619年，秦取晋武城（华县东）。公元前617年，秦又取晋邑北征（陕西澄城县南）。公元前615年，秦人将战火推向了黄河东的羁马（芮城风陵渡一带）。

晋国东南方似乎已接近宋地。《国语·晋语五》："宋人弑昭公，赵宣子请师于灵公以伐宋……乃使旁告于

217

诸侯，治兵振旅，鸣钟鼓以至于宋。"由此可见晋国的疆域也与宋国相近。

晋景公时期，主要展开了对晋东南狄族的进攻。公元前598年前后，派晋卿郤成子、中行林父处理狄族之事。郤成子巧妙利用狄族内部的矛盾分化其族，实施各个击破的战略决策，如先与白狄为攒函之盟，而孤立赤狄。中行林父于公元前594年灭赤狄潞氏。公元前593年，士会又灭掉了晋东南的赤狄诸部——甲氏、留吁、铎辰等。公元前588年，晋卿郤克和卫孙良夫一起灭掉了赤狄余部廧咎如（今山西省平顺一带）（图12）。

赤狄被灭之后，今太行山中南部就尽归晋国所有了，晋自然向东拓展。今山西省东南部、河北省南部、河南省北部的大片太行山区及附近地区亦原为赤狄之土。赤狄除侵袭晋国外，华夏族的卫、邢、温、郑、齐也长期受其侵扰，甚至被灭或被迫迁都。冀南、豫北曾被狄所攘夺的邢、卫故地，如河内、朝歌、百泉、范[74]等，在这时或以后渐渐地皆为晋邑了[75]。

《国语·晋语六》："（晋）厉公将伐郑，范文子不欲……厉公六年，伐郑，且使苦成叔及栾黡兴齐、鲁之师。"晋南疆一度与郑为邻。

晋悼公时期，与楚在太行山东南展开了争夺。《国语·晋语七》："始合诸侯于虚朾，以救宋……三年，公始合诸侯。四年，诸侯会于鸡丘，于是乎布命、结援、修好、申盟而还。"韦昭注："虚朾，宋地，宋鱼石叛宋而之楚，楚伐宋，取彭城以封之，故悼公合诸侯以救宋，在鲁成十八年。

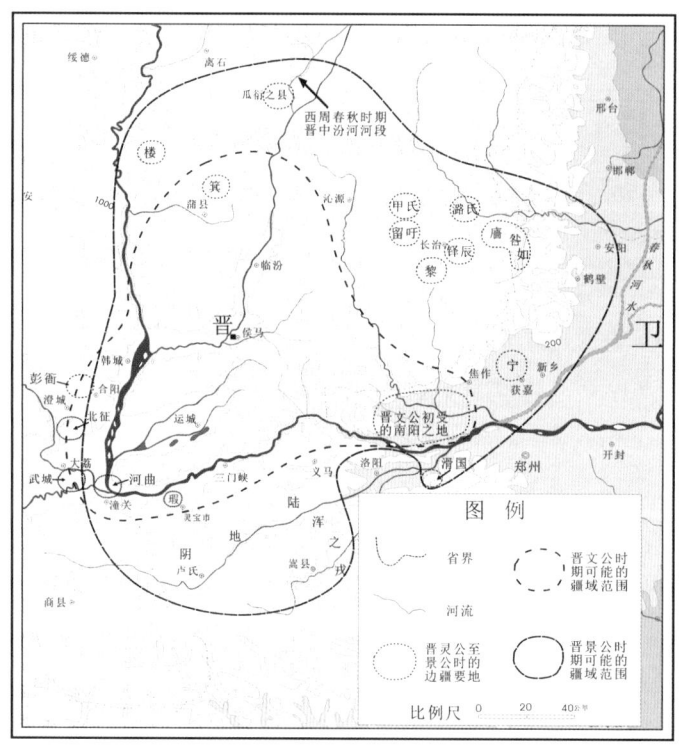

图12 晋灵公、晋景公时期疆域图

悼公三年,鲁襄之二年也,悼公元年始合诸侯于虚杞,此复言始合者,谓四年将会于鸡丘,于此始命之。鸡丘,鸡泽。"按,晋悼公合诸侯在宋之虚杞,而宋之彭城又被楚争夺,则晋、楚间相隔宋地,宋之彭城近楚,虚杞近晋。那么晋国在悼公时期,其东南方向的疆域可以扩展至宋之虚杞西北不远(图13)。

(四)晋平公、晋昭公、晋顷公、晋定公时期

公元前550年,即晋平公八年,晋人已经向东跨过了太行山。《左传·襄公二十三年》:"赵胜帅东阳之师以追之,获晏氂。"杜注:"东阳,晋之山东,魏郡、广平以北。"《春秋地理考实》卷二:"东阳,《汇纂》今临清州恩县西北六十里有东阳城。今按山东者,大行山以东也。魏郡者,大名府地也。广平者,广平府地也。然而赵胜帅东阳之师当有其处,《汇纂》谓恩县之东阳城为东阳,恐非是。当时齐侯自卫伐晋已过孟门、大行,而赵胜犹帅山东东昌临清之师以追之,远不相值矣。且东昌临清之地当属齐,晋未必能有也。案昭二十二年荀吴略

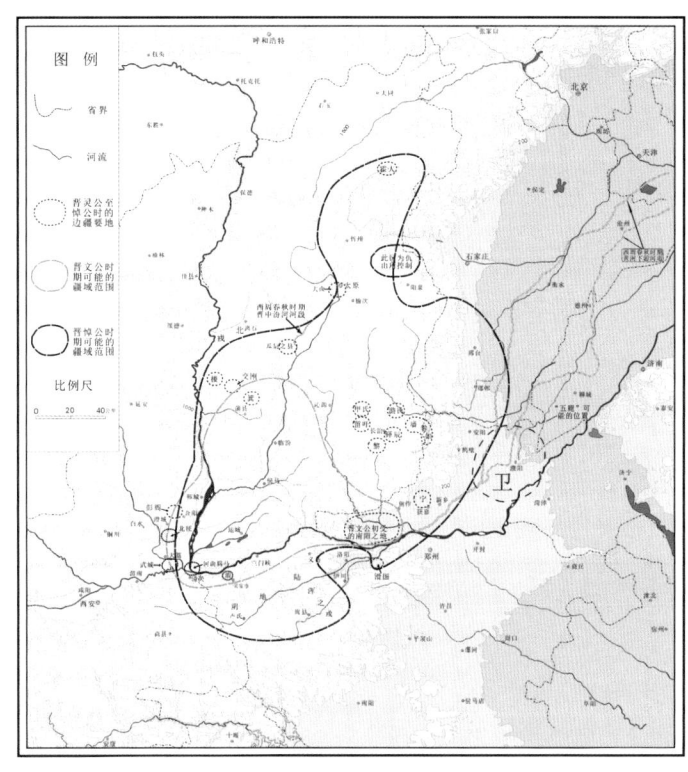

图13 晋厉公、晋悼公时期疆域图

东阳,使师伪籴者负甲以息于昔阳之门外,遂袭鼓,灭之。是东阳近鼓国,而鼓为今正定府之晋州,赵胜所帅师,当是此东阳耳。"江永否定了《汇纂》将东阳定在今山东恩县德州西南、武城县一带的说法,而是定在了今河北西部的赵县、柏乡、临城、内丘、邢台市等一带,当是。晋卿赵胜可率东阳之师以追齐师,说明东阳为晋人

控制。

在晋平公末年,晋可能已经能自晋中盆地北上,于后来位于滹沱河支流桃河出太行山处的井陉关向东进入太行山以东地区。这为晋国向东拓展其势力,翻越中部太行山创造了良好的条件。东阳之地的开辟,恐怕就是从此途径开始的(图14)。

《左传·襄公二十六年》:"其夏,齐乌余以廪丘奔晋。"杜注:"廪丘,今东郡廪丘故城是。"鲁襄公二十六年,于晋为平公十一年,即公元前547年。则廪丘或是晋国此时东部边疆的又一个关键点。

晋东南与"上国"为邻,《左传·昭公二十七年》:"使延州来季子聘于上国,遂聘于晋,以观诸侯。"杜注:"观强弱。"按,自东南而西北,过上国后才能到达晋国疆界,则晋与《左传》"上国"分界于淮河北部支流、颍、汝、睢等河流的上游。孔颖达《正义》云:"服虔云:'上国,中国也。'盖以吴辟在东南,地势卑下,中国在其上流,故谓中国为上国也。下云遂聘于晋,则上国之言不包晋矣。当总谓宋、卫、陈、郑之徒为上国耳。亦不知其时聘几国也。《经》不书未必不至鲁,《檀弓》云延陵季子适齐,于其反也,其长子死,葬于嬴博之间。郑玄云鲁昭二十七年吴公子札聘于上国是也。"则《左传》"上国"可能包括宋、卫、陈、郑诸国,它们正好在淮河北岸支流之上游,所以称其为"上国",越过上国再向西北去,就是晋国,说明晋国与这些所谓的"上国"是为邻的。

晋人得鼓地,《国语·晋语九》云:

图14 晋平公时期的疆域

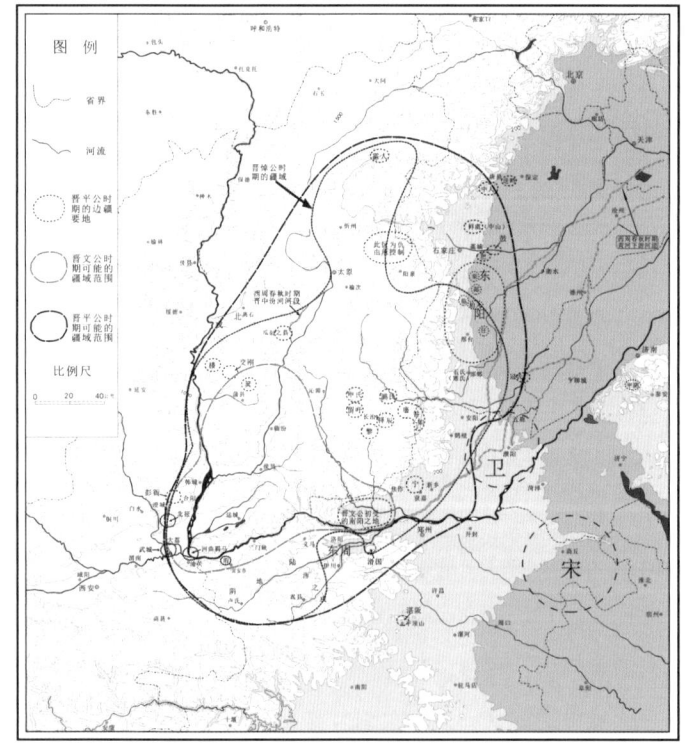

"中行穆子率师伐翟,围鼓。鼓人或请以城叛,穆子不受……令军吏呼城,儆将攻之,未傅而鼓降。中行伯既克鼓,以鼓子苑支来。令鼓人各复其所,非寮勿从。鼓子之臣曰夙沙釐,以其孥行,军吏执之,辞曰:'我君是事,非事土也。名曰君臣,岂曰土臣?今君实迁,臣何赖于鼓?'穆子召之,曰:'鼓有君矣,尔心事君,吾定而禄爵。'对曰:'臣委质于翟之鼓,未委质于晋之鼓也。'……乃使行。既献,言于公,与鼓子田于河阴,使夙沙釐相之。"韦昭注:"献,献公也,言釐之贤于顷公,顷公昭公之子去疾也。河阴,晋河南之田,使君而田之。"按,鼓属于狄,后归晋。

《国语·晋语九》:"赵襄子使新稚穆子伐狄,胜左人、中人。"韦注:"襄子,晋正卿,简子之子无恤。穆子,晋大夫新稚狗也。伐狄在春秋后。"按:既伐狄之中人、左人,则二邑近晋地,为其境边。

《路史》卷二十九《国名纪六》"古国"云:"习,《风俗通》云习,国名。哀四年《传》又少习,预云商洛武关,按此晋御楚之塞,在商洛东南九十。"古代武关在今陕西东南部丹凤县东南,这里是晋国南部边疆的西端。

《古本竹书纪年》:"晋烈公三年,楚人伐我南鄙,至于上洛。"上洛在洛水上游,此地与武关不远,但比武关稍北,说明晋烈公时期晋国的疆域似乎在这里有所收缩。

到了晋国末年,晋的疆域基本上如《晋国史》一书所云:今山西省的全部;今河北省西、中、南大部,北起蔚县东北的代王城,向南而有顺平、晋县,再往南直到山东西端的冠县、山东与河南交界的范县;河南省黄河以北的绝大部分以及黄河以南的豫西北部,大约东北从周王室居住的洛阳向东南的伊川、汝州、平顶山往西直到淅川一线;陕西省大约包括陕南商州东部的武关,秦岭以北的华县、大荔、澄城、韩城,向北至龙门一线以东到黄河的一长条地区。另外,包括山东省西北端冠县至范县一线以西的一小部分[76](图15)。

综观晋国疆域发展史,在其西南方向,虽然时有伸缩,但始终占有黄河以西、河洛之间的一块地域,这就使得晋国完全占有了黄河天堑,为战国时期魏国在这里修筑长城,雄踞河洛一线打下了基础。钟凤年先生语:"吾人试观秦于兹(河曲—北洛河一带,引者按)忽去大河而改堑洛,且筑城于其西,魏则逐渐拓地于河洛之间,兼及渭南,是其攘河西与筑长城盖在斯际也。"[77]魏之所以这样做,就是为了维护历史上晋国的领土。

图15 晋国末期的疆域

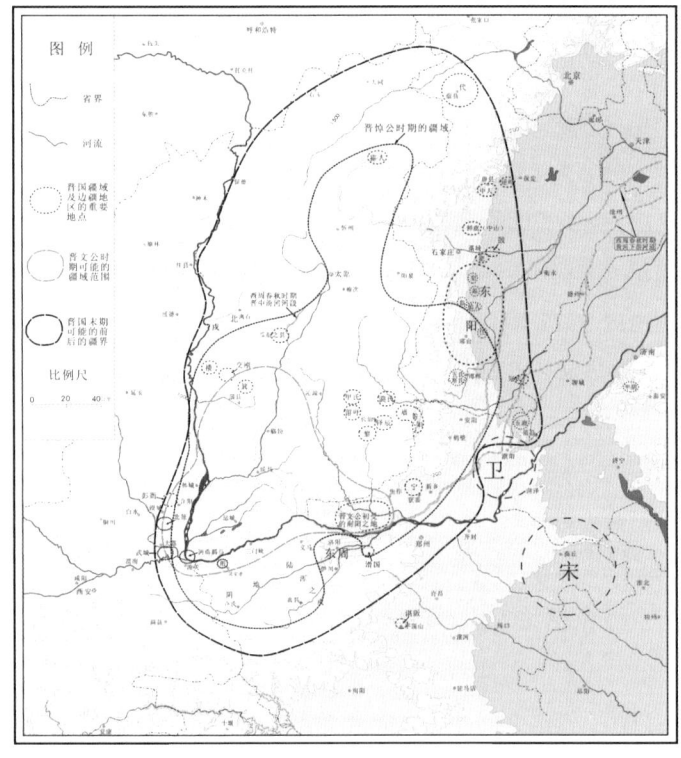

参考文献:

[1] 据北京大学城市与环境学系杨景春先生"地貌学"课堂笔记第一章"学习地貌学的意义",2001年3月。

[2] 王乃樑,杨景春,夏正楷,等.山西地堑系新生代沉积与构造地貌.北京:科学出版社,1996.所引"前言"部分由杨景春、王乃樑执笔,第1至3页。鉴于此书是有关山西地质、地貌研究的专著,下文所引用山西省临汾、运城地区的地质材料均引自该书。

[3] 李有利,杨景春,苏宗正.运城盆地新构造运动与古河道演变.山西地震,1994(1):3-6.

[4] 姚选渠,或作姚暹(xiān)渠,是隋朝大业中,都水监姚选在北魏时期永丰渠的基础上重修、加固而成的,用以泻山洪、阻克水以保护盐池的水利工程。此渠至今仍作为盐池防洪工程的主干在起着作用。据光绪《解州志·沟洫略》。

[5] 中国科学院《中国自然地理》编辑委员会.中国自然地理·地貌.北京:科学出版社,1980.

[6] 山西省测绘处,山西省军区测绘处编制.山西省地区集.上海:上海中华印刷厂,1973.

[7] 据《夏商周断代工程1996—2000年阶段成果报告》(简本)所作的《夏商周年表》,周武王于公元前1046年灭

商,周成王于公元前 1042—公元前 1021 年在位。竺可桢先生所划分的第一个寒冷期为西周早期至春秋前,即公元前 1000—公元前 850 年期间。又杨朝明先生《试探唐叔虞始封的年代问题》一文(见《中国社会科学院研究生院学报》2002 年第 5 期,第 52 至 56 页)将叔虞初封的年代定在了周成王十年,则唐叔虞可能于公元前 1033 年得封,此则为晋国之始,至公元前 850 年,大约是 180 年。

[8] 《史记·晋世家》云:"(晋)晋侯已来,纪年可推。自唐叔虞至靖侯五世,无其年数。"《十二诸侯年表》中公元前 841 年为晋靖侯十八年。

[9] 竺可桢.中国近五千年来气候变迁的初步研究//竺可桢文集.北京:科学出版社,1979:475-498.该文首刊于《考古学报》1972 年第 1 期,后经作者修改,又于 1973 年刊在《中国科学》第 16 卷第 2 期,《竺可桢文集》编辑小组是按修改后的文稿收入《竺可桢文集》的。

[10] 据马正林《中国历史地理简论》第 2、3 页之间"图 1 五千年来中国气候四个寒暖期交替演变示意图"所示,陕西人民出版社,1987 年,第 2 页。

[11] 吴祥定,钮仲勋,王守春,等.历史时期黄河流域环境变迁与水沙变化.北京:气象出版社,1994:65-121.本文所引第二章"历史时期黄土高原植被变迁、人类活动及其对环境的影响"由王守春先生执笔。

[12] 杨景春.地貌学教程.北京:高等教育出版社,1985:163.

[13] 田建文.晋国早期都邑探索.三晋考古(第一辑).太原:山西人民出版社,1994:27-29.

[14] 杨树达.积微居小学金石论丛.北京:中华书局,1983.

[15] 河南省文物考古研究所,郑州大学文博学院考古系,南开大学历史系博物馆学专业.1995 年郑州小双桥遗址的发掘[J].华夏考古,1996(3).
马保春,袁广阔,宋国定.郑州小双桥商代遗址陶符研究[J].文物,2012(1).

[16] 沈建华,曹锦炎.甲骨文字形表[K].上海:上海辞书出版社,2007:26.

[17] 屈万里.殷虚文字甲编考释[J]."中央研究院"历史语言研究所专刊,1961:122.亦见屈万里先生全集[M].台北:联经出版社,1984.

[18] 郑杰祥.商代地理概论[M].郑州:中州古籍出版社,1994:346-347.

[19] 河南省文物研究所.郑州小双桥遗址的调查与研究[M]//河南省文物研究所.郑州商城考古新发现与研究 1985—1992.郑州:中州古籍出版社,1993:242-271.

[20] 河南出土商周青铜器编辑组.河南出土商周青铜器(一)[M].北京:文物出版社,1981:330.

[21] 寿光县博物馆.山东寿光县发现一批纪国铜器[J].文物,1985(3).

[22] 王永波.并氏探略——兼论殷比干家属[J].考古与文物,1992(1).

[23] 北京大学历史系考古教研室商周组.商周考古[M].北京:文物出版社,1979:34-36.

[24] 王永波先生可能是采取了中国科学院考古研究所编《小屯南地甲骨》上册第一分册(中华书局,1980年,第11-22页)中的分期。该书将殷墟文化划分为小屯南地早、中、晚三期,早期相当于大司空村的第一期;中期分为两组,中期一组面貌不甚清楚,中期二组与大司空村第三期基本相同;晚期相当于大司空村第四期。"中期偏晚"可能就是"中期二组",相当于大司空村第三期。

[25] 王永波.并氏探略——兼论殷比干家属[J].考古与文物,1992(1).

[26] 杨绍舜.山西石楼新征集到的几件商代青铜器[J].文物,1976(2).

[27] 杨锡璋.关于商代青铜矛戈的一些问题[J].考古与文物,1986(3).

[28] 中国社会科学院考古研究所.殷墟的发现与研究[M].北京:科学出版社,1994:25-26.

[29] 中国科学院考古研究所安阳发掘队.1962年安阳大司空村发掘简报[J].考古,1964(8):380-382.

[30] 郑振香、陈志达.论妇好墓对殷墟文化和卜辞断代的意义[J].考古,1981(6).

[31] 中国社会科学院考古研究所.殷墟的发现与研究[M].北京:科学出版社,1994:37-39.

[32] 山西省文物管理委员会保管组.山西石楼县二郎坡出土商周铜器[J].文物参考数据,1958(1).

石楼县发现古代铜器[J].文物,1959(3).

谢青山、杨绍舜.山西吕梁县石楼镇又发现铜器[J].文物,1960(7).

郭勇.石楼后兰家沟发现商代青铜器简报[J].文物,1962(4-5).

石楼县人民文化馆.山西石楼义牒发现商代铜器[J].考古,1972(4).

杨绍舜.山西石楼新征集到的几件商代青铜器[J].文物,1976(2).

[33] 彭邦炯.并器、并氏与并州[J].文物与考古,1981(2).

[34] 丁山.甲骨文所见氏族及其制度[M].北京:科学出版社,1956.

王献唐.黄县器[M].济南:山东人民出版社,1958.

[35] 庞文龙.岐山县博物馆藏商周青铜器录遗[J].考古与文物,1994(3).

[36] 中国社会科学院考古研究所. 殷墟的发现与研究[M]. 北京:科学出版社,1994:289.

[37] 许俊臣. 甘肃庆阳发现商代玉戈[J]. 文物,1979(2).

[38] 许俊臣. 甘肃庆阳地区出土的商周青铜器[J]. 考古与文物,1983(3).

[39] 史可晖. 甘肃灵台县又发现一座西周墓葬[J]. 考古与文物,1987(5).

[40] 司马迁. 史记·周本纪[M]. 北京:中华书局,1959:118.

[41] 沈建华. 清华楚简"武王八年发誓"刍议. 复旦大学出土文献与古文字研究中心网站[2009-08-25]. http://www.guwenzi.com/srcshow.asp?src_id=878.

[42] 尚书·商书·西伯戡黎[M]//阮元,校刻. 十三经注疏(上). 北京:中华书局,1980:177.

[43] 马承源. 上海博物馆藏战国楚竹书(二). 上海:上海古籍出版社,2002. 其中《容成氏》的释文是由李零先生所作,在第268-271页.

[44] 《容成氏》释文及注释,见马承源. 上海博物馆藏战国楚竹书(二). 上海:上海古籍出版社,2002.

[45] 苏建洲. 容成氏柬释(二). 简帛研究网站[2003-03-29]. http://www.jianbo.org/Wssf/2003/sujianzhou15.htm.

[46] 晏昌贵. 上博简《容成氏》冀州柬释. 简帛研究网站[2003-04-09]. http://www.jianbo.org/wssf/2003/yanchanghui01.htm.

[47] 朱渊清. 禹画九州岛论. 简帛研究网站[2003-08-07]. http://www.jianbo.org/wssf/2003/zhuyuanqing01.htm.

[48] 陈伟. 竹书《容成氏》所见的九州岛[J]. 中国史研究,2003(3).

[49] 陈剑. 上博楚简《容成氏》与古史传说[C]//"中央研究院"成立75周年纪念论文集——中国南方文明学术研讨会. 史语所,2003. 亦见复旦大学出土文献与古文字研究中心网站.

[50] 沈建华. 楚简《容成氏》州名与卜辞金文地名. 古文字研究第25辑. 北京:中华书局,2004.

[51] 易德生. 上博简《容成氏》九州岛刍议[J]. 江汉论坛,2006(5).

[52] 钱穆. 周初地理考[J]. 燕京学报,1931(10):1955-2008.

[53] 吕不韦《吕氏春秋》卷十八《审应览》亦云:"成王与唐叔虞燕居,援梧叶以为珪,而授唐叔虞曰:'余以此封女.'叔虞喜,以告周公,周公以请,曰:'天子其封虞耶.'成王曰:'余一人与虞戏也.'周公对曰:'臣闻之,天子无戏言,天子言则史书之,工诵之,士称

之.'于是遂封叔虞于晋."但未言叔虞所封之唐(晋)的地域范围.又刘向《说苑》卷一有类似记载:"成王与唐叔虞燕居,剪梧桐叶以为珪,而授唐叔虞曰:'余以此封汝.'唐叔虞喜,以告周公,周公以请,曰:'天子封虞耶.'成王曰:'余一与虞戏也.'周公对曰:'臣闻之,天子无戏言,言则史书之,工诵之,士称之.'于是遂封唐叔虞于晋."

[54] 《孟子注疏》卷十二下《告子章句下》,见文渊阁《四库全书》经部四书类.

[55] 马承源.上海博物馆藏战国楚竹书(二)·容成氏.上海:上海古籍出版社,2002:130-133.释文参考了陈剑先生《上博简〈容成氏〉的拼合与编连问题》一文,见"简帛研究网(旧版)·《上帛》(二)专栏",2003年1月9日发表.网址:http://www.jianbo.org/Wssf/2003/chenjian02.htm.

[56] 邹衡.晋始封地考略 // 尽心集:张政烺先生八十庆寿论文集.北京:中国社会科学出版社,1966:220.

[57] 〔清〕顾栋高著,吴树平、李解民点校.春秋大事表(卷七)·春秋列国都邑表.北京:中华书局,1993:801.

[58] 钱穆.史记地名考(卷十一)·晋地名.北京:商务印书馆,2001:501.

[59] 此非汤桀之战的鸣条.

[60] 钱穆.史记地名考(卷十一)·晋地名.北京:商务印书馆,2001:502.

[61] 山西省考古研究所.山西考古四十年.太原:山西人民出版社,1994:137-138.

[62] 2003年10月19日在太原师范学院历史地理与环境变迁研究所,谢鸿喜先生面告,在此谨表谢忱.

[63] 〔清〕顾栋高著,吴树平、李解民点校.春秋大事表(卷七)·春秋列国都邑表.北京:中华书局,1993:804.

[64] 见〔清〕高士奇《春秋地名考略》卷四,见文渊阁《四库全书》经部春秋类,第20页.

[65] 蒙文通.中国古代民族移徙考.禹贡,1937(6-7):13-38.

[66] 陈槃.春秋卢戎、骊戎、陆浑之戎、姜戎别纪.大陆杂志,1961,22(10).

[67] 顾颉刚.浪口村随笔.责善,1941,2(1-2).

[68] 沈长云.骊戎考.中国史研究,2000(3):34-39.

[69] 钱穆.史记地名考(卷十一)·晋地名.北京:商务印书馆,2001:502.

[70] 李孟存,李尚师.晋国史.太原:山西古籍出版社,1999:486.

[71] 上海师范大学古籍整理组.国语(卷八)·晋语二.上海:上海古籍出版社,1978:301.

[72] 顾颉刚.史林杂识·骊戎不在骊山.北

京:中华书局,1963.
[73] 沈长云. 骊戎考. 中国史研究,2000(3):34-39.
[74] 范地,我们以为不在今山东省与河南省交界的范县,而在郑州一带的黄河以南地区。参考"晋国都邑"章。
[75] 李孟存,李尚师. 晋国史. 太原:山西古籍出版社,1999:491.
[76] 李孟存,李尚师. 晋国史. 太原:山西古籍出版社,1999:494-495.
[77] 钟凤年. 战国疆域沿革考(魏). 禹贡半月刊,1934,2(11):18.

主讲人 / 刘 绪

晋国霸业

天马—曲村晋侯墓地
——早期晋文化探索的重要成果

主讲人／刘　绪
北京大学考古文博学院教授

引　言

山西简称晋，源自历史上著名的晋国。晋国的历史是一段辉煌的历史，它的辉煌史，不仅仅见于史书中，还深深植根于地下。这些地下的材料，就是一处处晋国文化遗址，一座座晋国墓葬。海拔1400米的塔儿山位于襄汾、翼城、曲沃交界。山之阴，是著名的陶寺遗址，那是被部分学者定为唐尧时期所建立的早期"中国"之所在；山之阳，即是在考古界声名赫赫的天马—曲村遗址。早期晋国的最核心秘密，就埋藏在这里。

早在1979年，北京大学历史系考古专业与山西省文物工作委员会合作，在翼城和曲沃两县进行了大规模的考古勘察，认识到了天马—曲村晋文化遗址的重要性。邹衡先生曾经在勘探后评价："其规模之大、埋藏之丰富，气势之雄伟，远非一般晋邑可比！"

自1980年开始，北京大学和山西省相关文物部门组成联合考古队，对天马—曲村遗址进行了长期连续的大规模的发掘。在1992年，久为考古和历史学界关注与期盼的晋侯墓地终于被发现，直到2000年，共发掘出9组19座晋侯及夫人大型墓葬。在1992年、1993年连续两年，晋侯墓地考古在"中国十大考古发现"榜上有名。晋侯墓地的发掘不仅为全面、系统研究周代葬制提供了极其珍贵的资料，而且还建立了可靠的晋文化考古学编年，这是周代其他考古发现难以相比的。

一、发现与发掘

（一）墓地位置

天马—曲村遗址位于"河汾之东"的翼城县和曲沃县交界处，东距翼城县城约12公里，西南距侯马新田遗址约25公里，北倚塔儿山，南望绛山，汾河在其西，浍河在其南。滏河从遗址东南边缘绕过。

遗址东西范围约3800米，南北约2800米，包括翼城县天马和曲沃县曲村、北赵、毛庄四个自然村。晋侯墓地位于遗址的中部，因土地归属于北赵村，所以发掘简报上又把它称为北赵晋侯墓地。

（二）晋侯墓地发现之前的考古工作

1962年，国家文物局谢元璐、黄景略和山西省文物工作委员会陶正刚、张守中等先生，在围绕与侯马晋国遗址有关的晋南考古调查时，于翼城县发现天马遗址（当时称天马遗址）。

1963年秋天，北京大学历史系考古专业4位本科生在山西省文物工作委员会张万钟先生带领和指导下，在此实习，分别在毛张古城、天马村西和村北、北赵村西和村东各开一条探沟，这可以说是第一次对天马—曲村遗址的发掘。

1971年，侯马工作站吴振禄先生在曲村清理了一座被破坏的西周铜器墓，这是天马—曲村遗址发掘的第一座西周墓葬。

1979年秋，北京大学历史系考古专业与山西省文物工作委员会合作，由邹衡先生主持，带领8位本科生，再次对天马—曲村遗址进行全面调查和试掘，发现遗址规模很大，包括上述4个自然村。同时，在曲村发现了西周墓地，并发掘了其中几座。于是将该遗址命名为"天马—曲村遗址"。但是现在有关的报告上标明的是"曲村—天马遗址"，这是由于20世纪末申报国保单位时，申报材料由曲沃县准备，曲沃相关单位在报告中称之为"曲村—天马遗址"，国家文物局审定后亦以"曲村—天马遗址"之名公布，遂成为法定名称。我这里还习惯称旧名，即天马—曲村遗址。

1980年下半年，北京大学考古专

业恢复高考后的第一届本科生在这里实习，在曲村一带发掘周代居址和墓葬，其中西周墓61座。此后又分别于1982、1984、1986、1988、1989、1990年进行了6次发掘实习（图1）。考古工作是与山西省考古研究所一起来完成的，整个20世纪80年代的考古成果已于2000年发表，即由邹衡先生主编的《天马—曲村》考古发掘报告。

（三）晋侯墓地的发现

20世纪80年代中期，盗墓猖狂现象在晋南一带出现，很快蔓延开来。1992年春节期间，侯马考古工作站的学者听说曲村有大墓被盗，盗墓者有枪支，挖出的东西是用汽车拉的，并将这一情况电告北京大学李伯谦先生。4月3日，刘绪、徐天进到现场勘察，得知确实有大墓被盗，盗掘地点有不少未填的盗洞，有的盗洞旁还有大量木炭，其间夹杂有碎铜片，可知应是大型积炭墓被盗。刘、徐回工作站向邹衡先生作了汇报。4月4日上午，刘绪、徐天进又陪同邹衡先生到现场勘察。据现场砖窑的外地窑工讲，4月2日晚有人炸墓，3日晚还发生了

图1 天马—曲村遗址1984年发掘现场

枪战。鉴于事态的严重，当日下午，刘绪、徐天进就陪同邹衡先生赶到曲沃县人民政府，向曲沃县王震副县长反映了情况，并强烈要求采取措施予以保护。4月5日，徐天进受邹衡先生之命，火速回京，向国家文物局领导汇报，并提出抢救发掘的申请。国家文物局领导非常重视，当即命正在北京参加全国文物局局长会议的山西省文物局局长张希舜回省处理此事，并同意由北京大学考古系和山西省考古研究所联合组队进行抢救发掘。

与此同时，邹衡先生赴洛阳参加"洛阳考古四十年学术研讨会"，在会上向与会代表介绍了天马—曲村大墓（即晋侯墓）被盗情况，引起会议代表极度震惊和气愤。当时参加会议

的一位先生，通过他人将天马—曲村晋侯墓地盗挖事件电告国务院办公厅，希望给予帮助。4月6日，国务院办公厅致电山西省人民政府，通报了天马—曲村遗址盗墓之事，要求调查处理。4月8日，省、地、县监察、公安、文物部门的领导在省监察厅唐处长的带领下赶到曲村，对盗墓事件进行调查。当时留守工作站整理曲村发掘资料的刘绪予以接待，并陪同察看了盗墓现场。基于此，省各级政府逐级下达指示，要求采取措施，避免盗墓事件发生。后来了解得知，墓地始盗于1990年夏天麦收之前，到1991年底已有多座墓葬被盗，其中1、2号晋侯夫妇墓盗于1991年12月23、24日，盗墓团伙成员牵涉县教育局、县公安局等政府部门的多个国家干部或干部子弟。

（四）晋侯墓地的发掘

1992年初，国家文物局批准抢救发掘。经过一段时间的紧张筹备之后，组成了以北京大学考古系李伯谦教授为队长，山西省考古研究所罗新先生为副队长的联合考古队，对晋侯墓地开始发掘。

第一次发掘是1992年4—6月。本次发掘了被盗的晋侯夫妇墓M1、M2。因时值盛夏，天气太热，发掘暂停，结果盗墓贼又来了。8月31日，正当盗墓贼盗掘8号墓（晋侯稣）得手之时，被北赵村巡逻的民兵发现，于是召集村民将盗墓贼赶跑。由于形势严峻，不得不继续发掘，9月筹备并开工，工地安全由考古队出资，初聘临汾武警部队，后聘曲沃县公安局人员负责，直到2008年最大的车马坑发掘完，晋国博物馆开建结束。十多年间，共发掘8次，发掘晋侯夫妇墓9组19座、车马坑2座以及为数不多的陪葬墓和祭祀坑。这期间，负责看护晋侯墓地的县公安局合同民警监守自盗，将一座最早的晋侯墓（M114）盗掘。在19座晋侯夫妇墓中，8座被盗，陪葬墓被盗9座，部分车马坑也受到不同程度的盗扰。

二、主要收获

（一）保存状况

在19座晋侯夫妇墓中，除了晋穆侯的墓葬是三座一组，即有两个夫人与之并列而葬，其余都是两座一组，即晋侯与其夫人。晋侯夫妇墓除被盗的8座外，其余都保存完好。虽然受到了较大的损失，但是还是有很多珍贵的资料保存下来，具有很重要的研究价值。晋侯墓地是晋国最高级别的墓地，其各方面特征真实地反映了姬姓晋人的葬俗。

（二）基本特征

1. 布局

晋侯墓地的墓葬分布集中，这是西周时期诸侯墓地的共同特征，与商代贵族墓地的特点相同。几代晋侯的墓葬组成独立的陵园，具有很典型的"集中公墓制"的特点。到了战国时期，诸侯墓地的范围扩大，在分布上，诸侯墓之间逐渐疏离，相距较远，并各有各的独立陵园，有学者称之为"独立陵园制"。西汉的帝陵也是这样，整个帝陵范围东西长约几十公里。

北赵晋侯墓地约分三排，夫妇成组并列而葬，还有少量陪葬墓和祭祀坑（图2）。祭祀坑主要见于最晚的三组墓，都位于墓室之南，包括墓道上，打破了墓道填土。由此可知，当时是把墓葬填好后再举行祭祀活动。这与文献记载的"古不墓祭"现象不相符合。除此以外，还有车马坑，每一组

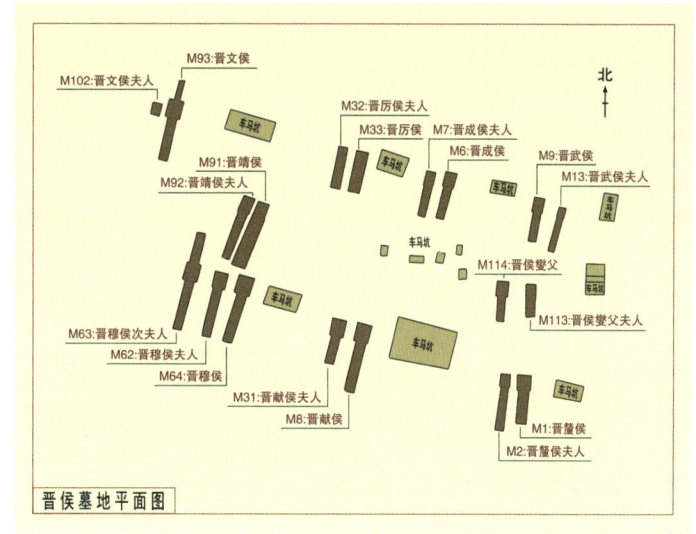

图2　晋侯墓地平面图

晋侯墓的东边都有单独的车马坑，这是山西南部西周时期墓葬共同的特点，并不为晋侯墓地所独有。

2. 形制

晋侯墓地的墓葬均为土坑竖穴墓，不同于后来战国时期中原地区发现的土洞墓。土坑墓与当时其他地区的西周贵族墓葬的普遍规制相吻合，墓葬的形式也比较讲究。各墓墓室形制都很规整，墓壁表面光平，看不出任何工具痕迹，显然经过仔细加工修整，有的还涂抹了一层细泥。

在夏商周墓葬中，墓道的设置是墓主人等级、身份的重要标志。19座

晋侯及其夫人墓葬绝大多数为"甲"字形单墓道墓,即墓葬只有向南的一条墓道,但是也有三座墓葬例外,最晚的一组晋侯墓的夫人墓 M102 没有墓道,M63 晋穆侯次夫人墓和 M93(文侯抑或殇叔)为"中"字形双墓道墓。这与目前所发现的周代诸侯级墓葬大多一条或两条墓道的现象是一致的。墓道的多少是判断墓主人等级、身份的重要标志,如现在发现的设有四条墓道的墓葬,基本都是王一级的墓葬。商代晚期,殷墟王陵都是四条墓道。战国中晚期,有的国家诸侯称王后僭越礼制,如秦王的墓葬也采用了四条墓道。西汉的帝陵同样设置了四条墓道。

结合相关史籍记载,晋侯墓地应当是山西地区这一时期等级最高的墓

图3 晋侯墓地M113、M114发掘场景

葬了（图3）。

3. 葬具与封护

谈到周代的棺椁制度，人们都会引录《荀子》《庄子》和《礼记》等文献的记载，尽管各自解说不一，但多数人认为周代存在如同用鼎制度那样等级分明的棺椁制度。但是根据周代墓葬棺椁的已有发现，各地区所见各级贵族棺椁之数很少能与文献记载相符。

晋侯墓地中多用木质葬具，有一椁一棺或一椁二棺两类。其中有一座墓在田野发掘中被认为有三个棺，但目前尚存疑。对于棺，大家都熟悉，椁则未必了解。椁指的是套在棺外面的最外一层"大棺"。晋侯夫妇墓的椁室都很高大，一般长4米左右，宽3米左右，高约2米，各墓相差无几。棺椁之间空隙较大，以便于陈放随葬品。椁下有垫木2或3根。古人对待椁是非常认真的，一般先在地上拼接组装，经死者家属负责人检查后再拆开，运至墓内重新安装。椁是一种很特殊的葬具，两周时期墓中有椁的现象很普遍，大量春秋晚期以来的陶器墓中，多数也使用一椁一棺或一椁二棺，说明即使身份较低的人也有棺有椁。在当时，大概对于所有国民而言，无论死者属何等级，除有棺之外，还要尽量有椁。墓主人身份、等级的高低与墓中棺椁葬具的数量没有必然的联系。

据文献《论语·先进篇》记载："颜渊死，颜路请子之车以为之椁。子曰：'才不才，亦各言其子也。鲤也死，有棺而无椁。吾不徒行以为之椁，以吾从大夫之后，不可徒行也。'"颜渊父为子求椁的故事可以看出当时人们对死后葬椁是非常重视的。

封护，指的是对墓主人棺椁下葬后的处理，一般填土夯打结实。在偏晚的晋侯墓中，也有用积石积炭作填充物的，这样的处理方式一直延续到东周时期。

4. 墓主

墓主人大多保存得不好。一般来讲，墓越大，棺椁越大，里面陪葬品越多，人们希望墓主人能保存长久的愿望就越难实现。晋侯墓地墓主人的骨骸多已腐朽成粉末，只有少数可辨性别和年龄（依牙齿）。不过我们结合铜器铭文和葬品类别如兵器、乐器、

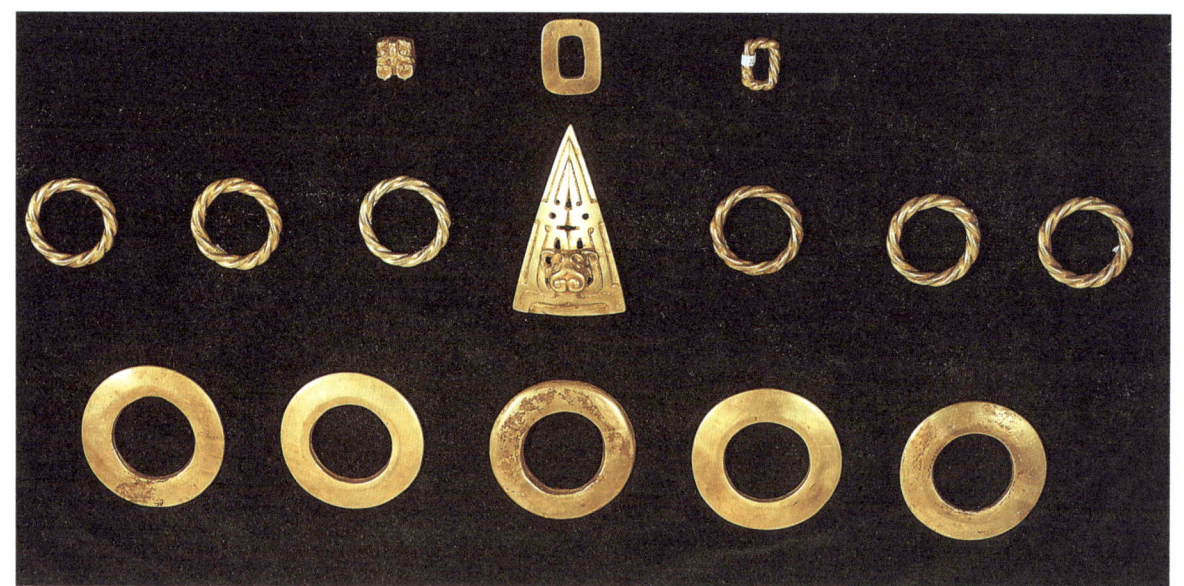

图4 晋侯墓地 M8（晋献侯）出土的金带饰

图5 晋侯墓地M31（晋献侯夫人）出土的玉牌联珠串饰

腰带、梯形牌串饰等，可确定何者为晋侯，何者为夫人。例如质地为骨或玉石的梯形牌串饰位于墓主人的肩部，则墓主为女性。盛满小玉器的铜盒也是只有女性墓有。黄金或青铜质地的腰带置于死者腰部，只有男性墓有。这样的陪葬品分布说明死者着装不同，男女有区别。另外出现于西周中期的玉覆面在晋侯墓地中也比较常见（图4—图5）。

5. 殉人与殉狗

殉人流行于商代，男性墓殉人多

为年轻女性，女性墓则男女均有。在周代，姬姓高级贵族墓殉人很少，不同于殷遗民墓葬中常见殉人的现象，等级低的贵族更加罕有。同其他姬姓诸侯一样，在19座晋侯夫妇墓中，殉人极少，仅在最早的晋侯墓M114有一例，置于墓底北端专门挖的浅坑中，为一青年女子（22—24岁）。在其余西周中晚期的晋侯墓中再无一有殉人。像曾侯乙墓中殉葬21个年轻女子的现象，在西周姬姓贵族墓中还未发现。

晋侯贵族墓中的殉狗现象见于M114、M9、M6、M91四座晋侯墓和M112。这些墓都属于西周早中期，每墓多者两具，少者一具，个体都较大，姿势规矩，多为卧式，置于墓主足端"二层台"上，或近墓室的墓道底部。狗颈上多戴有项圈，其上串有铜铃、铜珠或海贝。这些狗显然是墓主生前的宠物，下葬时处死，在封盖椁顶之后放入。晋侯墓地的殉狗现象表明，在西周早中期，只有贵族男子才殉狗，而妇女，即便是晋侯夫人，都不殉狗。在当时，狗是贵族们珍爱的宠物。中山王墓的殉狗脖子上戴着金、银管串成的项饰；在春秋战国之际流行于三晋地区铜器上的线刻写实图案中，狗与马车是狩猎图的主要内容，这些证据都可以证明狗是备受重视的。《战国策·冯谖客孟尝君》中记载："君（孟尝君）之'视吾家所寡有者'。臣窃计，君宫中积珍宝，狗马实外厩，美人充下陈。君家所寡有者，以义耳！窃以为君市义。"冯谖在列举孟尝君所拥有的珍贵财富时，特别提到了狗和马，且与珍宝、美女等相提并论，狗、马在当时人们心目中的分量可想而知。冯谖所述当不限于孟尝君一人，此种情况在高级贵族中普遍存在。

6. 随葬品

类别可概括为两大类：装饰品与器具。装饰品主要是墓主身上的饰物，如玉器等，自然位于棺内墓主人周身；器具大部分置于棺椁之间。因为晋侯墓地年代久远，考古发现时，棺与椁都朽烂得非常严重，与青铜器、漆器、陶器以及棺饰等混在一起，也有些车、陶器等陪葬器具置于二层台上或填土中。

（1）墓内葬车（图6）

晋系墓中有葬车的现象，它们位于墓道或椁室顶部，既有整车陪葬在

图6 M114 的墓室内葬车

墓中,也有的拆车而葬。M91 以前各组墓,无论晋侯还是晋侯夫人,普遍会葬车。从 M92 开始,以后的晋侯夫妇极少葬车。这种葬俗的变化约发生在晋侯喜父前后,亦即西周中晚期之际。晋侯夫妇所葬的车,在大小与数量上有明显区别。晋侯都葬大车,车辆的规格与在车马坑中发现的相近,数量往往多于夫人。夫人墓中所葬的车均为小车,且每位夫人只有一辆。

小车的轮径仅有一米左右,其他构件如轴和舆的尺寸也比大车小很多。其高度明显不宜驾马,而只能驾以羊、鹿等动物,当然也可人挽。因此,这类小车很可能就是高级女性贵族专用的娱乐车。什么人才可以有车呢?刚才我提到颜渊父亲为其子向孔子求椁的故事,孔子就以自己当过鲁国大夫,出行需配车辆而委婉拒绝了。可见大夫一级是可以有车的。那么等级再低些的贵族还有没有？我们在前文提到的冯谖的故事中也有关于车的记载。冯谖投靠孟尝君，曾以"食无鱼、出无车、无以为家"为理由而要求提升待遇。从这些记载中也可以看出，高等级的士，也是可以有车坐的。考古发现与史籍记载的情况基本吻合。曲村墓地中发现有多座仅葬一辆车的车马坑，有的位于诸墓之间，无法明确判定属于哪座墓，结合周边墓葬情况，这种小车马坑，可能属于某一家族，其周围的墓主，有一位（或多位）应是士级贵族。车的制作非常复杂，不是任何人都能拥有的。依《考工记》记载，"一器而聚工多焉，车为多"，一车之制作，涉及木工、青铜工、皮革工、玉石工、漆工诸项手工业，属于当时的"高科技"产品。

（2）青铜器和玉器

晋侯墓地出土的青铜器主要有礼器、乐器、兵器、车马器等。依文献记载，西周的礼制反映在社会的各个方面，但与考古发现可以对应的只有列鼎制度，其余的很多制度都有出入，例如我们前面提到过的棺椁制度。史籍所载诸侯应当"五重棺椁"，但是根据实际的考古发现，晋侯的棺椁数都小于这个数字。

关于列鼎制度，史籍中记载列鼎制度"礼祭天子九鼎，诸侯七，大夫五，元士三也"，这在西周很多考古发现中得到印证，但列鼎（形状、花纹相同，体量逐次递减或者逐次递增）现象出现于西周中期。在晋侯墓地，从西周中期开始，晋侯为五鼎四簋，夫人为三鼎二簋（或四簋），较晋侯低一级。如果没有簋的话，以盨代替，其中簋（或盨）的数量不很严格，但其一定为双数。按照文献记载，诸侯应为七鼎六簋，可晋侯为五鼎，也许是因为晋侯为偏侯的缘故吧。晋侯墓地青铜礼器的组合变化规律与西周其他诸侯国相同，基本组合是鼎、簋，属于食器。其他还有水器，中期偏早及以前还有酒器等（图7—图8）。

乐器作为两周时期重要的青铜礼器的一部分，在晋侯墓地中也有出土，主要有编钟、编磬（石质）。除此之外，还有不少青铜兵器。它们共同的规律是都出现在晋侯的墓葬中，夫人墓中则没有发现（图9）。

M8的墓主人晋侯稣是唯一可以

239

图7 晋文侯列鼎（最大的一个）

图8 晋侯䚄壶

与史籍直接对应的晋侯，墓中随葬了非常具有代表性的青铜礼器组合，为五鼎四簋。因被盗，晋侯稣鼎墓里仅剩一件，现存山西省考古研究所。另四件被盗走，其中最大的两件被公安局追回，现存于曲沃县博物馆。剩余两件，一件流到香港，被上海博物馆买回；另一件被美籍华人范季融买走，后捐赠给国家文物局，由国家文物局拨给上海博物馆。至于簋，墓中留存两件，后来在其他地方发现了与墓中铜簋相同的另外两件：一件存于上海博物馆，一件在私人收藏家手中。簋上所铸晋侯名号为"斷"，有学者认为，"斷"和"稣"应当都是这位晋侯的称呼，很可能是一名一字。

盨同样是当时与鼎相配套的礼器，在晋侯墓地中发现有列盨代替列簋的现象。如2号墓的四件盨均被盗走，在墓中仅剩下一个盨的盖纽。四件盨中有三件由上海博物馆从香港买回，盨纽与墓中的相同，其中一件盨正好残缺一纽，由此可知，这三件盨确为M2中出土。还有一件相同的盨，也是范季融买走又捐赠于国家文物局，现藏上海博物馆，使得四件盨重新团聚。这四件盨中都铸有同样的铭文："唯正月初吉庚寅，晋侯對作宝尊彶盨，其用田狩，甚乐于原隰，其万年永宝用"（图10）。

水器盘和匜，或盘和盉配套使用，是西周时期高级贵族青铜礼器的组成部分，晋侯墓地都有出土。匜用来倒水，盘用来盛接。西周早期多用圆体盉，西周晚期多用匜或扁体盉。除此之外，还有体量较大的器具，如晋侯邦父墓和晋侯稣墓出土的椭方壶，则是用来盛水或酒的。

晋侯墓中还出土了一些形象逼真的动物形铜器，概称为牺尊。最著名的就是M114出土的鸟尊。因为M114被盗墓者用炸药炸毁，鸟尊和其他放在一起的器物均被炸成碎片，这些碎成一堆的残器是整体套箱提取，送往北京进行清理和修复的。当时鸟尾巴还没找全，因上海博物馆急着办展览，于是暂且将尾巴修复为内卷上扬的造型，至于鸟尾究竟是向内还是向外，还有疑问。目前，尾巴缺失部分已找到，对于是否重新进行修复尚在考虑中。另外，由山西省考古研究所商彤流先生负责的M113出土了一件造型逼真的猪尊。M8出土了3件兔尊，

图9　晋侯稣钟

图10　晋侯对盨及铭文

241

根据M64发现的兔尊,全套兔尊应为4件,所以,M8被盗走一件,后来发现缺失的一件兔尊在一位台湾私人收藏家手中(图11)。在M63晋穆侯的次夫人墓中发现了一件立鸟人足铜盒,底座内还悬挂着两只小铃铛,造型十分精美(图12)。

晋侯稣墓出土有一套编钟,共16件,其中2件未被盗走,留在墓中,另14件被盗走后很快流落香港,后由马承源先生买回,现收藏于上海博物馆。这套编钟上刻有长篇铭文,记载了在西周晚期,晋侯稣奉周王之命讨伐夙夷,折首执讯,大获全胜,周王劳师,并两次嘉奖、赏赐晋侯的史实。这套编钟非常重要,曾被列为夏商周断代工程中的一个重要课题。这也是第一次在西周时期青铜器上发现刻铭。

晋侯邦父墓出土了楚公逆钟,因为西周时期发现的楚墓很少,所以楚公逆钟是研究西周楚文化非常重要的材料。M63晋侯邦父夫人墓出土了玉鹿、玉组佩、玉覆面等玉器,该墓是

图11 兔尊

图12 立鸟人足筒形器及底部

目前所发现的出土西周玉器最多的墓（图13）。

（3）一号车马坑

附葬车马坑是商周贵族墓的特有现象。在晋侯墓地中，每一组晋侯夫妇墓的东面都有车马坑，我们发掘了其中两座。2007年年底发掘完毕的一号车马坑分东西两部分，中间以夯土墙相隔，东部置马，西部陈车。西部陈车48辆，分6排。车均为单辕（辀），轨东踵西。所有车辆皆整车放入，且保存较好，为复原当时马车的结构提供了难得的材料。车舆结构不完全相同，有大有小，有横长方形，也有纵长方形，还有圆形。舆外有的包一层青铜甲片，有的加一重漆绘围板。多数舆内还放有车马器与兵器。马为处死后放入，相互叠压，纵横不一，比较杂乱，数量不少于105匹，经鉴定，均为成年公马，这与《诗经》中所记载"四牡骙骙"相符。晋侯墓地一号车马坑是迄今为止考古发掘的西周时期规模最大的车马坑，也是葬马与葬车数量最多的车马坑（图14）。

（4）陪葬墓与祭祀坑

每组晋侯夫妇墓的近旁都有几座陪葬墓，多为女性墓。祭祀坑见于最晚的三组墓，主要位于晋侯墓南墓道及近旁。坑内祭牲主要是马，每坑一匹。这三组墓祭祀坑现象的分布规律是愈晚愈多。到吉琨璋先生主持发掘羊舌晋侯墓地时，祭祀坑的数量更多，时为春秋早期。这种现象延续到何时，在战国乃至更晚时期是否流行，则需要

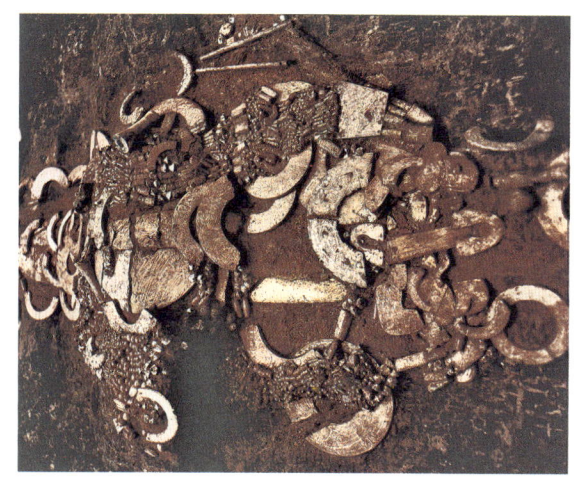

图13　晋侯墓地M63出土的玉器

图14　晋侯墓地车马坑清理场景

进一步的考古工作证实。

3.时代推断

根据墓葬各方面的特征，可知9代晋侯下葬的前后顺序是：

M114→M9→M6→M33→M91→M1→M8→M64→M93

各墓对应的晋侯如下表：

根据墓葬的位置和晋侯的对应关系，可以发现与文献记载的昭穆制度不符。

墓　号	晋　侯
114	燮父
9	武侯
6	成侯
33	厉侯僰马
91	靖侯喜父
1	釐侯對
8	献侯穌
64	穆侯邦父
93	文侯（或殇叔）

三、重要学术意义

在经过科学发掘的西周时期诸侯墓葬中，天马—曲村晋侯墓地的资料最为系统和全面，学术意义极其重要，主要表现在以下三个方面：

一是数量多。这处晋侯墓地包括9代晋侯及其夫人墓葬，共19座。这是现知同时期高等级墓葬中数量最多的。此外还有附属车马坑、陪葬墓和祭祀坑。

二是时代长，序列清。此处晋侯墓地的时代从西周早期偏晚到春秋早期，连续相沿两百多年。出土铜器上有不少可以确定年代的文字，这为确定墓葬序列和探讨墓葬各方面的发展演变提供了可靠的依据，为周代考古学文化编年确立了可靠的标尺。

三是保存好。周代诸侯级墓葬虽有一些发现和发掘，但大部分在历史上就遭盗掘，天马—曲村遗址晋侯墓地历史上未遭盗扰，大部分保存完好，实属罕见。

总之，与经过发掘的西周各诸侯墓地相比，其他诸侯墓地没有一处同时具备以上三个条件。正因为重要，该墓地曾于1992和1993年连续两年被评为该年度全国十大重要考古发现，还被视为20世纪中国重大考古发现之一。

余　论

（一）寻找晋之始封地——唐

以往看法：

1. 太原与晋南两说，但是从考古发现来看，太原地区及太原地区以北尚未发现较为明确的西周时期的遗址，更多的考古证据还是在晋南。从史籍记载"河、汾之东"考虑，不应该在今天运城地区，往南不会超过绛山，我们认为是在曲沃、翼城一带。最早持这种看法的是明末清初学者顾炎武先生。另外，如何理解"唐"的概念，也是一个值得探讨的问题。"唐"究竟是一个大的地域概念，还是一个比较小范围的都城的名字，这些都值得我们继续研究。

2. 是否为天马—曲村遗址，也存在两种看法。叔虞子燮父改唐为晋，何以改名？因唐地有晋水，燮父自唐徙晋水旁，故改唐为晋。此说得到新出铜器"觐公簋"铭文的证实。

簋铭曰：

"觐公作妻姚簋，遘于王令（命）昜（唐）白（伯）侯于晋，唯王廿又八祀，X（族徽）"

既然是"命唐伯侯于晋"，说明唐与晋是两地，这位唐伯先在唐，后到晋，由唐伯改称晋侯。这与文献所言燮父自唐徙晋水旁，故改唐为晋之说符合。唐在何处，需要继续寻找。

（二）寻找被盗文物的下落

本晋侯墓地有8座晋侯夫妇墓和部分陪葬墓被盗。盗走的文物，有的已经找到，部分还能确定出自哪座墓葬，如上海博物馆购买的大部分，美籍华人范先生捐回的几件等；也有的可以确定出自哪座墓葬，但已流往日本、中国台湾等地，还有的在中国大陆私人手中。而更多的尚未面世，下落不明。这部分尚未面世的文物，如果没有铭文，也许永远不能确定其出自本墓地。但是，如果发现有"晋"字，或者铭文显示与已知晋侯墓有关联者，时代又属西周，则最大可能是盗自本墓地。如有这方面信息，欢迎报告给我们，以期对这处晋侯墓地有更加全面的认识。

主讲人 / 谢尧亭

晋国霸业

晋都新绛

——晋国晚期新田城址

主讲人 / 谢尧亭
山西大学历史文化学院教授

引 言

"新田"本是指古代开垦二年的田地，在《诗经》里已再三提及。全国叫"新田"的地名有很多，山西古地名的"新田"就指今天的山西侯马，因最早在一块"新田"建设聚邑而得名。公元前585年，晋景公以新田"土厚水深，居之不疾，有汾、浍以流其恶，且民从教，十世之利也"而迁都于此，历十三世。其间经历了厉公被杀，悼公复霸，平公强盛，定公失霸，直至春秋末年六卿兼并，三家分晋，国君被迁，晋绝不祀。新田为晋国后期二百余年政治、经济、文化的中心。中华人民共和国成立后，考古工作迅速展开。数十年来，大批晋国遗址和文物的出土，向世人展现出晋都新田辉煌壮丽的历史风貌。我们将从生、产、信、死四个方面阐述晋国晚期的领土扩张，霸业盛衰的原因，及政治、经济、礼制、军事、外交、文化生活等问题。

"筑城以卫君，造郭以守民"，新田遗址内共发现大小不等的11座古城，其中平望、牛村、台神三城相互套接，呈"品"字形鼎足而立，是当时晋国最高权力的中心——宫城所在。虽然关于新田外郭城和诸古城的性质、关系、功用等问题仍然扑朔迷离，但毋庸置疑的是其城市格局对后世影响深远。

"科学技术是第一生产力"，这

样的论断古今皆通。晋国先进的手工业生产为其长期称霸中原奠定了雄厚的物质基础。在新田遗址中发现了铸铜、制陶、制骨、制石圭等作坊遗存。其中以铸铜遗址的考古发现最为令人惊叹，出土了大批制范工具、铜锭和数万件精美的陶模范，二百多年铸铜手工业锤炼和凝就的血与火的精神将代代升华。

"国之大事，在祀与戎"，驰名中外的"侯马盟书"就是在新田盟誓祭祀遗址中发现的，以圭形为主的玉石片上记载的不仅是晋国末期上层贵族争权夺利、相互倾轧斗争的激烈与残酷，更向我们描绘了一幅春秋末期生动的晋国社会画卷。新田遗址中还埋藏着多处大型墓葬区，上马墓地、柳泉墓地等重要发现，为我们研究古老晋国的精神文化提供了宝贵的资料。

一、生（城市居址）

（一）迁都新田

新田是地名，而新绛是都城的名字。《左传·成公六年》（公元前585年）记载："晋人谋去故绛（故，是过去的意思；绛，是自春秋中期后晋国都城的专有名称，就如同楚国的郢都。楚国虽然有数次迁都，但都城也都称为郢，故绛其实就是晋国的旧都），诸大夫皆曰：'必居郇瑕氏（今考证在运城盐池的北部，临猗与运城之间）之地，沃饶而近盬（盐池），国利君乐，不可失也。'韩献子（韩厥，当时是晋国军队的最高统帅）将新中军，且为仆大夫。公揖而入。献子从。公立于寝庭，谓献子曰：'何如？'对曰：'不可。郇瑕氏土薄水浅，其恶易觏（遇见、呈现）。易觏则民愁，民愁则垫隘，于是乎有沉溺重膇之疾。不如新田，土厚水深，居之不疾，有汾、浍以流其恶，且民从教，十世之利也。夫山、泽、林、盬，国之宝也。国饶，则民骄佚。近宝，公室乃贫，不可谓乐。'公说，从之。夏四月丁丑，晋迁于新田。"这是史籍中关于晋国迁都的唯一记载。那么为什么要迁都？我认为至少有以下几个原因。

《国语·晋语二》记载晋国中期晋献公时晋国的环境是"景、霍以为城，而汾、河、涑、浍以为渠，戎狄之民实环之"。景是指中条山，霍是指霍太山（或称太岳山）。两周时期，晋地很多遗址都在塔儿山、太岳山、绛山、中条山等围绕的簸箕形的山凹中,例如天马—曲村遗址、大河口墓地、绛县横水倗国墓地以及最新发现的雎村墓地都在这样的区域中。虽然晋国最早的始封地唐和唐都在哪里我们现在仍然无法确定,但基本可以认定晋国早、中、晚期的都城遗址都应该在翼城、曲沃、侯马这个簸箕形的区域中。晋献公时期的晋国已经占领了晋南的运城、临汾盆地,所以才能称"景、霍以为城,而汾、河、涑、浍以为渠"。史籍中记载晋景公是从故绛迁都到新绛,故绛具体在哪里尚不清楚,但大致应该在这个簸箕形的区域中。北京大学邹衡先生认为在天马—曲村一带,不过大多数学者并不这么认为。

春秋时期,晋国国内也实行分封制,如同天子分封诸侯一样,晋国国君也要分封采邑给大臣们,原因是随着征伐、兼并,地盘扩大了,国君需要大臣们去管理这些地区。但随着国家的发展,都城附近优良的土地资源逐渐不够分配给在朝大臣,这可能是促使迁都的一个原因。

其次,随着血缘关系的逐渐疏远,西周早期以血缘为纽带的宗法观念逐渐淡漠,以致故都卿大夫势力愈发膨胀,各宗族之间盘根错节,君臣矛盾日渐加剧。比如我们大家都很熟悉的"下宫之役",即"赵氏孤儿"的故事,讲述了公元前583年晋国赵氏家族原屏(赵同、赵括)两支被灭,赵武一系夺回宗主地位的历史事件。迁都同样也是晋国国君巩固政治权力,寻求新的发展空间的重要手段。

第三,可能是故都不适应新形势发展的需要。其实在晋国历史中,都城迁徙并不止一次,如唐、晋、翼、故绛、新绛,都是晋国曾经的都城或都城所在地。虽然唐地所在目前仍然是一个谜,但晋地因为晋侯墓地的发现和"疏"公簋的面世,基本可以断定就在今天的天马—曲村遗址一带。疏公簋上的铭文"唐伯侯于晋"也坐实了晋国都城由唐至晋确有一迁。至于晋地的首都是"晋"还是"翼",我们还难以最后确定,邹衡先生认为翼都在翼城县南梁镇的故城村,但是绝大多数学者还是认为翼都就在天马—曲村遗址。侯马新田遗址的发掘和史籍相印证,让我们可以判定这里就是晋景公迁都的新绛所在地。那么故绛在哪里？现在有多种看法，一说是在襄汾县的赵康古城，一说是在绛县的车厢城遗址。邹衡先生则认为故绛在天马—曲村遗址，但是这几种意见都还有待证实，或者都不正确。但毫无疑问的是，今天的侯马就是晋景公迁都的新绛，今天运城市新绛县的名称是很晚期的称呼，与古代晋国的都城新绛名称没有什么直接的关系。

（二）君臣争权

春秋中晚期，各诸侯国内部的政治格局悄然发生着变化，公室出现衰弱迹象，而卿大夫家族势力则日趋强大，公室与世族之间以及世族与世族之间的矛盾日益成为社会的主要矛盾，特别是春秋晚期，国君与卿大夫之间、世族与世族之间均致力于内部的争权与兼并。发生在晋国晚期，最为大家耳熟能详的故事就是"赵氏孤儿"。在《左传》的记载中，这个故事发生在公元前583年，主要讲述了晋国赵氏家族原屏（赵同、赵括）两支被灭，赵武一系夺回宗主地位的历史事件。但是《史记·赵世家》却记载为公元前597年，故事中也增加了许多情节和人物，已经将这个故事演绎得更具传奇性。我们一般以《左传》中的记载为是。下面我们就来了解一下这个略带血腥的故事梗概。

晋国中晚期，赵氏家族曾经长期执掌晋国朝政，引起晋国国君的猜忌和惧恨。执政正卿赵盾死后，族内发生叔叔与侄媳妇乱伦的丑事（赵庄姬与赵婴齐）。事情败露后，赵婴齐被赵同、赵括兄弟逐出晋国。赵庄姬因此怀恨在心，在晋景公面前诬陷赵氏，说"赵同、赵括将要作乱"。与此同时，与赵氏家族早就有矛盾的栾氏、郤氏家族趁机出面为赵庄姬作证。于是，景公诛杀了赵同、赵括，并尽灭其族，赵氏封邑改封给大夫祁奚。晋国国君与卿大夫的权力纠纷由来已久，包括在此之前晋灵公被赵盾的族弟赵穿所杀，晋景公"下宫之役"及之后晋厉公时期的"车辕之役"，都是如此。在"赵氏孤儿"的故事中，赵庄姬的蛊惑只是充当了发动"下宫之难"的借口，其本质是晋国国君借此机会一举铲除赵氏家族在晋国的强大势力。

这个时期，国君与卿大夫之间的斗争并不只是出现在赵氏家族。公元前552年，发生栾魇之妻栾祁诬告其子栾盈一事。栾祁是范宣子的女儿，嫁给栾书的儿子栾魇为妻。栾魇去世早，栾祁独守空房，难耐寂寞，与她的家臣州宾勾搭成奸。州宾与栾祁相好以后，企图霸占栾魇的财产。栾祁做出的丑事引起其子栾盈的不满，栾祁就和自己的儿子有了意见。栾祁害怕儿子的讨伐，就先发制人，向执掌晋国大政的父亲范宣子告了自己亲儿子栾盈一状，说栾盈要谋反，发动政变。范宣子又得到其子范鞅的证言。范宣子本来对栾氏就心存芥蒂，便借此机会以把栾盈派到外面修筑著雍城为名，将其驱逐出境。栾盈无奈，逃奔楚国避难，后来又出奔齐国，再后来因为潜入晋国作乱而被族灭。可见春秋后期的晋国，国君与诸卿大夫之间、诸卿之间的矛盾愈演愈烈。

新绛作为晋国后期的都城，共经历了十三位国君：景公、厉公、悼公、平公、昭公、顷公、定公、出公、敬公、幽公、烈公、桓公、靖公。晋定公时期，晋国的实力虽仍很强大，但公元前482年发生的"黄池之会"标志着晋国已经失去了中原霸主的地位。其后晋国逐渐衰落，新绛都城内的"品"字形宫城逐渐废弃，国君搬迁到凤城古城去居住了。到了桓公、靖公时期，晋国都城已经不在侯马了，迁至今天的沁水县端氏，后来又迁到了古屯留，即今天的长子县鲍店镇一带。

（三）晋都的考古发现

侯马市位于临汾盆地的南缘，南有中条山余脉迤逦与运城盆地为界；隘口村以东称作绛山，西为峨嵋岭；汾河在市区西北方由东北向西南流去，隔河与襄汾、新绛县为邻；浍河在市区南部由东向西至新绛县城南汇入汾河；市区之东、南分别与曲沃、闻喜县接壤。侯马地势北高南低，四季分明，除去山峰外，多为堆积较厚的黄土覆盖，又兼汾浍之利，土壤肥沃，物产丰富。晋都新田遗址共发现11座古城、多处手工业作坊、11处祭祀遗址、9处墓地，可以说遗存遍布今天的侯马市区（图1）。

1. 晋国都城发现的过程

侯马晋国遗址是1952年被发现的，时任山西省文教厅副厅长的崔斗辰先生骑着毛驴路过侯马镇白店村时，在附近断崖上看到了堆积较厚的

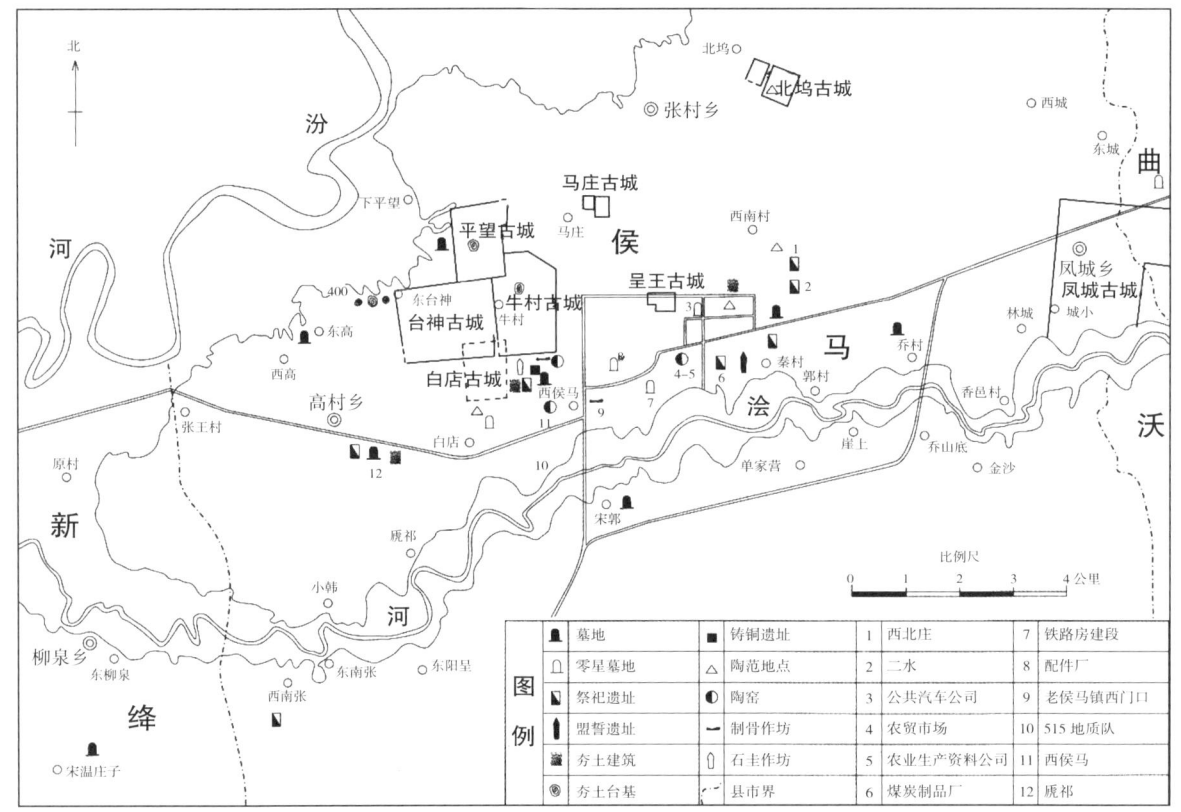

图1 晋都新田遗址分布示意图

陶片等遗物,后来派有关工作人员到现场进行了实地调查,确定这里是一处周代的大型遗址。1953年,山西省文物工作委员会组织力量对这处遗址进行了调查。1955年,为了配合新兴建的侯马市基本建设的全面开展,山西省文物管理委员会又组织力量对这处遗址进行了为期20多天的文物普查工作,发现了大面积的东周时期文化遗址。1956年,文化部文物局顾铁符先生率晋南五县文物普查队又一次详细调查了该遗址。同年,文化部文物局与山西省文物管理委员会先后多次下函,要求配合平阳机械厂在西侯马村与牛村之间的基本建设任务,进行考古勘探与发掘的准备工作,就在这一年开始了对该遗址的试掘。1956年发现了侯马凤城古城,并在这里建立了侯马工作站;1957年发现了牛村古城和平望古城,开始发掘侯马铸铜遗址;1958年进行了大面积调查,了解了侯马晋国遗址的分布范围;1959年发现了上马墓地、乔村墓地和牛村古城南墓地;1960年,国务院下发了《关于加强侯马地区古城遗址的勘探与发掘工作的通知》，从全国各地抽调专业力量来支援侯马的考古发掘工作；1961年发现了台神和马庄两座古城，同年，侯马晋国遗址被国务院公布为第一批全国重点文物保护单位；1962年调查、勘探发现白店古城；1965年发现并发掘侯马盟书遗址；1971年至1972年发现祭祀遗址；1979年发掘新绛县柳泉墓地；1982年发掘北坞古城；1984年发现宗庙遗址和呈王古城等等。侯马晋国遗址的发现和发掘正好处于建国初期计划制大生产时期，国家暂缓了原定在侯马发展大型企业的计划，从全国抽调考古力量进行集中发掘，其重要性不言而喻。

2. 晋国都城遗址中值得讨论的几个问题

（1）晋都的外郭城

《吴越春秋》中记载"筑城以卫君，造郭以守民"，那么晋都新田遗址中存不存在外郭城呢？长期以来，学者们大都持否定态度，但我认为这种看法还值得斟酌。首先，针对晋都外郭城的考古调查、发掘工作并未主动开展；其次，侯马市区现今的很多地名都与"城郭"相关，如宋郭村、郭村、郭村堡、北郭马、南郭马等，这些以"郭"为名称的村庄，地理位置上是否与原晋国城郭有关呢？我认为很有可能。除凤城古城外，现在还没有发现侯马城墙在地面上的遗迹，所发现的城墙遗址都是埋藏在地下的墙基，所以关于晋国古都外郭城问题的认定仍需要大量的考古工作来证实。在外郭城问题的认定中，应该考虑到凤城古城小城的特殊性，西部的几座古城衰落、废弃时，它却从东部繁荣、兴起，极有可能是春秋战国之际"三家分晋"后，晋国国君被迁徙的宫城所在（图2）。

（2）白店古城的问题

从原来发表的考古报告材料中可知，白店古城被认为是由南北长约1000米、东西宽约740米的夯土城墙围绕而成。但是由于客观条件制约，20世纪60年代的考古调查、勘探工作做得并不细致。在1993年再次对白店古城南墙进行调查的时候，我们在所谓保存最好的南墙范围勘探时发现了100多处夯土基础，每块夯土大小不一，有的为长条形，有的为方形，

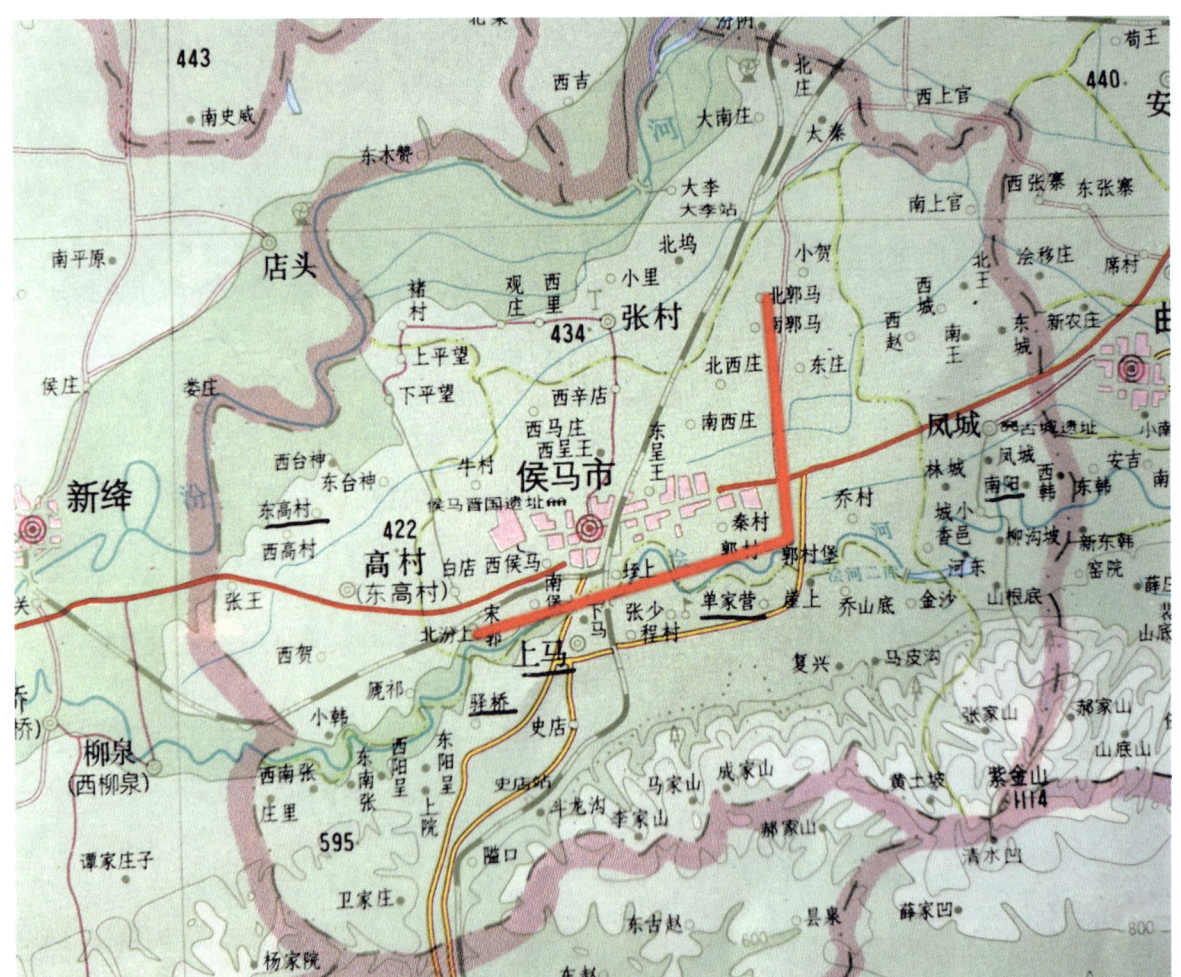

图2 晋都郭城示意图

深度不等,其中发现一处面积较大的夯土,达6米深,非常坚硬,在其底部还铺有石块,有的夯土块仅1米见方,因此我们很难说它们是所谓的城墙基址,这应该是某种有特殊功用的建筑基址。通过对其他几面所谓保存不佳的城墙的勘探,也发现有夯土块,但我们无法判断这样的夯土是否连续存在。在没有充足的考古学依据的前提下,白店古城的已有结论我们也不应贸然推翻,然而至少其城圈的范围需要更正,其年代也不像以前推断的那么早。白店古城遗址的属性究竟是什么,其区域范围究竟有多大,还需要进一步考古工作的证明。

（3）"品"字形古城的问题

在核心的三座"宫城"中,平望古城是最完整的,牛村古城相对完整,台神古城不很完整。按照考古发掘中的叠压、打破关系,只能判断平望古城最早或者最晚，但遗憾的是，我们还无法确定三者之间的年代顺序关系。在1985年和1992年，为配合基本建设，我们对牛村古城南城墙先后两次解剖发掘，估定其建造于公元前585年，即晋景公迁都新田前后，废弃于公元前453年，即"三家分晋"前后。

牛村、平望、台神三座古城基本可以认定是晋国都城的宫城。但是三座宫城面积都很大，每一座城方圆都在1千米左右，这么大的宫城，国君怎么居住使用呢？牛村古城存在内城，内、外城呈"回"字形布局。内城位于外城内中部偏北的位置，为竖长方形，在内城的西北部有高于地表的大型夯土台基。平望古城内最显赫的是处于古城正中位置的高大夯土台基。这座夯土台基分为三级，很多学者认为这是"公宫"之地，就是国君起居的地方。台神古城外西北角不远处临汾河南岸有三座高于地表的大型夯土台基，中间大而两侧者小。至今对于这三座城的布局和具体功能仍然存在着很多不同意见，我们或许可以做出这样一种推测：按照"左祖右社"的格局，平望古城是国君的起居所在，牛村古城作为宗庙建筑，台神古城是社稷建筑。

《左传》记载春秋中期晋献公时"晋士蔿为大司空……城绛，以深其宫"，"以深其宫"的建筑格局也许就是"品"字形古城布局的"源"，但是因为故绛的城址迄今尚未发现，我们尚未找到与文献相对应的考古学证据，所以应对故绛遗址做进一步的探索。位于河北省邯郸市西南的赵王城，建于赵国迁都邯郸前后，是中国迄今保存最为完好的一座战国古城址。赵王城由东城、西城、北城三个小城组成，也呈"品"字形布局，它就是晋都新田遗址宫城布局的"流"。

到目前为止，侯马晋都新田遗址中发现的这几座古城的关系还不甚清晰，它们的内部功能尚需进一步探索和研究。

3. 古城遗址概述

（1）平望古城

平望古城大致为竖长方形，在地表下0.4～0.8米即可见夯土城墙。东城墙因东北部凸出，为曲折状，全长1340米；北城墙则为1240米；南城墙长860米；西城墙长1286米。城墙东南和西南方向各有城门，城外有壕沟。古城内道路以城东一条南北向和北半部一条基本贯穿全城的东北—西南向道路为主，还发现有水道遗迹。城内遗迹最醒目的是位于古城正中的大型夯土台基。这座夯土台基分为三级，第一级为边长75米的方形，南部正中有宽30米、长20米的凸出部分，正南又有宽6米、长20米的路面，整体呈北高南低状。在夯土台基的顶部覆盖有1米厚的建筑物坍塌堆积，以瓦类为主。原来的宫殿是建筑在这宏大台基上的高台建筑。现在侯马市文物局为了保护这处基址，已经将其封护起来。

（2）牛村古城

牛村古城为竖长方形，唯西北角斜折，东城墙全长1390米，北城墙长955米，南城墙长1070米，西城墙长1050米。城外有深约4米的城壕，底部有淤土。根据1985年南城墙的解剖发掘，城墙的建造采用了先挖基槽，后夯打，再夹板夯筑的方法。牛村古城的内外城呈"回"字形结构。在内城的西北部有一处较大的夯土台基，为边长52.5米的正方形，可分为三级，顶部有接近1米厚的建筑物为主的坍塌堆积。台基周围还分布有规模小于它的多块夯土建筑基址。牛村古城内发现有多条道路，或贯穿南北，或连接于建筑物间。牛村古城南部又有一小城。

（3）马庄古城

马庄古城在"品"字形宫城的东北角方向，由东大西小两个竖长方形小城相邻构成。东城南北长350米，东西宽265米；西城南北长250米，东西宽160米。墙外有城壕，东西城各有城门。西城东北角有高于地表的大型夯土台基，分两级。台基现存部分南北长26米，东西宽20米，高出地表6米，方向与古城基本一致。

（4）北坞古城

北坞古城位于北坞村的东南，1982—1988年进行了较大规模的勘探和发掘，分为东、西两座小城。东城南北长约570米，东西宽约493米；西城接近正方形，南北长约382米，东西宽约372米，发现大型建筑基址35座、6条道路、5个城门、1处水道等，还有大量属于古城时期的其他生活遗迹、遗物。北坞古城出土遗物以陶器为主，其他骨、铜、玉、石器较少。陶器中以生活用具和建筑材料瓦最多。生活用具有鬲、釜、鼎、盆等。各期器物形制也为侯马晋国其他遗址所习见。通过对出土陶器的研究，可以看出北坞古城的始筑年代大体稍晚于晋国迁都新田，大约在新田遗址结束时废弃。

（5）台神古城

台神古城大体呈横长方形，保存较好的西城墙全长1250米，南城墙全长1660米，东城墙仅由东南角北去350米，北城墙仅西段保存了1100米，西、南城墙外发现有城壕。在城内中部和西北部的钻探中发现多处灰土、红烧土、草拌泥、硬面，在个别地方还发现有炼渣。古城外西北角不远有三处大型的夯土台基，中间最大，约为圆角长方形，南北长约80米，东西宽约60米，高于今地表8米左右。

（6）凤城古城

凤城古城位于侯马市东部浍河北岸的二级台地上，地势平缓，北高南低。古城分内、外两重，均近方形。二者的南部已被浍河冲毁，外城仅存北城墙和西城墙，北城墙残长约3100米，西城墙残长约2600米；内城位于外城内中部略偏东南，北城墙长1100米，东、西城墙分别残存600米和1000米。外城西城墙外有城壕。在外城西城墙一带的考古发掘中，上层文化堆积为大量的汉瓦，下层文化中发现丰富的战国初期遗物。在凤城古城使用时期，它的西部还有规模宏大的乔村墓地，出有多件带有"降亭"戳印的陶器。我们推测小城为战国早期，汉代增扩修建外城（大城）。小城的启用时间是公元前453年后，可能是晋国后期"品"字形宫城逐渐废弃后，晋侯迁居的新都城。

（7）呈王古城

呈王古城位于侯马市东呈王村西南一块东北低、西南高的坡地上。在古城中部发现一道东西向的夯土城墙，将这座古城分为南北二小城。这是侯马诸古城址中保存最差的一座，不少地段已经无迹可寻，城圈范围虽可大体复原，但城门和城壕的状况已无法探清。在北小城中发现两处夯土遗址，其西有6座灰坑，但城内并未做详尽的钻探，未知有无其他遗迹。呈王古城的修建、使用时期是在晋国新田的繁荣时期。

4. 侯马晋都的陶器

晋国自公元前585年迁都新田，至公元前376年被灭，前后历经209年。其间在新田即今侯马繁衍生息，创造了灿烂的文化。经过几十年的考古发现与研究，积累了比较丰富的资料，对晋都新田时期的文化内涵有了相当的了解，而出土的大量陶器则是我们认识该时期文化面貌的重要内容。

侯马出土的陶器很多都具有北方文化的特点。器类有鬲、鼎、釜、罐、圜底盆、甑、钵、盂、杯、簋、盘豆、盖豆、茧形壶、罍、壶、瓮、器盖、纺轮、研钵、水管道等（图3）。这些器类中鬲是最多的，鼎的数量相对比较少。茧形壶是一种非常有特色的酒器，因器形似蚕茧而得名。值得一提的是，在陶寺遗址中就已发现的扁壶，在晋都遗址也有发现，陶寺文化与晋文化是否有渊源关系，值得进一步探索。晋都遗址出土的釜带有鲜明的本地文化特色，与北方其他文化如秦文化的釜有很明显的区别。陶质可分为夹砂陶和泥质陶两种。出土陶器以灰陶为主，早、中期多呈青灰色或灰黑色，而晚期呈浅灰色。

图3 侯马晋国铸铜遗址出土的陶器

陶壶

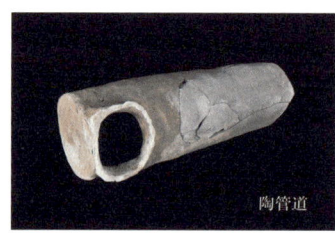

陶管道

陶釜

陶扁壶

二、产（手工业生产）

晋都新田发现的手工业作坊遗址有铸铜、制陶、制骨、制石圭四类。其中以铸铜遗址分布范围最大。这些不同性质的手工业作坊分区设置，同一性质的手工业作坊依产品种类不同又有地点之别。

晋都新田遗址和墓葬中出有大量玉器，特别是祭祀用玉，数量惊人，但迄今未发现与玉器加工有关的作坊遗址。至于其他如制革、车船制造、纺织等手工业作坊遗址，因不易保存，尚未发现。

（一）铸铜遗址

从1957年开始，在新田遗址内，特别是牛村古城南，进行了大面积发掘，出土了大量用于铸造铜器的陶模范和有关遗物，我们把与铸造铜器有关的遗址统称为铸铜遗址。数十年间，在牛村古城南铸铜遗址发掘总面积达7000余平方米（图4）。其中2号和22号两处地点出土的陶范最为丰富。此外，如平阳机械厂宿舍区、招待所楼区、白店村西南、西北一带，北西庄村附近，呈王路祭祀建筑遗址区等地点，都经常有陶范发掘出土。2号和22号两处铸铜遗址地点位于牛村古城南300～500米，东西相距约400米。这两处遗址面积共约47850平方米。出土文化遗物主要有两类：一类是与铸铜生产有关的陶模范、熔炉等，一类是与生活有关的陶器、骨器等。陶模范形制以礼器、乐器、兵器、工具、车马器和钱币为主。在《侯马铸铜遗址》报告中发表的许多陶模范极其精美，极具艺术价值。山西省考古研究所和美国普林斯顿大学合著的《侯马陶范艺术》，选取的样品大多也是这两处遗址出土的陶模范。

在两处遗址中发现的铸铜陶模范5万多块，其中完整能配套的近千件。

图4　1965年侯马铸铜遗址发掘现场

图 5　铸铜遗址出土的夔龙衔螭纹钟钮范

能识别出器类的有工具范、兵器范、空首布范、礼器范、乐器范、车马器范、生活用具范及其他范等共八类。纹饰种类有二十余种，其中以蟠螭纹最为常见，形式多样，作为主体装饰纹样。蟠螭衔虺、衔螭、衔凤纹中晚期出现且数量较多，是晋国最富特色的纹饰（图5）。一些几何纹如绹索纹、菱形纹、贝纹等大部分作为镶边。

侯马铸铜遗址的数万块陶范中，仅发现两块有文字。其中一块残陶范是1961年侯马铸铜遗址出土的，残长13厘米，宽3.5～4厘米，阴刻"縠，安宁寿久"字样。香港中文大学饶宗颐教授看到这块文字范时，马上联想到同时期楚帛书，复原完整辞句为"民则有縠，安宁寿久"。这块文字范，寄托了晋国人对美好生活的向往。另一个陶模上带有"其陟"二字，这是祭祀的名称，遗憾的是，我们并没有在铜器上发现相同的铭文。铸铜遗址中还出土了一些有趣的人物范，雕刻的纹饰、图案十分精细，可以窥见晋国人的服装式样（图6）。有些陶模表面涂抹一层黑色的物质，我们认为这些黑色的物质可能是脱模剂，可以在脱模时起到防止模范粘连的作用

图 6　铸铜遗址出土的人物陶模

（图7）。此外，还出土了一些印章陶模，上面的字样清晰可见（图8—图9）。

侯马铸铜遗址的发掘，说明当时铸铜作坊规模巨大，陶范品种丰富，分工明确，有专门的管理机构，加上其制作工艺的复杂化、规格化和系统化，充分表明这是一处晋国官营手工业作坊遗址。

（二）制陶遗址

制陶作坊，即陶窑遗址，共发现3处。其一为西侯马遗址，在老侯马镇与西侯马村之间东南隅长400米、宽300米的范围内，是一处密集的窑址分布区。其二为农贸市场遗址，位于今侯马市火车站、晋都路南的新田市场。其三在牛村古城南还发现一处。晋都遗址范围内虽然也有其他零星的陶窑遗址发现，但这对于面积广大、人口众多、延续二百年的晋都来说是远远不够的，更多的发掘成果需要我们悉心等待。

（三）制骨遗址

主要发现于牛村古城以南，大量出土骨料、骨残品或半成品、废品者共4处。这无疑是制骨作坊之所在。我们从新田遗址的墓葬、遗址中发现大量的骨器，有梳、簪、笄、刀、叉、带钩、珠、管、镳、钉等。铸铜遗址和西侯马陶窑遗址皆发现烫花骨叉，还出土了十分精美的雕绘燕蛇纹的骨饰。如同铸铜业一样，晋国的制骨工艺也十分发达。

（四）制石圭遗址

石圭作坊发现1处，位于牛村古城以南，在铸铜遗址区的西北部。在作坊遗址内发现上万件遗物，主要为石料、石片、石圭残段，另有磨石和刀具等。它们出自中、晚期文化遗迹中。青灰色石料占绝大多数，多有两面对应的锯割痕迹；绛紫色石料用来制造刀具，个别的边部磨出钝刀。根据对出土遗物的分析，当时制作石圭可

图7　白店古城出土的陶模

图8　白店古城出土的印章陶模"少君"

图9　白店古城出土的印章陶模"中行"

能经过选料、整料、制坯、定型四道工序。简报认为，牛村古城遗址从晋景公十五年建都于此，到晋静公二年被废弃，其间经历了200余年。石圭生产活动开始于古城遗址中期，晚期被废弃。在约100年的时间里，石圭生产经历了由初创到发展再到衰落的过程。

牛村古城之南的铸铜、制骨、制石圭、制陶等不同性质和类别的手工业遗址布局紧密有序，说明晋国素有"工商食官"的传统，这些作坊必由晋国公室直接控制。

三、信（祭祀及信仰）

"国之大事，在祀与戎"。除了城址和手工业遗址，在晋都遗址中还发现了大量春秋时期有关晋国贵族精神信仰的文化遗存，这类文化遗存主要包括祭祀和盟誓遗址。

（一）祭祀遗址

侯马发现了11处祭祀遗址，以呈王路的建筑祭祀遗址为中心，北西庄、省地质水文二队、煤灰制品厂等遗址呈半月形围绕分布，学者们普遍认为这里是侯马晋都祭祀遗址的核心区域，即宗庙遗址。此外，在虒祁、西高、柳泉墓地附近的西南张也发现了大量的祭祀遗址。侯马晋都的祭祀坑总量数以万计，令人咋舌。《左传·成公十三年》记载"国之大事，在祀与戎"，这里的"祀"本义是指"五礼"中的吉礼与宾礼。这么多祭祀坑的发现，恰好是史籍记载的真实反映。

1. 呈王路祭祀建筑遗址

在这里已发现夯土基础近百块、祭祀坑130座，另外还发现道路、排水通道、灰坑等遗迹，出土了大批遗物。其中发现的13号主殿基址长27.2米，宽15.2米，深1.5～2.2米。在26号基址北部有大量的祭祀坑，已发掘的62座祭祀坑中，其中羊坑30座、牛坑15座、马坑9座、狗坑3座、空坑2座，另有3坑无法辨明。在呈王路祭祀遗址中发现有晚期祭祀坑打破早期建筑基址的现象，建筑基址间也有叠压或者打破现象，说明祭祀坑的年代与建筑基址使用的年代并不完全一致。在这里还出土了大量的筒瓦和板瓦。当年根据侯马盟书中"晋公大冢"等记载及周围祭祀遗址的布局和自身结构特征，参考文献推断应该是晋都新田时期晋国的宗庙祭祀遗址。现在在保留的最大一块夯土建筑遗址周围新建了庙寝遗址公园。在公园建设过程中，把勘探出来的夯土外扩、垫高各50厘米，保护起来，然后砌边展示其轮廓。在绿地和路面中间点缀晋国遗址出土文物图案，如空首布、盟书、铜器等。在公园中北部大型夯土台基上垫高并修建了一周石刻围栏，正面为60幅晋国故事，刻绘从"叔虞封唐"到"三家分晋"这一历史时期发生在晋国大地上的重大历史事件，重要历史人物，能够反映该时期政治、经济、文化高度发达的画面，背面刻绘了晋国遗址发掘出土的珍贵文物。侯马晋都庙寝遗址公园修建较早，它的建成为遗址的保护起到了示范作用（图10）。

2. 牛村古城南祭祀建筑遗址

主体建筑平面呈长方形，东西长20.8米，南北宽10.4米，夯土厚度为0.8～1.5米，表面散布大量料姜石、夯土碎块及碎陶片。在主体建筑基址表面及周围发现有柱洞或柱洞痕迹，在主体建筑边缘及附近的文化层及灰坑中比较集中地出土了大量板瓦和筒瓦，这表明该基址上原有建筑物的顶部当是用瓦覆盖的。根据文献中关于宗庙和社的描述，我们认为这处祭祀遗址祭祀的对象应当是宗庙，而非社。在该遗址发掘范围内共发现祭祀坑59座，多数坑底无牲骨（52坑），坑底发现有人骨（1坑）、牛骨（1坑）、羊骨（3坑）、猪骨（1坑）、马羊骨（1坑）。在这里的祭祀坑中仅发现2件玉器。

3. 虒祁祭祀遗址

位于高村乡虒祁村西北约1.5千米的浍河北岸，东西长约1000米，南北宽约800米，总面积约80万平方米。从东到西由夯土建筑、墓地、祭祀遗址三部分组成。虒祁祭祀遗址密布着一些小坑，这些小坑皆为祭祀坑，一般为南北向，长1米左右，宽40～50厘米。坑内放置牛、马、羊等动物，大多数放置1件玉器，不少玉器都制作得十分精美。在虒祁遗址中发现的祭祀坑一共有3000余座，为研究晋都新田废弃前后的文化发展提供了极为珍贵的资料。

4. 西高祭祀遗址

位于西高村西南，发现祭祀坑

图10 侯马庙寝公园遗址

700余座。祭祀坑形制与其他遗址相同，其中发现的牺牲以马、牛、羊为主，马和牛的出土比例明显较高，且出土的玉器较其他遗址精美。

前文曾提到在台神古城西北角发现有三个夯土台基。这三处台基我们怀疑曾经是晋都台骀庙的旧址。在《左传·昭公元年》记载，"晋侯（晋平公）有疾，郑伯使公孙侨如晋聘，且问疾。叔向问焉，曰：'……（后帝）迁实沈于大夏，主参。……及成王灭唐而封大叔（唐叔虞）焉，故参为晋星。由是观之，则实沈，参神也。……（帝）封诸（台骀）汾川。沈、姒、蓐、黄，实守其祀。今晋主汾而灭之矣。由是观之，则台骀，汾神也。……晋侯（晋平公）闻子产之言，曰：'博物君子也。'重贿之。""沈、姒、蓐、黄"都是当时位于晋中地区的小国家，在被晋国伐灭之前，它们都承担着祭祀汾河的责任。直至今天，我们在晋中和晋南的很多地方还可以听到台骀庙的传说，甚至看到其遗迹。联系史籍中的记载，我们怀疑虒祁和西高祭祀遗址可能与晋国祭祀台骀有关。

（二）侯马盟誓遗址与侯马盟书

春秋时期，礼崩乐坏，各诸侯国之间征战频繁，诸侯和卿大夫之间尔虞我诈、争权夺利，为约束这种行为，在当时的信仰背景下，政治家们寄希望于盟誓，以此相互制约，来维护社会秩序，盟誓就成为当时社会政治生活中的大事。《左传》中记载的盟誓有近200次，其中与晋国有关的就超过50次。盟誓属于一种特殊情况下的祭祀仪式。侯马盟誓遗址是春秋晚期晋国世卿赵氏与卿大夫间举行盟誓的遗址，位于侯马市秦村西北约500米处的浍河北岸台地上，在东西长70米、南北宽约55米的区域内，发现401个竖坑（史籍中称为"坎"），在1965年11月至次年5月发掘了其中的326个，其中出土盟书的遗迹共42个，集中发现于遗址西北部100平方米的范围内（图11）。盟书年代为公元前490年—公元前458年前后。401个竖坑大多为南北向长方形，坑底多有1具兽骨，共出土羊骨177具、牛骨63具、马骨19具，67个坑内无牲骨。除出土了有文字的盟书1000余件外，还发现有璧、璜、瑗、玦等玉器。

盟书又称"载书"。《周礼·司盟》记载"掌盟载之法"注："载，盟誓也，盟者书其辞于策，杀牲取血，坎其牲，加书于上而埋之，谓之载书。"当时的诸侯和卿大夫为了巩固内部团结，打击敌对势力，经常举行这种盟誓活动。盟书一式二份，一份藏在盟府，一份埋于地下或沉在河里，以取信于神鬼。侯马盟书是用毛笔将盟辞书写在玉石片上，字迹一般为朱红色，少数为黑色。字体近于春秋晚期的铜器铭文。侯马盟书的文字内容可分为六大类，包括宗盟、委质、纳室、诅咒、卜筮及其他，主要强调参盟者要"事其主"，"守二宫"，"从嘉（主盟人）

图11 侯马盟书出土状况

之盟定宫平峙之命","自誓于君所","既誓之后"如何如何，列出的打击对象多至九氏二十一家，并有打击纳室者和诅咒背盟者的盟书（图12）。

1. 侯马盟书的主盟人是谁

侯马盟书主盟人的考订直接影响盟书的年代和其历史事件的确定。在盟书中发现了"子赵孟""某""嘉"等主盟人名，其中"嘉"提到的最多，其为主盟人无疑。但这个"嘉"具体是谁仍存在很大的争议。这三个名字之间又是什么关系呢？文献中称作"赵孟"的人很多，春秋后期到战国早期，赵氏家族的嫡长皆称赵孟，所以盟书中的赵孟具体指谁还不能确认。目前关于主盟人有以下几种看法：（1）认为即是赵桓子嘉；（2）认为即是赵简子赵鞅；（3）认为主盟人可以是"赵孟"，也可以是"嘉"，也可能是其他人，即主盟人可能不止一人，这与盟誓持续时间较长有很大关系。

2. 侯马盟书中记载的事件及其年代

侯马盟书与史籍中记载的赵氏与范氏、中行氏的战争有关这一点毋庸置疑，但其年代应该偏晚，并非是在赵鞅"与郑激战于铁"之时，而是在与范、中行两家的战争结束后。赵氏为了彻底驱逐他们在晋国的残余势力，政治斗争仍然持续了很长时间。盟书中有"中行寅""复人"等重要信息，这些内容揭示了当时各大夫之间、国君与大夫之间的博弈和攻伐。

3. "不守二宫""岳公大冢"指的是什么

"不守二宫、定宫平峙之命"应

图12 侯马盟书

该是国君的命令。二宫又是指什么地方呢？有的说指宗庙和社稷，有的说指"公宫"和"固宫"，有的说指祖庙和祢庙，不一而足，难以确定。

美国学者魏克彬通过对河南温县盟书的比对和检测，发现其"岳"字与侯马盟书中的"岳"字一致，不是原本所厘定的"出"字。通过考释，他认为盟书中的"豖"系用其本义，即"大山"，不同于以往其他学者认为"岳公大豖"是晋国国君的墓地或是宗庙的说法，认为"岳公大豖"即山神的居所，"岳公"的"岳"指的是太岳山。我同意魏先生对"岳"字的考释，更认为这里的"岳"应当是指在晋国早期发展过程中更为重要的塔儿山山神，当然塔儿山是太岳山的一部分。

四、死（墓葬规制）

侯马晋都新田遗址迄今共发现上马、柳泉、东高、下平望、牛村古城南、第二安装公司（简称二安）排葬墓、乔村、西里、虒祁等9处大型墓地。其中第二安装公司墓地的墓葬为成排成行埋葬的形式，简称排葬墓，墓中几乎没有发现什么随葬品，墓主人大多为青年男性，且很多都有兵器造成的伤痕。我们认为这处墓地可能是当时的"烈士陵园"。二安排墓地恰好也在宗庙祭祀带上，不排除这些为国捐躯的将士们也具有祭祀宗庙或岳公山神的可能性。乔村墓地位于牛村古城东约6公里，南临浍河，其东为凤城古城，为晋都新田废弃后的一处大型墓地，年代从战国早期延续到东汉，主要为战国中晚期的秦文化遗存，文化面貌受秦文化影响很大。西里、虒祁两处墓地的性质与乔村墓地性质类似，且三处墓地位置呈三角形分布在晋都遗址外围。这样看来，侯马晋都时期的墓地主要有上马、柳泉、东高、下平望、牛村古城南这几处。

（一）柳泉墓地

位于新田古城西南约15公里的新绛西柳泉村南一带，北临浍河，南倚峨嵋岭，面积约15平方公里。已发现4组成组大墓，每组墓中间者大，两边者较小，周围散布有中小型的陪葬墓和车马坑。M301和M302两组大墓上有夯筑封土。柳泉墓地虽然曾多次被盗，但是从残存的出土器物仍可窥见其随葬品的丰富程度，其墓葬形制、规模反映其等级较高。这四组成组的大墓墓主应该为晋都新田时期十三位晋侯中的四位，除了最后两位晋君被迁出外，可能是出公、敬公、幽公和烈公夫妇的墓葬，无疑这里应当是晋都新田晚期的晋公陵墓区。当然这个墓地还有大量其他高级贵族及其家族的墓葬，只可惜在历史上和现当代被盗掘极其惨重。另外，在墓地采集和出土了一批东周铜器，有镂空鼎、舟、豆、盘、匜、空首布等。它们大多年代为两周之际或战国早期。其中的镂空鼎腹部分内外两层，外层以相互缠结的蟠蛇构成，这为研究晋国青铜铸造技术及古代晋、楚两国之间的交往提供了宝贵资料（图13）。

（二）上马墓地

位于牛村古城南约3公里的上马村东浍河南岸台地上，总面积10余万平方米。年代上起西周中晚期，下至战国初期，历时约400年。墓地在晋都新田之前早已存在，"三家分晋"后墓地废弃。墓主属于卿大夫、士、平民三个不同阶层，为晋国"族墓地"。上马墓地发掘时被划分为6个区，其中一区位于高台地上，这里的墓葬多为南北朝向的贵族墓葬，墓主多头向北方，这应当属于周人系统的埋葬习俗。其他几区没有发现青铜器墓葬和车马坑。整个墓地发掘超过1380座墓葬和3座车马坑，出土青铜器的墓葬有20多座，属于统治阶层，他们并没有与头向北的大量其他身份的周人埋葬在同一个区域，表明二者之间的关系并不亲密。另一部分埋葬在这里的族人是当地的土著人，他们大多下葬时头向东，这与周人的传统有很明显的区别。其中青铜器墓葬M13位于墓区北部，是上马墓地级别最高的一座墓。随葬铜鼎7件，可组成2套3件列鼎，其中2件无盖鼎上有铭文："隹

图13　新绛县柳泉墓地采集的东周蟠蛇纹镂空鼎

正月初吉丁亥，邻（徐）王之子庚儿，自作飤繇，用征用行，用鱻用鹭，眉寿无疆。"作器者为"徐王之子庚儿"，故称"庚儿鼎"，年代为春秋中期。另有鬲4件，甗、簋（敦）、簠、方壶各2件，盘、匜、舟各1件，编钟9件，编磬10件以及兵器、车马器、装饰品等。

（三）下平望墓地

位于平望古城西，西临汾河。该墓地整体布局整齐，墓葬的头向和分布均有规律，基本没有叠压、打破的现象，可见当时墓地有专人负责管理。所发掘的40余座墓葬中绝大多数都有棺椁，说明下平望墓地不是一般的墓地，是晋都新田时期士、国人的墓葬，有个别墓相当于大夫级别。

（四）牛村古城南墓地

位于牛村古城以南，与晋都新田时期的手工业作坊区处于同一区域，且墓地的埋葬与铸铜作坊的发展、繁荣、废弃基本同步。墓葬出土的陶器，如绳纹鬲、粗柱足鼎、盖豆、宽沿高颈壶等，其形制、特点、发展序列，与铸铜遗址所出的同类器物相似，显然墓主与铸铜遗址关系密切，很可能为铸铜作坊手工业者的墓地。

（五）东高墓地

位于台神古城以西，西临汾河。发掘资料尚未发表，从采集的器物看，约与晋都新田为同一时期。

小　结

1. 晋都新绛考古发掘的主要内容为：生、产、信、死。简言之，包括物质文化与精神文化两大内容。

2. 史籍记载的在晋都新绛发生的重要历史事件：景公迁都，厉公被杀，悼公复霸，平公强盛，定公失霸，六卿兼并，三家分晋，国君被迁，晋绝不祀。晋国在这里经历了由盛转衰的过程。

3. 春秋战国时期晋国发展的主旋律为：内争外斗。内部为国君与卿大夫之间、诸卿大夫之间争权夺利，外部与秦、齐、楚等大国、强国互相斗争。

4. 晋国霸业盛衰的原因：血缘关系的疏远导致西周时期建立的宗法关系逐渐分崩离析；分封制的发展所带来的恶果是权力重心的不断下移，礼乐征伐逐渐由卿大夫所掌控。

主讲人 / 渠传福

赵简子与晋阳

主讲人 / 渠传福
山西博物院研究馆员

引　言

晋国，是春秋时期中原第一大国，春秋五霸之一。赵氏家族位居晋卿多年，自赵叔带弃周投奔晋文侯开始，在晋国的政治舞台上一直起着举足轻重的作用。时至春秋晚期，赵氏是晋国诸卿中领地最多、势力最大的一卿。赵鞅在晋国执政期间，史称"赵名晋卿，实专晋权，奉邑侔于诸侯"。

晋阳，因坐落于晋水之阳而得名，为太原之前身。从历史时期看，晋水是汾河的支流。但从地质时期看，太原地区是一个大湖。自旧石器时代起，先民就繁衍生息于大湖周围。约当大禹治水前后，大湖开始涸缩，汾河中游形成，贯穿这片沼泽地，再渐变为沃土。西周时代开始，统称这一带为大卤、太原。春秋战国之交，赵简子赵鞅主政晋国，纵横中原，匡合诸侯，争执牛耳，铸刑鼎，纳阳虎，风云当时，于是有了晋阳这座名城的诞生。

1988年，在太原南郊金胜村发现了一座春秋时期的大型墓葬。经研究考证，墓主人是晋国末期执政正卿赵简子。墓中随葬器物共有3421件，其中青铜器1402件，此外还有16辆车和44匹马组成的大型陪葬车马坑。赵卿墓是目前所见春秋时期等级最高、规模最大、随葬品最丰富的晋国高级贵族墓葬。春秋时期，晋国势力逐渐北进，越过霍山，进入晋中盆地，而后又灭掉代国，控制了桑干河流域，奠定了延续2500年之久的西北农耕与游牧文化交会地带。赵简子即是以晋国为代表的中原文化北进扩张过程中的一位关键人物。公元前497年，深谋远虑的赵简子命家臣董安于营建晋阳城，并将晋阳作为稳固的军事堡垒与根据地。这个决策对中国历史造成了深远的影响，自此以后，晋阳城成为有"中原北门"之称的军事战略要地和民族大融合的重要枢纽。

一、发掘与研究

（一）赵卿墓的发掘

太原晋国赵卿墓的发现得缘于一个非常偶然的机遇。1987年7月，太原第一热电厂进行第五期扩建工程，山西省考古研究所和太原市文物管理委员会组成了联合发掘队，在扩建区域配合基建进行考古发掘工作。在1987年11月的勘探中发现了一批大中型东周墓葬，其中最大墓是M251及其车马坑。1988年3月，赵卿墓的发掘正式开始。4月下旬之前，主要发掘墓圹中的填土；4月20日，墓葬填土中暴露出大量的河卵石与木炭块；4月25日下午，首次发现3件铜戈；4月28日，在墓室的东北隅，第一件青铜礼器——莲瓣形盖方壶出土。5月4日，开始对墓室进行全面清理。6月5日，墓葬清理完毕。墓葬的田野发掘工作历时两个半月（图1）。

车马坑位于墓葬的东北侧，7月20日开始正式发掘。与墓葬发掘相比，清理车马坑的工作难度更大，时隔两千多年，木质古车早已腐朽，仅在填土留有遗痕，清理时稍有失误或遭雨水冲淋，车的遗迹即会毁灭。在发掘时，将露天的发掘现场全部遮围，并且挖掘了排水渠，才保证赵卿车马坑考古工作的正常进行。至9月25日，车马坑清理完毕，赵卿墓及其车马坑的田野发掘工作历时半年有余（图2）。

赵卿墓的随葬器物十分丰富，且无任何盗扰，保存得相当完整。各类随葬器物除个别因椁室坍塌略有挪位之外，绝大部分都保留了入葬时的原貌，甚至鼎内所盛放的牲畜的骨骸也完好如初。如在一件铺首牛头螭纹蹄足铜升鼎内，牲肉犹存。随葬的青铜器多达1402件，可谓礼、乐、兵、舆四类齐备。各类青铜器的器类之多、规格之全，都是非常罕见的。赵卿墓共出土了27件鼎，分镬鼎、羞鼎、升鼎等多个系列。其中一件附耳蹄足牛头螭纹镬鼎，通高93厘米，腹深50厘米，口径102厘米，两耳间距129厘米，重量约220公斤，是目前所发现的东周时期最大的鼎。在天马—曲村晋侯墓地中曾经发现一件精美的鸟尊，无独有偶，赵卿墓中也出土了一件。赵卿鸟尊全器器形为一只昂首挺立的鸷鸟，形体肥硕，双目圆睁。腹腔中空，锋锐的钩喙为自由开合的流口，倾倒酒液时自动开启，复位时闭合，设计巧妙。鸟背设盖，上有虎形提梁，盖以链条与提梁相连。鸟双腿直立，足间有蹼。为了使器体平衡、稳固，在鸟尾下设一虎形支脚，小虎前腿支地，后腿向上蹬，形成三点支承器体。鸟尊通体浮雕羽翼，羽纹华丽清晰，富有层次感，实属晋国晚期青铜杰作（图3）。同样带有鸟与虎形象的精美酒具还有一件匏壶，壶盖为圆雕的鸷鸟形捉手，鸟喙大张，双目圆睁，全身饰精美的羽翎纹，层次分明，爪抓两条奋力挣扎的小龙。鸟腹下有子口凸榫，套于壶体母口内。壶颈长而侧倾于一侧，鼓腹上有一虎形錾，虎口衔一环，有链条与盖上鸟尾连接。壶口

图1 赵卿墓发掘现场

图2 赵卿墓车坑发掘现场

273

图 3　赵卿墓鸟尊

图 4　赵卿墓匏壶

沿下饰一周绚索纹，腹部饰 4 组乳丁蟠虺纹带。匏壶并不简单仅是一件酒具，它还表达了古人对于天文星象的观察和理解，其造型与中国古代天文学中的"匏瓜星"有关（图 4）。赵卿墓西北部出土了一系列的青铜乐器，有 1 套 19 件编镈，形制、大小不一，其中夔龙夔凤纹镈 5 件，散虺纹镈 14 件；1 套 13 件石磬，淡青色石灰岩制成，有许多水蚀形成的蜂窝状孔洞，出土时除少数完整外，其余皆断裂，粘对后音质仍清脆悦耳。赵卿墓中还出土了很多承载着浓厚北方草原文化基因的生活起居遗物，如虎形铜灶、铜毡帐顶等。赵卿墓车马坑出土了 46 匹马和 16 辆车，其出土的战车种类多且保存完好，是目前所发现车马遗迹最清晰、结构最明确的一批实物资料。总之，这次考古发掘，为研究中国古代历史，为研究东周礼制的变迁、车制的演化及青铜制作工艺，提供了一批不可多得的珍贵实物资料（图 5—图 6）。

(二) 赵卿墓的研究

1. 关于赵卿墓的定名

早在墓葬发掘之时,由于它宏大的气魄、丰富的随葬品,综合出土位置和相关文献记载,已经认定墓主人应为赵简子或赵襄子。综合后来的研究情况,考古学界和历史学界已经公认大墓主人就是大名鼎鼎的赵简子赵鞅。但是很多朋友经常问起,既然你们早已对墓主人的身份有所认定,为什么在出版报告以及发表相关论述的时候不直接以"赵简子墓葬"命名呢?

考古学是一门严谨的学科,尽管在发掘时对于墓主人身份的判定已经有种种推论,但是在发掘期间并未发现明确的文字材料,严格来讲,是还不能判定墓主为何许人的,因此发掘简报在《文物》1989年第9期公布时,尽管发掘者运用考古学研究方法,分别对墓主人的身份等级和大墓的年代作了比较准确的推定,但仍称之为"251号春秋大墓",正是体现了考古人"有几

图 5 赵卿墓虎形灶

图 6 赵卿墓铜毡帐顶

分材料说几分话"的严格戒律和审慎态度。

2. 赵卿墓文字考证与定名

出土文物修复期间,除掉覆盖在文物表面的淤泥和锈蚀之后,在随葬的两件铜戈上,终于发现了考古人梦寐以求的铭文。其中一件有线刻"赵明之御戈"五字(图7)。陶正刚先生考释,赵明即赵孟,同音相转而通。铭文意思即"赵孟自己所用之戈"。这一件带铭文戈的出土,成为我们进一步确认大墓主人的珍贵线索。

但就是这唯一的文字线索,也还值得我们继续考察和研究。据文献记载,东周时期赵氏家族中,一共有五位曾经被称作"赵孟",分别是卒于公元前599年左右的赵宣子、卒于公元前545年的赵文子、卒于公元前475或458年的赵简子、卒于公元前425年的赵襄子以及卒于公元前350年的赵成侯。那么墓主究竟是哪位"赵孟"?

根据青铜器以及其他随葬品的考古类型学研究,其年代当在春秋中期到晚期,约在公元前5世纪中期。赵宣子、赵文子和赵成侯因时代不符被排除。观察大墓丧葬规制,实际上已经达到或超越了诸侯国国君的标准,一则表明只有"礼崩乐坏"的春秋时代才可能如此,二则表明墓主人拥有强盛的军事实力和政治资源,否则难以想象敢于如此僭越礼制。又对各自

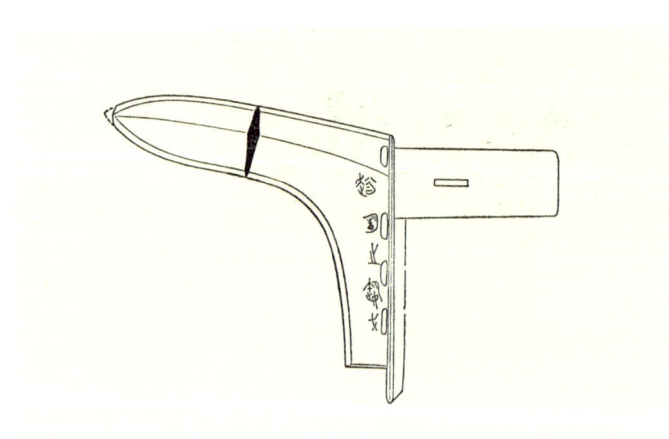

图7 赵孟戈及赵孟戈线描图

活动的地理区域检析,仅有赵简子和赵襄子有可能埋葬在太原。所以判定墓主人"赵孟"应属赵简子、赵襄子两者中的一个。在确定墓主人"二选一"的过程中,同时涉及另一个历史疑问,即赵简子的死亡时间,对赵简子卒年的判定毫无疑问对赵卿墓年代的判定具有重要影响。

史书中关于赵简子的死亡时间有两种说法:一为《史记·赵世家》所载公元前458年,另一说为《左传》中所载公元前475年。在史书中,记载赵简子逝世的那一年同时还记录了另外一件事:越围吴。这可以作为判断赵简子卒年的一个重要旁证。经过一系列文献考证,我们可以基本确定《左传》是而《史记》误,同时也认识到《史记》中的记载也不是全部有误,仅是《赵世家》中的记载有误,在后面《六国年表》中记载的时间却又变成与《左传》相同的公元前475年。正如《通鉴外纪》所言:"《史记》前后差互,故以左氏传为据。"所以我们基本可以对赵简子的死亡时间下定结论:卒于公元前475年。

同时根据对赵孟戈与侯马盟书字体的对比,字体基本一致。侯马盟书所处时代正是赵简子生活的时代,所以我们基本可以确定赵卿墓墓主人为晋国执政正卿赵简子(图8)。但是同时我们应该看到,春秋末期到战国初期,青铜器的制作工艺及器物搭配并没有出现明显的变化,"三家分晋"也不是改朝换代,韩、赵、魏三家依然是原本晋文化的延续,所以从考古器物类型学角度来讲,我们依然不能确定赵卿墓真正的墓主人。

图8 侯马盟书

总而言之，尽管我们已有很多理由和证据，但还是不能宣布赵卿墓就是赵简子墓，除非我们有机会幸运地找到并确认赵襄子的墓葬。基于上述种种因素，1996年，由文物出版社出版考古报告时，被正式命名为《太原晋国赵卿墓》，沿用至今。也许有人会抱怨或谴责考古人过于谨慎和保守，但这也正是考古学受到重视和尊重的原因之一。

二、远古太原

（一）昭余祁薮是太原文化摇篮

汾河是太原的"母亲河"，这是很多人的共识，但要从地质变迁、文献记载及相关考古发现来讲，这样一种说法也许是有问题的。早在远古时代，今日太原和整个晋中盆地都淹没于大湖"昭余祁薮（俗称晋阳湖）"之中。大禹治水时期，就有"打开灵石口，控出晋阳湖"的传说。这个看似神奇的传说，亦接近环境演变的真实情况。公元前2世纪成书的《吕氏春秋》，还把昭余祁称为全国的九薮之一。从考古实证来看，在长达50万年茹毛饮血的旧石器时代，太原先民的文明脚步在大湖之滨蹒跚演进。史前时期烟波浩渺的昭余祁薮，才是哺育太原古文明的摇篮。

之后昭余祁逐渐涸缩，始有"大卤"之称，意即晋阳湖涸缩形成的巨大沼泽地。由于生态环境的变化，相应的文化也发生了转变，由以打鱼为生变为渔猎经济。随着环境演变，汾河流淌经过太原盆地，这已经是距今4500年左右的龙山文化时代的事了。新石器时代的诸多遗存点缀于大湖沿岸，如祁县梁村和太谷白燕遗址等都处于海拔较高的位置，这种情况应与古晋阳湖的水位密切关联。所以说晋中地区的古文化并非发迹于大河两岸，而是典型的"湖相文化"。因此，对于太原古文化的范围与时间应当重新审视（图9）。

（二）远古晋阳不属于晋国范围

现今许多书本和媒体宣传上称山西地理的特征为"表里山河，自成一体"，实际上，这个认识是值得斟酌的。至少在春秋战国之前，晋中盆地及其以北的广大地区都不属于晋国的范围，这其中当然包括太原。随着时代的发展，晋国国土范围不断扩大，才形成

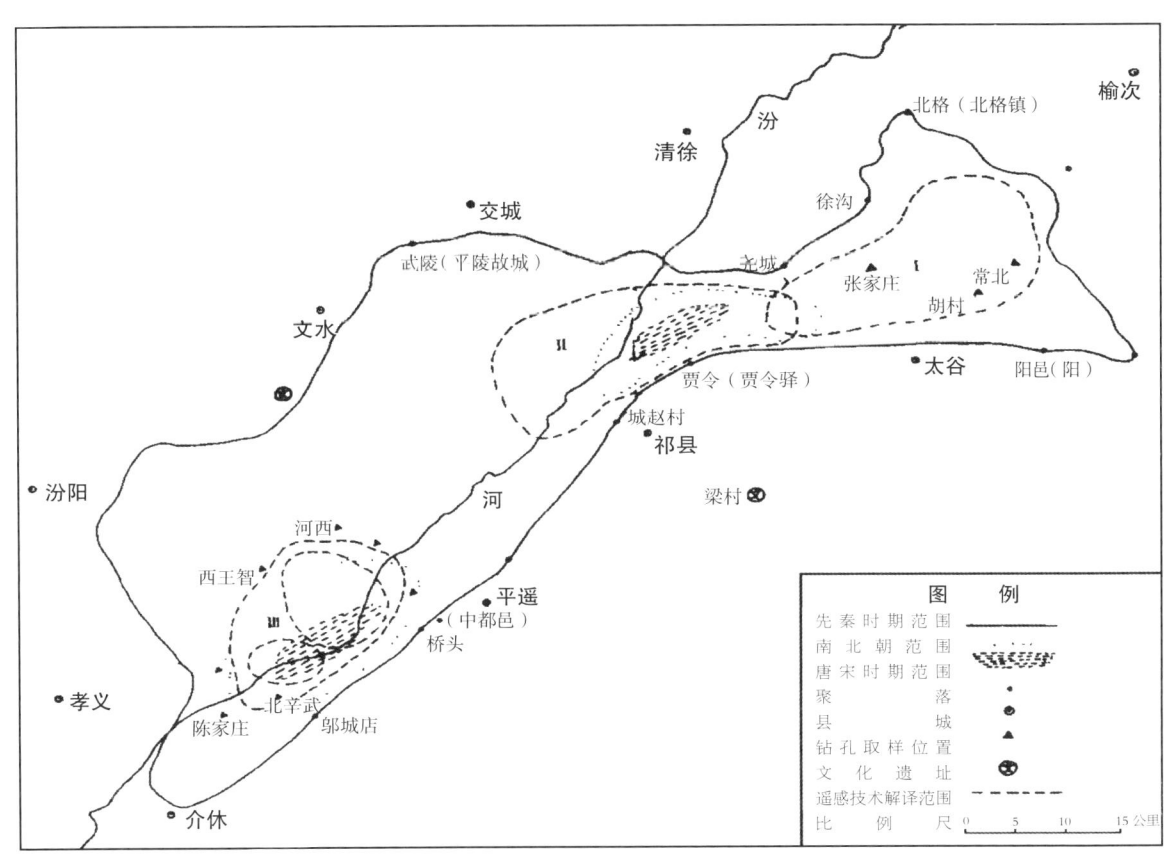

图 9 太原盆地昭余古湖的变迁及湮塞图[1]

现今"表里山河"的规模。

最早描述地理区域的古文献是《尚书·禹贡》，作者在其中设想了当时诸侯称雄的局面被统一之后国土治理方案。这个宏伟周密的方案不与寻常相等，故托名大禹，企望能够得到实际的施行。这篇《禹贡》将天下的政治区划理想化，分当时天下为九州，兼载山脉、河流、土壤、田地、物产、道路以及各地的部落，无不详加论列。因为《禹贡》全篇以整个天下为视野来描述各地的山水，所以并未对山西地区的地理状况详加描述。

西周时期实行分封制，分封的大量诸侯国就形成了当地后世文化的基本版块，燕、齐、楚、晋、秦等地不同文化在这个时期逐渐形成。在《周礼·职方氏》中是这样描述山西地理状况的："正北曰并州，其山镇曰恒山，其泽薮曰昭余祁，其川滹池、呕夷……"这里所谓的并州，是指从恒山至昭余祁的区域，包括今晋中盆地（即昭余祁所在）、忻定盆地（"滹池"即滹沱河）和大同盆地（"呕夷"即唐河，与桑干河同属海河水系），属于建都于今北京的古燕国版图。在稍后的《吕氏春秋》中将"昭余祁"称作"燕之大昭"，这里的燕就是我们常说的已经拥有地域文化含义的北京地区——燕地。《淮南子·墬形训》谓"地有九薮，燕之昭余祁居一焉"，同样指出九个大湖其中之一的昭余祁属于燕地。尽管后来昭余祁已经逐渐涸缩，但先秦以来各个文献当中的记载似乎都认为它属于古燕国，而与建都于今侯马的晋国没有关系。当代考古发现与研究也表明，晋中以北的新石器时代文化自成一体，著名的太谷白燕遗址和祁县梁村遗址的仰韶—龙山文化遗存，其面貌更接近于河北燕山地区，而与山西晋南差异较大。因此，古文献将昭余祁归之于燕，虽是对古代区域文化传统的朦胧认识，却非常接近于古文化版块的实际。

这种状况直到秦汉大一统，地域之间的界限被打破，才开始有所改变。《汉书·地理志》云"邬[2]，九泽在北（者），是为昭余祁，并州薮"，将"昭余祁"归为了并州。

（三）关于上古太原的称谓问题

"太原"作为地名，在古代文献中十分常见，前文提到的《禹贡》中就有"既修太原，至于岳阳"的记载，是说大禹治水之时，在治理好太原之后，就转战到岳阳。虽然宋代以后的经学家们在著述时常常把这里的"太原"指为晋阳，就是如今的太原，但是《禹贡》中的"太原"究竟在哪，还没有确切的答案。直到商周时期，太原还属于偏远的"万国"戎狄文化。

文献中所载"太原"之名，首见于《诗经·小雅》："薄伐猃狁，至于大原。"此太原是否指今太原，有两种异说。一种说法是位于以宁夏固原为中心的大片区域，另一种说法是以现山西太原为中心的大片区域。顾名思义，"太"指"大"，"原"即原野。到西周时期，"太原"并不是一个确指的地名,而是代表一大片区域范围。

东周《国语·周语》:"(周宣王)既丧南国之师,乃料民于太原。"此时的"太原"仍是泛指,指的是周王室在内部统治发生混乱时,平民们逃往的边远地区。真正将"太原"以地名确定下来是春秋时期。《春秋经·昭公元年》:"晋荀吴帅师败狄于大卤。"在汉代的"春秋三传"也对此作了相应的解释。《左传·昭公元年》:"晋中行穆子败无终(戎人所建之国)及群狄于大原。"《公羊传》和《谷梁传》亦同,并注说:中国名之为大原,夷狄则名之为大卤,其实一地也。大卤即大原,亦即太原。

三、晋国新边疆

晋中及以北的山西地区,其中当然包括昭余祁,对于春秋时期的晋国而言是一个全新的领域,我称之为"晋国新边疆"。春秋时期,晋国称霸中原长达百余年,其最盛时地跨晋、陕、豫、冀、鲁,版图辽阔。然而,太原盆地尚不在晋国疆域。直到春秋晚期,晋国的目光才开始投向这里。晋国开发新边疆是通过"魏绛和戎""大卤之战""祁奚封邑"三个标志性历史事件逐步完成的。

首先就是著名的"魏绛和戎"。即使是在晋国最强盛的时期,其疆域也未逾霍山即今天山西霍州一带。当时晋中一带的戎狄民族,依靠易守难攻的地形,对晋国领土的扩张形成非常大的阻力。历史上的"魏绛和戎",应当是发生在晋国与霍北戎狄诸国密切交往之时。此时的戎狄对晋国边疆不断骚扰,已经对其发展形成了强大威胁。由于种种原因,很多晋国人为了寻求新的发展空间,也开始迁徙到晋中地区,为尚处于游牧经济状态的戎狄带去了中原地区先进的生产方式,晋国与北方的戎狄之间的文化交融进一步加强。在不同时期,随着实力的此消彼长及形势的改变,晋国对待戎狄有武力压制与怀柔招徕两种方式。公元前569年,魏绛力排众议,说服晋悼公,用议和的策略,与各戎族订立了盟约,争取到晋国北边各少数民族的拥护,在使晋国政权稳定的同时,也为民族融合创造了条件。

其次为"大卤之战"。公元前

541年夏,晋卿士魏舒随主将荀吴,率军与狄军于大原遭遇激战。狄军多为步兵,战场地形复杂,晋军的战车难以施展。有鉴于此,魏舒建议放弃战车,主动改变作战编制"五乘为三伍",将甲士与步卒混编成五个方阵,互相配合,以形成一个有机的作战整体。狄军对晋军的新阵法轻慢、嘲笑,继而贸然发起攻击。晋军诱敌入阵,合围击溃狄军。这场战役标志着晋国军事力量达到太原地区。

最后是"祁奚封邑"。这是春秋时期晋国在太原盆地建立的第一座城市,标志着晋国对新边疆开始了有效的统治。祁奚字黄羊,姬姓,本是晋国公族,经历景、厉、悼、平四世,晋悼公时任中军尉,以"外举不避仇,内举不避亲"而著称于世。因其食邑于祁,故得祁姓。不少典籍中将祁地称为尧族(伊祁氏)故地。但经过仔细考证,祁地之得名,盖因昭余祁也,即原来晋中地区大湖的位置所在。

其封邑时间史无明载,祁奚在祁邑的活动亦渺茫难考,但史书中遗留些许蛛丝马迹,可以帮助我们得到很多有用的信息。在有关"下宫之难"的记载中,晋公灭赵氏,夺赵氏之田而赏祁奚,两年后又归还赵氏。此时已称祁奚,拥有祁邑,所以封邑时间必在"下宫之难"之前,应在公元前600年前后。这个时间早于晋阳建城近100年,是无可争议的晋中第一城,也就是晋国进入晋中地区所设立的第一座城。今天距祁县城东南大约20公里处,位于今祁县上、下古县村的祁邑,是"大卤"沼泽地的安全地带,应该就是春秋时期祁奚封邑的所在。作为晋国开发新边疆的先锋,祁奚当永载史册。

四、赵简子与晋阳

晋阳在诞生之初,赵简子即赋予这座城市军事战略重镇的属性。2000余年来,无数次的外患和内乱中,晋阳亦每每以此闻名于世,有功于国。我们不禁疑惑,是伟人的预言导致了城市的宿命,还是城市的命运成就了伟人的预见?

"启以夏政,疆以戎索"是晋国发展壮大的法宝。春秋末,山西中部刚刚开发,北部还是游牧民族的天下。因此,赵简子建立晋阳城是在历史的棋盘上——两种文明交汇的前沿投下了关键的一子，太原成为中国北方各民族融合的大熔炉。

（一）启以夏政，疆以戎索

西周初期，成王"剪桐封弟"，叔虞入主"诸戎环伺"的唐国。周公为叔虞以及后来的晋国制订了"启以夏政，疆以戎索"的大政方针。这八个字如果用现代术语表达，大约应该是："对新征服地区的国人，要用先进的中原文化和政治制度加以启发引导；在实施过程中，要充分照顾到他们的民族特性，因地制宜，循序渐进地使之归化。"其后的晋国从一个方圆百里的蕞尔小国，发展壮大成中原霸主，"八字方针"功莫大焉。

叔虞所封的唐地究竟在何地，历来都有争议。商周之际，以"唐"命名的地方不止一处，但史家较一致的意见是在今山西境内。但究竟是在太原一带，还是在晋南的翼城、绛县一带，却争论了上千年。

《史记》记载"唐地"在黄河、汾河以东，方圆约百里。《左传·昭公元年》记载："（叔虞）迁实沈于大夏，主参。唐人是因，以服事夏、商。"可是至东汉时，《汉书》则认为"河、汾之东，方百里"的位置应当在晋阳。自此以后，唐地所在是晋阳成为中国文化界的主流认识。隋代末年，李世民从太原起兵，亲撰《晋祠之铭并序》，其中就坚定不移地认为这座城市就是唐尧的帝都——西周初年"叔虞封唐"的所在。在唐之前，也曾有相应的出土文献认为晋阳即"唐地"。1999年发现的太原隋代虞弘墓位于当年的全国十大考古新发现之列，在虞弘墓墓志中记载着"葬于唐叔虞墓坟东三里"。

东汉著名经学家服虔认为大夏在汾、浍之间，即今山西翼城、隰县、吉县一带。西晋杜预则认为大夏在今太原市。顾炎武《日知录·卷三十一》说唐叔封于翼，即今翼城县。近人杨伯峻认为："唐叔之子燮父改唐为晋，即今之太原市。四世至成侯，南徙曲沃，今山西省闻喜县东。又五世至穆侯，复迁于绛，绛即翼。"

随着考古学和历史学的发展，我们逐渐认识到，西周时期，晋国的触角未及今天的晋中地区，其最强盛时期的统治范围也应不过霍山，同时霍山以北也确实未曾发现过埋藏于地下的西周文化遗存。20世纪90年代，在晋南的曲沃、翼城一带，发掘了9代19座晋侯及夫人（包括燮父）的墓葬，晋侯鸟尊和叔虞方鼎等珍贵文物在此相继出土。考古研究认定，现在的曲村—天马遗址就是晋国早期都邑的核心地域。至此，聚讼千年的"叔虞封唐"问题基本尘埃落定。

（二）晋祠名园的由来

前文提及，西汉以后开始有了唐叔虞封太原的说法，其后文献注疏，层层垒砌，愈往后愈加活灵活现。之所以从汉代开始，究其原因，就是赵简子创建晋阳城之后，山西政治文化中心从晋南转移到晋中，而且不可逆转。在这样的历史背景下，当时的好事者——实际是汉代的主流文化精英们，需要在新的政治文化中心设立一块祖宗牌位，而附会编造出"叔虞封唐太原说"以及"顺理成章"的"古唐国太原说"，乃至"唐尧帝都说"。于是，有了叔虞（晋王）墓，就有了晋祠。晋祠附近牛家口晋王岭原有一大一小两个封土堆，据明嘉靖年记载，为唐叔虞及子燮父的永安之所，但是考古工作者经过调查，已证明是汉代以后建立的纪念性遗址。

（三）史书关于赵简子墓的记载

中国封建社会，每逢所谓"太平盛世"，官府与民间齐心协力"整理文化"，结果往往是"古迹"层出不穷，并著录于史乘。比如赵简子墓，张华《博物志》和《晋书·石季龙载记》说在河北邯郸城西，《明一统志》云在山西赵城，万历《太原府志》云在山西寿阳。如果没有赵卿墓的发掘，还是一笔糊涂账。这也证明古人写到书里、刻到石头上的话，并不全都那么可靠，仅仅代表了当时作者掌握的材料和认识水平，不可盲目信从。而去伪存真，还原历史的本来面目，是史学家们的职责。

（四）晋国六卿纷争

晋国公室衰微虽始自权臣赵盾，亦当时中国社会生产关系大调整的普遍现象，符合时代生产力发展的要求。代表新兴地主阶级的"六卿"，压倒腐朽没落的晋国公室是历史的必然。"下宫之难"实为公室反扑之举，结果其后衰势加速，卿大夫宗族无限制地扩大私邑领地，争夺政治地位与权力，晋国公室渐被架空，进入"六卿专政"时代。所谓"六卿",即赵、韩、魏、范、知、中行六家,他们各自拥有广阔的私地,瓜分三军统帅,轮流执掌晋国政权,相互倾轧,无所不用其极,军国大事国君不得与闻,即所谓"政在家门"。赵简子正是此时登上了晋国政治舞台。

(五)赵简子创建晋阳城

在晋国"六卿"纷争中,赵简子虽能站稳脚跟,但并不占上风,始终面临执政者范氏和中行氏的强力打压。赵氏封邑分散,常被挤压,对抗诸卿时无优势可言。于是,赵简子将目光投向开发不久的晋国新边疆——太原盆地,试图在那里建立一个坚固而稳定的赵氏根据地,实现政治突围。

公元前514年,"六卿"灭祁氏,分其田为七县,却无一属赵氏。但赵简子不知通过何种途径,在七县之外,确实据有了悬瓮山下晋水两岸的大片沃土,并着手在此创建一座城市,名曰"晋阳"。后人论说晋阳的创建者,一般总说是赵简子家臣董安于和尹铎,而实际上,董安于和尹铎只是谋臣和"工程总监",作为赵国奠基人的赵简子赵鞅,才是真正的"业主"和决策者,晋阳创建者的桂冠也应非他莫属。

(六)北进:晋人之梦

西周初,叔虞入主"诸戎环伺"的唐国。周公为他制订了"启以夏政,疆以戎索"的大政方针。循此,晋国从方百里的小国,发展壮大为中原霸主,版图地跨冀、鲁、豫、陕。到春秋晚期,太原盆地始加开发,忻定以北还是游牧民族戎狄的天下。赵简子建晋阳城,不仅赵氏有了稳固的大本营,并且成为"北进战略"的支撑点。

《史记·赵世家》:"简子尽召诸子与语,无恤最贤。简子乃告诸子曰:'吾藏宝符于常山上,先得者赏。'诸子驰之常山上,求,无所得。无恤还,曰:'已得符矣。'简子曰:'奏之。'无恤曰:'从常山上临代,代可取也。'简子于是知无恤果贤,乃废太子伯鲁,而以无恤为太子。"

《吕氏春秋·长攻》:"赵简子病,召太子而告之曰:'我死,已葬服衰,而上夏屋之山以望。'太子敬诺。简子死,已葬服衰,召大臣而告之曰:'愿登夏屋以望。'大臣皆谏曰:'登夏屋以望,是游也。服衰以游,不可。'

襄子曰：'此先君之命也。寡人弗敢废。'群臣敬诺。襄子上于夏屋以望代俗，其乐甚美。于是，襄子曰：'先君必以此教之也。'及归，虑所以取代。"

《史记·赵世家》："襄子姊前为代王夫人。简子既葬，未除服，北登夏屋，请代王。……击杀代王及从官，遂兴兵平代地。……于是，赵北有代，南并知氏，强于韩、魏。"

赵简子下葬才五日，初承赵宗的赵襄子，挥师南下，平定了中牟佛肸之叛，便开始图谋代国。代虽戎国，亦周之诸侯。代产之马，天下驰名，为各国争夺的重要军资。赵简子以其女联姻代王，其实是阻止他人觊觎代国之良马。北进是既定战略，代国首当其冲。服丧未满，赵襄子不顾臣下劝阻，执意游猎夏屋山，借机邀请代王会盟，上演了战国版的鸿门宴。代王毫无戒备。宴间，赵襄子安排人在行斟酒礼时，乘机用斟酒铜斗突然击杀代王及其从官，随即一举占领代国。其姊泣万呼天，拔笄自刺而死。赵襄子任命伯鲁之子为代成君，将其地并入赵氏版图。赵氏掌握良马产地，由此大振。晋阳成为晋国政治中心之一。

赵简子由"常山宝符"而知赵襄子"最贤"，可以托付后事。赵襄子不负所望，越夏屋而灭代国，将中原文化推进至大同盆地，立赵国，建都晋阳。可见赵简子营建晋阳，除了前章所述战略构想之外，早已对塞外代国居心不良，只是因时机未到，亲戚相关，而不可告人。其子赵襄子年轻有为，对父亲的意图早已心领神会，向北进取，实现了赵简子高瞻远瞩的战略意图。

（七）赵襄子继承意志

赵简子逝世后，晋国公室名存实亡，形同傀儡。"四卿"各自发展壮大，智氏最强。赵襄子继承父志，依托晋阳，灭掉戎人代国，掌握了大同盆地，活跃于晋国政坛。在与智伯瑶的对抗中，依托晋阳坚城，展现耐心和谋略，反败为胜，与韩、魏共灭智氏，"三家分晋"局面形成。赵襄子成为赵国首任国君，晋阳则理所当然地成为新生赵国的首都。《淮南子》云"赵襄子以晋阳之城霸"，诚哉斯言！赵简子建立晋阳城并使之坚不可摧，是在历史的棋盘上两种文明交汇的前沿地带投下的关键一子，也使得他自己和后来的赵国成为"八字方针"新的火炬手。

结 语

赵简子建晋阳城，在中国历史的大棋盘上投下了关键的一子，这一子，两千年不动如山。晋阳城肩负历史使命，屹立于中原农耕文明和北方游牧文化之间，成为各民族交流融合的前沿枢纽和大熔炉。晋阳历史文化的两大主线：一是身系天下安危的中原军事战略重镇属性派生出的金戈铁马韵味文化，二是处于农耕和游牧文化交流、民族交汇的前沿和枢纽地位所产生的兼容并蓄的多元文化。这两条主线交织贯穿，为中华多民族统一国家的形成与发展做出了不可替代的贡献。

仔细品读晋阳古城史，我们不能不承认，赵简子缔造了晋阳，也是赵简子为这座名城注入了灵魂。而晋阳历史文化的发展和成型，与此密切相关。

一个历史伟人缔造了一座伟大的城市。他的两大战略构想竟然成为这座城市的历史命运和文化轨迹。雄才大略的赵简子，长眠于亲手缔造的都城之旁，并且经由现代考古发掘奇迹般地重回人间，若能再睹繁华，想来心情一定会很不错。

注释：

[1] 王尚义.太原盆地昭余古湖的变迁及湮塞.地理学报,1997(3).

[2] 昭余祁在逐渐干涸后,逐渐缩小为两片沼泽,一片在今天祁县,一片在介休,在介休的那片沼泽古称邬泽。

主讲人/董 珊

铭铸晋史

——从出土文献谈晋国与晋文化

主讲人／董　珊
北京大学考古文博学院教授

引言：以史料性质分类的历史学科

自从王国维提出二重证据法以来，学界常常讨论研究古史的方法。史料是历史学生存的基础。孔子早已感叹传世夏商史料的"不足征"；清末以来，疑古思潮兴起，又认为传世史料常常"不足信"。所以，近代中国考古学和出土文献学的兴起，其首要目的都是寻找新的史料，并且用批判的眼光利用传世文献史料。

因史料的性质不同，中国的历史学，在每一所大学都分散于不同的院系。历史学系主要研究传世文献史料，可以称为"传世文献史学"，当然，近年出土文献的研究逐渐显赫，情况已开始有所改变。考古学系主要以出土资料作为史料。出土资料又根据有无文字，分为考古遗迹遗物、出土文献资料。考古系主要研究前者，中文系主要研究后者，原因是中文系有比较成熟的一套研究方法，即历史语言学的方法。与中文系研究的资料不同，艺术史学科主要研究出土或传世的形象资料（图像和雕塑），这是图与文的差别。

写一部好的地方史或者好的国别史，当然要尽可能利用上述全部种类的史料。不过，从过去已有的几部晋国史来看，大多是以传世文献为主，出土资料利用得很少。根据出土资料

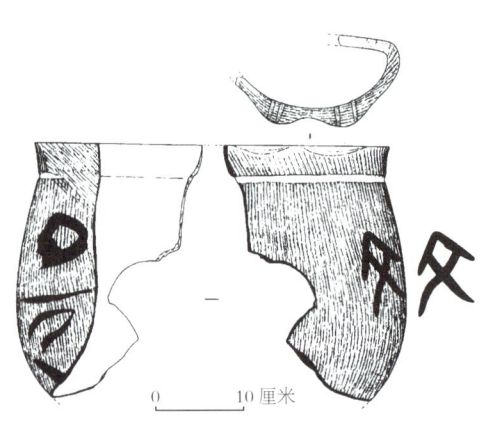

来研究晋国史的考古学者,又大多专注在山西地区的科学考古发现。晋国在两周时期都是重要的诸侯,地理范围也不限于今天的山西省。有关晋国或山西的史料,从宋代开始,就屡见于陕西、河南等地发现的金文资料。因为近年山西省盗墓猖獗,流散的重要文物也不少,屡见于公私收藏。所以,我们应该既注意科学发掘品,也要注意流散文物;既注意当代新见的出土资料,也要留意旧著录中早已出现的晋国资料;既注意山西省出土的晋国资料,又注意山西省之外的晋国资料。

在历史研究中,出土文字资料常常会起到一锤定音的作用。例如,甲骨文在确认殷墟性质的过程中,起到了无可替代的作用。二里头遗址是否是夏文化,学界聚讼不已,其主要原因在于缺乏文字资料。相比之下,山西襄汾陶寺遗址因为有出土的朱书陶文,虽然释读上还有分歧,但对于陶寺遗址是尧都的说法,分歧却不大。襄汾陶寺是目前已确认出现汉语文字的最早的地点,将有文字记载的山西历史大幅提前了(图1)。

这里准备依时代次序,将出土文献所见的晋国和晋文化史料作一叙录。

一、商周之际到西周末年的晋国

唐是商代晚期存在于山西地区的方国,其历史悠久,名号可以向上追溯到陶寺之尧,即所谓"陶唐""唐尧"之"唐"。天马—曲村晋侯墓M31出土的文王玉环(M31:108),刻铭"文王卜曰:我眔虘(唐)人强伐崇人",这是将文王时期的一次占卜结果刻记在玉环

图1 襄汾陶寺出土的朱书陶文

上，可见周文王时代，周人曾与唐人联合伐崇。伐崇事见《诗经·大雅·皇矣》及《左传·襄公三十一年》，但与唐人联合之事则未闻。

义王玉环铭义极为特殊，但也不是孤例。吴镇烽先生的《铭图》收录一件流散的文王玉璧（19707），铭文"狄史来立崇卜，文王其敏（？）令狄史卜"，事类与字体均与文王玉环相近，当是一时之物，可以对看。

2004年，在陕西岐山周公庙发掘的两个甲骨坑，出土的西周卜甲，拼缀之后，恰得100版。其中的一件甲桥〔周公庙2004H1（16）：424〕，刻辞为："庚戌，公在某师，令士衆卜曰：唐人其于先，次于丰，囟亡咎。"公是指周公而言，"于"训为"往"，周公为唐人去往先地之事占卜。这首先让我们想到的就是《史记·晋世家》："武王崩，成王立，唐有乱，周公诛灭唐。"周公灭唐，是后来封建叔虞于此地的前奏。然后是地名"先"。族氏铭文"先"字，屡见于2001年山西临汾浮山桥北商代晚期墓地盗掘品。山西省考古研究所对此地进行了抢救性发掘。浮山桥北是商代晚期先族墓地，所出铜器硕大精美，多有"先"字族氏铭文。

然后就应该说到晋侯墓地M114出土的唐叔虞方鼎（M114：217）。唐叔虞方鼎铭文记录周成王在成周举行册祷，之后接见觞（唐）叔矢（虞），并赏赐裳、衣、车、马、贝卅朋。觞（唐）叔矢（虞）即唐叔虞，陈斯鹏先生释读"觞"字为"唐"，陈剑先生将所

图2 晋侯墓地M114出土的唐叔虞方鼎铭文

谓"矢"字直接释读为"虞",都是近年古文字学领域的重要进步(图2)。

《史记·晋世家》记载唐叔虞子燮父迁至晋,因此将邦国名"唐"改为"晋"。此事也见于近年流散、后被国家博物馆收藏的㦷公簋铭文:"㦷公作妣姚簋,遘于王命易(唐)伯侯于晋,唯王廿又八祀。⊠。"此年应是周康王二十八年。晋侯墓地M114又出土"晋侯作向太室"鸟尊(M114:217),精美逾常,有学者考虑"向太室"之"向"是不是可以读为旧都名"易(唐)",我觉得似乎可以考虑。

《史记·晋世家》:"靖侯以来,年纪可推。自唐叔至靖侯五世,无其年数。"以上铭文中的纪年资料,是对传世文献不足之处的重要补充。天马—曲村发掘的九组晋侯墓,彼此相对年代已无争议,以M114为首,M9、M6、M32、M91四组墓在其右行,M1、M31、M61、M102四组墓在其左行,左右两行都略呈半环抱之势。将墓葬次序、出土铭文资料与传世文献相对照,可列表如下:

M9、M31	武侯宁族		出土"晋侯作晋公宗室宝尊彝",晋公指晋侯燮父。
M6、M7	成侯服人		被盗
M32、M33	厉侯福焉	晋侯僰马	
M91、M92	靖侯宜臼	晋侯喜父	盘铭文称文考厉侯。墓中出僰马、喜父、对3位晋侯器,晋侯对器似即位之前所作。
M1、M2	釐侯司徒	晋侯对	
M8、M31	献侯稣	晋侯稣	墓中出晋侯稣、晋侯斯器。
M64、M62、M63	穆侯弗王	晋侯邦父	出杨姞器,与禹盉对读。
M93、M102	殇叔	叔家父	年代与规格相当,或以为是晋文侯墓。

下面对这个列表作些解释。

M114既出土唐叔虞方鼎，又出土戬甗。据孙庆伟先生的考释，韦（相当于違字）是晋侯燮父之名，"違"与"燮"字义相反，可构成一名一字。这种看法极为顺畅，毫无违和之感，应该是正确的。因此M114墓主是晋侯燮父，其墓葬年代约相当于周昭王末年。

因为M91出土铭文称"文考厉侯"，所以M91与M32分别是晋靖侯与其父晋厉侯，这似乎是无疑问的。厉侯之名，《史记索隐》引《世本》厉侯名"辐焉"（见《会注考证》引），即墓中出土的晋侯名"僰马"，"福""僰"音近通假，"焉""马"形近传讹，即所谓"书经三写，乌焉成马"之例。

晋釐侯司徒与晋侯對应是一名一字。我认为"對"字古文字字形像手持某种端刃工具，可能与"治土"意有关。晋侯對器物之所以出土于其父晋靖侯墓，也许是他即位之前就已开始作器，因此其父去世后即以晋侯對所做的器物随葬。

晋穆侯弗王应即晋侯邦父，其夫人墓出土杨姞壶。已有学者指出，叔邦父与杨姞见于宋代著录的爯盨，爯与邦父应是一名一字的关系。

晋献侯穌即文献中的献侯籍，《史记索隐》引《世本》及谯周皆作"穌"，与铭文正相合。晋侯穌钟两组共16件，刻铭连读，记载了穌跟从周王东行巡狩，往伐位于今天山东的宿夷、郓城、范县等地。其年代有厉王或宣王两说。如为周厉王三十三年，此时晋侯穌尚未即位，铭文以后来之晋侯称号叙述前事，这是常见的史家笔法。若属宣王三十三年，则王恩田先生以为跟周宣王伐鲁有关。从形制上，整套编钟可分为2型3式，年代亦有不同，应是有不同的来源，后整合为一组。高至喜先生认为来自江南，而非晋国铸造。此类器物，应是晋侯穌俘获的器物，刻铭战功，彭林先生指出，这在《周礼》及《左传》称为"庸器"，即记载功庸的器物。

此外，还应提到流散的晋侯铜人。该铜人作双手反缚跪踞的俘虏形象，形似古文字的"唆（讯）"字，胸前两行铭文作"唯五月，淮夷伐格，晋侯搏戎，获厥君家师，侯扬王于兹"，可知这是被晋侯俘获的淮夷君长的形象，这也是所谓的庸器。

至于晋侯墓地最晚的一座墓，是属于殇叔，还是文侯仇，因为后来羊舌晋侯大墓的发现，学者还有不同的意见。

二、西周时代山西境内的诸侯与氏族

西周时代的诸侯，大多是由周王朝分封至各地作统治。诸侯国以邦国的都城作据点，不断向外扩张，再建立新据点。当时的诸侯国形态是所谓的"都市国家"，尚缺乏"领土国家"的意识。山西地区存在许多等级不同的政治体的据点，不仅存在像晋国这样的许多个封国，也有很多更低等级的氏族都邑。

1974年，在山西闻喜上郭村出土贾子忌父匜及笱（荀）侯匜。贾、荀都是山西地区的姬姓封国。贾的器物，还见于近年流散的"贾伯作世孟姬媵簋"三件、壶一对。"世"字原从世从邑，此国族名也见于下述多友鼎铭，疑可读为"介"，位于山西地区中南部。荀侯器物，有1961年长安马王镇张家坡窖藏中的"荀侯作叔姞媵盘"

（《铭图》14419）和流散的荀侯戈（《铭图》16749）。戈铭中荀侯之名"丞斨工（戈）"，其中第二字与晋侯墓出土铜器的晋侯名之字写法相同。上海博物馆藏"笱伯大父作嬴改铸宝盨"（《铭图》05606），年代亦属西周晚期。

近年在山西黎城发现了楷国青铜器。楷国青铜器过去早有所见，其年代从西周早期至两周之际，但一直不知道"楷"相当于传世文献中的哪个国族。2006年，山西黎城县西关村西周墓地被盗，经抢救发掘，获得一批楷侯青铜器。因其出土地点在黎城，很容易将楷联系到西周封国黎，可见科学发掘所得器物出土地点的重要性。

《尚书》有《西伯戡黎》篇，音近异文又写作"飢""耆"等。该国原为子姓，商王朝之苗裔，原位置在上党，就是现在山西长治西南。近年发表的清华简《耆夜》篇云："武王八年，征伐耆，大戡之。还，乃饮至于文大室。毕公高为客，邵公保奭为介，周公叔旦为主，辛公泉甲为位。作册佚为东堂之客，吕尚父命为司正，监饮酒。"楷、黎、耆古音接近，相通假。又结合楷伯之臣献簋"十世不忘献身在毕公家受天子休",可知因毕公高戡黎的战功而封建其后代于黎,其事与召公建燕、周公封鲁均相类似。这个姬姓黎国,到了春秋时代,位于晋与狄之间,先被山西北部的戎狄潞子所灭,《左传·宣公十五年》晋治兵于稷以略狄土,重立黎侯,后应再灭于晋或狄。

以上是山西地区的姬姓封国。《国语·郑语》记载幽王八年时,成周西面有"虞、虢、晋、隗、霍、杨、魏、芮",韦昭注:"八国姬姓也。"虢国墓地在河南三门峡,虞在其附近,杨国即下面要谈到的长父之国,芮国墓地在陕西韩城。这三个国家,都是因西周晚期的大迁徙,成为晋国的邻居,最终都被晋国所吞并。

西周王朝对于山西地区的事务,常常加以过问和干涉。例如1980年在西安长安区斗门镇下泉村窖藏发现的多友鼎,时代属于西周晚期,铭文记载武公之臣多友从京师出发追击狁,先后经过笱(荀)、穫(霍)、龏(绛)、世、杨冢,这些地点都在山西中南部。此次战役的命令最初由周王下达至武公,武公命多友执行。又例如2003年在陕西眉县杨家村窖藏发现的册二年逑鼎,铭文记载周宣王命令逑辅佐宣王之子长父往杨地建侯。长父见于《新唐书·宰相世系表下》"杨氏出于姬姓,周宣王子尚父封为杨侯"。我认为,姞姓之杨与姬姓杨国可能曾在同一地点先后交替。杨的故地,李伯谦先生据考古发现推测是在今山西省洪洞县坊堆—永凝堡一带。铭文中提到的战役地点"井阿",应该是东陉山,即乌岭山,"历岩"可能与历山有关,地点均在山西中南部。"弓谷"可能是位于山西西北部的关隘"洪谷"。由此两例可见,周王朝对于西北少数民族在山西地区的骚扰,常常通过反击、建侯等方式加以清除或防卫,以维护此地的秩序。

除了姬姓封国,近年的考古发现也揭示了一些山西地区的非姬姓氏族。这里主要谈2004年发掘的山西绛县横水倗族墓地和2007年发掘的山西翼城大河口霸族墓地。横水发现300余座西周墓,大河口发现585座西周墓,堪称硕果累累。

倗,据考证是《穆天子传》中记

载的鄘伯，河宗之后代。地名"倗"曾见于上海博物馆近年入藏的胄鼎（器主名上从口下从目，姑且以"胄"字代之）："晋侯命胄追于倗，休有擒。"横水墓地出土的肃卣（M2：75），其铭文内容罕见，记叙肃的哥哥赏赐肃六家奴仆，让肃自己从庶人中择取。邑中庶人激烈反对，到周王那里告状。周王否定了哥哥的意见，但让肃跟随自己东征，表示效忠自己，在成周付给肃奴仆。铭文中的王，正在从西边返回成周的路上，他就是周穆王（图3）。据肃卣铭文，肃的家族对封邑中的庶人没有处分权，这反映西周封建制是一种代理统治制度。

霸，相当于文献中的哪个氏族，尚有不同说法。我个人猜测，霸可能与春秋早中期晋臣伯宗的封邑是同一地点，伯宗以邑为氏，霸、伯是常见的通假字。大河口墓地发现的霸伯盂铭文117字（《铭图》06229），记载了周王遣使者来聘问霸伯，其仪节与《仪礼》可以对看，是关于西周聘礼的一次重大发现。又M2002出土的一件鸟形盉及盘，记载誓辞，对盟誓礼制的研究颇有帮助（图4）。

图3 肃卣器形与铭文

保利博物馆藏戎生编钟一堵八件，也是近年自山西流散的文物。钟铭记载，戎生的祖父在穆王时受封至此"外土"，目的是司蛮戎，斡旋不廷方。戎生的父亲开始辅佐晋侯，从工臣下降为陪臣。从名字来看，戎生（甥）本人是戎女所生。戎生编钟铭文反映了西周此地的族群相融合的趋势，晋国已开始兼并封建在山西的一些氏族，走向区域统一之路。

三、两周之际的晋国

两周之际的晋国，在国际和国内事务上，都有重大事件。国际上，是晋文侯佑助周平王东迁。国内方面，是曲沃代晋。

从传世文献看，晋文侯是平王东迁的主要依靠。《尚书》中《文侯之命》一篇，记载周平王追述文王、武王因先正大臣的辅佐而受天命，感慨自己即位时却遭遇天降大灾，又无得力的朝臣相辅佐，因此文侯仇的辅助之功，令周平王倍感难得，所以册赏晋文侯，以示嘉奖（《史记·晋世家》将《文侯之命》误置为周襄王册命晋文公）。这段历史，又见于近年公布的清华简《系年》，从申、曾、西戎攻打周幽王开始讲起，周亡以后，"邦君诸正乃立幽王之弟余臣于虢，是携惠王。立廿又一年，晋文侯仇乃杀惠王于虢。周亡王九年，邦君诸侯焉始不朝于周，晋文侯乃逆平王于少鄂，立之于京师。三年，乃东徙，止于成周，晋人焉始启于京师，郑武公亦正东方之诸侯"。这段记载提供了不少传世文献不曾记载的史实细节，可见两

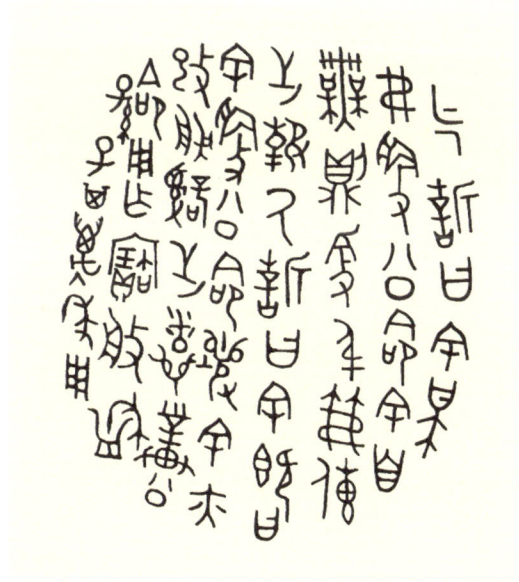

图4 誓盉及其铭文

周之际，晋国与虢国分别支持周平王和携惠王，诸侯也因此形成两个集团，文侯仇最终杀携惠王，立周平王，晋、虢结仇。之后，虢国不断干涉晋国事务，先是参与曲沃代晋事，与周王一起反对曲沃一方，后又藏匿晋献公欲除去的桓、庄群公子，后来晋献公伐虢时说："始吾先君庄伯、武公之诛晋乱，而虢常助晋伐我，又匿晋亡公子，果为乱。弗诛，后遗子孙忧。"据《系年》，晋、虢之仇可上溯至晋文侯时。

晋与虢的矛盾，背景是西周末年的地缘政治格局大变动。西周末年，因为北方干旱，游牧民族南下，宗周地区危机四伏，内外矛盾相交困，许多关中贵族开始谋求迁徙。郑的东迁是一个显著例子。像虢、芮这样的老牌贵族，原本处于关中西部，东迁而未远，止于宗周和成周之间，处于成周西部屏障的位置上。随着晋国的地域统一步伐，晋与虢的冲突是不可避免的。

2005年，在山西曲沃羊舌发现了羊舌墓地，大墓级别无疑相当于晋侯。吉琨璋先生推定为晋文侯墓，李建生先生推定为晋文侯弟成师（曲沃桓叔）墓。

提到晋文侯的器物，不能不谈北宋时在韩城发现的晋姜鼎（《铭图》02491）。鼎铭讲晋姜继嗣先姑作晋国的女君，其中有"勿废文侯景命"（图5）。晋姜似即晋文侯夫人，她在晋昭侯世制作此鼎。

曲沃代晋，缘起于晋穆侯伐条时生长子仇（晋文侯），伐千亩时生次子成师（曲沃桓叔），文侯之子昭侯封叔成师于曲沃，曲沃大于晋都翼城，祸乱由此开始。曲沃桓叔谋求代晋大宗，经历曲沃庄伯、曲沃武公（晋武公）三代，共计76年，终于代晋成功。翼一方历昭、孝（弟鄂）、哀（弟缗）、小子四代六君。曲沃之所以成功，一个重要的原因在于曲沃君主的寿命都很长，政权稳定。曲沃武公代晋之时，已达春秋早中期之际。

与曲沃代晋相似的事件，在西周春秋史上屡见不鲜。小宗谋求分家，形成另一权力中心，反过来兼并大宗，继承制度总是遭到破坏。这便是辛有所说的："并后、匹嫡、两政、耦国，乱之本也。"

张光裕先生的《武陵所见古兵

三十六种》著录一件"曲沃伯徒戈","曲沃伯"应即曲沃桓叔之子庄伯。

台北古越阁旧藏一件两周之际的晋公戈,铭文为:"唯四年六月初吉丁亥晋公作岁之鎣车戈三百。"其具体年代有待研究,可暂时附记于此。

四、从晋献公到晋文公

曲沃武公代晋之后两年卒,晋献公即位。晋献公的事迹既多且精彩。简单来说,他灭骊,伐去同辈群公子,迁都于绛,作二军,灭霍、灭耿、灭魏,予卿大夫封邑,假虞伐虢,废长立幼。《史记·晋世家》说:"当是时,晋强,西有河西,与秦接境,北边狄,东至河内。"晋献公在位26年,死于齐桓公葵丘之会之年。

献公有两个重要的政治遗产:1. 去公族,用异族;2. 晋国正式走上了区域统一的道路。献公铲去桓、庄之族,是惩于历史教训,力求避免叔侄争权。但凡事都有利弊,从晋献公开始,晋国的卿大夫权柄逐渐膨大,控抑国君之废立,直至后来"三家分晋",区域的统一最终又分裂。

文献中讲晋献公有子八人,目前已知其中的六人,分属五母,申生与其妹(秦穆夫人)是齐桓公的外甥;重耳与夷吾不同母,但都是狐之狐氏女所生;奚齐和悼子分别是骊姬和小戎子所生。骊姬谗于献公而害申生的故事,在先秦时代已多见载记,广为演绎,至汉代仍流传不衰,屡

图5 晋姜鼎铭文及器形

见于画像石。例如1960年山东泰安大汶口发现的一座汉画像石墓,其中有孝子申生的故事,此石有四个人物,三人有榜题"此沙(献)公前妇子""此晋沙(献)公贝(被)离(骊)其(欺)""此后母离(骊)居(姬)",表明三者分别为申生、晋献公、骊姬(图6)。

晋文公之逃亡与归立,也是一个传奇的故事。传世文献记载,重耳在流亡的十九年中,先后经狄、卫、齐、曹、宋、郑、楚、秦,一路上娶叔隗、齐女以及秦宗五女共七人,然后由秦穆公护送归国,立为晋君。从这一过程中可见,当时诸侯国都非常关心他国内政,当时的地缘政治关系已十分紧密,而通过婚姻来与其他诸侯国形成甥舅关系,更是利用血缘关系干涉他国内政的一个重要手段。

晋文公的得力大臣,《史记·晋世家》所载童谣以龙蛇喻君臣,称有"五蛇"。清华简《良臣》篇云:"晋文公有子犯,有子余,有咎犯,后有叔向。"据罗小华与郭永秉先生考证,简文子犯是臼季胥臣,咎犯是狐偃,二者皆字子犯。子犯、子余两人又见于清华简《子犯子余》篇,恰以二人之名为篇题。所谓"后有叔向",叔向是晋平公傅,去晋文公107年。为什么《良臣》篇将叔向附于晋文公之良臣?我猜想,《良臣》的作者一定看过《左传·昭公十三年》叔向答韩宣子的这一段文字:

图6 山东泰安大汶口东汉画像石中的申生故事(邢义田先生描图)

我先君文公，狐季姬之子也，有宠于献。好学而不贰，生十七年，有士五人。有先大夫子余、子犯以为腹心，有魏犨、贾佗以为股肱，有齐、宋、秦、楚以为外主，有栾、郤、狐、先以为内主。亡十九年，守志弥笃。惠、怀弃民，民从而与之，献无异亲，民无异望，天方相晋，将何以代文？

这段话极为简练而精确地概括了晋文公得国的基础。《良臣》的作者应该是认为叔向称颂文公之德而无谀辞，因此叔向是晋文公殁后的良臣。

关于晋文公的出土文献资料，应提到最近发现的晋公盘。盘铭内容与旧著录的晋公盆大致相同，且盘铭184字，较盆铭字数多，且更清晰。以下就以晋公盘为主来谈这两件铭文。

晋公盘铭提到皇祖舷（唐）公和烈考宪（献）公，已说明作器者是晋献公的子辈，不出夷吾和重耳二人。然后说自己"余虽今小子，敢帅型先王，秉德秩秩，固燮万邦，哀哀莫不卑恭"，"余咸畜胤士，作冯左右，保乂王国"。这种语气，清楚地表明作器者应是晋文公。最后讲到"作元女孟姬宗彝盘……宗妇楚邦，晋邦惟

樇"（图7）。此次嫁女与楚，事情似应发生在城濮之战前，晋文公将同宗之女嫁给楚成王，目的是报答楚王的厚遇，加强同盟关系。不过，因为晋文公五年发生城濮之战，晋楚之好并未能维持太久。

近年据传出于山西闻喜县的子犯龢钟，共有2堵16件，其中12件现藏于台北故宫，4件由台湾私人藏家收藏。这个子犯即舅犯狐偃。钟铭讲"子犯佑晋公左右，来复其邦"，是讲公元前636年晋文公复国即位。"诸楚荆不听命于王所，子犯及晋公率西之六师，搏伐楚荆，孔休，大攻楚荆，丧厥师，灭厥孤"，是讲公元前632年晋楚城濮之战，楚师战败，主帅子玉自杀。"子犯佑晋公左右，燮诸侯得朝王，克奠王位"，是城濮之战后晋招周襄王来衡雍，举行践土会盟，成晋文公霸业。铭文最后讲子犯受周王赏赐舆服，又以诸侯进献的铜料作"龢钟九堵"，即全套为72枚的编钟。子犯龢钟的面世，真是一件令人惊愕又欣喜的事情，因为是盗掘出土，也让人充满了困惑和遗憾。

此外，美国首阳斋收藏一件"子

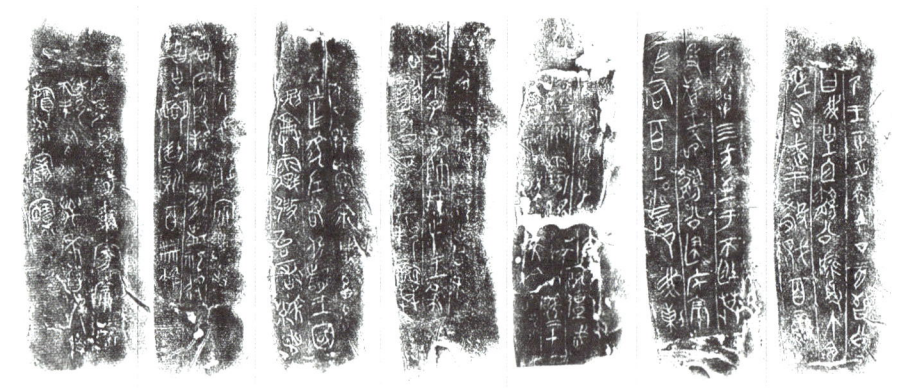

图 7　晋公盘器形和铭文

犯之宝匜",也是狐偃所作器。

晋文公霸业的本末,见于清华简《系年》第六章、第七章。第六章从"晋献公之嬖妾曰骊姬,欲其子奚齐之为君也"开始讲起,讲到"秦人起师以内文公于晋,晋人杀怀公而立文公,秦晋焉始合好,戮力同心。二邦伐鄀,徙之中城,围商密,止申公子仪以归"为止。《系年》第七章则讲城濮之战和践土之盟二事。

清华简七又有《子犯子余》《晋文公入于晋》两篇,都与晋文公相关。

302

《子犯子余》分两部分：一是臼季、赵衰分别对秦穆公讲述公子重耳及其良臣左右之德，穆公因而赏赐二人剑带、衣裳，并赐膳；二是穆公和重耳分别问政于蹇叔。《晋文公入于晋》篇"晋文公自秦入于晋"，然后治刑狱，修祭祀，务稼穑，增武备，作旗物大蒐，战胜城濮，"九年大得河东之诸侯"。与《国语·晋语四》等有关记载可以对看。

总而言之，从晋献公到晋文公，晋国在储君内乱中完成了区域内的统一，并且奠定了整个春秋史的基调，即晋、楚这两个大国南北争霸的局面。

五、晋文公之后的晋君

晋文公的霸业达到极盛，此后南北僵持，晋、楚互有胜负，晋国微占上风。清华简《系年》在晋文公之后，讲述了襄、灵、成、景、厉、悼、庄平、昭、顷、简（定）、敬、幽、烈（晋公止）诸位晋公时的事迹，其时间下限大概到公元前400年为止。《系年》主要的线索还是讲晋楚争霸。《系年》中有关晋国襄公及其以后晋君的事迹，大略如下表：

传世及出土的楚国铜器，有我所谓的"救秦戎铜器群"，其中包括1957年信阳长台关出土的钮钟，钟铭是"荆历屈夕，晋人救戎于楚境"。此"晋人救戎"事，即《春秋·哀公四年》"晋人执戎蛮子赤归于楚"所记事。此年相当于晋定公（《系年》作简公）二十一年，因楚人袭击晋楚边境的蛮戎，蛮子赤奔晋阴地，当时晋国内有饥荒，又有范氏与中行氏之乱，且北伐中山，根本无暇南顾戎蛮。为避免与楚冲突，赵简子命士蔑诱执蛮子，交付楚人，即所谓"晋人救（纠集）戎于楚境"（图8）。

晋简（定）公时另一重大事件是晋与吴黄池争长。传世的一对赵孟介壶，铭文"遇邗王于黄池，为赵孟介，邗王之锡金，以为祠器"，正属此时。据壶铭，吴王可称邗王，乃知道故宫藏传世的"邗王是野戈"非吴王夫差莫属。李夏廷先生指出，"邗王是野戈"是典型的晋式兵器，应制造于晋地。吴国铜器在山西地区屡有发现，也反映了自吴通上国以来，晋国与吴国有密切联系。

	《系年》内容	《系年》的史评
晋襄公	秦晋崤之战	秦焉始与晋执乱，与楚为好。
晋灵公	襄夫人抱灵公以号于廷。河曲之战。	
晋成公	晋成公会诸侯以救郑，楚师未还，晋成公卒于扈。	
晋景公	郤克伐齐鞌笄之战。景公欲与楚人修好。巫臣至晋，楚才晋用，吴晋通好。	
晋厉公	晋楚修成，弭兵之会。厉公伐秦。	
晋悼公	十一年会诸侯，与吴王寿梦相见于虢。	
晋庄平公	晋齐平阴之役。栾盈之祸。二次弭兵之会。	
晋昭公、顷公	昭公、顷公皆早世。	
晋简公（定公）	晋为方城之师，与吴阖闾伐楚，北伐中山。楚昭王侵伊洛以复方城之师。晋有范氏与中行氏之祸。	至今齐人以不服于晋，晋公以弱。越灭吴，袭吴之与晋为好。
晋敬公	晋敬公立十又一年，赵桓子会[诸]侯之大夫，以与越令尹宋盟于巩，遂以伐齐，齐人焉始为长城于济。	
晋幽公	晋幽公立四年，赵狗率师与越公朱句伐齐，晋师阕长城句俞之门。 晋魏斯、赵浣、韩启章率师围黄池，救赤岸，与楚人战长城。	至今晋、越以为好。 楚以与晋固为怨。
晋公止（烈公）	晋公止会诸侯于任。晋三家与越伐齐。楚鲁阳公与晋师武阳之战。	

304

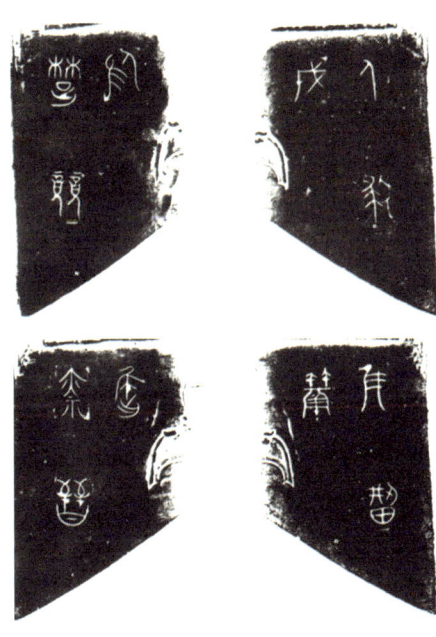

图 8　信阳长台关出土的钮钟及其铭文

洛阳金村出土的战国早期韩器骉羌钟,记载了骉羌随其主君韩虔伐齐之事。此事即《系年》所记晋烈公十二年时晋三家与越伐齐之事,彼此可以对看。

又清华简有《赵简子》一篇,记载成鱄谈到晋献公辅相周室,知诸侯之谋;晋襄公伐河济之乱,兼霸诸侯;至晋平公失霸诸侯。这种评论比较少见。

六、春秋晋国诸卿

《系年》属意铺叙的史实,大多是国际关系,其写作目的主要为了讲国际关系的各个转折点,不大讲各国内部的政治情况。

《国语·晋语四》讲晋文公即位以后,"胥、籍、狐、箕、栾、郤、柏、先、羊舌、董、韩,实掌近官;诸姬之良,掌其中官;异姓之能,掌其远官"。晋国自晋献公除去桓、庄之族,便无同姓近亲担任公族,而"异姓之能"迅速壮大,担任诸卿,且文武不分途,卿大夫兼任军将、佐。在晋悼公之前,晋军制屡变。悼公十四年伐秦归来,舍新军,自此终春秋之世,晋国军制

305

皆是三军。清人顾栋高指出,最终三家分晋局面的形成,与三军之制有关(《春秋大事表·春秋晋中军表叙》)。盖因为三军之制度,形成了三个权利集团。对于晋国诸卿的情况,在出土文献中有一些记载。

上海博物馆所藏竹简中有《姑成家父》篇,详述了厉公时的三郤之难(图9)。晋厉公欲任用外戚,夺诸卿之权柄,当时如日中天的郤氏家族首当其冲。郤氏鼎盛时,有八人从政,而三人为卿,即郤至、郤锜、郤犨(苦成家父)。《姑成家父》讲到"三郤既亡,公家乃弱,栾书弑厉公"为止,在之前的铺叙中对郤氏有所同情,并不像传世文献中那样丑化三郤。此篇从字体看,也可能是三晋抄本。

春秋时期,晋、楚内部的贵族斗争激烈,无法立足的贵族或选择叛逃一途,因此楚才晋用和晋才楚用的事情,都屡见不鲜。

楚才晋用的著名例子,是申公巫臣携夏姬叛逃至晋国,在他的策划下,晋、吴联合,楚人疲于奔命,以至于

图9 上海博物馆藏竹简《姑成家父》篇的片段）

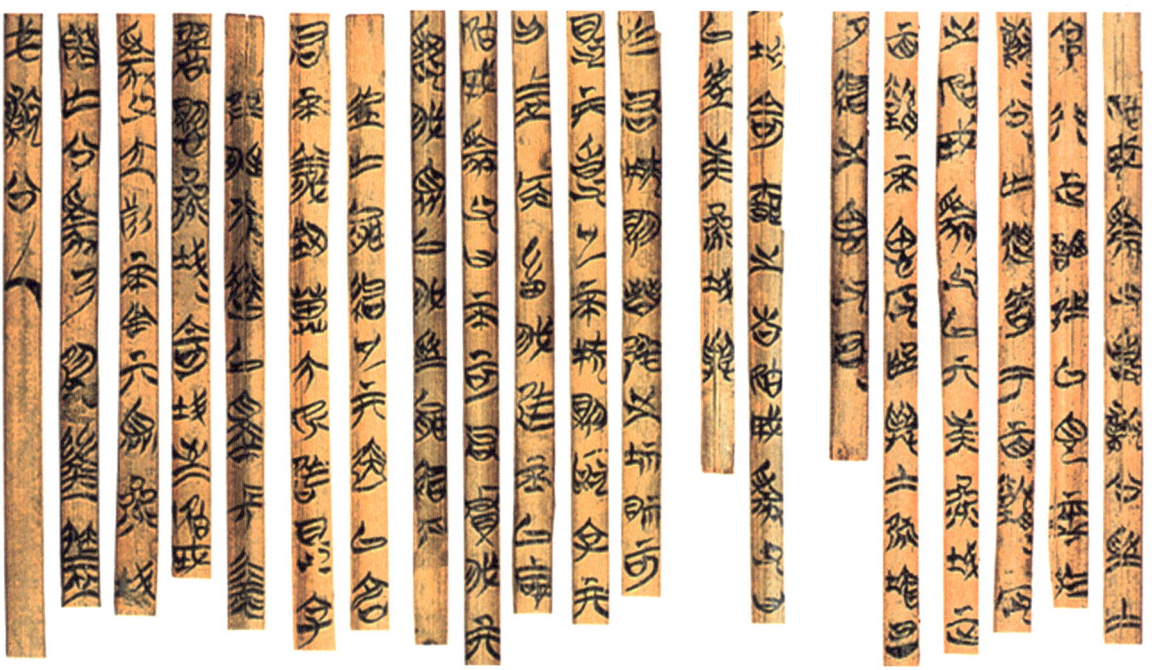

最终吴王阖闾入郢,差点灭亡了楚国。这段历史,在清华简《系年》中也有详细的记载。

晋才楚用的例子,是伯州犁奔楚。晋国的伯宗家族,本来是宋襄公母弟敖仕晋,封地为伯,其孙伯宗被三郤所谗杀,伯宗子伯州犁奔楚,食采于钟离。伯州犁熟知晋国内部情况,在晋楚战争中对楚国帮助很大,官至太宰。伯州犁的故事也有很多,最著名的是"上下其手"暗示战俘皇颉。后来,楚平王杀伯州犁与其子郤宛,伯氏之族又被楚国驱逐,伯州犁之孙即伯嚭逃亡到吴国,官至太宰,在吴楚、吴越战争中都有重要作用。近年,在安徽发现的两座春秋晚期大墓,即凤阳卞庄一号墓和蚌埠双墩一号墓,都出上了"钟离公"铭文的铜器,我认为这两处墓葬与之前发现的九里墩鼓座铭文,都与伯州犁家族有关。

1938年,在河南辉县出土一对"智君子之弄鉴",现在分藏于美国明尼阿波利斯博物馆、弗利尔美术馆。又有"君子之弄鼎"也传出自辉县,应该都是春秋末期晋卿智伯之遗物。

赵简子是春秋时代赵氏的杰出领袖。清华简有一篇《赵简子》,前半记载范献子进谏赵简子。山西太原金胜村发现的晋卿大墓,发掘者认为是赵简子之墓。此墓从年代和规模看,确很可能属于赵简子。发掘者的一个重要证据,是墓中出土的戈铭"赵明(孟)之御戈",认为赵明(孟)即赵简子。不过,据我观察原器,其所谓"明"字,明显是从昔、从月之字(图10)。此字即表示"日食"意思的"昔"的专字,《左传·庄公二十五年》"非日月之眚",杜预注:"月侵日为眚。"赵眚是谁,有待考证。但对于论证墓主是赵简子的命题来说,这个论据显然是靠不住的。

侯马盟书与温县盟书性质相近,

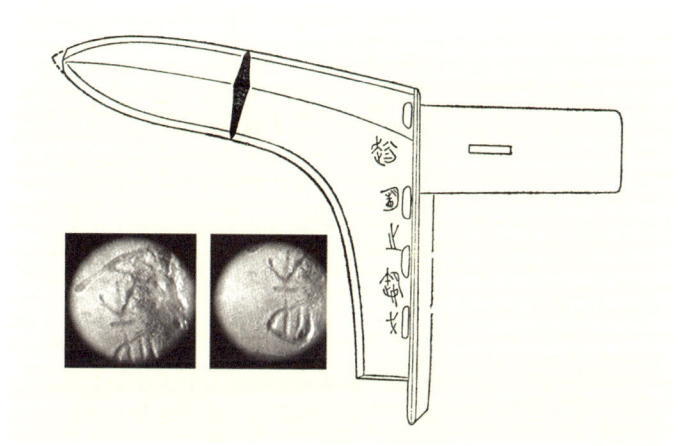

图10 赵卿墓出土的赵眚戈线图及第二字所从"昔"旁的显微照片

分属于赵氏和韩氏。据研究，侯马盟书可能分属两个时期，较早的一批，其主盟者是赵简子赵鞅；较晚的一批，其主盟者是赵嘉。温县盟书的主盟者是韩简子韩不信。

最后要提到魏氏。上海博物馆藏邵黛钟1套13枚，铭文云："邵黛曰：余毕公之孙，邵伯之子。"（《集成》00225—00237）按：晋之魏氏出自毕公高，魏锜封邑先后在廚、吕，因又称"廚子""廚武子"（《左传·宣公十二年》）、"吕锜"，其子称"吕相"。钟铭邵黛或即传世文献中的吕相。

战国初期，魏是三晋联盟的领袖。三家分晋时，魏取得晋君的故地，魏也自认为是晋国霸业的继承者，或者就被称为"晋国"。

战国时代，属于晋文化圈的国家，除了韩、赵、魏，还有东周、西周与中山国。属于战国晋系的出土文献资料十分丰富，需要另辟专题来研究，这里就不多谈了。

结　语

出土文献中的晋国史料极为丰富。《墨子·兼爱》设问："何知先圣六王之亲行之也？"墨子回答说："吾非与之并世同时，亲闻其声，见其色也。以其所书于竹帛，镂于金石，琢于槃盂，传遗后世子孙者知之。"不过无论怎样，在绝大多数情况下，我们还是因为先了解传世文献中的史料，才能理解出土文献。虽然二重证据法也有缺陷，出土文献资料也未必是实录，但是对于缺乏史料的先秦史来说，那些记录历史的竹帛、金石、盘盂，仍值得重视。

结合传世文献与出土文献来看晋国史事，也许可以从血缘和地缘两个方面探讨其事件背后的驱动力量。

在血缘关系为主导的氏族社会里，因为君权只能在宗族之内同宗之间转移，而权力的继承制度，往往被强者打破，权力总是归于强者。所以，为宗族内部的强者作分类，则有：1.同辈之长者胜；2.辈分之高者胜；3.甥舅之强者胜。

同辈之长者胜，就是嫡长子继承制。但因为长辈往往年长，经营时间长，其政治经验丰富，所以叔叔夺权的情况屡见不鲜，也就是兄终弟及制。例如，周孝王之即位，殇叔先于晋文侯即位，曲沃之代晋，晋人杀怀公而立文公，都是同类的情况。在历史上，这两种继承方式总是互为交替的。

晋献公有鉴于前世之乱，去桓、庄一族，不设公族，政治上任用异姓以及远亲，却导致命卿执掌国君之废立。晋成公元年，赐赵氏为公族。厉公欲去群大夫而立诸姬兄弟，都是卿权壮大逼迫君权的现象。《左传·桓公十八年》辛伯说"并后、匹嫡、两政、耦国，乱之本也"（杜预注：妾如后、庶如嫡、臣擅命、都如国），是总结氏族社会权力继承制度遭到破坏的种种情况。

至于诸侯之间的甥舅关系，也是君主废立的一个重要考量。但甥舅关系实际是血缘和地缘关系相叠加的结果，秦晋之好是地缘关系使然，但晋君也常娶姜齐女子，却未闻齐国如何干涉晋国内政，原因是远水不解近渴，鞭长莫及。

从地缘关系上看，晋国最初的国家形态，是所谓的都市国家。在西周时，晋国已开始兼并一些部族，至晋献公时开始大规模灭国，实现了区域统一。文公的霸业，启东道与南阳，打通了向东方和向南方的道路，此时晋国已从都市国家转变为领土国家，其领土与秦、楚、齐等大国相交接。为避免直接冲突，各大国采取控抑彼此边境小国的办法，制造缓冲地带，将战场设在领土之外。而那些介于大国之间的小国，如陈、郑、宋、卫、蔡等，只好长期忍受晋楚争霸之苦。春秋诸侯争霸，不以谋求更大区域的统一为目的，而只是寻求势力的平衡。这种情况，是因为当时还未发明在更大范围领土上统治人民的方法。但无论怎样，以血缘关系为主导的氏族社会逐渐转变为以地缘关系为主导，秦国在晋、楚等大国的统治经验上，发展成熟了郡县制和中央集权制，最终实现了更大区域的统一。

主讲人 / 吉琨璋

天地之灵　华贵雍容

——晋国玉器艺术与赏析

主讲人 / 吉琨璋

山西省考古研究所研究员

引　言

玉是山川的精灵，数千年来在中国人的心目中具有特殊的地位。周代尚礼，礼制将不同等级的贵族和平民联系起来，并把他们约束在相应的范畴内，从而使社会呈现和谐有序的状态。周代的玉器与青铜器一起，构成了礼制重要的物化载体。

从文献及考古发掘出土的西周、春秋玉器材料看，周代玉器由于其社会分为几大阶层，其用玉也相应地分为几个阶层。由于西周时期周天子的墓葬尚未被发现，目前发现的最高等级的墓葬是诸侯一级的墓葬，所以，这一级的用玉情况基本代表了周代用玉的最高水平。

在已经发掘的诸侯一级的墓地中，天马—曲村遗址北赵晋侯墓地及羊舌晋侯墓地经过系统、科学、完整的发掘。北赵晋侯墓地共清理出9组19座晋国国君和夫人的墓葬，其中多半数的墓葬中都出土有玉器。晋侯墓地出土的玉器代表了晋国西周时期玉器的最高水准。其中63号墓中发现了已知规模最大的玉组佩。这组玉佩由玉璜、玉珩、冲牙、玉管、料珠、玛瑙管等各种珍贵玉饰共204件串联而成，工艺精湛，庄重典雅，令人叹为观止。种类繁多的礼制玉、日常装饰玉、丧葬玉、把玩用玉，为我们展现出晋国贵族完整的用玉体系。

古代晋国玉器精湛的加工工艺同样为世人所惊叹，各种单双阴线琢刻、穿孔、镂空等技术灵活运用，写实动物造型千姿百态，栩栩如生，大有呼之欲出的感觉。动物纹饰中的神化动物形态变化多端，线条圆润流畅，代表震慑之力的龙和代表祥瑞之气的凤同时出现在晋国玉器之上，真可谓相得益彰。领略晋国玉器艺术的成就，共赏山川之灵在历经礼的塑造、历史洗礼后的华贵雍容，是我们难得的享受。

一、周代社会特征及用玉观念

晋国是西周时期的一个封国，晋国的文化特征需要放在整个周代社会中了解。西周时期，奠定王朝国家的基石主要有两个：分封制与宗法制。公元前1046年，周武王率领诸侯灭商。曾经居于陕西关中一隅的周人，以"蕞尔小邦"，突然获得了包括今天山西南部、河南、河北、山东等地的一大片中原地区，如何管理这些土地就成为周统治者们面临的一个重要难题。

他们采取了两个措施。一个是分封，将周王的宗亲、灭商过程中的功臣、先贤的后裔等分封到各地进行地方管理。分封制造就了西周社会最基本的政治结构。周人分封的区域从关中地区一直扩延到今天的山西、河南、河北，沿着太行山的东麓，一直往南到了河南南阳盆地，再到山东半岛。分封制对中国的历史影响了数千年，以后的中国中央和地方的行政组织结构就是在分封制和郡县制不断消长互补的情况下一直延续着。面对如何在分封国家的同时进行政权的传递、交接的问题，周人又采用了宗法制。宗法制的核心是嫡长子继承制。对一个家族来说，习惯于由嫡系的长子来继承家族的权力和财产。这样的习惯也成为中国早期政治制度的特点。在西周王室内部，嫡系的长子继承为周天子，其余嫡系的非长子和庶系的"小宗"们则被分封在全国各地。这种宗法制和分封制的结合，构成了整个周代社会的特征。

分封制使得西周拥有了比前代更为广袤的疆域，从北部的燕山脚下，也就是现在的北京，考古发现的房山琉璃河遗址是西周时期燕国最早的封地所在,一直到淮河流域的南阳盆地;从西部的关中地区,一直到东部的山东半岛(图1)。分封制同时也将周代社会分成了由高至低的几个社会阶层,最高为周天子,其下逐级为诸侯、卿大夫、士、庶民、奴隶。士阶层及以上是贵族阶层,所以在周代社会中,两个主要的社会阶层是贵族与平民,奴隶在当时的社会中并不是主体。在20世纪80年代以前曾经有过关于中国社会发展阶段的激烈讨论,讨论的关键就在于中国的封建社会从什么时候开始。衡量一个社会的性质,应看这个社会占主体的阶层。在西周社会,占主体的是贵族,并非是奴隶社会,所以早期看法中认为周代是奴隶制社会逐渐不为人们所认同。而西周所实施的分封制,和欧洲中世纪的"分邦建国"有着极为相似的特点,所以将西周纳入封建时代已经为学界所接受。

西周的分封制和嫡长子继承制造成了西周时期"天下一家亲"的社会状态。周代大部分贵族阶层之间都有

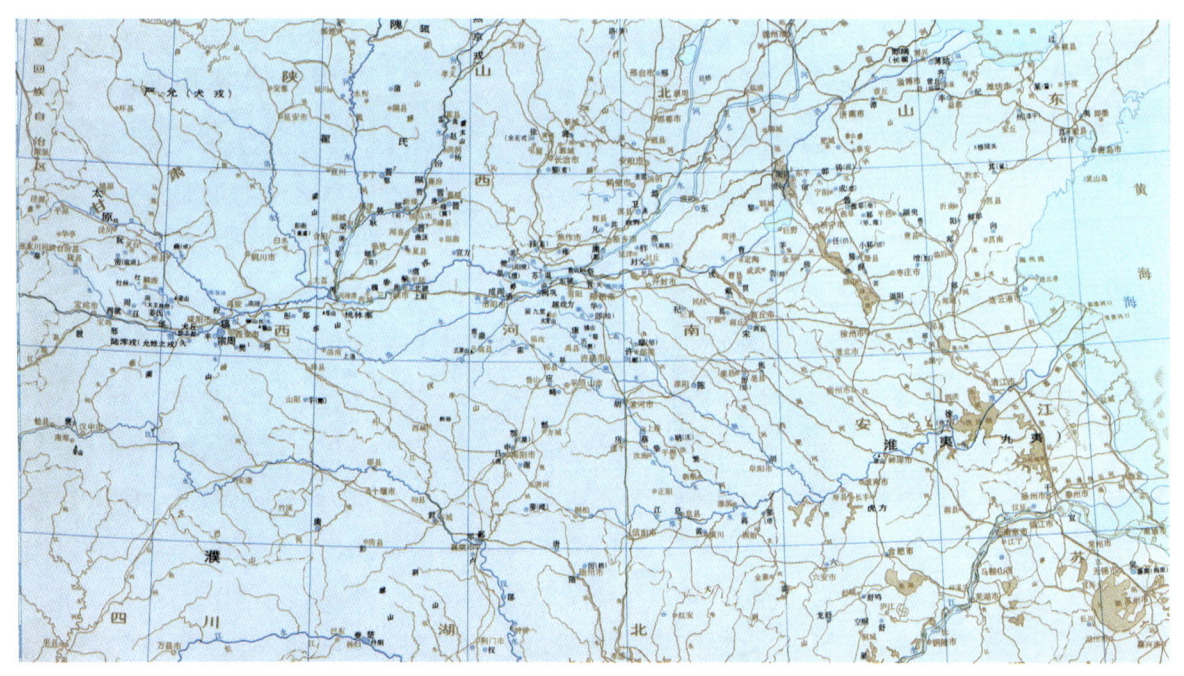

图1 西周时期中心区域图(摘自谭其骧《中国历史地图集》)

着或近或远的血亲关系。周人制定了一整套的"礼制",以处理这种血缘关系为纽带的政治结构。与今天常说的"法制"不同,"法"从外部来禁止人的某些行为,而"礼"更强调人们从内心要求自己按什么样的规矩去做,所以"礼"的范围要比"法"更加宽泛,甚至在有些方面包含了"法"的内容。"礼"的内涵在周代以后仍然持续发展,如宋明理学的兴起,并广泛应用于统治思想中。

西周的社会结构在很多史籍中都有,《诗经》中记载:"普天之下,莫非王土;率土之滨,莫非王臣。"《左传·僖公二十四年》记载:"常棣之华,鄂不韡韡,凡今之人,莫如兄弟。"《左传·昭公七年》记载:"天子经略,诸侯正封,古之制也。封略之内,何非君土?食土之毛,谁非君臣?"这些记载都表明周天子对天地四方的统属地位及周代"天下一家亲"的社会结构。周公制礼,"夫礼者,所以定亲疏、决嫌疑、别异同、明是非也",由此确定了"君臣上下,父子兄弟,非礼不定",即所谓的"君君臣臣父父子子"。礼是维系社会的纽带,将不同等级的贵族和平民联系起来,并把他们约束在相应的礼制范畴内,从而使周代呈现和谐有序的社会状态。

那么"礼"作为社会规范,包括哪些内容呢?先秦典籍《十三经注疏》中的《周礼》《义礼》《礼记》系统地记载了西周礼制的内容,主要有吉礼、凶礼、军礼、宾礼、嘉礼五个部分。

先秦时期,"国之大事,在祀与戎"。吉礼包括对上帝、日月星辰、司中司命、风师雨师、社稷、五祀、五岳、山川林泽、四方百物等的祭祀。吉礼是非常频繁的,每年、每季、每月甚至每天都会举行,而且在不同的场合,对主持祭祀的人身份等级规定不同的要求。凶礼被很多人理解为丧礼,但实际上丧礼只是其一部分,凶礼同时也包括出现饥馑、战败、寇乱等情况时进行的一系列的祭祀活动。军礼主要指在军队里举行的一些活动,例如检阅、蒐狩、治兵、田猎、习戎以及战争中的出师、犒赏、献俘、献捷时进行的一系列活动。宾礼主要指各种阶层相互交往过程中所使用的礼节,包括赐命、朝聘、接待、宴飨、盟会等等。嘉礼包括婚、冠、燕飨、立储、庆贺、宾射及天子即位、朝正、告朔、视朔、告庙、出行、巡守、躬籍、亲桑，以及各个年龄段之间进行的一些"礼"的活动，如举子、命名、幼教、冠、笄、婚仪等内容。总之，这五礼包括了周代社会的方方面面，所涵盖的社会阶层上至天子，下至平民。周代礼制，成为中国三千年来的文化遗产，渗透到我们社会的每个角落，从意识形态到生活的细节，流淌在我们民族文明的血液中。难怪乎子曰："郁郁乎文哉，吾从周！"

那么这些"礼"是以什么样的实物作为载体的呢？估计当时载体有很多种，我们今天能见到的主要是青铜器和玉器。通过考古发现和史籍记载，我们可以从以下几个方面讨论、研究周代用玉观念，即周人为什么选择了玉作为榜样？玉的品德有哪些？周人如何与玉建立联系？周人是如何把玉纳入礼制的？

（一）周人为什么选择了玉作为榜样

在崇尚礼制的周代社会里，有条件的贵族都希望能成为一个温文儒雅的谦谦君子，而在当时，教化典籍十分匮乏，人们就寻求一些实物，赋予其特殊的意义，作为"君子"的榜样来学习。选择玉作为这样的实物代表，也是有原因的：其一，玉本身具有的品质，使人对玉有良好期望；其二，周人之前的五千年玉文化传承影响；其三，人与玉容易沟通。

玉本身有很多特点，先贤们早就认识到这一点，并将之与人结合起来，用来提升人的品质。西周时期关于玉的评价我们看不到了，春秋以后的孔子、管子、荀子都对玉的品德做了一些总结和归纳。

孔子认为玉有十一德，仁、智、义、礼、乐、忠、信、天、地、德、道。《礼记·聘义》记载："夫昔者君子比德于玉焉：温润而泽，仁也；缜密以栗，知也；廉而不刿，义也；垂之如坠，礼也；叩之其声清越而长，其终诎然，乐也；瑕不掩瑜、瑜不掩瑕，忠也；孚尹旁达，信也；气如白虹，天也；精神见于山川，地也；圭璋特达，德也；天下莫不贵之，道也。《诗》云：'言念君子，温其如玉。'故君子贵之也。"

管子总结玉之九德：仁、知、义、

行、洁、勇、精、容、辞。《管子·水地》中记载:"夫玉之所贵者,九德出焉。夫玉温润以泽,仁也;邻以理者,知也;坚而不蹙,义也;廉而不刿,行也;鲜而不垢,洁也;折而不挠,勇也;瑕适皆见,精也;茂华光泽,并通而不相陵,容也;叩之,其音清搏彻远,纯而不杀,辞也。是以人主贵之,藏以为室,剖以为符瑞,九德出焉。"

荀子总结玉之七德:仁、知(智)、义、勇、行、情、辞。《荀子·法行篇》中记载:"温润而泽,仁也;栗而理,知也;坚刚而不屈,义也;廉而不刿,行也;折而不挠,勇也;瑕适并见,情也;扣之,其声清扬而远闻,其止辍然,辞也。"

东汉许慎在玉《说文》中提到玉有五德:仁、义、智、勇、洁。"润泽以温,仁之方也;鳃理自外,可以知中,义之方也;其声舒扬,专以远闻,智之方也;不桡而折,勇之方也;锐廉而不忮,洁之方也。"直到今天,当我们形容美好事物的时候,还使用到玉,如金玉良言、琼浆玉露、白玉无瑕等等,正是这种传统的延续。

中国人有着悠久的用玉历史,目前考古发现的资料,中国境内最早的玉器制品是内蒙古赤峰兴隆洼遗址出土的玉玦。兴隆洼文化距今有八千年的历史。世界上发现的最早的玉器在俄罗斯境内贝加尔湖以东地区,发现了距今两万年左右的玉璧形玉器,这样的器形是否与后来中国玉文化中典型符号玉璧有关联,就不得而知了。

李伯谦先生曾将中国古代玉器发展的八千年历史分为五个阶段,玉器在每个阶段都扮演着不同的角色。第一阶段为新石器时代中晚期,这时的玉器以装饰品为主,如兴隆洼文化、裴李岗文化、磁山文化、仰韶文化、河姆渡文化中发现的玉器,常见的有珥饰玦、玉璜、环等。第二阶段是新石器时代末期,这时的玉器以宗教法器为主,代表者有红山文化的玉猪龙、勾云形器、玉龙、玉鸟、玉蝉、勾云佩等佩饰,良渚文化的琮、璧、璜、冠形器、斧、钺等。第三阶段为公元前2500年至公元前11世纪中叶的尧、舜、夏、商时期,这时的玉器以权力象征为主,以诸龙山文化和夏商文化中心聚落遗址为代表,常见玉器有象征王权与军权的斧、钺、戚、戈、牙璋以及礼器琮、璜等。第四阶段为公元前11世纪至公元前3世纪末的两周时期，这时的玉器以礼器为主，常见玉器是各种场合的礼仪使用的圭、璋、璧、环、璜、玠、柄形器、组佩、覆面等。第五阶段以生活、丧葬用器为主。自秦汉以降，玉器逐渐失去神秘色彩，成为人们日常生活使用的物件和玩好，如在南越王墓、中山王墓中出土的各种配饰、带饰、剑具、丧葬用玉等。

（二）既然玉有这么多品德，那么古人如何与玉建立联系呢

要学习玉的品德，就要与玉近距离甚至零距离接触，在《礼记·玉藻》中记载了周人与玉建立联系的方式："古之君子必佩玉，右徵角，左宫羽。趋以《采齐》，行以《肆夏》，周还中规，折还中矩，进则揖之，退则扬之，然后玉锵鸣也。故君子在车，则闻鸾和之声，行则鸣佩玉，是以非辟之心，无自入也。……君子无故，玉不去身，君子于玉比德焉。"既然玉有这么多的品德，所以君子应该学习玉的品德，时时刻刻佩戴玉，同时相信玉可以使人不朽，用玉来随葬，在商代晚期直至整个周代的贵族墓葬中，都能发现丧葬玉。周人将玉佩戴在身上，对人们行走时的仪态也提出了新的要求。玉器碰撞发出悦耳的声音，使远处的人知道走来的是一位身份高贵的人。同时，由于佩戴玉，走路时就要顾忌玉器，就不至于走得慌慌张张的，起到节步作用，是为君子仪态。

（三）周人是如何把玉纳入礼制的

周人将玉器的种类和作用进行分类和总结，有了"六器"与"六瑞"。《周礼·春官·大宗伯》中记载："以玉作六器，以礼天地四方：以苍璧礼天，以黄琮礼地，以青圭礼东方，以赤璋礼南方，以白琥礼西方，以玄璜礼北方……"其中苍璧、黄琮、青圭、赤璋、白琥、玄璜就是名为"六器"的玉器。"周制，王执镇圭，公执桓圭，侯执信圭，伯执躬圭，子执谷璧，男执蒲璧"。《周礼·冬官考工记·玉人》中记载："玉人之事，镇圭尺有二寸，天子守之；命圭九寸，谓之桓圭，公守之；命圭七寸，谓之信圭，侯守之；命圭七寸，谓之躬圭，伯守之。"郑玄注："命圭者，王所命之圭也，朝觐执焉，居则守之。"要求不同身份的人用不同

的玉器。其中的镇圭、桓圭、信圭、躬圭、谷璧、蒲璧就是名为"六瑞"的玉器。尽管上述文献可能成书的时代晚到战国或者汉代,但是,我们可以理解这些书是对以前玉文化发展的总结,虽然记载偏重于当时发生的事,但多多少少留下了之前的用玉情况,让我们可以管窥春秋、西周甚至商代的用玉情况,知道古人是如何与玉建立联系的。

通过文献资料,结合考古发现,可将周人用玉归纳为以下几个部分:

第一部分是礼制用玉,主要见于吉礼、宾礼中的祭祀、册命,有璧、圭、璋、柄形器等。

玉璧是礼制用玉中最具代表性、规格最高的玉器。璧是人与天、神、自然之间沟通的物品,是古代最高级的祭祀礼器。璧又是玉礼器永远的辉煌,成了中华文化的象征和符号。从西周一直到明清,玉璧一直在中国的"礼"文化中占据着重要的角色。2008年,北京奥运会就曾将这种元素符号植入奖牌,作为中国文化的代表。在晋侯墓地出土了一件直径20厘米的玉璧,上面刻有活灵活现的双龙纹(图2)。中国古代有玉璧、玉环、玉瑗,这三种玉器的区别在于璧面与孔的大小比例。玉璧的璧面称为"肉",孔称为"好",《尔雅·释器》中记载:"肉倍好,谓之璧。好倍肉,谓之瑗。肉好若一,谓之环。"根据文献记载的"肉"和"好"的

图2 晋侯玉璧及线描图

比例就可以区分。

玉圭是周代瑞玉，也是重要的礼制用玉，是用于人的最高等级的礼玉。周天子在册命诸侯时，要举行隆重的赐圭仪式，权力的象征——圭是受封者的身份标志，受封者在回朝觐见时依然要手持玉圭。如果说玉璧是人与上天沟通的重要媒介，那么玉圭则是人与人之间权力信物的象征。很多先秦文献都有对玉圭的记载：

"周制，王执镇圭，公执桓圭，侯执信圭，伯执躬圭，子执谷璧，男执蒲璧。"

——《周礼·春官》

"韩侯入觐，以其介圭，入觐于王。"

——《诗经·大雅·韩奕》

"聘人以圭，问士以璧，召人以瑗，绝人以玦，反绝以环。"

——《荀子·大略篇》

山西侯马晋都遗址中一个春秋时期的祭祀坑出土了一件玉圭，其年代为龙山时代，产地可能是黄河下游的山东地区，是龙山晚期黄河下游地区高等级的用玉。这件玉圭呈现牙黄色，抛光度极好，下部有一个圆孔，正面的圆孔上为两组弦纹，上部阴刻着一只昂首挺胸的鹰。这么一件精美的玉圭，不知经过如何的辗转，经过如何的时空，在1500多年之后才被带到了晋南地区，并且用作礼器埋藏祭祀（图3）。

图3 侯马晋都遗址出土的玉圭

璋也是周代重要的礼制用玉。在传世文献和出土的商周金文里都有大量的璋的记载。璋的使用者主要是大臣。关于璋的使用方式，西周文献记载中出现过很多次。山西省考古研究所主持发掘的翼城县大河口西周墓M1017出土了一件铸有116字铭文的"霸伯尚盂"（图4）。这篇铭文中

图 4　霸伯尚盂铭文

三次提到"璋"："……既稽首，延宾，赞，宾用虎皮禹（称）毁（馈），用章奉。翌日，命宾曰：拜稽首天子蔑其亡历，敢敏。用章。遣宾，赞，用鱼皮两侧毁（馈），用章先马。（原）毁（馈），用玉……"记载了璋在大型聘礼中的使用方式。考察金文中用璋的环境，发现有如下几种情况：其一为用玉赏赐，通常是王赏赐臣下，如□簋（亚吴且丁簋、隽吴祖丁簋）、菡簋、师遽方彝、大夫始鼎、大簋、史颂鼎、庚嬴鼎等铭文所述；或上级赏赐下级，如竞卣、卯簋铭文所述。其二为臣下回馈给周王，即"返纳堇璋"，如尚盂、颂鼎、膳夫山鼎、吴虎鼎铭文所述。其三为贵族间交往的凭信，如裘卫盉铭文所述。其四为聘礼中贵族间馈赠，如尚盂铭文所述。

无论文献还是金文，玉礼器有圭、璋的使用记载，但不同身份等级使用不同的玉礼器，天子用圭，臣下用璋，璋的身份低于圭，也是仅次于圭。先秦文献中记载了璋的几种用途：其一为礼瑞玉，用于祭祀；其二为贵族间交往的媒介，君臣、诸侯、贵族间问聘使用；其三为兵礼器，相当于兵符；

其四，璋的具体形制和尺寸大小，代表了不同的使用人群；其五为用具，如圭瓒、璋瓒等。

关于"璋"的形制，最早的说法见于东汉时期许慎之《说文》："璋，剡上为圭，半圭为璋。"用考古出土的材料考察这样的说法，还有许多需要探讨之处。

尽管先秦文献以及青铜器的铭文中多次提到璋，但是根据目前的考古发现，还不能很确定地将某件器物与璋联系起来，也就是说，我们今天其实并不清楚先秦时期的璋的具体形态。但是，我们今天可以把商周时期的璋与同时期的大玉戈联系起来，换句话说，流行于商周时期的大玉戈可能就是传世文献和出土金文中的璋。中国古代众多玉器当中，玉戈是一种独具魅力的玉器。大约在新石器时代的仰韶晚期初现雏形，龙山晚期基本成型，流行于夏商周时期，春秋时期基本消失。其脱胎于玉刀，最初功能是兵器，很快就进入玉礼器、玉仪仗器系统，与兵器类中的玉牙璋、玉刀、玉钺、玉戚、玉斧成为玉礼器重要的组成部分。商代是玉戈发展的鼎盛时期，不仅数量增多、器体华丽、伟岸，同时，分化出小型玉戈，成为装饰用品和弄器。山东沂水县刘家店子春秋墓M1出土的玉戈，其年代是商代的，长援长内，援有中脊、锋、边刃，援、内过渡明显，援、内上各有一穿。商周时期，原来龙山到夏时期的兵器类玉器已基本退出历史舞台，唯独玉戈仍然作为重要的礼器保留下来，完成了由兵入礼的自身华丽嬗变，继续在礼制活动中扮演重要角色，在高等级贵族随葬玉器中成为彰显身份不可或缺的礼器。湖北黄陂盘龙城李家嘴出土一件大玉戈，长援长内，有锋、边刃、明显的中脊，有阑，近阑处有一穿，长94厘米，援宽13.5厘米，是目前所发现的最长的戈，被称作"玉戈王"。不同时期的玉戈，形制有明显差别，其所代表的含义，使用的场合，也各不相同。

需要强调的是，在中国新石器时代晚期，即距今4000年到距今3500年左右，有一种文献中称之为"牙璋"的玉器一直在使用，其形态为长条片状，端刃凹弧，分器身和柄部，在山东、河南、山西、陕西（石峁遗址）甚至四川（成都金沙遗址）广泛存在着这种玉器。但是这类器物与周代的玉璋不在一个时空范围内，所以不宜将"牙璋"与"璋"混为一谈。

玉礼器中还有一个神秘的过客——柄形器。这种玉器因其形状而得名。夏商时期的柄形器可能只有柄的部分，考古中没有见到其他辅助结构。西周时期的柄形器由两部分组成：长条形的玉柄和软体的玉石镶嵌体。玉柄一般为方体或扁体的长条形，横截面为方形、长方形，下有尖状榫端，有穿孔，与软体的玉石镶嵌体连接。软体的玉石镶嵌体是几何形的小玉条或石条很有规律地镶嵌在软质的皮子或布帛的上下两面，在皮子或布帛朽烂后看上去就成为上下相叠的两层小玉条。考古现场出土时通常保存较差，多呈散乱状态。习惯上所说的和见到的柄形器，多是指玉柄部分。目前所见最早，也是造型最成熟的柄形器出土于二里头遗址4号坑。这件玉器长17.1厘米，柄部宽1.8厘米，厚1.5～1.8厘米，柄顶端及正背面各穿一孔，三孔相通，榫端有一穿孔（图5），比商代的柄形器都要精美许多。

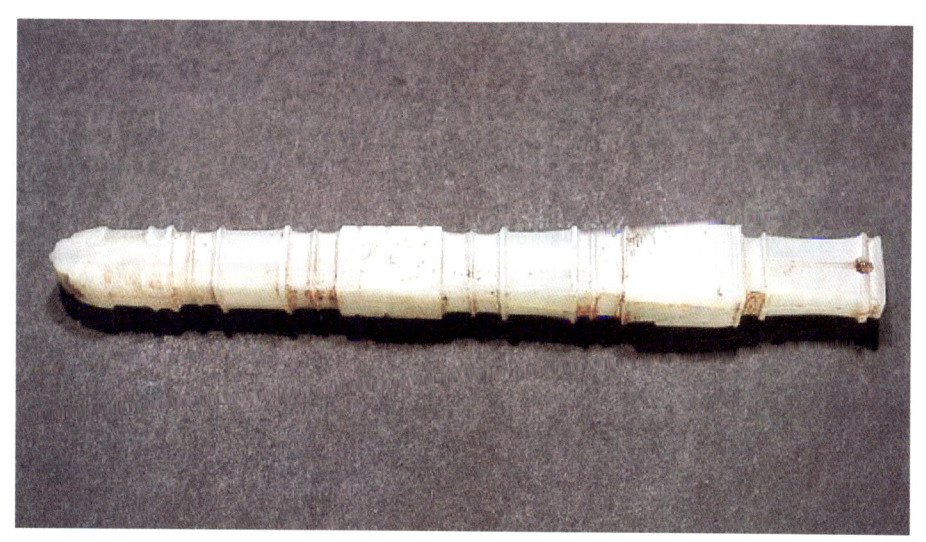

图5 二里头遗址4号坑出土的柄形器

其使用时间从距今四千多年一直到距今两千七八百年左右。尽管通过考古发现可以知道在这一千多年间柄形器不同阶段的形制、特点、结构,但是仍然不知道它的具体名称,也不知道它与先秦文献记载的哪件器物能相对应,这有待进一步的研究和解读。

第二部分是日常礼仪与生活装饰用玉。这类玉器用于特定仪式和日常装饰佩戴,种类非常多,主要有玉玦、项饰、以璜为主的组佩、腕饰、玉扳指、发饰、玉觿等。玉玦在周代社会使用非常广泛,一般佩戴在耳朵上,作为耳饰。项饰类似今天同类型的物品,周人使用玛瑙、玉管、珠串、碧玉连串起来,作为装饰品,佩戴在身上。组佩、腕饰、玉扳指、发饰等都是日常生活中不同部分的装饰。周人使用玉器作为装饰,在先秦文献中多有记载:

"佩玉,上有葱衡,下有双璜、冲牙,蠙珠以纳其间。"

——《周礼·天官·玉府》

"有女同车,颜如舜华。将翱将翔,佩玉琼琚。"

——《诗经·郑风·有女同车》

"巧笑之瑳,佩玉之傩。"

——《诗经·卫风·竹竿》

323

"知子之来之，杂佩以赠之。"

——《诗经·郑风·女曰鸡鸣》

晋侯墓地63号墓中发现了已知规模最大的玉组佩。这组玉佩由玉璜、玉珩、冲牙、玉管、料珠、玛瑙管等各种珍贵玉饰共204件串联而成，工艺精湛，庄重典雅，令人叹为观止，是整个晋侯墓地最大的玉礼器组合，毫无争议地被评为国家一级文物（图6）。2013年，国家文物局发布《第三批禁止出境展览文物目录》，这组玉佩与山西博物院收藏的商代龙纹兕觥、西周晋侯鸟尊一起，永远禁止出境展览。这组玉佩出土于晋穆侯的第二任夫人墓中，全长两米多，出土时覆盖在夫人的身体上，整体应该是数组玉佩搭配组成的。值得注意的是，组佩的有些配件比晋侯墓地时间更为久远，有些甚至距今7000—8000年，这充分说明古人也进行收藏。贵族在祭祀场合中佩戴组佩，显示礼仪和庄重，在今天的很多少数民族传统服饰中依然可见相仿的装扮。在3000年前的西周时期，玉的使用和收藏应该就已经是久远传统的一种延续。晋侯墓地中还发现一种以梯形牌为总领的组佩，通常被称为梯形牌组佩。这种玉组佩用玛瑙、玉珠子、料管等组合而成，通常为佩戴在女性贵族肩膀上的装饰品（图7）。

玉组佩发展到春秋时期，其形制开始发生明显改变，这种改变，和服饰的变化密不可分。西周时期的上衣下裳逐渐变为东周时期的深衣，即上衣和下裳相连。原本西周时期佩戴在颈部的装饰品，开始变为系挂在腰间的装饰品。组佩中各个组件也朝中轴平衡、

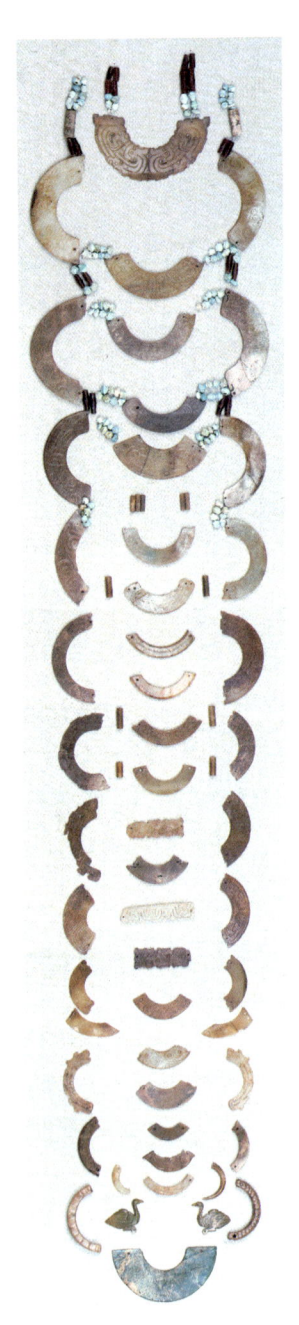

图6　晋侯墓地M63出土的玉组佩

左右对称的方向发展。通过考古发现，主要玉佩件有玉珩、玉管（勒）、系璧、玉觹、玉龙等。

第三部分是丧葬用玉。古人相信玉能使人不朽，所以就有了各式丧葬玉，主要有玉覆面、口琀、下颌托、握玉、踏玉、窍塞等。丧葬玉从商代晚期开始出现，西周时期不断发展，汉代时甚至将玉片缝缀，制成玉衣，将墓主人整个包裹下葬，被称为"玉匣"。根据下葬者的等级身份，使用不同的线来串联玉衣，如金缕、银缕、铜缕。除此之外，还有精美的窍塞。但是，皇帝及各地诸侯王厚葬的丧葬习俗发展到后代逐渐出现了一系列问题。汉朝末年，社会动荡，民不聊生，连年爆发农民战争和军阀征战，甚至掘坟盗墓以资军用。三国时期，曹操设置摸金校尉，专为此用。也正是由于看到西汉皇帝、诸侯厚葬而被盗掘的后果，魏文帝曹丕于皇初二年下令简葬，

图7　晋侯墓地出土的梯形牌组佩

325

图 8 缀玉覆面

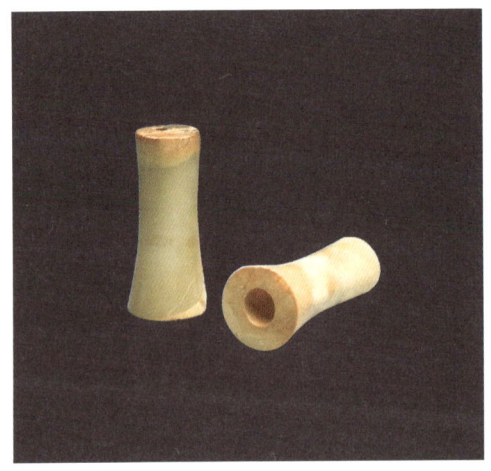

图 9 玉握

即禁止厚葬，玉文化的发展从此改变了方向，朝民间发展。

周代丧葬玉的代表是玉覆面。玉覆面有几个名称：瞑目、覆面、缀玉瞑目等等。一般都是将玉石以墓主人生前五官的特征摆放，缝缀在布帛上，覆盖于墓主人的脸部，希望能够保持尸骨不朽（图8）。

《仪礼·士丧礼》中记载："商祝掩、瑱、设瞑目……"丧葬玉种类众多，还包括口琀、玉握。口琀放在墓主人的口中，包括贝、玉石器（多打碎）、谷物等。《公羊传·定公五年》何休注中曾有："琀，天子以珠，诸侯以玉，大夫以碧，士以贝。"《释名·释丧制》中记载"握，以物著尸手中，使握之"（图9）。西周、春秋墓葬通常所见握玉类型为玉管、柄形器、玉片、玉鱼等细长易握之玉。墓主人手握玉握，大概是为了使墓主人精神不朽。《仪礼·士丧礼》记载设握之法："握手，用玄，纁里；长尺二寸，广五寸，牢中旁寸；著，组系。"

第四部分为把玩陈设用玉，包括各种精美的把玩件、动物玉雕等（图10—图16）。

图10 玉鹰

图11 玉人

图12 玉鸮

图13 玉马

图14 玉鹿

图15 玉羊

图16 玉兔

二、山西境内考古发现的晋国各时期玉器

山西境内很多两周时期重要的考古发现都出土了玉器,如西周时期的曲村及北赵晋侯墓地;春秋早期的羊舌晋侯墓地;春秋早中期的上郭村遗址;春秋晚期的赵卿墓;时间跨度从春秋晚期延续至战国早期的晋都新田遗址,包括上马墓地、盟书遗址、西南张祭祀区、西高祭祀坑、新绛柳泉墓地等遗址出土的玉器。山西境内还出土了晋国之外的玉器,如洪洞永凝堡墓地玉器、绛县横水倗伯家族墓地玉器、翼城霸伯家族墓地玉器,长治分水岭墓地、长子县东周墓、潞城潞河遗址出土的东周玉器等等。

(一)天马—曲村晋侯墓地

最具代表性的毫无疑问是20世纪90年代初期发掘的北赵晋侯墓地。墓地位于天马—曲村遗址中部,为晋国西周时期都城所在地。时代从西周早期到春秋之初。墓地东西170米,南北130米,共清理9组19座晋侯及其夫人墓葬,包括晋侯燮父、武侯、成侯、厉侯、靖侯、釐侯、献侯、穆侯、文侯(或为殇叔)9位晋侯,虽然经过严重的盗掘,但是依然出土了大量精美的青铜器和玉器。玉器如玉璧、玉戈,这两种玉器经常组合出现,作为权力的象征;装饰礼仪用的玉组佩等;每位墓主人几乎都覆盖有玉覆面。还有一些作为把玩和收藏品的玉人、玉熊、玉鸟、玉鸮、玉鹿、玉螳螂等,其中很多是先代遗留的。一件玉鸮的琢有方转回旋、刚劲有力的突起阳纹,这正是商代玉器的典型特征。

(二)曲沃羊舌晋侯墓地

距离著名的天马—曲村遗址北赵晋侯墓地东南方向4500米的地方发现了春秋早期大型墓地。经过2005—2006年的考古发掘工作,已经知道墓地东西300米,南北400米,面积12万平方米,共清理晋侯夫妇墓葬1组2座,祭祀坑227座,其他中小型墓葬20余座。M1、M2为一组晋侯夫妇墓,M1总长49米,是目前山西发现的先秦时期最大的一组墓葬。与北赵晋侯墓地一样,也出土有大量精美的玉器,如玉璧、玉戈、玉璜等。虽然很多玉器都已经沁蚀得非常严重,但是由于下葬时摆放位置的偶然性,

图 17 曲沃羊舌晋侯墓地 M1 棺内玉器出土情况

在某些玉器上还可以清楚地看到晶莹剔透的质地。羊舌晋侯墓地出土的玉器纹饰精美，利用逗点饰镂空加工工艺的玉璜、刻有双阴线虺龙纹的玉佩、各种龙与人抽象造型的组合，无不令人叹为观止（图17）。此外，还发现一件头戴高帽、嘴露獠牙的玉人像，这件精美的玉人像属于距今4300多年前的石家河文化（图18）。当时的晋国贵族对于先代玉器的收藏与珍视可见一斑。在闻喜上郭邱家庄遗址也发现了春秋早期的玉器，如盾牌形和束腰形的项饰、玉戈、玉带、兽面纹的玉牌等。

（三）侯马新田遗址

1952年发现的侯马晋都新田遗址位于汾浍之交的三角地带。1956年开始发掘至今。遗址时代从

图 18 羊舌晋侯墓地出土的玉人像

公元前 585 年至公元前 4 世纪初。在半径不足 10 公里的范围内发现大小不等的 8 座东周城址，其中，平望、牛村、台神 3 座城址为宫城，呈"品"字形分布。发现有铸铜、制陶、制骨和制圭作坊。共发现 11 处祭祀遗迹。发现周代墓地 6 处，大小墓葬上万座，考古发掘了其中的 2500 座，应该是晋国晚期的都城所在地。

在侯马晋都遗址中出土的侯马盟书震惊中外。盟书又称"载书"，《周礼·司盟》"掌盟载之法"注："载，盟誓也，盟者书其辞于策，杀牲取血，坎其牲，加书于上而埋之，谓之载书。"当时的诸侯和卿大夫为了巩固内部团结，打击敌对势力，经常举行这种盟誓活动。盟书一式两份，一份藏在盟府，一份埋于地下或沉在河里，以取信于神鬼。侯马盟书用毛笔将盟辞书写在玉石片上，字迹一般为朱红色，少数为黑色（图 19）。侯马西高祭祀遗址中出土了一些高等级的玉器，如玉璧、玉龙、玉人等，尤其是"风"字形玉龙，极其精美，玉质晶莹剔透，在"风"字形龙身的不同部位填充各种动物的造型，是春秋战国时期玉器的代表作（图 20）。玉器的种类也

图 19 侯马盟书

开始变得广泛,出现了玉剑璏、玉剑格、带钩、活环玉佩等等。

（四）太原赵卿墓

1988年,太原市一电厂厂区范围内发现了春秋时期墓葬,经过研究,第251号大墓是春秋末期赵氏家族的一位卿大夫的高级墓葬,墓主人极有可能是晋国末期执政正卿赵简子。墓中出土青铜器1402件,其中大型镬鼎和成套的七鼎不仅体现着墓主人的身份,也象征着当时礼崩乐坏的社会。

此外,还出土了一些玉器,包括玉珩、玉璧、玉环等。随着春秋时期服饰的改变,作为服饰上的装饰,玉佩的结构也发生着改变,原本弧面朝下的玉璜由弧面朝上的玉珩替代。

在赵卿墓中发现的"S"形、"C"形、"风"形的龙形佩,在春秋晚期到战国初期十分流行,这样的造型最初在楚文化中兴起,之后影响到北方地区,并流行起来（图21）。赵卿墓中还出现了玉觿。觿是周人随身携带

图20 侯马西高祭祀遗址出土的"风"字形玉龙

图21 赵卿墓出土的龙形玉佩

的解结的用品，其材质依据使用者身份不同而有差异。玉觿后来更是作为玉组佩的一种构件使用。长治分水岭墓地出土的玉器纹饰在明清乃至民国时期被称为"卧蚕"，仔细研究这种"卧蚕"，其实是由一个个龙头组合而成，是由双线虺龙纹发展而来，之后这种纹饰进一步解体，变成云纹和谷纹相互间杂（图22）。

三、晋国玉器工艺的特征

西周时期，晋国的玉器加工工艺与周王室的玉器加工工艺基本同步，有些玉器甚至可能来自周王室。东周时期，晋国的玉器加工工艺则代表了当时中原地区的玉器加工工艺水平。

（一）加工工艺

玉石的开料方式决定了玉器的造型。晋国玉器根据不同玉料的本来造型制作出各种各样的精美玉器。西周时期的玉料加工一般采用片状切割法，造就了西周玉器以片状为主、圆雕较少的特点。因为玉料的珍贵，工匠们在制作玉器时基本遵循依料选型、因料施工、余料尽用的原则。这一时期，玉器的形状基本以简单的几何图形为基础进行再加工，如圆形的玦、环、璧，长方形的柄形器、圭、戈、"S"龙玉牌项饰、束腰玉牌项饰，三角形和方形的玉饰件、像生动物等等。

晋国玉器纹饰中的线条特征主要包括单刻阴

线纹和双刻阴线纹。双刻阴线纹又有两种形式：第一种形式为两道阴线琢法不同，宽窄、深浅不一，以细砣雕琢内侧阴线，再用斜砣雕琢外侧线纹，组合成整体的纹饰，俗称"大斜刀"或"一面坡"（图23），有着内细外粗、流畅生动的特点；第二种为两道线琢法一样，宽窄、深浅相同，有着平行前进、迂回圆缓的特点。

周代出现了镂空与穿孔的加工玉器方法，不少晋国出土的玉器就有当时这种最高超的加工工艺。镂空，又称镂雕，是中国古代玉器制作最重要的工艺之一。所谓镂雕，就是在玉器上把底子局部或大部分剔除，虚实相衬，突出主题纹饰或造型轮廓，具有很好的装饰效果。其目的在于凸显线纹的设计，区隔线条，表现纹饰的组合形态。因春秋时期的镂空工艺用小型管钻或桯钻打孔，在镂空的起始处会留下火柴头形状的痕迹，吴棠海先生称之为"逗点式镂空"。这时的穿孔工艺既有单面钻，也有双面钻，钻口均呈现喇叭口形状。

（二）纹饰特点

西周典型的玉器纹样有龙纹、凤鸟纹、人纹、鱼纹、兽面纹等。其中龙、凤纹饰最为典型，古人将这些元素符号调整、组合、变化后在青铜器和玉器上描绘出千姿万态的图案。

春秋时期的玉器纹饰主要为螭龙纹，有单线、双线、宽线、浮雕几种样式。单线螭龙纹多

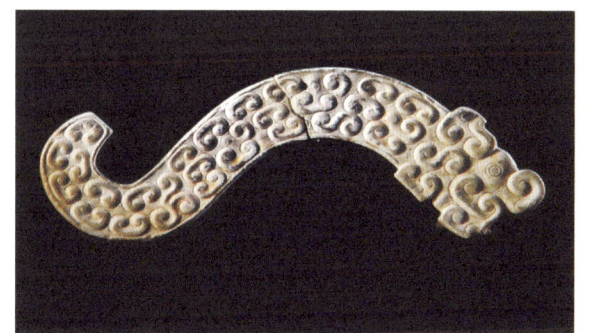

图22 长治分水岭墓地出土的玉器

图23 "大斜刀"式双刻阴线纹

图24 双线虺龙纹玉佩

在春秋中晚期的秦文化地区流行,纹饰以单阴线组成,阴线转折方硬,风格明显。双线虺龙纹流行于春秋早期,由阴刻的平行双线纹构成,具有圆眼、翘鼻、张口之特点(图24)。宽线虺龙纹流行于春秋中晚期,在早期双线虺龙纹的基础上,将双阴线间距离拉宽,在两线间雕琢倾斜的凹面。浮雕虺龙纹流行于春秋晚期,先雕琢出阴线,再将线纹周边减地,凸显虺龙轮廓,最后雕琢眼睛等细部线纹。

商周至战国纹饰源流与演变可归纳如下:商代注重动物玉饰的整体造型;西周重视器表动物纹饰的组合;春秋时期演变为抽

象繁密的纹饰布局,其纹饰形态从具体到抽象,从疏朗到繁密,从平面到浮雕,从整体到解体;春秋晚期以后,螭龙纹意象渐渐消失,变成云谷相杂纹,一直延续到战国早期,开谷纹、云纹等规律纹饰的先河(图25)。这是从西周到东周再到汉代,中国八百年玉器纹饰演变的基本规律。

需要注意的是,在鉴赏晋国玉器的时候,一定要将之放到整个商周时期大的历史背景下、大的文化背景下考察,这样会更好地体察灿烂的中国玉文化!

图25 浮雕云谷相杂纹的玉龙佩

参考资料:

[1] 吉琨璋.山西出土玉器综述//中国出土玉器全集·山西卷.北京:科学出版社,2005.

[2] 吉琨璋.山西出土玉器综述//中国出土玉器全集·山西卷.北京:科学出版社,2005.

[3] 吉琨璋.中国玉器通史·周代卷.深圳:海天出版社,2014.

主讲人 / 孙庆伟

华夏正脉　民族熔炉
——文明视野下的晋文化

主讲人 / 孙庆伟
北京大学考古文博学院教授

引　言

尧都平阳，舜都蒲坂，禹都安邑，晋南这块沃土，孕育了辉煌的华夏文明，诞生了最早的中国。桐叶封弟，叔虞受命，启以夏政，疆以戎索。受封伊始，晋人就面临传统与现实的双重考验。晋虽偏远，但恪守唐诰，心系王室，"周礼尽在晋也"。骊山之变，文侯崛起，力挽危局，匡护周室，以蕃屏周。晋在深山，拜戎不暇，西拒虎狼之秦，南阻荆蛮之楚，更有戎狄环视左右。晋人或力战，或怀柔，或婚姻，或剿灭。三晋之地，正是民族与文化融合的大熔炉。

今天我大致从三个方面来讲述晋国在中国早期文明当中的突出地位：一是晋国这片土地在早期中国或者说在早期文明当中的突出地位；二是整个两周时期晋文化在周文化中的地位；三是"疆以戎索"，晋国周边戎狄环伺，晋国如何在这种险恶的环境下不但能够生存，而且不断发展壮大的历史启示。

一、最中国

近几年，关于中华文明起源以及早期中国的形成，是学术界的一个热点问题。现在从出土文物能够见到的最早"中国"的字眼是一件西周初年的国宝青铜器——何尊。何尊铭文记录了周成王五年周公营建东都洛邑（今

图1　何尊

图2　何尊铭文（其中有"宅兹中国"）

洛阳），"宅兹中国"的历史事件（图1—图2）。很多学者根据这篇铭文，论定洛邑在早期中国的突出地位，强调洛阳盆地是最早中国的所在地，这是目前学术界非常有影响力的观点。

社科院考古所许宏研究员写过一本适合社会大众的著作——《最早的中国》，主张河南偃师二里头遗址是最早的中国。他的同事，考古所何驽研究员长期主持山西襄汾陶寺遗址的发掘工作，他在一系列的学术论文及演讲中，主张陶寺是"最初的中国"。2016年，北京大学人文社会科学研究院邀请他们二位在北大以"最中国"为题，就二里头遗址、陶寺遗址究竟何为最早的中国展开辩论。许宏先生指出，二里头遗址出现了最早的城市干道网与双轮车辙、最早的宫城、最早中轴线布局的宫室建筑群、最早的大型"四合院"和多进院落宫室建筑、最早的工城（围垣官营作坊区）、最早的青铜器铸造作坊、最早的绿松石器作坊、最早的青铜礼器群，以此论证二里头遗址为最早的中国。何驽先生则以"陶寺与最初的中国——山西襄汾陶寺城址考古侦探"为题，作了针锋相对的演讲，强调了陶寺遗址在早期中国的突出地位。

大家都知道，早在1926年，"中国考古学之父"李济先生就在晋南开展了考古调查，并选择夏县西阴村遗址进行发掘。一般认为李济先生最早选择在晋南开展考古工作的主要原因与尧、舜、禹相关，因为"尧都平阳，舜都蒲坂，禹都安邑"，都在山西南部。1926年10月，夏县西阴村遗址发掘，正是由于"它的位置正处在传说中夏朝——中国历史的开创时期——的王都地区的中心"。李济先生在用英文给弗利尔美术馆的报告里写道："因为尧都平阳，舜都蒲坂，禹都安邑，三个地点均在山西南部，因此在晋南的调查具有重要的意义。"但是在调查与发掘工作结束后，李济先生给清华国学院的报告里却没有提及此次调查和发掘所见遗迹、遗物与尧、舜、禹的关系。固然，李济先生作为中国科学考古发掘工作的奠基人，他一方面对于传统的晋南在中国历史上的突出位置有清晰的了解，另一方面，他又希望通过科学的考古发掘和研究对文献记载的可靠性给出一个准确的回答。虽然这次发生在90多年前的考古调查和发掘并未能为寻找早期中国提供最直接的考古学证据，但却是首次由中国人独立主持的考古发掘，意义依然十分重大。

考古学对于早期中国的研究突出的意义在于能够以翔实、无可争议的考古资料作为第一手证据。陶寺遗址是目前国内发现的龙山时代最具代表性、规模最大、内涵最丰富的考古遗址，学术界主流观点认为陶寺遗址即为尧都平阳。

我们可以从以下几个方面将陶寺遗址与二里头遗址作简要比较。

从遗址面积和时代上来看，二里头遗址在仰韶时期只是一个面积约56万平方米的一般聚落，在二里头时期发展到鼎盛时期，面积达300万平方米。陶寺遗址是同时期黄河流域最大的城址。陶寺遗址早期小城面积56万平方米，中期扩建至280万平方米，最新调查数据显示将近300万平方米。城内按功能分区，有大型建筑、宫城区、仓储区、手工业作坊区、祭祀区、贵族墓地、普通墓地等。陶寺遗址的宫城面积12万余平方米，这一发现为中国古代都邑布局寻找到了制度源头。已经发现的陶寺遗址宫城面积略大于二里头遗址宫城面积，且在时代上早于二里头宫城。

城内高等级人群的居住是城址社会高度发展的重要因素。目前，由于发掘面积所限，在二里头遗址还未发现高等级的墓葬。陶寺遗址城内发现一座大型墓葬M22，墓室面积约22平方米，与一千多年后西周时期晋侯夫人的墓室面积相当，是同时期黄河中下游地区墓室最大的墓葬之一。墓内木棺由直径1米左右的整木挖凿而成。墓室西部墓主人的脚端放置20扇猪肉，棺南侧与南壁之间排列青石大厨刀4柄、素面木案板7块。厨刀下均发现有猪骨以及皮肉块的朽灰。墓室东壁中央显著位置摆放一公猪下颌骨。在墓室的壁龛内还放置着玉器、彩绘陶器等随葬品。墓室中最引人注目的是悬在墓壁上的5件玉钺（图3）。从良渚文化反山12号墓"钺王"与商代殷墟王后妇好墓中出土的铜钺可以看出，钺这种器物始终是和高等级人群相联系的。通常来说，权力越大，所使用的钺体积越大，数量也越多。除了大城、高等级墓葬、高规格随葬品外，陶寺遗址出土文物还反映出了陶寺先民的精神追求，陶鼓、石磬等礼乐器反映出陶寺先民超越物质领域，在意识形态上的发达。最为重要的是，在一件破碎的陶扁壶残片上发现了最早的可辨识的文字，与后世的甲骨文

图3　陶寺文化中期大墓M22墓室（上）与墓壁（下）

一脉相承（图4）。从文献记载可以看出，古人对文字的发明创造赋予极高的地位。《世本·作篇》记载："黄帝之时，仓颉为左史，沮诵为右史，苍颉作书。"《淮南子·本经》则说："昔者仓颉作书，而天雨粟，鬼夜哭。"从这些描述可以看出，文字的创造是人类文明史上划时代的事件。在陶寺遗址时期，发现汉字体系文字的考古遗址仅此一处。

古人把尧推崇为古之圣王，那尧究竟有哪些特殊的历史贡献呢？《史记·五帝本纪》记载与尧有关的事迹，我们可以概括为以下几个方面。一是"敬授民时：数法日月星辰"。这在当时是一件非常了不起的事情。在中国历史上，在某种意义上，掌握了历法，就相当于掌握了神权，历法往往是和统治权相结合的。二是"用鲧治水：九岁，功用不成"，也就是在政治举措上有所作为，协调解决民生问题。三是"流放四凶：共工、讙兜、三苗、鲧"，征服不同部族，并将其迁移到中原以外的周边地区，以实现"化四夷"，实现中原文化对周边文化的同化。四是"禅位于舜：令舜摄行天子

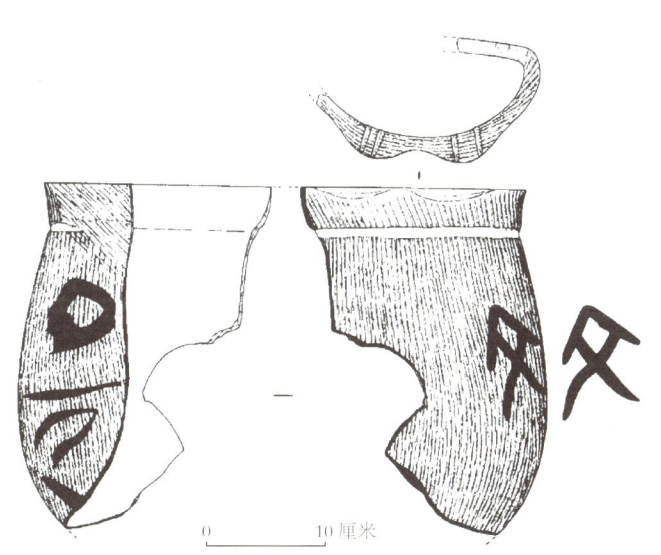

图4 陶寺扁壶及线描图

341

之政"。舜继承尧之位，《尚书·舜典》记载："正月上日，受终于文祖。在璇玑玉衡，以齐七政。肆类于上帝，禋于六宗，望于山川，遍于群神。辑五瑞，既月乃日，觐四岳群牧，班瑞于群后。"按汉代学者的解读，"七政"指日、月以及金、木、水、火、土五星，与天文学相关。舜将懂天文、掌握天体运行规律和历法，放在所有宗教礼仪活动的首位。判定一个文明体文明高度，首先应当考虑世俗生活和礼仪生活的位置。可以看到，尧舜时期，礼仪生活早已超出一般世俗生活之上，礼仪活动放到具体事件之前，这实际上是文明化的重要标志。因此，陶寺遗址出现观象台就不是偶然的了。

陶寺遗址作为一个早期文明体，在遗址内除了发现高等级墓葬、宫殿建筑基址、礼乐器、兼具观象与祭祀功能的观象台等反映礼仪活动和高层次精神活动的证据外（图5—图6），必然还存在暴力活动的证据。在陶寺文化晚期，从葬坑、乱葬坑的存在，反映出早期国家行为中暴力的合法化。在龙山时代，每一个大型遗址内几乎都可以看到大规模的杀戮活动证据，这种暴力活动在殷商时期达到了高峰。李泽厚先生在《美的历程》中总结商文明为"狞厉之美"，何驽先生则是用"商文明实行的是'国家恐怖主义'"这一更加形象的描述。根据殷墟卜辞中的记载，商代晚期以人为牺牲的祭祀和杀戮活动每天都在发生，其中羌人是主要的被杀戮对象。到西周时期，这种国家暴力行为基本不见，所以孔子在对三代的总结中提到"夏人尚忠，殷人尚鬼，周人尚文"。

权力继承制度是国家政治生活中的关键，那么尧是如何禅位于舜的呢？《史记·五帝本纪》记载："舜得举用事二十年，而尧使摄政。摄政八年而尧崩。""尧崩，三年之丧毕，舜让辟丹朱于南河之南。诸侯朝觐者不之丹朱而之舜，狱讼者不之丹朱而之舜，讴歌者不讴歌丹朱而讴歌舜。舜曰：'天也。'夫而后之中国践天子位焉，是为帝舜。"从这段记载可以看出，舜曾在尧的政治集团中被委以重任，在尧去世前，舜就已经以摄政的形式统领政事八年之久。尧三年丧期结束后，舜因为要避让丹朱（尧的儿子），所以离开"中国"去了"南河之南"，

图 5　陶寺观象台俯瞰全景

图 6　陶寺观象台复原蓝图

343

在天下诸侯和人民的拥戴与呼声下，舜又从"南河之南"回到"中国"。在这里可以看出，尧所居的地方就是"中国"，而舜返回此地即位则体现了"中国"为当时地理正统。中国历史上，王朝的地理正统观念基本上一以贯之。大体而言，黄河从郑州至禹门口这一段应该就是历史上"南河"的位置。文献记载"尧都平阳"，舜为了避丹朱过黄河，到"南河之南"（今河南），舜继承尧的王位的时候，又往北走回到"中国"，这个"中国"的位置毫无疑问在今天的山西南部，准确来讲，应该就是陶寺遗址。从族属上来看，尧很有可能就是山西晋南人，舜有可能来自东方。西周初年分封诸侯国时，首先分封古之先圣王之后，封地一般在本族的原居地，舜的后人在当时被分封到了河南东部的虞城一带，说明舜与豫东关系密切。《吕氏春秋·贵因》记载"舜一徙成邑，再徙成都，三徙成国"，说明舜所在的部落经过若干次的迁徙后，由小到大，逐渐发展壮大。舜在中国历史上是一位特别重要的君主，司马迁用"天下明德皆自虞帝始"高度概括了舜的历史功绩。舜执政时期。是国家形态逐步完善的时期。《尚书·舜典》记载，舜之下有四岳、九官、十二牧。《史记·五帝本纪》记载："此二十二人咸成厥功：皋陶为大理，平，民各伏得其实；伯夷主礼，上下咸让；垂主工师，百工致功；益主虞，山泽辟；弃主稷，百谷时茂；契主司徒，百姓亲和；龙主宾客，远人至；十二牧行而九州莫敢辟违；唯禹之功为大，披九山，通九泽，决九河，定九州，各以其职来贡，不失厥宜"。舜执政时期，政权统治成员之间早已超越了血缘关系，每个部族的首领各司其职，国家形态进一步完善，舜时期是早期中国国家形态初步形成与完善的时期。

历史文献中关于大禹治水的记载屡见不鲜，早在尧统治时期就曾任命禹的父亲鲧治理水患，舜统治时期，任用禹治水十三年。一般观点认为，大禹治水的成功在于采用疏导之法对大洪水进行分流治理。稍作深思，我们不难发现，要彻底疏导洪水，前提是在政治组织层面实现全国一盘棋，方能疏通九河。因此，对于大禹而言，治水的关键不是技术层面，大禹治水能成功，主要靠的是德，也就是社会组织方面的成功，他能够协调天下诸侯齐心协力治水。保利博物馆所藏遂公盨是一件与大禹治水有关的青铜器，器底铸有铭文10行98字。铭文第一句就说到"天命禹尃（敷）土，隓（堕）山浚川"，与《尚书·禹贡》中关于大禹治水的记载基本相同。后面的铭文内容，一方面以明确的物证史料证明大禹治水事件与传说人物大禹存在的真实可靠，从另外一个层面也揭示大禹治水是"为政以德"，是德政的表现（图7—图8）。《庄子·天下》中墨子称道曰："昔禹之湮洪水，决江河而通四夷九州也，名山三百，支川三千，小者无数。禹亲自操橐耜，而九杂天下之川；腓无胈，胫无毛，沐甚雨，栉疾风，置万国。禹大圣也，而形劳天下也如此。"这些记载都说明，大禹治水主要靠的是德。大禹正是因为解决了水患的问题，从天下诸侯中脱颖而出，被选定为舜的继承人，所以"帝舜荐禹于天，为嗣。十七年而帝舜崩。三年丧毕，禹辞辟舜之子商均于阳城。天下诸侯皆去商均而朝禹。禹于是遂即天子位，南面朝天下，国号曰夏后，姓姒氏"。

值得关注的是，文献中关于禹的都城记载有好几处，分别是阳翟（河南禹州）、阳城（河南登封）、平阳（山西夏县）。我们是否可以这样理解，禹原属发源于颍水上游（今河南西

图7　保利博物馆所藏遂公盨

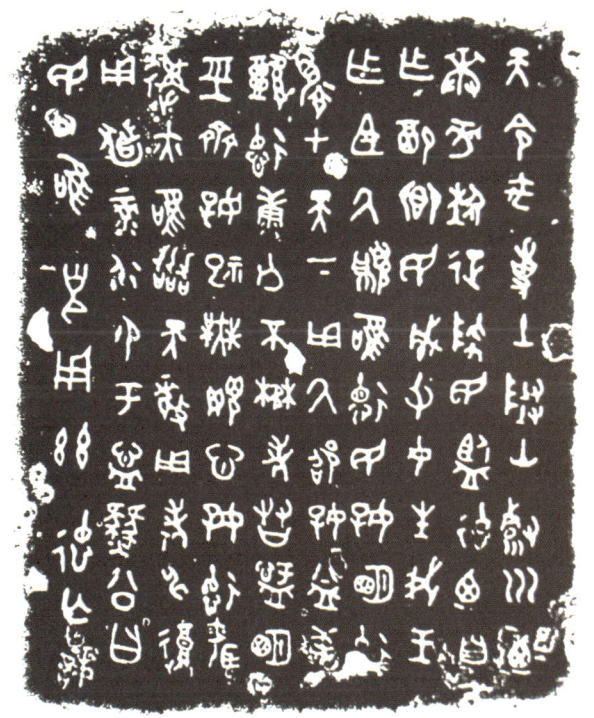

图8　遂公盨铭文拓片

345

部）的一个部族，原居地即是阳翟，但因为禹在舜在位时期的政治集团中担任要职，为了避舜的儿子商均，在河南建了一个临时居住地阳城。禹在继舜的天子位后，也要居"中国"（山西晋南地区），继承原有的地理正统。

综上，可以看出，在尧、舜、禹早期中国的形成阶段，山西南部是当时天下人所公认的"中国"之所在。只是到了夏王朝建立以后，世袭制替代禅让制，"天下为公"转变为"父传子，家天下"的局面，位于今天河南西部的"有夏之居"即转移为新的地理正统，"中国"也由今天的山西南部搬到了河南。"尧都平阳（临汾），舜都蒲坂（永济），禹都安邑（夏县）"，三位古之先王的都邑都是在山西南部，晋南应该是最早"中国"的诞生地，是华夏文明的正脉。

长期以来，晋南在历史上的地位没有受到广泛的认同，与20世纪疑古思潮的兴起有很大的关系。顾颉刚先生受胡适先生在新文化运动中倡导的"整理国故"思想的影响，从20世纪20年代起即从事中国历史和古代文献典籍的研究和辨伪工作，主张用历史演进的观念和大胆疑古的精神，吸收近代西方社会学、考古学等方法，研究中国古代的历史和典籍。疑古思潮和《古史辨》出版的历史贡献毋庸置疑，但在当时却给一般民众心里造成中国的古史多不可信的负面影响。王国维先生对古史中历史传说给出了中肯的评价，"史实之中，固不免有所缘饰，与传说无异；而传说之中，亦往往有史实为之素地"，并进而提出了历史文献与地下出土材料相佐证研究古史的"二重证据法"。再回到历史文献中关于尧、舜、禹古史记载，可以肯定的是，最起码的历史素地是三位古之先王确实是存在的。也正如著名古文字学家裘锡圭先生在《读郭店楚墓竹简札记三则》中说到的，"其实尧舜禅让这个广泛流传的上古传说，绝不可能是战国时代的某一学派所创造出来的。先秦诸子只不过是按照各自的观点来解释这一传说，利用它为自己的学说服务而已。他们对尧舜禅让的细节也许会有所捏造，但绝不可能凭空捏造出这样一个传说来"。我个人完全认同裘锡圭先生的上述判断，如果尧、舜、禹是存在的历史人物，那么他们活动的历史舞台,主要就在晋南地区。尧、舜、禹之所以能有如此高的历史地位,也是因为代表了华夏文明最主要的来源,所以我说这是"华夏正脉"。2000多年前,司马迁在《史记》中追溯五帝时代,对尧、舜、禹及其所处的时代,想必也是有着同样的判断和认可。

二、周礼在晋

鲁国为周公旦之子伯禽封地。西周时期,周公制礼作乐,鲁国对周代文物典籍保存完好,素有"礼乐之邦"之称。鲁襄公二十九年(前544年),吴公子季札观乐于鲁,叹为观止。鲁昭公二年(前540年),晋大夫韩宣子访鲁,观书后赞叹:"周礼尽在鲁矣!"可见,在当时,鲁国是恪守周礼的典型代表。但真正的礼应该是"识大体、讲政治",鲁国固然恪守了很多具体的仪节,但是到了两周之际,它在整个周王朝中扮演的历史角色、占据的历史地位是远逊于晋国的,从这层意义上,我们可以说"周礼在晋"。

3000多年前一个甲子日的清晨,牧野之战爆发,殷周鼎革,西周王朝建立。不久之后,周武王去世,周成王继位。成王年幼,尚不能肩负统领宗室、处理朝政的重任,其叔周公旦临危受命摄政,辅佐成王。在周公摄政的七年中,一年救乱,二年克殷,三年践奄,四年建侯卫,五年营成周,六年制礼作乐,七年致政于成王。制礼作乐,是周公最重要的历史功绩之一。"钟鸣鼎食"是对礼的集中概括,"礼"的本义是指祭祀中以物献神,而鼎是最重要的盛具,所以称"鼎食";"乐"的含义是指以歌舞娱神,而钟是最主要的乐器,所以称"钟鸣"。周代的列鼎制度是以礼器的多寡、大小彰显身份和地位,有所谓"天子九鼎,诸侯七,大夫五,元士三也"的说法。到春秋时期,诸侯国势力强大,周天子势微,诸侯国国君在礼制上往往僭越天子之礼。如新郑郑国祭祀遗址出土的九鼎和八簋,九鼎形制相同,大小相次,是为列鼎,八簋形制相同,大小相近,证实了郑国公僭用了周天子才能享用的礼制。晋国作为继齐国之后的春秋霸主,称霸时间长达150余年,那么在历史上曾如此强大的晋国,是不是破坏周代礼制最严重的国家呢？考古发现的情况恰恰相反。20世纪90年代，从山西省曲沃县天马—曲村遗址发掘的自唐叔虞起9代晋国国君及其夫人共9组19座墓葬可以发现，西周时期，晋国国君一般以五鼎随葬，晋侯夫人以三鼎随葬。在西周初年，晋国始封，是一个方圆不足百里的小国，尚不在当时实力强大的诸侯国之列，但是到西周末年，文侯勤王，被周王委以重任，成为诸侯之长，但晋文侯墓（晋侯墓地M93）仍然使用的是五鼎随葬。整个西周时期，晋国严格遵守礼制的传统。到春秋时期，尤其是晋国称霸之后，晋国恪守礼制的传统是否发生了改变？以春秋赵卿墓为例，不管墓主人的身份究竟是晋国赵氏家族的赵简子还是赵襄子，二者都是当时晋国乃至春秋时期响当当的人物。1988年，因太原市第一热电厂扩建时被发现，是山西地区迄今为止发现的东周时期规模最大的晋国高级贵族墓葬。墓葬发掘时编号为M251。墓葬为竖穴土坑墓。墓室东西长11米，南北宽9.2米。葬具为一椁三棺，椁室外积石积炭环绕。墓内随葬器物共3421件，青铜器1402件，玉石器669件，金器11件，其他陶、木、骨、角、蚌、贝器1339件。但从墓葬反映出的等级来看，该墓墓室面积在同时期列国高级贵族墓中尚属一般，且无墓道；墓中出土了4套鼎，共23件，最多的一套为七鼎（图9）。在晋国国内，实力雄厚的赵氏尚且如此，推及晋国六卿及其他贵族，可能更为朴实。如果横向与同时期其他诸侯国相比，西周、春秋时期晋国是恪守礼制的典范。

随葬品是礼的物化形式，孔子言"礼之所尊，尊其义也"。周礼的核心在于"亲亲""尊尊"。"亲亲"注重血缘关系，"尊尊"注重等级差别。礼最重要的功能在于强调分，从血缘关系分出亲疏远近，这是宗法制的基础；从社会阶层上、社会地位上分出上下尊卑，这是社会行政方面的基础，二者共同构成封建宗法社会。《左传·昭公二十八年》："武王克商，光有天下，其兄弟之国者十有五人，姬姓之国者四十人。"《荀子·儒效篇》载："（周公）兼制天下，立七十一国，姬姓独居五十三人。"兄弟之国、姬姓之国的分封体现的就是

图9 山西太原赵卿墓出土的带牲骨的鼎

"亲亲",以血缘为纽带,组建统治集团的核心力量。王国维先生在《殷周制度论》中强调最重要的一点即为"立长立嫡制度",确立了嫡长子继承制。商代500多年的历史中历经20世30位商王,兄终弟及或兄弟先后继位现象仍比较频繁,但到了西周时期,除个别情况外,基本上是父死子继。"尊尊"的内涵是社会分层。西周时期,早期王朝社会分层的基础一定是先讲国家、先讲血缘关系。《左传·桓公二年》记载晋大夫师服的一段话就是最好的印证,"故天子建国,诸侯立家,卿置侧室,大夫有贰宗,士有隶子弟,庶人、工、商,各有分亲,皆有等衰。是以民服事其上,而下无觊觎"。可以看出,以血缘的亲疏远近为基础,最后衍生出五服制。所以,礼的实质在于分,分的目的在于确定和维护社会秩序,所以,也就是《礼记·曲礼上》

记载的"夫礼者,所以定亲疏、决嫌疑、别同异、明是非也"。

周人对礼的推崇在考古发现中也得到了证实。以天马—曲村遗址为例。该遗址发现于1962年,东西长约3800米,南北长约2800米,内涵丰富,发现了居址、墓葬等丰富的遗迹、遗物,除晋文化遗存外,还发现有仰韶文化、龙山文化、东下冯型文化和秦汉时期的文化。首先来看"亲亲"。以天马—曲村晋侯墓地为例。此处墓地位于遗址中部,发现了西周时期9代晋侯及其夫人的墓葬,时代从西周早中期之交延续到春秋初年。晋侯墓地为晋国国君的专属族墓地,墓地规划强调血缘关系,具有明显的"亲亲"特色。再来看"尊尊"。在天马—曲村遗址,除了晋侯墓地之外,在遗址西部边缘另有一处中小型墓的墓地——邦墓地,埋葬一般贵族和平民。两处墓地之间相距约1200米,以示社会等级的分别。放眼整个西周时期,诸侯国中国君族墓地与邦墓地严格区分的仅晋国一例,与晋国类似的仅有陕西岐山周公庙遗址中的周公家族墓地。由此,西周时期晋国对礼制的恪守可见一斑。从社会组织上,同一个家族中"尊尊"又是如何体现的呢?它的核心是立长立嫡。还是以西周时期晋国为例,立长立嫡首先在于晋侯夫人的确定。先秦时期的婚姻制度为一夫一妻多妾制。晋侯墓地发现9代晋侯及其夫人的墓葬,除M62、M63、M64为一位晋侯两座夫人墓外(具体原因不在此赘述),其余晋侯的埋葬方式均为一夫一妻异穴合葬,这种埋葬方式正是对嫡长子继承制度的呼应。

晋国在很早的时候就已经总结出并后匹嫡(幽王宠褒姒)、大国耦都(曲沃代翼)为乱之本也,立长立嫡制对于国家的稳定具有非常重要的现实意义。晋国的发展即得益于此。为什么这么说?《清华简·系年》记载:"周幽王娶妻于西申,生平王。王或取褒人之女,是褒姒,生伯盘。褒姒嬖于王,王与伯盘逐平王,平王走西申。幽王起师,围平王于西申,申人弗畀,缯人乃降西戎,以攻幽王,幽王及伯盘乃灭,周乃亡。邦君诸正乃立幽王之弟余臣于虢,是携惠王。立二十又一年,晋文侯仇乃杀惠王于虢。周亡王九年,邦君诸侯焉始不朝于周。

晋文侯乃逆平王于少鄂，立之于京师。三年，乃东徙，止于成周。"周幽王废太子申生，欲立褒姒之子伯盘，这个时候，晋文侯不但站在了太子申生（周平王）这一边，还诛杀了与平王二王并立的携惠王，稳定了东周初年的局势，取得了匡扶王室的历史功绩。公元前770年，郑武公、卫文侯、晋文侯、秦襄公四大诸侯护送周平王向东迁都洛邑（今河南洛阳），这一偶然的历史事件，从此改变了历史的走向。郑武公其父郑桓公为周宣王异母弟，郑武公与周幽王为亲叔伯兄弟，关系亲近，且为王朝卿士。郑国和卫国虽然参与勤王，在春秋时期受限于地域政治环境与国内发展策略，两个国家并未进入一等大国之列。但对于晋国和秦国，却是完全不同的局面。晋国因勤王有功，被立为侯伯，成为诸侯之长，为晋国称霸春秋奠定基础。秦人因为护送有功，不仅被封为诸侯，还因此获得了关中的周人旧地，从而为秦国在西部的崛起奠定了坚实基础。春秋时期，晋国称霸将近150年；战国时期，秦国称雄，兼并六国，建立了统一的多民族国家。西周末年，周幽王个人失德，西周覆灭，导致历史演变轨迹与政治格局的变革。

三、疆以戎索

西周初年分封，越是险恶的地方，受封者能力应该是越强。西周初年分封的卫国、鲁国、齐国、燕国、晋国等，都是西周统治最险要的地方。西周初年，叔虞被周成王分封到唐地，周边戎狄环伺，肩负重任，说明唐叔虞在周王室公卿子弟中应当为突出人才。"晋居深山，戎狄之与邻，而远于王室，王灵不及"，到平王东迁后，文侯为"侯伯"，晋国始大。在诸侯争霸的春秋时期，很多周初的封国被灭，晋人在偏远、险恶的环境中生存下来，并在春秋时期走向称霸，这是非常不容易的。

戎狄与华夏是相对应的，自称华夏，其实就是对自身文明的优越感。《春秋左传正义》记载，"中国有礼仪之大，故称夏；有服章之美，谓之华，华、夏一也"。由于以周人为主的"华夏"族占据着"天下之中"的中原地区，所以"华夏"又常常与表示空间的"中国"联系在一起，相应地，生活在中原以外的戎、狄、蛮、夷则被泛称为"四夷"。

《礼记·王制》记载:"中国戎夷,五方之民,皆有其性也,不可推移。东方曰夷,被发文身,有不火食者矣。南方曰蛮,雕题交趾,有不火食者矣。西方曰戎,被发衣皮,有不粒食者矣。北方曰狄,衣羽毛穴居,有不粒食者矣。中国、夷、蛮、戎、狄,皆有安居、和味、宜服、利用、备器,五方之民,言语不通,嗜欲不同。达其志,通其欲:东方曰寄,南方曰象,西方曰狄鞮,北方曰译。"

戎人长期生活在周人的西方,周人的崛起就是以征伐西戎为基础的,古本《竹书纪年》就记载季历先后征伐西落鬼戎、燕京之戎、余无之戎、始呼之戎和翳徒之戎。西周王朝最终亡于犬戎之手。平王东迁之后,"戎逼诸夏,自陇山以东,及伊、洛,往往有戎"。由此可见,周代的戎人不仅数量多,实力强,而且分布范围非常广,且在统治集团中占有重要地位。文献与考古材料均有相关证据。周代北方民族主要有猃狁、山戎和熏育。关于猃狁和华夏冲突的记载就有多处,

《小雅·采薇》记载:"靡室靡家,猃狁之故;不遑启居,猃狁之故。"厉王时铜器多友鼎的铭文记猃狁"广伐京师,告追于王"。宣王时的重器虢季子白盘铭文则记载虢季子曾经"薄伐猃狁,于洛之阳,折首五百"。此外,还有戎狄灭周,"周余黎民,靡有孑遗"。春秋时期,狄人入卫,"卫之遗民男女七百有三十人",因为齐国援救才免遭灭国,后迁都于楚丘(今河南濮阳)。可以看出,两周时期,戎狄之盛,远超于我们的想象。所以晋人在戎狄环伺的晋南地区能够生存并一步步发展壮大,实属不易。

据《左传·定公四年》记载:"分唐叔以大路、密须之鼓、阙巩(铠甲)、沽洗(钟),怀姓九宗,职官五正,命以《唐诰》而封于夏虚,启以夏政,疆以戎索(法)。"晋南位于夏墟,周边又生活着很多戎狄部族,所以施行"启以夏政,疆以戎索"的八字统治方针。分封以赐土,授民为主要内容。周王将河、汾之东,方百里之地赐予叔虞。这个地方最早为唐尧之地,又是夏墟所在。授民分两类:一是唐国遗民。古唐国在西周成王时发生叛乱,

被周公所灭,唐贵族被迁到杜(今西安市长安区),唐国的遗民被封给叔虞。二是怀姓九宗,即隗姓诸狄。到春秋时期,"晋四面皆狄,唯姜戎役属于晋,为不侵不叛之臣;赤狄在其北,即潞氏也;陆浑在其南,秦、晋之所迁于伊川者也;鲜虞在其东,所谓中山不服者也;白狄在其西,尝与秦伐晋者也"。在这种情况下,解决了与戎狄的相处问题,就是解决了晋国的生存与发展问题。文献记载,活跃在晋南地区的戎狄有条戎、北戎(山戎)、白狄、狐氏大戎、骊戎、茅戎、陆浑之戎、伊洛之戎、赤狄等。仅《左传》中记载的晋与戎狄的交往约有42处,其中有24处是晋与戎狄的相互征伐,彼此各有胜负。战争征伐、盟誓以求和平、借婚姻联络戎狄是晋国采取的主要方式,其中又以征伐为主。

春秋以后,晋公或晋国高级贵族所娶戎狄夫人也反映出晋国与戎狄的亲密关系,如晋献公所娶大戎狐姬、小戎子、骊姬,晋文公所娶狄国公主季隗,赵衰在跟随重耳流亡期间娶狄人之女叔隗,赵鞅所娶狄妻,赵无恤所娶空同氏。从考古学上,早在西周时期的晋侯墓地,也可以看到晋人和戎狄联姻的证据。首先来看晋侯墓地M113,墓主人为西周早期晋侯燮父的夫人。墓内出土了3件非常特别的器物,分别是陶三足瓮、铜三足瓮、铜双耳罐。从器型上来有,它们都属于典型的戎狄文化遗物,主要分布于晋中、陕北、西北地区。结合整个晋侯墓地的情况推测,燮父的这位夫人很有可能就是戎狄之女(图10)。周代的婚姻最能体现礼之本,即《礼记·昏义》所言"合二姓之好,上以事宗庙,而下以继后世也"。再来看绛县横水倗伯墓地的发现,通过对一号墓和二号墓墓葬形制、随葬品、铜器铭文的研究,两座墓的墓主人为文献失载的西周中期倗伯夫妇。二号墓为倗伯(冯伯)之墓,一般认为属于隗姓一族。该墓在埋葬上,墓主人头向西,头朝向墓道,采用俯身葬,棺椁之间葬有4个殉人,葬俗上还保留了强烈的戎狄习俗(图11)。一号墓墓主人毕姬为倗伯夫人,来自毕公家族,身份显赫,墓内出土了青铜礼器、玉组佩饰,并有华丽的荒帷遗迹,具有典型的周文化因素。晋侯墓地西周晚期的M91、

陶三足瓮　　　　　　　　铜三足瓮　　　　　　　　铜双耳罐

图 10　晋侯墓地 M113（晋侯燮父夫人）出土的戎狄特色的器物

图 11　绛县横水墓地二号墓

M92一组墓葬中，墓主人均头朝向墓道，这种现象在晋侯墓地中十分罕见，我推测很有可能晋侯娶了戎狄女子为夫人，晋侯先于其夫人去世，其夫人在安葬其夫君时采用了戎狄葬俗。

春秋以后，晋人和戎狄之间的交流方式主要以"和"为主，"魏绛和戎"是双方以"和"为目的交往最重要的历史事件。《左传·襄公四年》载，时任晋国卿大夫的魏绛向晋悼公陈述了和戎的五大好处，即"戎狄荐居，贵货易土，土可贾焉，一也。边鄙不耸（惧），民狎其野，穑人成功，二也。戎狄事晋，四邻振动，诸侯威怀，三也。以德绥戎，师徒不勤，甲兵不顿（坏），四也。鉴于后羿，而用德度，远至迩安，五也"。正是因为和戎政策的实施，晋国才得以"八年之中，九合诸侯，如乐之和，无所不谐"。

征伐、婚姻、安抚多种手段并用，晋人与戎人融为一体，是为民族大融合。正如清代学者马骕在《绎史》中的描述："春秋二百余年之际，与戎狄相终始。"华夏与戎、狄、蛮、夷的长期争斗在表面上以华夏族的胜利而告终，但华夏与四夷的交往、纷争正是一部民族融合史。

主讲人 / 牛贵琥

唐晋心语
——由《诗经·唐风》谈晋国文化

主讲人 / 牛贵琥
山西大学文学院教授

引　言

《诗经·唐风》所反映的晋国文化，可以季札观周乐对《唐风》的评价为核心，对《唐风》中的"勤""正""忠""预""朴"五个基本特征进行考察。它们之间和晋国的关系则是：勤是富国之本源，正是走向成功的保证，忠是事业的纽带，预是成功的前瞻性，朴是前进中的校正器。晋国之所以天下莫强焉，和这密不可分。其原因在于晋国处唐尧故地，四面皆戎狄，多元文化和谐相处。

梁惠王讲："晋国，天下莫强焉。"[1]这没有一丝半点的夸张，而是人们所公认的事实。晋国在当时是最先进的区域，为天下人士所向往。《左传·襄公二十六年》声子所云"虽楚有材，晋实用之"便是例证。是以从历史、经济、文化、文学、艺术等多方面研究、考察晋国，对于我们现在两个文明的建设都会产生有益的启示和促进的作用。关于晋国的历史、经济、军事，都有专家进行研究，并作了生动的讲解，本人则从文学的角度对晋国文化作一些探讨，不当之处，还望方家批评、指正。

说起晋国的文学，可以探讨的话题是很多的。比如，从文章方面看，《尚书》中的《文侯之命》就是重要的文献和文章。周幽王宠褒姒，废申后，逐太子宜臼，宜臼奔申。申侯与犬戎杀幽王，朝廷大乱。晋文侯与郑武公迎宜臼，立为王，迁都洛阳，是为平王。周平王于是以晋文侯为方伯，赐以秬鬯、弓矢、名马，其策命洋洋洒洒，有波澜，有感情，是西周时期少有的一篇优美散文。从小说方面看，则《师旷》为先秦时期具有代表性的小说。它是关于晋国大音乐家师旷的故事集，情节复杂，叙述明晰，描写生动，既塑造了鲜明的人物形象，又表达了对开明的政治与民本思想的追求。不过，若从纯文学的角度讲，最能反映晋国文学成就和特点的还是《诗经》中的《唐风》。

《唐风》是十五国风之一。风，即音乐的调子。十五国风，即十五个地区的音乐调子，和各个国家的领地并不完全吻合。唐，便是古代陶唐氏的区域，唐风即山西晋南盆地大部分地区的音乐调子。这也是晋国主要的领地。十五国风中还有《魏风》，是中条山以南地区今山西芮城一带的音乐调子。由于晋献公十六年才灭的霍、魏、耿，此三地入晋较迟，所以说《唐风》还是能作为晋国音乐和文学的代表，以供我们研究和探讨的。

《唐风》反映的是晋国人民的心灵世界。由于古代音乐的散失，《唐风》所提供给我们的只是歌词。这给我们理解每一首诗歌的主旨和内容造成困难。古今对其解读也是五花八门。那么，如何准确把握古代晋国人民的心灵世界呢？本文排除种种累层式所造成的迷雾，采取"围绕一个核心，紧抓五个基本特征"的方法。一个核心，便是以季札观周乐对《唐风》的评价为核心。五个基本特征，便是《唐风》中的"勤""正""忠""预""朴"。下面便依次进行论述。

一、季札观周乐对《唐风》的评价

我们先来看一个核心。之所以要以季札观周乐对《唐风》的评价为核心，是因为：第一，季札生活在春秋鲁襄公的时代，对于《诗经》没有隔膜；第二，他是一位受过良好的贵族教育，具有极高文学艺术修养的人物；第三，他对《诗经》全面系统的评价，一直作为经典，为历代所学习、接受。因此，以其对《唐风》的评价为解读的基点，就可以准确地把握晋国的传统、特征以及人民的内心世界，而不至于走偏。

季札观周乐，见于《左传·襄公二十九年》。当鲁之乐工为之歌《唐风》时，他说："思深哉！其有陶唐氏之遗民乎？不然，何忧之远也？非令德之后，谁能若是？"[2]杜预之注云："晋本唐国，故有尧之遗风。忧深思远，情发于声。"孔颖达之疏云："陶唐之化，遗法犹在。作歌之民与唐世民同，故察此歌曰：'思虑深远哉？'见其思深，故疑之云：'其有陶唐氏之遗民乎？若其不是唐民，何其忧思之远也？非承令德之后，谁能如此深虑也？'令德，谓唐尧也。"注和疏已解释得非常清楚。

由季札的评论，我们可知《唐风》的特点：一是思深；二是忧远；三是有传统，有历史感。思深和忧远意思相近，故杜预概括为忧深思远，而有传统、有历史感又是和忧深思远相联系着的。因此，若从风格上讲，可以说是厚重感；若从思想上来讲，可以说是计长远。对于《唐风》，可以如此把握之。

那么，《唐风》的这种特点是如何体现的呢？这可以从"勤""正""忠""预""朴"五个基本特征来论述。

二、《唐风》的五个基本特征

1. 勤，即勤劳。《唐风》一共十二首，关于"勤"的诗歌，可以《蟋蟀》来概括。原文如下：

蟋蟀在堂，岁聿其莫。今我不乐，日月其除。无已大康，职思其居。好乐无荒，良士瞿瞿。①

蟋蟀在堂，岁聿其逝。今我不乐，日月其迈。无已大康，职思其外。好乐无荒，良士蹶蹶②。

蟋蟀在堂，役车其休。今我不乐，日月其慆。无已大康，职思其忧。好乐无荒，良士休休③。

注：①莫，暮。职，应该。②蹶蹶，劳动的样子。③休休，勤奋的样子。

翻译成白话则是①：

蟋蟀已经躲进庭堂，一年已到末尾。现在还不快乐，日子会很快过去。但也不要过分安乐，应该想着你的职位。欢乐而不废正事，贤良的人经常警惕。

蟋蟀已经躲进庭堂，一年已到末

尾。现在还不快乐，日子会很快溜掉。但也不要过分安乐，应该想着的事还有。欢乐而不废正事，贤良的人经常勤苦。

蟋蟀已经躲进庭堂，大车已经清闲。现在还不快乐，日子会很快过去。但也不要过分安乐，应该想着忧患。欢乐而不废正事，贤良的人经常奋勉。

注：①见姚奠中《诗经选译》，商务印书馆，2013年。此后《山有枢》《绸缪》《杕杜》《鸨羽》《葛生》的白话译文同是参考此书。

这是一首主张勤劳工作，志不可荒的诗。值得注意的是，作者并不是一味警戒世人，而是既同意应该快乐的时候就快乐，只是必须有节制。这就符合人情，深厚得多。所谓思深，便是如此。

2. 正，即端正不偏。关于"正"的诗歌，可以《杕杜》和《无衣》为代表。

杕 杜

有杕之杜，其叶湑湑。独行踽踽。岂无他人？不如我同父。嗟行之人，胡不比焉？人无兄弟，胡不佽[1]焉？

有杕之杜，其叶菁菁。独行睘[2]。岂无他人？不如我同姓。嗟行之人，胡不比焉？人无兄弟，胡不佽焉？

注：①佽，cì，助。②睘，音穷，孤独。

译成白话：

一株孤生的赤棠，叶子长得那样壮。我独自走着很凄凉。难道没有人在一起？但究竟不如亲弟兄。唉，道路上的人，为什么不相亲呢？没有兄弟的人，为什么不相帮呢？

一株孤生的赤棠，叶子长得那样茂盛。我独自走着很孤零。难道没有人在一起？但究竟不如我的同宗。唉，道路上的人，为什么不相亲呢？没有兄弟的人，为什么不相帮呢？

《杕杜》是一首正宗族的诗歌。值得注意的是，作者不是一味鼓吹宗族的重要性，而是讲有兄弟和宗族的人一定要好得多，并要求一般的人也像兄弟、同宗一样相帮。这就要厚重得多。

无 衣

岂曰无衣七兮？不如子之衣，安且吉兮。

岂曰无衣六兮？不如子之衣，安

且燠兮。

译成白话：

难道我没有七种图案的衣服吗？只是不如您赐给的衣服使我心安又吉祥啊！

难道我没有六种图案的衣服吗？只是不如您赐给的衣服使我心安又温暖啊！

《无衣》表现的是对周天子的尊重。礼规定侯伯的服装为七种图案，卿为六种。《周礼·春官·典命》："侯伯七命，其国家、官室、车骑、衣服、礼仪，皆以七为节。……王之三公八命，其卿六命，其大夫四命。"[3]东周时期，诸侯强大，不听周王之号令。晋武公扩大领土之后，独请于周僖王，被封为晋侯。诗中表现出十分恳切的态度。

这两首诗都是重礼、重规范的表现，所以概括为正。

3.忠，即忠厚。关于"忠"的诗歌，可以《羔裘》《鸨羽》《有杕之杜》《采苓》为代表。

羔 裘

羔裘豹祛，自我人居居①。岂无他人？维子之故。

羔裘豹褎②，自我人究究③。岂无他人？维子之好。

注：①居，倨。②褎，袖。③究，久。

译成白话：

你穿着羔羊皮袄，豹皮袖口，对待我们态度高傲。难道没有其他可服务的对象？只是因为念及你是故旧向好。

你穿着羔羊皮袄，豹皮袖子，对待我们态度高傲而不改变。难道没有其他可服务的对象？只是因为念及你以前的好处不忍背叛。

《羔裘》是一首忠厚待人的诗歌。尽管对方不礼貌，也不采取决绝的态度，要重以前的友谊，极富人情。

鸨 羽

肃肃鸨羽，集于苞栩。王事靡盬，不能蓺稷黍。父母何怙？悠悠苍天，曷其有所？

肃肃鸨翼，集于苞棘。王事靡盬，不能蓺黍稷。父母何食？悠悠苍天，曷其有极？

肃肃鸨行，集于苞桑。王事靡盬，不能蓺稻粱。父母何尝？悠悠苍天，曷其有常？

译成白话：

鸨鸟肃肃地扇着双翅，停落在栎树枝。王家的事没了没完，稷黍全不能种植。父母靠什么维持？遥远的苍天呀，何时才能休止？

鸨鸟肃肃地扇着双翼，停落在荆棘里。王家的事没了没完，黍稷全不能种植。父母拿什么做饭？遥远的苍天呀，何时才能终止？

鸨鸟肃肃地扇着翅膀，停落在桑树丛。王家的事没了没完，稻粱全不能种植。父母拿什么来吃？遥远的苍天呀，何时才能安定？

《鸨羽》是一首怨徭役的诗歌。尽管由于徭役太多，误了耕种，眼看要挨饿，但不是要反抗，而是发出要求安定的呼声。忧远，在这里得到体现。

有杕之杜

有杕之杜，生于道左。彼君子兮，噬①肯适我？中心好之，曷饮食之？

有杕之杜，生于道周。彼君子兮，噬肯来游？中心好之，曷饮食之？

注：①噬，逝。

译成白话：

一株孤生的赤棠，生在道路左边。那些君子啊,不肯停留下来和我聊天？我心中对你们实在喜欢，何不吃点食物，喝点水浆？

一株孤生的赤棠，生在道路拐弯处。那些君子啊，不肯来和我交游？我心中对你们实在喜欢，何不吃点食物，喝点水浆？

《有杕之杜》是一首希望招致贤人的诗歌，十分恳切。楚才能晋用，在此得到体现。

采 苓

采苓，采苓，首阳之巅。人之为言，苟亦无信。舍旃，舍旃，苟亦无然。人之为言，胡得焉？

采苦，采苦，首阳之下。人之为言，苟亦无与。舍旃，舍旃，苟亦无然。人之为言，胡得焉？

采葑，采葑，首阳之东。人之为言，苟亦无从。舍旃，舍旃，苟亦无然。人之为言，胡得焉？

译成白话：

采苓菜，采苓菜，在首阳山之巅。人们所传的话，暂且不要相信。抛开吧，抛开吧，暂且不要附和它。那么人们传的话，怎么能产生作用呢？

采苦菜，采苦菜，在首阳山之下。人们所传的话，暂且不要参合。抛开吧，抛开吧，那么人们传的话，怎么能产生作用呢？

采芜菁，采芜菁，在首阳山之东。人们所传的话，暂且不要听从。抛开吧，抛开吧，暂且不要附和它。那么人们传的话，怎么能产生作用呢？

《采苓》是一首劝诫人们不要随便听信谗言的诗歌，合情合理，不偏激，是建立在成熟的心智基础上的。

这四首诗歌体现了忠厚的特征，有人情，能吸引人、团结人，是成大业的基础。

4.预，即预见性。关于"预"的诗歌，可以《扬之水》《椒聊》为代表。

扬之水

扬之水，白石凿凿。素衣朱襮，从子于沃。既见君子，云何不乐[1]？

扬之水，白石皓皓。素衣朱绣，从子于鹄[2]。既见君子，云何其忧？

扬之水，白石粼粼。我闻有命，不敢以告人。

注：[1]扬，现今洪洞县。襮，刺绣的衣领。诸侯才能穿朱红色的刺绣衣服。沃，曲沃。[2]鹄，曲沃之邑。

译成白话：

扬地的水中，白色的石头很鲜明。你穿着有朱红色衣领的白色中衣，我随从你到了曲沃。已经见到了君子，为何不快乐呢？

扬地的水中，白色的石头很洁白。你穿着有朱红色刺绣的白色中衣，我随从你到了鹄地。已经见到了君子，为何反而忧愁呢？

扬地的水中，有白色的石头映衬，水很鲜明。我听闻有暗中的计划，不敢将其告诉人。

《扬之水》是一首反映曲沃桓叔篡国阴谋的诗歌。晋昭公始封桓叔于曲沃，造成曲沃盛强，昭公微弱，最终晋为曲沃桓叔篡夺。作者在一开始就有预见，委婉讲出。说是不敢告，实际上已经起到了告的作用。

椒 聊

椒聊之实，蕃衍盈升。彼其之子，硕大无朋。椒聊且，远条且。

椒聊之实，蕃衍盈匊。彼其之子，硕大且笃。椒聊且，远条且。

译成白话：

花椒的果实，繁衍之多，可以装满一升。那个人啊，实力很大，没有人可比。花椒呐，枝条发展得很远呐！

花椒的果实，繁衍之多，可以用

两手掬。那个人啊，实力很大，而且根柢厚。花椒呐，枝条发展得很远呐！

《椒聊》也是反映曲沃桓叔篡国阴谋的诗歌。作者以花椒果实繁盛作喻，对于桓叔不断壮大表示了深深的忧虑。

这两首诗歌富有预见性，目标远，见微知著，足以体现思深的本质。

5. 朴，即朴素。关于"朴"的诗歌，可以《绸缪》《山有枢》《葛生》来代表。

绸　缪

绸缪束薪，三星在天。今夕何夕，见此良人？子兮，子兮，如此良人何？

绸缪束刍，三星在隅。今夕何夕，见此邂逅？子兮，子兮，如此邂逅何？

绸缪束楚，三星在户。今夕何夕，见此粲者？子兮，子兮，如此粲者何？

译成白话：

精致的火把放光，参星出现在东方。今晚是怎样的晚上，看见这样的好姑娘？你呀，你呀，该把这个好姑娘怎么办？

精致的火把高举，参星到了东南隅。今晚是怎样的晚上，看见这样好看的闺女？你呀，你呀，该把这个好闺女怎么办？

精致的火把烧尽，参星已对着房门。今晚是怎样的晚上，看见这样艳丽的美人？你呀，你呀，该把这个美人怎么办？

《绸缪》是一首新婚诗歌。新婚的晚上，看到新人的美丽，如在梦境之中，不知如何是好。注意，这是正规的婚姻，不是其他国风里大量反映的野合，所以乐而不放荡。

山有枢

山有枢，隰有榆。子有衣裳，弗曳弗娄。子有车马，弗驰弗驱。宛其死矣，他人是愉。

山有栲，隰有杻。子有廷内，弗洒弗扫。子有钟鼓，弗鼓弗考。宛其死矣，他人是保。

山有漆，隰有栗。子有酒食，何不日鼓瑟？且以喜乐，且以永日。宛其死矣，他人入室。

译成白话：

山上有刺榆，平地有白榆。你有衣裳，不穿不披。你有车马，不坐不骑。可怜地死了，让别人去欢喜。

山上有椿树，平地有杻树。你有庭堂内室，不洒扫，不讲究。你有钟鼓，不撞击，不演奏。可怜地死了，都为别人所有。

山上有漆树，平地有栗树。你有酒食，为什么不常奏琴瑟，用来助欢乐，用来度长日？可怜地死了，别人进入你的卧室。

《山有枢》以调侃的方式讲了一个吝啬贵族什么也有，什么也舍不得用，其实结果一点也带不走。这是朴素的生活真理，反对的是保守，看重的是家庭。

葛　生

葛生蒙楚，蔹蔓于野。予美亡此，谁与独处？

葛生蒙棘，蔹蔓于域。予美亡此，谁与独息？

角枕粲兮，锦衾烂兮。予美亡此，谁与独旦？

夏之日，冬之夜。百岁之后，归于其居。

冬之夜，夏之日。百岁之后，归于其室。

译成白话：

葛藤长得盖住了荆楚，白蔹蔓子拉上了荒丘。我的"那人"不在了，谁和我这孤独的人同住？

葛藤长得盖住了荆棘，白蔹蔓子拉满了坟地。我的"那人"不在了，谁和我这孤独的人同居？

角枕发亮啊，锦绣的被子闪光啊。我的"那人"不在了，谁和我这孤独的人一同到天明？

过了夏天的炎日，又过冬天的长夜。只有等到百年之后，归到他的墓穴。

过了冬天的长夜，又过了夏天的炎日。只有等到百年之后，归到他的墓室。

《葛生》是一首悼亡诗。她长期过着孤寂的日子，想到只有死后才能相聚，无比凄惨。她情感坚定，不涉及对征役的诅咒，是以朱熹不由得要说"思之深而无异心，此唐风之厚也。"

这三首诗反映的是质朴的感情，情真，情深，但不轻浮，不放荡，不走邪路，有坚定性和稳定性。

以上我们将《唐风》的十二首诗歌从"勤""正""忠""预""朴"五个方面进行了论述。它们之间和晋国的关系则是：勤是富国之本源，正是走向成功的保证，忠是事业的纽带，预是成功的前瞻性，朴是前进中的校正器。晋国之所以天下莫强焉，和这密不可分。《唐风》反映出来的晋国文化，是有规范的、质朴的、务实的、稳重的、厚重的，倾向于冷静的分析，而不是太热情的、浪漫的、轻佻的。季札之所以用思深、忧远、有传统和历史感来评论之，道理也在这里。

三、《唐风》所反映的晋国文化形成的原因

那么，为什么《唐风》是这个特点呢？也可以说，为什么晋国能具有这样的文化呢？

我们应注意到，季札是将《唐风》和尧联系起来考虑的。他说："思深哉！其有陶唐氏之遗民乎？不然，何忧之远也？非令德之后，谁能若是？"也就是说，晋国处于尧之故地，故有尧之遗风；若其不是故尧之遗民，则不会如此忧思之远，不会有如此之深虑。这又不得不对尧文化进行考察。

然而，古籍中关于尧的记载，大多空洞而无事实。

《论语·泰伯》孔子云："大哉尧之为君也！巍巍乎，唯天为大，唯尧则之。荡荡乎，民无能名焉。巍巍乎，其有成功也。焕乎，其有文章。"[4]只有崇拜和赞颂。

《尚书·尧典》："曰若稽古帝尧，曰放勋。钦明文思安安，允恭克让，光被四表，格于上下。克明俊德，以亲九族，九族既睦。平章百姓，百姓昭明。协和万邦，黎民于变时雍。"[5]也是一派概括赞颂之词。他的一生所为，能落到实处的只有使人制了历法、使人治水（选治水者，也是听取别人的意见，第一次还选错了人）以及选舜为接班人而已。也就是说，尧几乎实行的是无为而治，一切工作都是别人处理。正如《说苑·君道》所叙述的那样："当尧之时，舜为司徒，契为司马，禹为司空，后稷为田畴，夔为乐正，倕为工师，伯夷为秩宗，皋陶为大理，益掌驱禽。尧体力便巧，不能为一焉。尧为君而九子为臣，其何故也？尧知九职之事，使九子者各受其事，皆胜其任，以成九功。尧遂成厥功，以王天下。是故知人者，王道也。知事者，臣道也。王道知人，臣道知事，毋乱旧法，而天下治矣。"[6]

所以说，尧之为治，核心就在于

"允恭克让",以真诚的恭敬、谦让,使得九族亲,百姓昭明,万邦协和,众民得以趋向和美。这种为治的最高境界,为历代的人士所推崇,尧也就成为最完美的统治者的标准,"无能名"便是对其至高无上的评价。其实,这一切都建立在当时是一个部落联盟社会的基础之上。尧作为一个部落联盟的首领,自然不会用自己的单一标准要求所有的部落,只能是求同存异,和而不同,在其充分发挥能动性的基础上,达到和谐社会的目的。

晋国建立初期,正好和尧的时期是同样的社会状况。《左传·定公四年》子鱼云:"昔武王克商,成王定之,选建明德,以蕃屏周。故周公相王室,以尹天下,于周为睦。分鲁公以大路、大旂,夏后氏之璜,封父之繁弱,殷民六族,条氏、徐氏、萧氏、索氏、长勺氏、尾勺氏,使帅其宗氏,辑其分族,将其类丑,以法则周公,用即命于周。是使之职事于鲁,以昭周公之明德。分之土田倍敦、祝、宗、卜、史,备物典策,官司、彝器;因商奄之民,命以伯禽而封于少皞之虚。分康叔以大路、少帛、綪茷、旃旌、大吕,殷民七族,陶氏、施氏、繁氏、锜氏、樊氏、饥氏、终葵氏;封畛土略,自武父以南及圃田之北竟,取于有阎之土以共王职;取于相土之东都以会王之东蒐。聃季授土,陶叔授民,命以《康诰》而封于殷虚。皆启以商政,疆以周索。分唐叔以大路、密须之鼓、阙巩、沽洗,怀姓九宗,职官五正。命以《唐诰》而封于夏虚,启以夏政,疆以戎索。"[7]启,开的意思。疆,理其土地的意思。《诗经·小雅·信南山》:"我疆我理。"索,法的意思。戎,戎狄,是相对于以华夏为标志的中心文明的其他广大的民族。对于"启以夏政,疆以戎索",杜预的注是:"亦因夏风俗开用其政。大原近戎而寒,不与中国同,故自以戎法。"

为什么同样是直系亲属,封鲁公、卫康叔是"启以商政,疆以周索",封唐叔则是"启以夏政,疆以戎索",呢?原因在于鲁公、康叔所封都是殷商故地,文化单一,必须以周的原则改造之。《史记·鲁周公世家》就言"鲁公伯禽之初受封之鲁,三年而后报政周公。周公曰:'何迟也?'伯禽曰:'变其俗,革其礼,丧三年然后除之,故迟。'"唐叔所封之地是唐尧故地，周围都是戎狄，文化复杂，语言风俗都不一致，改造既不可能，只能顺应其各自的习俗。《国语·晋语二》："景霍以为城，而汾、河、涑、浍以为渠，戎狄之民实环之。"[8]全祖望亦云："晋之南境为姜戎，晋之东境为草中之戎与郦戎，晋之北境为无终诸戎，而姜戎自南境接于西境，故得要秦师也。以狄而言，晋之北境为白狄，其东境为赤狄，而郦戎亦称郦土之狄。大略晋四面皆戎狄，而亦用之以为强。"[9]

晋和鲁、卫所处环境的不同，形成其各自不同的文化和不同的统治方式。孔子云："鲁卫之政，兄弟也。"[10]这在于两国在开国之初处于相同的条件之中。于是，鲁卫之政是强制型的，唐晋之政是顺应型的。鲁卫之政必然要造成冲突，唐晋之政则是和谐的。鲁卫之政使形成的文化是狭隘单一的，唐晋之政所形成的文化则是丰富多元的。丰富多元的文化氛围中所产生的文学艺术，自然要根植于各自深厚的传统，而不会为其他的文化标准或原则所左右。这就是季札感觉到《唐风》思深、忧远、令德之后的原因所在。

如果和周围的其他国风相比较，则《唐风》的特点更为突出。《魏风·葛屦》中"维是偏心，是以为刺"、《硕鼠》中"逝将去女，适彼乐土"，这种决绝的态度，《唐风》中绝不会有。《郑风·褰裳》："子惠思我，褰裳涉溱。子不我思，岂无他人。狂童之狂也且。"这种热烈、直率的表达，《唐风》中也看不到。一切都是那么幽深、厚重。

以上我们由《诗经·唐风》考察了晋国文化。是这种文化造成了晋国的强大。这种文化的稳定、厚重为人们所赞颂，而其保守、木讷也为人们所揶揄。这些都是我们需要进一步研究的。我们还要知道，"晋国天下莫强焉"，而在卫鞅入秦之后，逐渐走向衰弱，但又以另一种方式作用于社会的变革和进步。司马迁在《史记·张仪列传》中言："三晋多权变之士，夫言从衡强秦者，大抵皆三晋之人也。"[11]这也是我们需要进一步研究的。而且，这种研究和探索，必将对我们现在进行的事业产生积极的作用。

参考文献：

[1] 孟子·梁惠王上//四书集注.北京：

中华书局,1983:205.
[2] 杨伯峻.春秋左传注.北京:中华书局,1983.1169.
[3] 孙诒让.周礼正义[M].北京:中华书局,1987:1608-1620.
[4] 四书集注.北京:中华书局,1983:107.
[5] 孙星衍.尚书今古文注疏.北京:中华书局,1986:3-9.
[6] 说苑校正.北京:中华书局,1987:11.
[7] 杨伯峻.春秋左传注.北京:中华书局,1983:1539.
[8] 国语.上海:上海古籍出版社,1978:301.
[9] 经史问答(卷四).全祖望集汇校集注.上海:上海古籍出版社,2000:1924.
[10] 论语·子路//四书集注.北京:中华书局,1983:143.
[11] 史记.北京:中华书局,1959:2304.

后 记

执笔之时，已到山西博物院百年华诞，"晋界"讲坛也已经进入了第六期的实施阶段，感慨良多。这一品牌教育活动的运营，我和我的同事们倾注了很多心血，从名字的选择、徽标的创作、方案的讨论，再到专家的联络、框架的建立、内容的对接，其中五味杂陈，造就了今天的我们，也沉淀了这样一本沉甸甸的成果。

两任院长对于该项目的关注和参与，让我们倍感责任；专家们不辞辛苦，一遍遍写稿、校对，让我们被情怀感染与引领；杨菊、游恺彻夜查找资料和一遍遍校对，让我看到了他们的收获，也预见了我们的未来；观众们的期许和肯定，让我们充满了前行的动力……

在整理文稿的过程中，又一次回顾了2016、2017这两个对于讲坛至关重要的开端年份，老师们所作的每一场讲座，都让人如沐春风，文字的记录过程无疑是将无形的春风化为滋养心田春雨的过程，内心那颗对于历史与文物热爱的种子获得了发芽和茁壮成长的可能。内心也无数次幻想过观众打开这本书的那份欣喜、见字如面的那份感动以及写下自己收获和思考的那份沉甸甸。

将教育项目转化为学术文集，我们是第一次尝试。各位主讲老师在自己研究的领域成果丰硕，而能在百忙之中接受类似"命题作文"的邀约，讲述山西文化，传播三晋文明，厥功甚伟。讲坛文集是现场讲座的再次呈现，如能有所回响，也算是对各位专家、对山西博物院鼎力支持"晋界"项目的回应。

最后，千言万语，化作最真挚的感谢。

王晓芬
2019年1月